ŒUVRES COMPLÈTES DE J. MICHELET

L'AMOUR

LA FEMME

ÉDITION DÉFINITIVE, REVUE ET CORRIGÉE

PARIS
ERNEST FLAMMARION, ÉDITEUR
26, RUE RACINE, PRÈS L'ODÉON

Tous droits réservés.

L'AMOUR — LA FEMME

IMPRIMERIE E. FLAMMARION, 26, RUE RACINE. PARIS.

ŒUVRES COMPLÈTES DE J. MICHELET

L'AMOUR

LA FEMME

ÉDITION DÉFINITIVE, REVUE ET CORRIGÉE

PARIS
ERNEST FLAMMARION, ÉDITEUR
26, RUE RACINE, PRÈS L'ODÉON

Tous droits réservés.

L'AMOUR

INTRODUCTION

I

Le titre complet de ce livre qui en dirait parfaitement le but, le sens et la portée, serait : L'affranchissement moral par le véritable Amour.

Cette question de l'Amour gît, immense et obscure, sous les profondeurs de la vie humaine. Elle en supporte les bases mêmes et les premiers fondements. La Famille s'appuie sur l'Amour, et la Société sur la Famille. Donc l'Amour précède tout.

Telles les mœurs, et telle la Cité. La liberté serait un mot, si l'on gardait des mœurs d'esclaves.

Ici on cherche l'idéal, mais l'idéal qui se peut réaliser aujourd'hui, non celui qu'il faut ajourner à une société meilleure. C'est la réforme de l'Amour et de la Famille qui doit précéder les autres et qui les rendra possibles.

Un fait est incontestable. Au milieu de tant de progrès matériels, intellectuels, le sens moral a baissé. Tout avance et se développe; une seule chose diminue, c'est l'Ame.

Au moment vraiment solennel où le réseau des fils électriques, répandu sur toute la terre, va centraliser sa pensée et lui permettre d'avoir enfin conscience d'elle-même, quelle âme allons-nous lui donner ! Et que serait-ce si la vieille Europe, dont elle attend tout, ne lui envoyait qu'une âme appauvrie ?

L'Europe est vieille, et elle est jeune, en ce sens qu'elle a, contre sa corruption, les rajeunissements du génie. A elle de changer le monde en se changeant. Elle seule sait, voit et prévoit. Qu'elle garde la volonté et tout est sauvé encore.

On ne peut se dissimuler que la volonté n'ait subi dans les derniers temps de profondes altérations. Les causes en sont nombreuses. J'en signalerai deux seulement, morales et physiques à la fois, qui, frappant précisément au cerveau et l'émoussant, tendent à paralyser toutes nos puissances morales.

Depuis un siècle, l'invasion progressive des spiritueux et des narcotiques se fait invinciblement, avec des résultats divers selon les populations, — ici obscurcissant l'esprit, le barbarisant sans retour, — là mordant plus profondément dans l'existence physique, atteignant la race même, — mais partout isolant l'homme, lui donnant, même au foyer, une déplorable préférence pour les jouissances solitaires.

Nulle besoin de société, d'amour, de famille. A la

place, les mornes plaisirs d'une vie polygamique, qui, n'imposant nulle charge à l'homme, ne garantissant pas la femme (comme la polygamie de l'Orient), est d'autant plus destructive, indéfinie, sans limite, stimulante et énervante par un continuel changement.

On se marie de moins en moins dans les villes (voir les chiffres officiels). Et, ce qui n'est pas moins grave, quand la femme est épousée, ce n'est que très tard. A Paris, où elle est précoce et nubile de bonne heure, elle n'arrive au mariage qu'à vingt-cinq ans. Donc, huit ou dix ans d'attente, le plus souvent de misère, de désordres même forcés. Le mariage est peu solide et ne garantit pas de l'abandon.

État sauvage où l'amour n'est qu'une guerre à la femme, profitant de sa misère, l'avilissant, et flétrie, la rejetant vers la faim.

Chaque siècle se caractérise par sa grande maladie. Le treizième fut celui de la lèpre ; le quatorzième, de la peste noire ; le seizième, de la syphilis ; le dix-neuvième est frappé aux deux pôles de la vie nerveuse, dans l'idée et dans l'amour, chez l'homme au cerveau énervé, vacillant, paralytique, chez la femme à la matrice douloureusement ulcérée. Ce siècle sera nommé celui des maladies de la matrice, — autrement dit, de la misère et de l'abandon de la femme, de son désespoir.

La punition est celle-ci : c'est que cette femme souffrante, de son sein endolori, n'enfantera qu'un malade, qui, s'il vit, cherchera toujours, contre l'énervation native, un secours fatal dans l'énervation alcoolique et narcotique. Supposons que, par malheur, un tel homme se reproduise, il aura d'une femme plus souffrante encore un enfant plus énervé. Vienne plutôt la mort pour remède et guérison radicale.

On a senti parfaitement dès le commencement du siècle que la question de l'amour était la question essentielle, qui se débat sous les bases mêmes de la société. Où il est fixe et puissant, tout est fort, solide et fécond.

Les illustres utopistes qui, sur tant d'autres sujets (sur l'éducation, par exemple), ont jeté de vives lueurs, n'ont pas été si heureux sur le sujet de l'amour. Ils y ont montré, j'ose dire, peu d'indépendance d'esprit. Leurs théories, hardies de forme, n'en sont pas moins pour le fond serves du fait, calquées timidement sur les mœurs du temps. Ils trouvaient la polygamie, et ils y ont obéi, en faisant pour l'avenir des utopies polygamiques.

Sans grande recherche morale, ils auraient pu, pour trouver la vraie loi en cette matière, consulter simplement l'histoire et l'histoire naturelle.

Dans l'histoire, les races d'hommes sont fortes, au physique et au moral, précisément en raison de la vie monogamique.

Dans l'histoire naturelle, les animaux supérieurs tendent à la vie de mariage et l'atteignent au moins pour un temps. Et c'est en grande partie pour cela qu'ils sont supérieurs.

On dit que l'amour chez les animaux est changeant et variable, que la mobilité dans le plaisir est pour eux l'état de nature. Je vois cependant que, dès qu'il y a quelque stabilité possible, des moyens réguliers de vivre, il se forme entre eux des mariages, du moins temporaires, créés non pas seulement pour l'amour de leur couvée, mais très réellement par l'amour. J'en ai fait cent fois la remarque, spécialement en Suisse sur un ménage de pinsons. La femelle ayant péri, le mâle tomba dans le désespoir et laissa périr les petits. Évidemment c'était l'amour, et non l'amour paternel qui l'avait retenu au nid. Elle morte, tout était fini.

La nourriture moins abondante dans le progrès de la saison oblige beaucoup d'espèces à rompre leurs mariages temporaires. Les conjoints sont bien forcés de se séparer alors, d'étendre leur rayon de quête de chasse, et ils ne peuvent plus revenir le soir au même nid. Ainsi la faim les divorce, non la volonté. Les petits progrès d'industrie qu'amène toujours la fixité du mariage sont interrompus, annulés.

Autrement, ils resteraient. Ce n'est pas seulement le plaisir qui les tient, car la femelle fécondée ne le donne guère. C'est le véritable instinct de la société, de la vie commune, la jouissance de sentir près de soi tout le jour une petite âme à soi, qui compte sur vous, vous appelle, a besoin de vous, ne vous confond nullement (vous pinson, vous rossignol) avec nul de même espèce, n'écoute que votre chant, et y répond fréquemment par ses cris plaintifs et doux, à voix basse pour ainsi dire (pour être entendue d'un seul), de son cœur à votre cœur.

De nos jours, on est revenu avec force sur les questions de l'amour. Des écrivains de génie, tel dans des romans immortels, tel sous forme théorique, éloquente, âpre et austère, les ont puissamment agitées. Pour des raisons qu'on comprendra, je m'abstiens d'examiner leurs livres ; nos dissentiments paraîtront assez par le mien. Je me permettrai seulement de dire, malgré mon admiration et mon respect sympathique, que ni d'un côté ni de l'autre on n'a pénétré assez au fond du sujet.

Ses deux faces, l'une physiologique, l'autre de pratique morale, sont restées encore obscures.

La discussion continue sans qu'on sache, ou qu'on daigne remarquer qu'elle porte sur plus d'un point où l'autorité suprême, celle des faits, a prononcé, tranché sans retour.

L'objet de l'amour, la femme en son mystère essentiel, longtemps ignoré, méconnu, a été révélé par une suite de découvertes, de 1827 à 1847. Nous connaissons cet être sacré, qui, justement en ce que le Moyen-âge taxait d'impureté, se trouve en réalité le saint des saints de la nature.

La variation légitime de la femme a été connue. Et non moins sa fixité, ce qui fait le caractère, fatalement durable, de l'union et du mariage.

Comment parler de l'amour, sans dire un mot de tout cela?

Une autre chose essentielle, c'est que l'amour n'est pas, comme ils le disent, ou le font entendre, une crise, un drame en un acte. Si ce n'était que cela, un accident si passager vaudrait à peine l'attention. Ce serait une de ces maladies éphémères, superficielles, dont on cherche seulement à être quitte au meilleur marché possible.

Mais, fort heureusement, l'amour (et j'entends l'amour fidèle et fixé sur un objet) est une succession, souvent longue, de passions fort différentes qui alimentent la vie et la renouvellent. Si l'on sort des classes blasées qui ont besoin de tragédies, de brusques changements à vue, je vois l'amour continuer le même, parfois toute une vie, avec différents degrés d'intensité, des variations extérieures qui n'en altèrent pas le fond. Sans doute, la flamme ne brûle qu'à condition de changer, hausser, baisser, remonter, varier de forme et de couleur. Mais la nature y a pourvu. La femme varie d'aspect sans cesse; une femme en contient mille. Et l'imagination de l'homme varie aussi le point de vue. Sur le fond généralement solide et tenace de l'habitude, la situation dessine des changements qui modifient, rajeunissent l'affection.

Prenez, non pas l'exception, le monde élevé, romanesque, mais la règle, la majorité, les ménages de travailleurs (c'est la presque totalité), vous y voyez que l'homme, plus âgé que la femme de sept ans, dix ans peut-être, et qui a été d'ailleurs bien plus mêlé à la vie, domine d'abord de beaucoup sa jeune compagne par l'expérience, et l'aime un peu comme sa fille. — Elle l'égale ou le dépasse bien vite : la maternité, la sagesse économique, augmentant son importance, elle compte autant que lui, et elle est aimée comme sœur. — Mais, quand le métier, la fatigue, ont fait baisser l'homme, la femme, sobre et sérieuse, vrai génie de la maison, est aimée de lui comme mère. Elle le soigne, elle prévoit; il se repose sur elle et souvent se permet d'être quelque peu enfant, sentant qu'il possède en elle une si bonne nourrice et une providence visible.

Voilà à quoi se réduit, *chez les petites gens*, cette grande et terrible question de la supériorité d'un sexe sur l'autre, question si irritante, dès qu'il s'agit des gens *comme il faut*. C'est surtout une question d'âge. Vous la verrez résolue, le lendemain de la noce, au profit de l'homme, quand la femme est petite fille, — résolue au profit de la femme plus tard. Quand, le samedi soir, l'homme apporte son salaire, elle fait la part de la semaine (la nourriture des enfants), elle laisse à son mari l'argent de ses menus plaisirs. Et elle n'oublie qu'elle-même.

Si l'amour n'est qu'une crise, on peut aussi définir la Loire une inondation.

Mais songez donc que ce fleuve, dans son cours de deux cents lieues, dans son action si multiple, si variée, comme grande route, comme irrigation des cultures, comme rafraîchissement de l'air, etc., influe de mille et mille manières. C'est lui faire tort que de le prendre uniquement par ce côté violent que vous trouvez plus dramatique. Laissons ce drame accidentel, qui réellement est secondaire. Prenons-le plutôt dans l'épopée régulière de sa grande vie de fleuve, dans ses influences salutaires et fécondes, qui ne sont pas moins poétiques.

Dans l'amour, le moment du drame est intéressant, sans doute. Mais c'est celui de la violence fatale où l'on ne peut qu'assister, où l'on n'influe que très peu. C'est comme le torrent qu'on regarde au point le plus resserré, écumant et furieux. Il faut le prendre dans l'ensemble et la continuité de son cours. Plus haut, il fut ruisseau paisible ; plus bas, il devient rivière large, mais docile.

L'amour est une puissance nullement indisciplinable. Il donne, comme toute autre force naturelle, une prise à la volonté, à l'art, qui, quoi qu'on en dise, le crée très facilement et facilement le modifie par les milieux, les circonstances extérieures et les habitudes.

Comment l'homme plus âgé, plus avancé, plus éclairé, initiera la jeune femme ?

Comment la femme développée, arrivée à son apogée de grâce et puissance, retient, reprend le cœur de l'homme, le relève fatigué, le rajeunit, lui rend des ailes pour planer sur les misères de la vie et du métier ?

Quel est le règne de l'homme sur la femme et de la femme sur l'homme ?

C'est une science et c'est un art. Nous en disons le premier mot. D'autres approfondiront.

Pour résumer ce qui précède :

On n'a guère pris encore l'amour que par son moment, son côté le moins instructif.

Il a un côté fatal et profond d'histoire naturelle,

qui influe infiniment sur son développement moral. Cela été négligé.

Il a un côté libre et volontaire, où l'art moral agit sur lui, et qui a été négligé.

Ce livre est un premier essai pour remplir ces deux lacunes.

II

Tant que le côté fatal, invariable de l'amour n'était pas éclairci, on ne savait pas précisément où commençait sa liberté, son action spontanée, personnelle et variable. La femme était une énigme. On pouvait éternellement en jaser, et dire le pour et le contre.

Quelqu'un, entre ces discoureurs, s'est avancé et a tranché le débat : quelqu'un qui en sait beaucoup, la sœur de l'amour : la Mort.

Ces deux puissances, en apparence opposées, ne vont pas l'une sans l'autre. Elles luttent, mais à force égale. L'amour ne tue pas la mort, la mort ne tue pas l'amour. Au fond, ils s'entendent à merveille. Chacun d'eux explique l'autre.

Notez qu'il fallait ici (pour saisir la vie tiède encore) la mort sous sa forme rapide, cruelle, la mort violente. C'est elle surtout qui nous enseigne. Les suppliciés ont révélé le mystère de la digestion. Et les femmes suicidées, celui de l'amour physique et de la génération.

Il fallait trouver un lieu où la mort violente fût commune, où le suicide livrât sans cesse à l'observation un nombre immense de femmes de tout âge, et la plupart dans leurs crises de souffrances, celles-ci au moment du mois où la nature les exalte, celles-là enceintes qui voulurent mourir avec leur enfant, des vierges enfin, pauvres fleurs qui désespèrent de l'amour.

Je n'ai pas le chiffre total pour Paris. Mais le lieu de Paris où l'on expose les corps de celles qui ne meurent pas chez elles, la Morgue, en reçoit cinquante par an. C'est donc cinq cents en dix ans! Nombre énorme, si l'on songe à leur timidité naturelle et à la peur extrême qu'elles ont de la mort.

Dans quels mois ces morts violentes de femmes sont-elles le plus communes? Aux beaux mois où elles sentent plus cruellement leur abandon, aux mois riants où la femme aime. Car c'est un point essentiel que l'amour, la génération est plus recherchée par l'homme dans les fêtes de l'hiver et dans les banquets qui les suivent; par la femme au temps des fleurs, sous les influences plus pures de la nature rajeunie, du soleil et du printemps. Alors elles supportent bien moins leur douloureux isolement, leurs misères sans consolation, et elles aiment mieux mourir.

Les statistiques ne font pas comprendre cela. Elles confondent la plupart de celles qui meurent ainsi dans l'exaltation de l'amour, sous le nom d'aliénées.

Dès le commencement du siècle, la science s'était mise en marche vers la grande révélation. Geoffroy-Saint-Hilaire et Serres créèrent l'embryogénie. Baër (1827) commença l'ovologie, et fut suivi de MM. Négrier et Coste. En 1827, un maître, Pouchet, de Rouen, formula toute la science, et par un livre de génie la posa pour l'avenir dans une audacieuse grandeur.

Il n'avait guère observé que sur les mammifères inférieurs, peu sur la femme elle-même. L'ingénieux et savant Costo et son habile auxiliaire Gerbe (artiste anatomiste) eurent la gloire et le bonheur de voir toute la vérité. Pendant dix ans environ (depuis la création de la chaire d'ovologie jusqu'à la publication de l'incomparable atlas qui complète ces révélations), ils ont pu lire dans la mort, et des centaines de femmes leur ont livré le suprême mystère d'amour et de douleur.

Au total, quel résultat de cette enquête solennelle? que ressort-il de ce grand et cruel naufrage de femmes, de cette alluvion funéraire que nous jettent chaque année l'isolement, l'abandon, l'amour trompé, le désespoir?

Ce qui reste de ce naufrage, c'est une grande vérité qui change infiniment l'idée qu'on se faisait de la femme.

Ce que le Moyen-âge insultait et dégradait, appelait impureté, c'est précisément sa crise sacrée; c'est ce qui la constitue un objet de religion, souverainement poétique. L'amour l'avait toujours cru, et l'amour avait raison. La sotte science d'alors avait tort.

Mais *la femme est sous le poids d'une grande fatalité*. La nature favorise l'homme. Elle la lui donne faible, aimante, dépendante d'un constant besoin d'être aimée et protégée. Elle aime d'avance celui à qui Dieu semble la mener. Pour se défier, se défendre, s'arrêter sur une pente, il lui faut bien plus de force d'âme qu'il ne nous en faut jamais, et dix fois plus de vertu. Quel devoir pour nous! La Nature se remet de son innocente fille à la magnanimité de l'homme.

Mais voici ce qui est plus fort. Des faits, venus d'une autre source (Voy. Lucas, t. II, p. 60), commencent à établir que l'union d'amour, où l'homme se porte si légèrement, est pour la femme bien autrement profonde et définitive que l'on n'avait jamais pu croire. Elle se donne toute et sans retour. Le phénomène observé sur les femelles inférieures se retrouve, moins régulier, mais se retrouve sur la femme. La fécondation la transforme de manière durable. La veuve donne fréquemment au second époux des enfants qui ressemblent au premier.

Cela est grand et terrible. — La conclusion est accablante pour le cœur de l'homme. Quoi! la nature a tant fait pour lui, l'a favorisé à ce point! Lui ensuite qui fait les lois, il s'est favorisé lui-même, il s'est tellement armé contre une faible créature que la souffrance lui livre! Avec ce double avantage, quelle devrait être sa douceur pour la femme, combien tendre sa protection?

Le flux et reflux vital, le profond renouvellement qu'elle subit avec tant de douleur, en fait le plus doux, le plus modifiable des êtres, dès qu'on l'aime et qu'on l'enveloppe, qu'on l'isole des mauvaises influences. Toute folie de la femme est une sottise de l'homme.

Dans quelle harmonie profonde, dans quelle étonnante régularité, se fait le grand mouvement et de la vie et des idées! Le détail arrive confus, ce semble, et tout fortuit. Éloignez-vous, voyez l'ensemble ; vous êtes plus que surpris, renversé d'admiration, devant l'à-propos singulier avec lequel des pièces toutes diverses et sans rapport apparent, s'ignorant les unes les autres, viennent s'agencer, concorder, pour bâtir le poème éternel.

Dans cette période de vingt ans où la dépendance physique de la femme fut si fortement démontrée par la science, sa libre personnalité non moins fortement éclata dans la littérature. A cette loi de la nature qui l'asservit à la douleur, en fait une chose souffrante, elle répond : « Non, je suis une âme ! »

La voilà donc révélée, et dans sa fatalité, et dans sa personnalité. Autant elle nous attendrit, autant d'autre part elle impose de respect et d'admiration. Des deux côtés s'ouvre à nous un bonheur inattendu, celui d'aimer davantage, une infinie perspective dans l'approfondissement de l'amour.

Qui nierait cette jeune puissance par laquelle elle a éclaté ? Le grand prosateur du siècle est une femme, madame Sand. Son poète le plus chaleureux est une femme, madame Valmore. Le plus grand succès du temps est celui d'un livre de femme, le roman de madame Stowe, traduit dans toutes les langues, et lu par toute la terre, devenu pour une race l'évangile de la liberté.

Si les premiers mots de la femme ont semblé des

voix de révolte, qui peut se méprendre aux cris de douleur de cette pauvre malade, dans l'agitation du réveil?... Soignez-la et aimez-la... Ah! que la plus fière donnerait aisément les gloires du monde pour un moment d'amour vrai! Le livre où veut écrire la femme, le seul livre, c'est le cœur de l'homme, écrire en lettres de feu qui ne s'effacent jamais.

L'éclat et le bruit littéraire nous ont fort exagéré les changements qui se sont faits. Toute cette agitation est à la surface. La femme est ce qu'elle était. Telle que la science récente nous l'explique, atteinte de la blessure d'amour qui saigne toujours en elle, attendrie par la souffrance, heureuse de s'appuyer, telle elle fut, telle elle reste. Partout où elle est solitaire, où le monde ne la gâte pas, c'est un être bon et docile, se pliant de cœur à nos habitudes, qui souvent lui sont très contraires, adoucissant les rudes volontés de l'homme, le civilisant et l'ennoblissant.

Les femmes et les enfants sont une aristocratie de grâce et de charme. Le servage du métier abaisse l'homme et le rend souvent étroit et grossier. Le servage de la femme est celui de la nature; il n'est autre que sa faiblesse, sa souffrance, qui la rend attendrissante et poétique.

Le Corrège peignait toujours (et insatiablement) des enfants très jeunes, au moment où la vie lactée, la vie physique et fatale, étant dépassée, laissait apparaître le premier rayon de leur petite liberté; elle se révèle alors dans leurs jolis mouvements avec une indicible grâce. L'enfant est gracieux parce qu'il se sent libre et qu'il se sent très aimé, parce qu'il sait d'instinct qu'il peut faire tout ce qu'il veut et que toujours on l'en aimera davantage. La mère n'est pas moins admirable en ce premier ravissement : « Ah! qu'il est vif! ah! qu'il est fort!... Il est capable de me battre! » Ce sont ses cris. Elle est heureuse, elle l'adore en ses résistances, en ses charmantes révoltes,... Est-ce qu'il en aime moins sa mère? Elle sait bien le contraire. S'il la voit un peu fâchée, il se rejette en ses bras.

Comment l'homme, au premier élan de la personnalité de la femme, n'a-t-il pas été pour elle ce qu'est la mère pour l'enfant?

Longtemps elle semblait muette, ne disait rien. Voyez, dans le théâtre indien, la tristesse de l'amant quand il ne peut tirer un mot de cette belle bouche. Et que sait-il s'il est aimé? est-ce une personne? est-ce une chose? « Au nom de ceux que tu aimes, ne parleras-tu donc jamais?... — Comment saurais-je, ô mon seigneur?... » Ce silence et cette ignorance éternelle du consentement et de la pensée cachée, au fond, c'est un vrai divorce. C'est la cause de cette tristesse, si souvent décrite, de cette fureur dont parle Lucrèce, de ce désespoir dans le plaisir même.

Voici enfin qu'elle a parlé... O bonheur! c'est une personne! Du fond obscur et fatal, sa liberté s'est détachée... Elle peut haïr... Tant mieux, car elle peut aussi aimer. Je la voulais telle. Ce premier élan vif et fort me charme, et ne me fait pas peur. Entendons-nous, belle Clorinde. Et Dieu me garde de croiser jamais le fer avec vous! Que j'aime bien mieux être blessé!... Mais, hélas! vous l'êtes d'avance.

La nature, sévère, a voulu que toujours vous le fussiez, pour qu'on vous guérît toujours.

Pour le dire franchement, entre hommes (mais n'en disons rien aux femmes), nous avons été ridicules de gronder et de nous fâcher. Le duel n'est que simulé.

Elles n'ont nullement adopté les paroles de combat que l'on disait en leur nom. Partout où elles n'ont pas d'amies obligeantes qui leur enseignent à guerroyer, elles sont douces, pacifiques, ne veulent rien qu'être aimées.

Mais elles le veulent extrêmement, et, pour cela, rien ne leur coûte. Une dame (madame de Gasparin), dans un beau livre mystique, éloquent, tendre autant qu'austère, nous déclare que leur bonheur est d'obéir et qu'elles veulent que l'homme soit fort, qu'elles aiment ceux qui commandent et ne haïssent pas la fermeté du commandement.

Cette dame, qui croit suivre l'Apôtre, mais le dépasse infiniment avec l'élan d'un cœur jeune, assure qu'une obéissance inerte et de patience ne suffit pas à la femme, qu'elle veut obéir d'amour, activement, obéir même d'avance au désir possible, à la pensée devinée, et sans dire jamais : Assez, sauf un seul point, le salut de l'objet aimé.

Révélation profonde et vraie. Ce qui tourmente la femme, c'est bien moins la tyrannie de l'homme que sa froideur, bien moins d'obéir que de n'avoir pas d'occasion d'obéir assez. C'est de cela qu'elle se plaint.

Nulle barrière, nulle protection étrangère. Elles ne

servent, dit très bien l'auteur, qu'à brouiller les époux, rendre la femme misérable. Rien ne reste entre elle et lui. Elle va à lui forte de sa faiblesse et de son sein désarmé, de ce cœur qui bat pour lui.

Voilà une guerre de femme. Le plus vaillant sera vaincu. Qui aura maintenant le courage de discuter si elle est plus haut ou plus bas que l'homme? Elle est tous les deux à la fois. Il en est d'elle comme du ciel pour la terre, il est dessous et dessus, tout autour. Nous naquîmes en elle. Nous vivons d'elle. Nous en sommes enveloppés. Nous la respirons, elle est l'atmosphère, l'élément de notre cœur.

III

Par trois fois en vingt-cinq ans, l'idée de ce livre, du profond besoin social auquel il voudrait répondre, s'est présentée à moi dans toute sa gravité.

La première fois, en 1836, devant un flot littéraire fort trouble qui nous inondait, j'aurais voulu montrer l'histoire. J'étais en plein Moyen-âge. Mais les textes essentiels n'étaient pas publiés encore. Je fis quelques pages hasardées sur les femmes du Moyen-âge et m'arrêtai heureusement.

En 1844, la confiance de la jeunesse, et j'ose le dire, les sympathies de tous, m'entouraient dans la chaire de morale et d'histoire. Je vis et sus beaucoup de choses. Je connus les mœurs publiques. Je sentis la nécessité d'un livre sérieux sur l'amour.

En 1849, quand nos tragédies sociales venaient de briser les cœurs, il se répandait dans l'air un froid terrible; il semblait que tout le sang se fût retiré de nos veines. En présence de ce phénomène qui semblait l'imminente extinction de toute vie, je fis appel à ce peu de chaleur qui restait encore; j'invoquai, au secours des lois, une rénovation des mœurs, l'épuration de l'amour et de la famille.

L'occasion de 1844 mérite d'être rappelée.
En recueillant mes souvenirs et revoyant mes nom-

breuses correspondances d'alors, je vois que la confiance singulière que me témoigna le public vint de ce qu'on sentait en moi un véritable solitaire, étranger à toute coterie, hors des querelles du temps, enfermé dans sa pensée.

Cet isolement n'était pas, du reste, sans inconvénient. D'abord, il m'ôtait l'à-propos. Il m'arrivait, comme aux myopes, de heurter tel mur, telle borne. Je cherchais souvent, j'inventais de vieilles choses, trouvées et connues. En revanche, j'étais resté jeune. Je valais mieux que mes écrits, mieux que mes leçons. J'apportais à cet enseignement de la morale et de l'histoire une âme très entière encore, une grande fraîcheur d'esprit ; sous des formes parfois subtiles, une vraie simplicité de cœur, enfin, en pleine polémique, un certain esprit de paix.

D'où venait cela? De ce que, fort préservé de mon temps, n'en connaissant point les hommes (et les livres peu), je ne haïssais personne. Mes batailles étaient celles d'une idée contre une idée.

Cela toucha le public. Il n'avait jamais rencontré un homme si ignorant.

C'est-à-dire qui connût si peu tout ce qui courait les rues.

N'ayant aucune connaissance des formules répandues ni des solutions banales qui m'auraient aidé à répondre, j'étais obligé de tirer de moi, de puiser toujours en moi, et, n'ayant nulle autre chose, de leur donner de ma vie.

Ils en voulurent et ils vinrent. Beaucoup se révélèrent à moi, ne craignirent pas de montrer des blessures cachées, apportèrent leurs cœurs saignants. Des hommes toujours fermés de défiance contre la dérision du monde s'ouvrirent sans difficulté devant moi (je n'ai ri jamais). Des dames brillantes et mondaines, d'autant plus malheureuses, d'autres pieuses, studieuses, austères, le dirai-je? des religieuses, franchirent les vaines barrières de convenance ou d'opinion, comme on fait quand on est malade. Étranges, mais très précieuses, très touchantes correspondances, que j'ai gardées avec le soin et le respect qu'elles méritent.

Je n'avais pas été au monde. Le monde était venu à moi. J'y gagnai de grandes lumières. Des secrets de notre nature que je n'eusse jamais devinés me furent tout à coup révélés. J'en sus plus en peu d'années que ne m'aurait appris jamais le spectacle monotone que donnent les salons tous les soirs. Je sus, je vis le fond des cœurs. Mais, pour répondre à leur appel, je fus obligé aussi de scruter bien mieux le mien, d'y chercher des moyens, des forces. Je ne veux pas me vanter de n'avoir rien ressenti du contact habituel de tant d'âmes ébranlées. Mais cela même servit. L'impression que j'en recevais, réelle et profonde, leur fut parfois un remède. Plus d'un se trouva apaisé par la sympathie qu'il trouva en moi. Au défaut d'autre moyen, dans mes propres émotions, j'avais comme un art sans art, une homœopathie morale.

Je ne rougis point d'être homme.

Un médecin de province, que je ne connaissais pas, m'écrit un jour qu'il vient de perdre sa fiancée qu'il devait épouser dans huit jours, et « qu'il est désespéré ». Il ne voulait rien, ne demandait rien, sinon de dire à un homme, à qui il croyait du cœur, « qu'il était désespéré ! »

Que répondre, que dire à cela? quels discours, hélas! trouver, quelle consolation pour une si terrible aventure? Je voulus pourtant lui écrire sur-le-champ, et je m'y mis de mon mieux. Au milieu de ce travail, que je sentais trop inutile, m'interrompant pour relire encore une fois sa lettre, j'y sentis une telle force d'inconsolable douleur, que la plume m'échappa... Car ce n'était pas une lettre, c'était la chose elle-même, trop naïve et trop cruelle; je vis la scène tout entière. Et mon papier se mouilla, et ma lettre s'effaça. Mais, telle quelle, illisible comme elle était, je la cachetai, et telle je la lui envoyai.

C'était mon cœur (rien de moins) que je donnais à cette foule. En revanche, que me donna-t-elle?

A une heure encore matinale, comme je travaillais enfermé chez moi, un jeune homme, impétueux, ne s'arrête pas à la consigne. Il pénètre, il frappe, il entre.

« Monsieur, me dit-il, excusez mon entrée si insolite, mais vous n'en serez pas fâché. Je vous apporte une nouvelle. Les maîtres de certains cafés, de certaines maisons connues, de certains jardins de bal, se plaignent de votre enseignement. Leurs établissements, disent-ils, perdent beaucoup. Les jeunes gens prennent la manie des conversations sérieuses, ils oublient leurs habitudes... Enfin, ils aiment ailleurs... Ces bals risquent de fermer. Tous ceux qui gagnent jusqu'ici aux amusements des écoles se croient menacés d'une révolution morale qui, sans faute, les ruinera. »

Je lui pris la main et lui dis : « Si ce que vous m'annoncez là se réalisait, je vous déclare que ce serait pour moi le triomphe et la victoire. Je ne veux nul autre succès. Le jour où les jeunes gens prendront des mœurs graves, la liberté est sauvée. Qu'un tel résultat arrive, et par notre enseignement, je l'emporterai, Monsieur, comme la couronne de ma vie, pour mettre dans mon tombeau. »

Il sortit. Et, resté seul, je me dis : « Moi, en retour, je leur ferai tôt ou tard un don. Je leur écrirai le livre d'affranchissement des servitudes morales, le livre de l'amour vrai. »

J'étais bien loin, à cette époque, de soupçonner la grandeur, la difficulté de ce sujet vaste et profond. J'ignorais surtout les renouvellements originaux, inattendus, que l'amour a d'âge en âge.. Le passé pesait trop sur moi, l'histoire m'opprimait. Je risquais de rester ce que j'étais jusque-là, artiste érudit.

Je voulais affranchir mon temps, et c'est lui qui m'affranchit. Ces âmes confiantes et transparentes de jeunes gens qui s'ouvraient me révélèrent bien des choses. Ils ont fourni, sans le savoir, une part considérable à l'immense trésor de faits dont peu à peu sortit ce livre.

Mais rien ne m'a plus servi que l'amitié de ceux à qui l'on dit tout, je veux dire, celle des médecins. J'en ai connu intimement plusieurs des plus illustres de ce siècle. J'ai été, pendant dix ans, plus que l'ami, j'ose dire le frère d'un physiologiste éminent qui gardait dans les sciences naturelles le sens exquis des choses morales.

J'appris beaucoup avec lui sur bien des sujets, mais très spécialement sur l'amour.

Une chose me frappait en cet homme infiniment ingénieux et très délicat, la perfection calculée de sa vie domestique. Il avait une femme laide, gracieuse, ignorante et charmante (originaire de Savoie). Il avait trouvé moyen de l'associer à ses idées, à ses recherches, à ses découvertes.

Il travaillait, sans étalage d'instruments, de laboratoire, près d'elle et au coin de son feu, inventant des appareils réduits et commodes, pour faire dans un appartement des recherches souvent compliquées qui, suivies en grand, l'auraient tenu hors de sa maison, éloigné d'elle et rompu ce permanent accord d'esprit.

Il lui vint une grande épreuve. Cette dame, par suite accidentelle d'une maladie de femme, devint folle et délira pendant une année ou deux. Il la garda près de lui, continua ses travaux au milieu d'une distraction et d'un tiraillement si cruel.

Sa folie était assez douce, mais elle parlait beaucoup. Elle rêvait tout éveillée. Elle avait de vaines craintes. Elle mêlait des propos bizarres à toute conversation, permettait difficilement de suivre le fil d'une pensée. La patience de son mari ne se démentit jamais. Un jour, je lui en témoignai mon admiration. Il me dit : « Dans une maison de santé, où on la traiterait durement, où l'on ne supporterait pas ses petites incartades, elle deviendrait tout à fait folle et ne se remettrait jamais. Mais, bien traitée, n'étant pas étonnée, effarouchée, ne voyant qu'un visage ami, n'entendant que des paroles bien suivies et de raison, elle guérira à la longue, sans autre remède. » Cela eut lieu en effet.

Je ne crois pas qu'on puisse citer un exemple plus remarquable d'affection. Les jeunes gens, aux premiers élans pour une jeune et jolie maîtresse, qui n'apporte que des roses, se croient bien avant dans l'amour. « Ils donneraient leur vie pour elle. » Je ne sais. La vie elle-même est souvent facile à donner, et c'est l'affaire d'un instant; mais la douceur persévérante d'une patience à toute épreuve qui subit pendant des années le supplice de l'interruption, la force calme qui sans cesse rectifie, rassure, affermit une pauvre âme errante et malade, possédée de ces mauvais rêves, c'est peut-être la preuve d'amour la plus grande et la plus forte.

Ce qui me surprit surtout, c'est l'obéissance qu'il obtenait d'elle en choses qu'elle ne pouvait comprendre. Résultat de la communication complète et du parfait enveloppement moral où elle avait vécu jusque-là. Avec un corps très altéré, une âme tout à fait défaillante, quelque chose subsistait en elle, survivait à tout, l'union et le besoin de complaire, et disons d'un mot : l'amour.

Je sentis bien par ce fait et par d'autres analogues qu'entre le monde fatal où vivent les physiologistes, et le monde plus ou moins libre où se tiennent les moralistes, se trouve une sphère mixte que j'oserais appeler de *fatalité volontaire*, c'est-à-dire d'habitudes voulues et libres d'abord, qui, par l'amour, deviennent une heureuse fatalité et une seconde nature.

C'est le grand œuvre de l'amour de créer cela.

Un très illustre écrivain, qui récemment a traité ces questions, veut que la femme obéisse, et croit qu'elle obéira par le seul fait de sa nature inférieure.

La dame dont j'ai parlé plus haut, dans son beau livre, ne la croit pas inférieure, mais veut aussi qu'elle obéisse. Égale et obéissante ? comment ces deux mots iront-ils ensemble ? Elle ne l'explique pas assez. Elle s'en rapporte vaguement aux bons sentiments chrétiens, à la Bible et à la Grâce.

Cela est plus difficile que l'un et l'autre ne le pensent.

L'homme doit avoir sur la femme jeune, et la femme âgée sur l'homme, un grand et très grand ascendant. Mais, pour l'obtenir, pour établir entre eux la vraie unanimité, pour assurer surtout le maintien, le crescendo de cette unité de cœur, c'est l'habitude qu'il faut, un ensemble d'habitudes.

Et il y a une méthode qui peut y conduire.

Le cadre matériel de la vie y fait beaucoup, toutes les formes de communication matérielle et morale. Je le dirais, si le mot n'avait pas été gâté par des ouvrages futiles, il y faut *un art d'aimer*.

J'entends l'art d'aimer jusqu'au bout. Les débuts sont trop faciles. Mais je crois que, cet art aidant la nature, celle-ci accorde à l'âme, à tout âge et jusqu'à la mort, ce que j'appelle (au livre V) les rajeunissements de l'amour.

Je crois avoir sérieusement supprimé la vieille femme. On n'en rencontrera plus.

Faut-il dire un mot de la forme ?

Elle était bien secondaire, dans un livre si grave en lui-même, et dans un sujet si neuf en réalité. J'ai supposé que le lecteur (intéressé à la chose, car ici tout homme l'est) ne s'amuserait pas au style. Et je n'y ai point songé.

Nulle prétention littéraire. J'ai marché comme j'ai pu, « courant, nageant, rampant, volant » (pour dire le mot de Milton). Parfois je m'adresse à tous, au public, souvent à un seul, souvent aussi je mets le précepte sous une forme narrative.

Pour cela, j'ai imaginé deux jeunes gens que je marie, que je suis dans toute leur vie.

Pourtant, ce n'est pas un roman. Je n'ai pas ce genre de talent. Puis la forme romanesque aurait eu l'inconvénient de trop individualiser.

Mes deux amants sont anonymes.

Des personnages nommés (comme l'Émile et la Sophie de Rousseau) font tort aux idées. Le lecteur s'occupe justement de l'inutile, de cette biographie, de la mise en scène ; il oublie l'utile et le fond. J'ai mieux aimé rester libre de laisser par moments ce couple soit pour dire un mot, des vices du temps, soit pour formuler en mon nom telle vérité grave où j'éprouvais le besoin d'exprimer fortement mes convictions et de confesser ma foi.

Est-ce à dire que mon jeune homme, qui revient partout dans ce livre, n'existe pas ? N'en croyez rien. Il existe. La plus forte preuve, c'est que je vais lui parler.

IV

Tu connais le musée du Louvre, et peut-être, parmi les sculptures, tu as vu la *Délivrance d'Andromède.*

Ce groupe a beaucoup souffert, étant resté cent cinquante ans sous les arbres de Versailles, et plus d'une fois blanchi, outrageusement gratté par des barbares qui en ont fait disparaître les finesses. N'importe, refais-le en esprit, délicat, tiède et vivant, comme il sortit de la fiévreuse main du Puget.

Ce grand artiste, en qui fut l'âme souffrante d'un siècle malade, né en Provence, et vivant devant l'enfer des galères de Louis XIV, a sculpté toute sa vie d'infortunés prisonniers. Tel est le Milon, pris dans l'arbre et dévoré par le lion. Tels les Atlas de Toulon, misérablement écrasés. Telle la petite Andromède.

Persée vient de tuer le monstre qui allait la dévorer. Dans un inexprimable élan de félicité, il enlève d'un seul doigt la lourde chaîne de fer qui suspendait la jeune fille. Pour elle, éperdue, demi-morte, elle ne sait pas où elle est. Elle ne sait qui la délivre. Elle ne pourrait pas se porter, ayant été paralysée par ce rude froissement de chaînes, et surtout par l'épouvante. On peut dire qu'elle n'en peut plus. Cet état d'extrême faiblesse et d'abandon absolu est tout à fait au profit de l'heureux libérateur. Car enfin, elle n'est pas morte; son petit cœur bat encore, et pour qui? On le sent bien. Les yeux fermés, de tout son poids elle se laisse aller sur lui. Close encore, mais si émue ! sa jolie bouche veut dire : « Prends-moi, reçois-moi, porte-moi... Je suis tienne, charge-toi de moi... Je me donne, sois ma providence, fais de moi ce que tu veux. »

Œuvre charmante, passionnée, absurde sous un rapport (signe encore de la passion). Il a désiré tellement nous attendrir pour la petite, qu'il l'a faite presque de taille d'enfant avec les formes d'une femme. Elle semble d'une autre race que son libérateur, jeune homme très haut de taille, long plutôt que grand, faible hercule de la décadence, comme on peut l'imaginer sous le règne famélique de Louis XIV, et comme ne l'aurait jamais conçu la forte Antiquité.

N'importe, cet homme admirable a atteint son but. Il a produit un grand effet d'amour et de piété. Tous ceux qui voient cette œuvre ne manquent pas de s'écrier avec attendrissement : « Oh ! qu'il est heureux ce Persée !... Que j'aurais voulu être là et sauver la petite fille ! »

Heureux qui délivre une femme ! qui l'affranchit de la fatalité physique où la tient la nature, de la faiblesse où elle est dans l'isolement, de tant de misères, d'obstacles ! heureux qui l'initie, l'élève, la fortifie et la fait sienne !... Ce n'est pas elle seulement qu'il a délivrée ; c'est lui-même.

Dans cette délivrance commune, l'homme a l'initiative, sans nul doute. Il est plus fort, il est mieux portant (n'ayant pas surtout la grande maladie, la maternité). Il a une forte éducation, il est favorisé des lois. Il a les meilleurs métiers et gagne bien davantage. Il a la locomotion ; s'il est mal, il vogue ailleurs. La pauvre Andromède, hélas! doit mourir sur son rocher ; si elle était assez adroite pour s'en délivrer, le quitter, nous dirions : « C'est une coureuse. »

Mais une fois délivrée par toi, cher Persée, de combien de servitudes elle va te délivrer! Faisons-en l'énumération.

La servitude de bassesse. Si tu as le bonheur au foyer, tu ne t'en iras pas le soir chercher l'amour sous les quinquets fumeux d'un bal et l'ivresse au ruisseau.

La servitude de faiblesse. Tu ne traîneras pas, comme ton triste camarade, ce jeune vieillard, gras, pâle, fini, qui fait rire les femmes. L'amour vrai te gardera et concentrera ta force.

La servitude de tristesse. Celui qui est fort et fait les œuvres de l'homme, celui qui partant au travail laisse au foyer une âme aimée qui l'aime et ne pense qu'à lui, par cela seul a le cœur gai et il est joyeux tout le jour.

La servitude d'argent. Retiens de moi cette recette très exacte d'arithmétique : *Deux personnes dépensent moins qu'une.*

Je vois force célibataires qui restent tels par l'effroi des dépenses du mariage, mais dépensent infiniment plus. Ils vivent très chèrement au café et chez les restaurateurs, très chèrement au spectacle. Le cigare de la Havane, fumé tout le jour, est à lui seul une dépense.

Pourquoi fumer? « Pour oublier », disent-ils. Mais

rien n'est plus funeste. *Il ne faut jamais oublier*. Malheur à qui oublie les maux! il ne cherche pas les remèdes. L'homme, le citoyen qui oublie, se perd, lui et son pays. Grand avantage d'avoir au foyer une personne sûre, aimante, à qui vous pouvez tout dire, avec qui vous pouvez souffrir. Elle vous empêchera d'oublier, de rêver. Il faut souffrir, aimer, penser. C'est là la vraie vie de l'homme.

On se dit célibataire. Mais qui l'est? J'ai cherché : je n'ai pas rencontré cet être mythologique. J'ai vu tout le monde marié, par mariages temporaires, il est vrai, secrets, honteux, tel pour trois mois, tel pour huit jours, et tel pour une minute. Ces mariages d'un moment, qui sont la misère de la femme, n'en sont pas moins très chers pour l'homme. La baleine mange beaucoup moins que la Dame aux camélias.

Si la femme n'a point d'amies dont la concurrence la trouble et la jette dans la toilette, elle ne dépense rien. Elle réduit toutes vos dépenses, à ce point que le calcul donné plus haut n'était pas juste. Il ne faut pas dire « deux personnes », mais « *quatre dépensent moins qu'une* ». Elle nourrit de plus deux enfants.

Quand le mariage est raisonnable, prévoyant, quand la famille ne croît pas trop rapidement, la femme, loin d'être un obstacle à la liberté de mouvement, en est au contraire la condition naturelle et essentielle. Pourquoi l'Anglais émigre-t-il si aisément et si utilement pour l'Angleterre même? Parce que sa femme le suit. Sauf les climats dévorants (comme l'Inde), la femme anglaise, on peut le dire, a semé toute la terre de colonies anglaises. C'est la force de la famille qui chez eux a créé la force et la grandeur de la patrie.

Une bonne femme, un bon métier ; si tu as cela, jeune homme, tu es libre, je veux dire, tu peux partir ou rester.

Si tu pars, au moins pour un temps (car je ne puis pas supposer que l'on quitte pour toujours la France), ayant un monde d'amour et de liberté avec toi, tu te sentiras bien fort. Tu aviseras d'où vient le vent et diras : « La terre m'appartient. »

Si tu restes libre (par l'amour) des vices et des dépenses vaines, pouvant rire de tant de pauvres millionnaires inquiets, tu mépriseras cette foule prosternée devant le sort. Tu diras : « Qu'ils usent leur vie à courir après un trésor. J'aime. Et j'ai trouvé le mien. »

Un métier et une femme, voilà la première liberté. Et de là viendront les autres.

Je dis un métier, non un art de luxe. Ayez-en un de surcroît, à la bonne heure. Mais il faut d'abord un des arts utiles à tous. Qui aime et veut nourrir sa femme ne s'amuse guère à faire ici de l'amour-propre, à chercher la ligne précise entre l'art et le métier. Ligne en réalité fictive. Qui ne voit que la plupart des métiers, si l'on y pénètre à fond, sont des branches réelles d'un art? Ceux du bottier, du tailleur, sont bien près de la sculpture. Le dirai-je? pour un tailleur qui sent, modèle et rectifie la nature, je donnerais trois sculpteurs classiques.

Songe à tout cela, cher ami (que tu sois aux écoles

étudiant ou jeune ouvrier ailleurs, il n'importe). Commence déjà, dans les jours de repos, à réfléchir, à préparer, à arranger de loin ta vie. Profite de ces moments, et, si par hasard ce livre tombait dans tes mains, lis-en quelques pages et songe. Il a, entre autres défauts, celui d'être extrêmement bref. Cela sera repris plus tard par d'autres, et mieux. Quand celui qui a écrit ceci, clos et couvert dans la terre, reposera de son travail, un plus habile tirera de son esquisse imparfaite un chapitre, et en fera peut-être un grand livre fécond, immortel. Mais, comme on ne fait tout cela qu'avec un même élément (le même en moi et en toi, l'amour et le cœur de l'homme), tu peux toi-même déjà, sur ces données sèches encore, te composer d'avance le livre de ta vie.

Penses-y le soir du dimanche, lorsque l'étourdie bacchanale de tes bruyants camarades, déroulant par l'escalier, frappera rudement à ta porte, dira : « Eh! que fais-tu encore?... Es-tu un ours?... On t'attend. Nous allons à la Chartreuse, à la Chaumière, aux Lilas... Nous partons avec Amanda, Héloïse et Jeanneton. »

Réponds-leur : « Un peu plus tard... J'ai encore quelque chose à faire. »

Si tu dis cela, je t'assure qu'entre les deux pâles fleurs que tu nourris sur ta fenêtre, parmi les fumées de Paris, une troisième apparaîtra, une fleur, et pourtant une femme... l'image vaporeuse et légère de ta future fiancée.

Elle est un peu bien jeune encore. Elle a peut-être treize ans, toi vingt? Il faut qu'elle grandisse. Mais toute jeunette qu'elle est, si tu penses beaucoup à elle, elle te gardera bien mieux que ton père et que ta mère. Car elle est sévère, la petite. Elle ne permet pas de folie. S'il t'en passe en tête, elle te dira très bien sans parler : « Non, mon ami, reste et travaille pour moi. »

Je te donne cette ombre charmante pour gardien et pour mentor, pour précepteur et pour gouverneur. Quand elle aura dix-sept, dix-huit ans, les rôles changeront. Épouse, elle entrera chez toi, et trouvera très bon, très doux, que tu sois son maître à ton tour.

Tu remercieras Dieu alors, dont la tendresse inventive a fait la femme pour toi, la femme, le miracle de divine contradiction.

Ce livre va te l'expliquer par les faits, non par hypothèse. Elle change et ne change pas. Elle est inconstante et fidèle. Elle va muant sans cesse dans le clair-obscur de la grâce. Celle que tu aimas ce matin n'est pas la femme du soir. Une religieuse d'Alsace s'oublia, dit-on, trois cents ans à écouter le rossignol. Mais qui saurait écouter et regarder une femme en toutes ses métamorphoses s'en étonnerait toujours, s'y plairait ou s'en piquerait, mais jamais ne s'y ennuierait. Une seule occuperait dix mille ans.

Et cependant, avec cette puissance de rénovation, telle est la force de l'amour, son heureuse fatalité, que la femme s'imprègne à fond, se pénètre de l'objet aimé jusqu'à le devenir lui-même.

De sorte qu'en avançant, elle gagne en grâce de femme ; mais le fond fixe est fait homme.

Donc, si ce livre est solide, et si, le suivant pas

à pas, tu maintiens ta femme libre des influences extérieures et fidèle à sa nature, je puis te dire hardiment le mot qui résume tout : « Ne crains pas de t'ennuyer, car elle changera sans cesse. Ne crains pas de te confier, car elle ne changera pas. »

LIVRE PREMIER

CRÉATION DE L'OBJET AIMÉ

I

DE LA FEMME

L'objet de l'amour, la femme, est un être fort à part, bien plus différente de l'homme qu'il ne semble au premier coup d'œil; plus que différent, opposé, mais gracieusement opposé dans un doux combat harmonique qui fait le charme du monde.

A elle seule et en elle-même, elle offre une autre opposition, une lutte de qualités contraires. Élevée par sa beauté, sa poésie, sa vive intuition, sa divination, elle n'en est pas moins tenue par la nature dans un servage de faiblesse et de souffrance. Elle prend l'essor chaque mois, notre pauvre chère sibylle, et, chaque mois, la nature l'avertit par la douleur, et par une crise pénible la remet aux mains de l'amour.

Elle ne fait rien comme nous. Elle pense, parle, agit autrement. Ses goûts diffèrent de nos goûts. Son sang n'a pas le cours du nôtre ; par moments, il se précipite, comme une averse d'orage. Elle ne respire pas comme nous. En prévision de la grossesse et de la future ascension des organes inférieurs, la nature a voulu qu'elle respirât surtout par les quatre côtes d'en haut. De cette nécessité résulte la plus grande beauté de la femme, la douce ondulation du sein, qui exprime tous ses sentiments dans une éloquence muette.

Elle ne mange pas comme nous, ni autant, ni les mêmes mets. Pourquoi? Surtout par la raison qu'elle ne digère pas comme nous. Sa digestion est troublée à chaque instant par une chose : elle aime du fond des entrailles. La profonde coupe d'amour (qu'on appelle le bassin) est une mer d'émotions variables qui contrarient la régularité des fonctions nutritives.

Ces différences intérieures se produisent au dehors par une autre plus frappante. La femme a un langage à part.

Les insectes et les poissons restent muets. L'oiseau chante. Il voudrait articuler. L'homme a la langue distincte, la parole nette et lumineuse, la clarté du verbe. Mais la femme, au-dessus du verbe de l'homme et du chant de l'oiseau, a une langue toute magique dont elle entrecoupe ce verbe ou ce chant : le soupir, le souffle passionné.

Incalculable puissance. A peine elle se fait sentir et le cœur en est ému. Son sein monte, descend, remonte ; elle ne peut pas parler, et nous sommes convaincus d'avance, gagnés à tout ce qu'elle veut. Quelle harangue d'homme agira comme le silence de la femme?

II

LA FEMME EST UNE MALADE

Bien souvent assis, et pensif, devant la profonde mer, j'épiais la première agitation, d'abord sourde, puis sensible, puis croissante, redoutable, qui rappelait le flot au rivage. J'étais dominé, absorbé de l'électricité immense qui flottait sur l'armée des vagues dont la crête étincelait.

Mais avec combien plus d'émotion encore, avec quelle religion, quel tendre respect, je notais les premiers signes, doux, délicats, contenus, puis douloureux, violents, des impressions nerveuses qui périodiquement annoncent le flux, le reflux de cet autre océan, la femme !

Du reste, ces signes sont si clairs, que, même hors de l'intimité, ils se manifestent au premier coup d'œil. Chez les unes, qui semblent fortes (mais qui alors sont d'autant plus faibles), un bouillonnement visible commence, comme une tempête, ou l'invasion d'une grande maladie. Chez d'autres, pâles, bien atteintes, mortifiées, on devine quelque chose comme l'action destructive d'un torrent qui mine en dessous. Chez la plupart, l'influence moins énergique semble plutôt salutaire ; elle rajeunit et renouvelle, mais toujours au prix des souffrances, au prix du malaise moral qui trouble bizarrement l'humeur, affaiblit la volonté, et fait une personne tout autre, toute nouvelle, pour celui même qui dès longtemps la connaît le mieux.

La femme la plus vulgaire, alors, n'est pas sans poésie. Longtemps d'avance, et souvent dès le milieu du mois lunaire, elle donne les touchants indices de sa transformation prochaine. Le flot vient déjà et la marée monte.

Elle est agitée ou rêveuse. Elle n'est pas bien sûre d'elle-même. Parfois des larmes lui viennent, souvent des soupirs. Ménagez-la, parlez-lui avec une extrême douceur. Soignez-la, entourez-la, sans importunité pourtant, s'il se peut, sans qu'elle le sente. C'est un état très vulnérable. Elle porte en elle une puissance plus forte qu'elle, et comme un Dieu redoutable. Des mots singuliers, éloquents parfois, qu'on n'eût point du tout attendus, lui viennent et vous étonnent. Mais ce qui domine tout (sauf le cas où l'on aurait la barbarie de l'irriter), c'est un surcroît de tendresse, d'amour même. La chaleur du sang avive le mouvement du cœur.

« Amour physique et fatal ? » Oui et non. Les choses se passent dans un mélange indistinct, et le tout reste une énigme.

Elle aime, elle souffre, elle veut l'appui d'une main

aimante. C'est ce qui, plus qu'aucune chose, a fortifié l'amour dans l'espèce humaine, fixé l'union.

On a dit souvent que c'était la faiblesse de l'enfant qui, prolongeant les soins d'éducation, avait créé la famille. Oui, l'enfant retient la mère, mais l'homme est tenu au foyer par la mère elle-même, par sa tendresse pour la femme et le bonheur qu'il trouve à la protéger.

Plus haut et plus bas que l'homme, humiliée par la nature dont elle sent la main pesante, mais en même temps élevée à des rêves, des pressentiments, des intuitions supérieures, que l'homme n'aurait eus jamais, elle l'a fasciné, innocemment ensorcelé pour toujours, et il est resté enchanté. — Voilà la société.

Une puissance impérieuse, une tyrannie charmante, l'a immobilisé près d'elle. Cette crise toujours renaissante, ce mystère d'amour, de douleur, de mois en mois l'ont tenu là. Elle l'a fixé d'un seul mot : « Je t'aime encore plus, quand je suis malade ! »

Lorsqu'elle n'a plus les soins, l'enveloppement d'une bonne mère qui la soigne et qui la gâte, elle réclame un bon mari, dont elle puisse user, abuser. Elle prie, elle l'appelle, à raison ou sans raison. Elle est émue, elle a peur, elle a froid, elle a rêvé ! Que sais-je ? il y aura de l'orage ce soir, ou la nuit ; déjà elle le sent, elle l'a en elle : « Je t'en prie, donne-moi la main... J'ai besoin d'être rassurée.

— Mais il faut que j'aille au travail... — Reviens donc vite... Aujourd'hui je ne peux me passer de toi... »

On les dit capricieuses, mais rien n'est moins vrai. Elles sont tout au contraire régulières, et très soumises aux puissances de la nature. Sachant l'état de l'atmosphère, l'époque du mois, enfin l'action de ces deux choses sur une troisième dont je parlerai, on peut prédire avec plus de sûreté que les anciens augures. On devine presque à coup sûr ce que sera l'humeur de la femme, triste ou gaie, quel tour prendra sa pensée, son désir, son rêve.

D'elles-mêmes elles sont très bonnes, douces, tendres pour celui qui les appuie. Leurs aigreurs, leurs fâcheries, presque toujours, sont des souffrances. Bien sot qui s'y arrêterait. Il faut seulement alors d'autant plus les ménager, les soigner et compatir.

Elles se détendent, regrettent ces tristes moments, s'excusent souvent avec larmes, vous jettent les bras au cou et disent : « Tu sais bien... ce n'est pas ma faute. »

Cet état est-il passager ? Nullement. Partout où la femme n'extermine pas son sexe par un travail excessif (comme nos rudes paysannes qui de bonne heure se font hommes), partout où elle reste femme, elle est généralement souffrante au moins une semaine sur quatre.

La semaine qui précède celle de crise est déjà troublée. Et dans les huit ou dix jours qui suivent cette semaine douloureuse, se prolonge une langueur, une faiblesse, qu'on ne savait pas définir. Mais on le sait maintenant. C'est la cicatrisation d'une blessure intérieure, qui, au fond, fait tout ce drame. De sorte qu'en réalité, quinze ou vingt jours sur vingt-huit (on peut dire presque toujours), la femme n'est pas seulement une malade, mais une blessée. Elle subit incessamment l'éternelle blessure d'amour.

Shakespeare a dit : « La Pitié sous figure d'un petit enfant ».

Les femmes diront qu'il a bien dit. Au mot d'enfant, tout leur cœur s'ouvre et s'attendrit.

Mais, nous autres hommes, qui savons davantage les réalités, nous dirons que les enfants, si légers, si insouciants, favorisés de la nature en cent choses, puissants de leur jeune croissance et de l'âge ascendant, sentent le mal infiniment moins et ne sont pas le symbole souverain de la pitié.

Voulez-vous savoir la personne malheureuse, vraiment malheureuse, et l'image vraie de la Pitié? C'est la femme qui, dans l'hiver, à certaine époque du mois, souffreteuse et toute craintive de tels accidents prosaïques qui souvent viennent en même temps, est forcée d'aller rire au bal, dans une foule légère et cruelle...

Hélas! où est donc sa mère? ou plutôt un homme aimant qui la soigne, travaille pour elle, lui permette de rester le soir chaudement close et devant le feu? il la ferait, ces jours-là, coucher de bonne heure, et lui, continuant sa veille, il aurait pour récompense ce dernier mot à voix basse : « Mon Dieu, je vous donne mon cœur, à vous et à mon mari ! »

III

LA FEMME DOIT PEU TRAVAILLER

Les véritables travailleurs qui savent que la mise en train est beaucoup, souvent presque tout, savent aussi qu'un travail coupé fréquemment donne peu de résultats. La femme, si maladive et interrompue si souvent, est un très mauvais ouvrier. Sa constitution mobile, le constant renouvellement qui est le fond de son être, ne permet pas qu'elle soit longtemps appliquée. La tenir tout le jour assise, c'est une grande barbarie.

Elle n'est guère propre au travail, même en sa pleine santé. Combien plus si elle est enceinte, dans ce grand *travail* de douleurs que souvent l'homme lui impose si légèrement! Aux quatre premiers mois où l'enfant, flottant encore, l'agite comme du roulis d'un vaisseau en pleine tempête, aux cinq mois d'absorption où il boit sa mère et vit de son sang, enfin dans les trois mois au moins qu'il faut pour raffermir un peu les pauvres viscères arrachés, que voulez-vous qu'elle fasse? Après cette horrible fatigue, allez-vous la mettre au travail, quand elle a donné le meilleur d'elle-même, son sang, sa moelle et sa vie?

Tout ce que les économistes, etc., ont dit sur l'application de la femme à l'industrie ne touche qu'une exception imperceptible sur la carte, un petit point noir de l'Europe. Ils oublient toute la terre!

Dans tous les lieux, dans tous les temps, la femme n'a été et n'est occupée qu'aux travaux domestiques, qui, chez les tribus sauvages (où le guerrier se réserve pour la fatigue des grandes chasses), comprennent un peu d'agriculture ou de jardinage.

Et c'est en faisant peu ou rien que la femme produit les deux trésors de ce monde. Quels? L'enfant, l'homme, la beauté, la force des races. Quels encore? La fleur de l'homme, cette fleur d'arts, de douceur et d'humanité qu'on appelle civilisation. Tout cela est venu, dès l'origine, de la culture délicate, tendre et patiente que la femme, épouse et mère, nous a donnée au foyer.

La femme agit autant que nous, mais de tout autre manière. J'en vois qui travaillent douze heures par jour et ne croient pas travailler. Une des plus laborieuses me disait modestement : « Je vis comme une princesse. C'est lui qui travaille et qui me nourrit. Les femmes ne sont bonnes à rien. »

Ce *rien* veut dire un travail doux, lent, coupé, volontaire, toujours en vue de ce qu'elle aime, pour son mari ou son enfant. Ce travail, qui n'absorbe pas son esprit, est comme la chaîne du tissu de ses pensées. Elle y mêle, comme la trame, telles choses de la maison dont l'homme trop occupé ne se fût point avisé, souvent des rêves sérieux sur l'avenir de ses enfants, parfois aussi une poésie plus haute et plus générale d'humanité, de charité.

Quelqu'un demandait à l'illustre et charmante madame Stowe, comment elle a fait *l'Oncle Tom* : « Monsieur, en faisant seule le pot-au-feu de la famille. »

Il faut que le travail de la femme soit pour elle de l'amour encore, car elle n'est bonne à autre chose. Quel est son but de nature, sa mission? La première, aimer; la seconde, aimer un seul; la troisième, aimer toujours.

Toujours autant, sans se lasser. Quand le monde ne vient pas la troubler et la changer, la femme plus que l'homme est fidèle. Elle aime très également, d'un cours continu et que rien n'arrête, comme coule la rivière ou le fleuve, comme une belle source solitaire de la forêt Noire à qui, passant par là, en juillet 1842, je m'avisai de demander de quel nom elle s'appelait. Elle dit : « Je m'appelle *Toujours*. »

IV

L'HOMME DOIT GAGNER POUR DEUX

Elle dort, la pauvre petite, elle dort, et ce serait bien dommage de l'éveiller, car elle rêve avec bonheur, on le voit à sa bouche émue... c'est d'amour, donc c'est de toi. Il n'est que cinq heures encore, il est bon qu'elle reste au lit (à ce moment du mois surtout), et qu'elle dorme un peu le matin. Si nous pouvions cependant deviner ce qui flotte dans ce souffle léger qui erre sur la lèvre? que pense-t-elle ou que veut-elle?

« Je ne sais. » — Eh bien, moi, je vais te le dire : « Toute à toi, et toute en toi! »

C'est bien simple, mais c'est un monde. Une révélation tout entière est dans ce mot, la formule complète de la nature, l'évangile du mariage.

« Mon ami, je ne suis point forte. Je ne suis pas propre à grand'chose, qu'à t'aimer et te soigner. Je n'ai pas tes bras nerveux; et, si je fais trop longtemps attention à une chose compliquée, le sang se porte à ma tête, le cerveau me tinte. Je ne puis guère inventer. Je n'ai pas d'initiative. Pourquoi ? Je t'attends toujours et ne regarde qu'en toi.

« A toi seul, l'élan, l'aiguillon, et aussi les reins, la force patiente, l'invention et l'exécution. Donc, tu seras créateur, et tu me feras un nid de ton génie et de ta force.

« Un nid ? davantage, un monde harmonique, d'ordre, de douceur et de paix, une cité de bonheur, où je ne voie plus souffrir, où je n'aie plus à pleurer, où la félicité de tous mette le comble à la mienne. Car, vois-tu, que me servirait ce doux nid si j'étais heureuse toute seule ? Si j'y souffrais de la pitié, je haïrais presque mon propre bonheur. »

Maintenant qu'elle a parlé, essayons de formuler sa pensée, faut-il dire sa loi ? Oui, c'est celle de l'Amour.

« Au nom de la femme et de par la femme souveraine de la terre, ordre à l'homme de changer la terre, d'en faire un lieu de justice, de paix, de bonheur, et de mettre le ciel ici-bas. »

« Et que me donnera-t-elle ? » Elle-même. Elle étendra son cœur à la mesure même de ton héroïsme. Fais le paradis pour les autres. Elle saura te donner le tien.

C'est le paradis du mariage que l'homme travaille pour la femme, qu'il apporte seul, qu'il ait le bonheur de fatiguer et d'endurer pour elle, qu'il lui sauve et la peine du labeur, et les froissements du monde.

Le soir, il arrive brisé. Le travail, l'ennui des

choses et la méchanceté des hommes ont frappé sur lui. Il a souffert, il a baissé, il revient moins homme. Mais il trouve en sa maison un infini de bontés, une sérénité si grande, qu'il doute presque des cruelles réalités qu'il a subies tout le jour : « Oui, tout cela n'était pas. Ce n'était qu'un mauvais songe. Et tout le réel c'est toi! »

Voilà la mission de la femme (plus que la génération même), c'est de refaire le cœur de l'homme. Protégée, nourrie par lui, elle le nourrit d'amour.

L'amour, c'est son travail propre, et le seul qui lui soit essentiel. C'est pour l'y réserver toute que la nature l'a faite si peu capable des labeurs inférieurs de la terre.

L'affaire de l'homme est de gagner, et la sienne de dépenser ;

C'est-à-dire de régler et de faire la dépense mieux que l'homme ne le ferait ;

C'est-à-dire de lui rendre indifférente et insipide toute dépense de plaisir. Pourquoi en chercher ailleurs? Quel plaisir, hors la femme aimée?

« La femme, c'est la maison », dit sagement la loi indienne. Et mieux encore le poète indien : « La femme, c'est la Fortune. »

L'expérience de l'Occident nous permet d'ajouter un mot : « Et surtout la femme pauvre. »

Elle n'a rien, et apporte tout.

V

CE QUE SERA LA FIANCÉE RICHE OU PAUVRE

Elle sera douce, croyante, initiable et surtout neuve de cœur.

Tout le reste est secondaire.

Pour commencer par le point qui touche le plus aujourd'hui, la fortune, je dois dire que je n'ai jamais vu une fille riche qui fût docile. Presque toutes, dès le lendemain, dévoilaient des prétentions infinies, surtout celle de dépenser selon leur dot et au delà. Tel qui se croyait enrichi s'est trouvé réellement pauvre, obligé de se jeter dans les hasards de la spéculation.

J'ai osé, il y a douze ans, formuler cet axiome, vérifié de plus en plus : « Si vous voulez vous ruiner, épousez une femme riche. »

Il y a là un danger plus grand que de perdre sa

fortune, c'est de se perdre soi-même, de changer les habitudes qui vous ont fait ce que vous êtes, qui vous ont donné ce que vous avez de fort et d'original. Avec ce qu'on appelle un bon mariage, vous deviendrez quelque chose comme l'appendice d'une femme, une manière de prince-époux, ou le mari de la reine.

Une belle et très belle veuve, tout aimable et de bon cœur, disait à quelqu'un : « Monsieur, j'ai cinquante mille livres de rente, des habitudes paisibles, point mondaines. Je vous aime et je ferai ce que vous voudrez... Vous êtes mon ancien ami, me connaissez-vous un défaut ? — Un seul, Madame, vous êtes riche. »

« Quoi ! la richesse est-elle un crime ? »

Non. Tout ce qu'on veut dire ici, c'est que la femme qui arrive au mariage plus riche que le mari est rarement initiable. Elle ne prendra pas ses idées, sa manière de vivre et ses habitudes. Elle imposera les siennes; de l'homme elle fera sa femme, ou la dispute commencera. L'insensible et doux mélange des deux vies ne se fera pas. La greffe par approche sera impossible. Il n'y aura pas de mariage.

Plus pauvre, au contraire, la femme est riche de bonne volonté. *Elle aime et croit* (grande chose!...) Est-ce tout ? Non, il en faudrait une troisième, qu'elle ne peut pas donner toujours : *comprendre* celui qu'elle aime.

Quand il y a trop de distance de condition, d'éducation, quand il y a plusieurs degrés à franchir, la difficulté est très grande. Il y faut beaucoup de temps, beaucoup d'art, une patience que n'a pas toujours un homme occupé. On voit parfois, on admire une jeune fille de campagne heureusement née, fleur de beauté et de bonté, de sagesse, infiniment pure, aimante, douce et docile. Adoptez-la, épousez-la; vous êtes tristement surpris en voyant les obstacles que vous rencontrerez pour vous entendre avec elle. Elle y fait ce qu'elle peut; elle écoute et veut profiter; elle se remet toute à vous. Et cela ne sert à rien. Elle n'a pas l'attention forte. Elle est trop sanguine aussi; les races de campagne, transplantées hors des travaux rudes, sont tout offusquées par le sang. Elle ne sent que trop tout cela. Elle pleure, s'en veut « d'être si sotte ». Elle ne l'est pas du tout. Elle est même très intelligente dans les choses de sa sphère et à sa portée. La faute n'est pas à elle, mais à vous, qui avez cru qu'on peut franchir aisément plusieurs degrés d'initiation.

Cette jeune fille de campagne pouvait, devait épouser un ouvrier distingué de la ville. Et la fille qui serait survenue de ce mariage, déjà affinée de race, et cultivée de bonne heure, eût épousé un lettré; elle l'eût suivi, compris en tout sans difficulté. Il y eût eu mariage d'esprit.

En sera-t-il ainsi toujours? Non, j'espère bien le contraire. Les classes, ainsi que les races, vont peu à peu se fondant. Toutes les anciennes barrières tomberont devant le tout-puissant médiateur, maître en égalité, l'Amour.

VI

FAUT-IL PRENDRE UNE FRANÇAISE?

Il ne suffit pas d'aimer, il ne suffit pas de comprendre. Il faut rendre quelque chose, étincelle pour étincelle, pensée pour pensée. Voilà pourquoi comme nation je préférerais la Française à toutes les femmes du monde.

L'Allemande est douceur et amour, d'une pureté, d'une enfance qui transporte au paradis. L'Anglaise, chaste, solitaire, rêveuse, immuable au foyer, si loyale, si ferme et si tendre, est un idéal d'épouse. La passion espagnole mord au cœur, et l'Italienne dans sa beauté et sa morbidesse, sa vive imagination, souvent dans sa candeur touchante, rend la résistance impossible, on est ravi, on est conquis.

Cependant, s'il faut à l'homme une âme qui réponde à la sienne, par des éclairs de raison autant que d'amour, qui lui refasse le cœur par une vivacité charmante, gaieté, saillies de courage, mots de femme ou chants d'oiseaux, il lui faut une Française.

Une chose dont il faut tenir compte, c'est qu'elles sont très précoces. Une Française de quinze ans est aussi développée pour le sexe et pour l'amour qu'une Anglaise de dix-huit. Cela tient essentiellement à l'éducation catholique et à la confession, qui avance tellement les filles. — La musique, cultivée si assidûment chez nous, a encore une grande action. L'Anglaise y travaille aussi, mais pour elle c'est une tâche. L'Italienne et l'Allemande aiment la musique pour elles-mêmes. Mais ce n'est, pour la Française, que l'amour sous forme d'art. L'amour vient, la musique passe : ce piano, tant cultivé, reste solitaire.

En général, la jeune Française n'a ni le teint éblouissant, ni la pureté visible, l'attrait virginal et attendrissant de la fille allemande. Les deux sexes ont chez nous longtemps quelque peu de sécheresse. Nos enfants sont précoces, de sang ardent et aduste. On ne naît pas jeune en France, mais on le devient. La Française embellit étonnamment par le mariage, tandis que la vierge du Nord y perd et souvent se fane.

On risque bien peu ici en épousant une laide. Elle n'est telle, le plus souvent, que faute d'amour. Aimée, elle va être tout autre, on ne la reconnaîtra plus.

VII

LA FEMME VEUT LA FIXITÉ
ET L'APPROFONDISSEMENT DE L'AMOUR

La femme n'est guère touchée des vaines batailles qui, de nos jours, ont lieu en son nom. Ce grand débat contradictoire l'occupe médiocrement. Est-elle plus haut que l'homme ou plus bas? La théorie en cela est secondaire. Partout où elle est réfléchie, fine et sage, elle est maîtresse; elle tient la maison, les affaires, l'argent même, dispose du tout.

Obéira-t-elle? A ce mot, vous croyez qu'elle résiste. Point. Elle rit et secoue la tête. Elle sait bien en elle-même que plus elle obéira, plus elle est sûre de gouverner.

Au fond, que désire la femme, quelle est sa secrète pensée? pensée instinctive et confuse qu'elle suit, sans bien s'en rendre compte, dans tous les lieux, dans tous les temps, pensée qui explique très bien ses contradictions apparentes, sa sagesse et sa folie, sa fidélité et son inconstance!

Elle veut être aimée ? Sans doute, mais ce mot si général ne dit pas le fond du fond.

Elle veut le plaisir physique ? Oui, mais médiocrement. Elle est sensible et abstinente, plus tendre, mais plus pure que nous.

Elle veut régner chez elle, être maîtresse de maison, maîtresse au lit, au foyer, à table, dans tout son petit monde. Voilà, dit l'ancienne Perse, voilà, dit Voltaire dans ses *Contes*, « ce qui plaît surtout aux dames ». Cela est vrai, mais s'explique par un sentiment plus intime, auquel on peut rattacher les trois articles précédents.

Le point secret, essentiel, capital et fondamental, c'est que toute femme se sent comme un centre puissant d'amour, d'attraction, autour duquel tout doit graviter. Elle veut que l'homme l'entoure d'un insatiable désir, d'une curiosité éternelle. Elle a le sentiment confus qu'il y a en elle un infini de découvertes à faire, qu'à l'amour persévérant qui poursuivrait cette recherche sans fin elle aurait de quoi répondre, qu'elle l'étonnerait toujours de mille aspects inattendus de grâce et de passion.

Cette obstination d'amour, cet effort ardent, curieux, qui poursuit la découverte de l'infini dans un seul être, implique un foyer très pur, exclusif et monogamique. Rien de plus froid qu'un sérail, c'est un amour de chenille qui traîne de rose en rose, gâtant le bord de la feuille sans atteindre le calice.

La femme, dans toute l'histoire, est la mortelle ennemie de la vie polygamique. Elle veut l'amour d'un seul, mais elle veut que ce soit vraiment de l'amour, une passion avide, inquiète, qui, toujours, comme la flamme, aille et veuille aller en avant. Elle ne pardonne nullement à ce possesseur unique, à ce préféré, de rechercher si peu ce que vaut son trésor, de croire sottement le lendemain qu'il n'a plus rien à apprendre.

De là viennent les malheureuses tentatives d'un être né très fidèle et qui l'eût été toujours, pour trouver ailleurs une âme qui s'informe mieux de la sienne, y pénètre davantage et y trouve plus de bonheur. Elle n'y réussit guère. L'amant, tout comme le mari, effleure la profonde coupe. Ni l'un ni l'autre ne sait que le meilleur est au fond.

L'homme désire et la femme aime. Il a inventé des centaines de religions, de législations polygamiques. Il voulait jouir et durer ; il cherchait son plaisir d'abord, puis sa perpétuité par une famille nombreuse. La femme ne voulait rien qu'aimer, appartenir, se donner.

Que l'amour est grand chez elle ! et grande sa résistance à l'impureté polygamique dont on lui faisait un devoir ! Dans le Mahabharat indien, elle ne veut aimer qu'un seul ; elle en est punie, elle meurt. Dans le Zend-Avesta persan, sommée par les mages de dire ce qui plaît aux femmes, elle demande un voile, le baisse et dit : « Être aimée, cultivée de son mari, être maîtresse de maison. » Cette belle réponse déplaît ; elle est frappée, elle meurt. Mais son âme va au ciel en s'écriant : « Je suis pure. »

Une chose fort remarquable dans ces révélations

antiques du cœur de la femme, c'est que l'amour y paraît seul, et non la pensée de génération.

Dans l'amour, elle voit l'amour, son amant, son mari. L'enfant paraîtra plus tard. C'est l'homme qui s'inquiète plutôt de la perpétuité de race.

Une jeune dame très austère (madame de Gasparin) n'a pas craint de toucher ce point délicat, de révéler le secret de la femme : « *Le but du mariage est le mariage*, l'enfant n'est que le second. L'amour conjugal impose plus de renoncement, de vertu, que l'amour maternel; car l'enfant, c'est la mère encore; la mère s'aime elle-même en lui. »

Elle a dit cela simplement, naïvement, courageusement. Elle n'a pas demandé un voile comme la matrone de Perse, se sentant assez voilée de vertu, de cette noble virginité que garde l'épouse et qu'elle ne perd jamais.

Mot très pur et qui est au fond dans l'intérêt de l'enfant, le mot qu'il dirait lui-même, s'il parlait avant de naître. Ce qu'il a à souhaiter, c'est l'unité préalable de ceux dont il doit sortir. S'ils sont en parfaite communion de cœur, l'enfant peut venir; le foyer est prêt, un doux nid va le recevoir. S'il n'arrivait que pour trouver le divorce dans le mariage, il périrait moralement, et physiquement peut-être. Donc, toute question de famille, d'éducation, etc., est subordonnée à une question antérieure, celle de l'amour, identification mutuelle des deux qui aiment et qui peu à peu ne font qu'un.

Voilà la pensée de la femme, hors de toute hypocrisie, posée dans sa gravité sainte, contre l'idée du Moyen-âge, qui crut que le mariage n'avait pour but que l'enfant, et oublia que la mère, avant d'être mère, est épouse et la compagne de l'homme.

Profonde, profonde ignorance. Ils ne savaient pas que la femme, même celle qui n'a pas d'enfant, est de cent manières féconde. Elle l'est pour son mari, en qui la plus simple même met, à l'insu de tous deux, des sentiments, des pensées, des habitudes à la longue. A chaque instant fatigué, ayant dispersé, perdu son électricité morale, l'homme la reprend dans la femme, et sa douce société, en son chaste sein.

Elle est sa fille; il retrouve en elle et jeunesse et fraîcheur. Elle est sa sœur, elle marche de front aux plus rudes chemins, et, faible, elle soutient sa force. Elle est sa mère, l'environne. Parfois dans les moments obscurs où il se trouble, où il cherche, ne voit plus son étoile au ciel, il regarde vers la femme, et cette étoile est dans ses yeux.

Il ne faut pas que l'état des mœurs actuelles, l'effréné vertige, le tourbillonnement aveugle dont nous sommes les témoins, nous trompe sur le fond des choses; il ne faut pas s'arrêter à telles femmes, telles classes et tel temps. Il faut voir la femme éternelle.

Elle est dans toute l'histoire l'élément de fixité. Le bon sens dit assez pourquoi : non seulement parce qu'elle est mère, qu'elle est le foyer, la maison, mais parce qu'elle met dans l'association une mise disproportionnée, énorme, en comparaison de celle de l'homme. Elle s'y met toute et sans retour. La plus simple comprend bien que tout changement est contre elle, qu'en changeant elle baisse très vite, que, du premier homme au second, elle perd déjà cent pour cent. Et qu'est-ce donc au troisième? que sera-ce au dixième? hélas!

Quand les rôles s'intervertissent, quand la femme devient mobile et réclame le changement, sa dégradation, sa ruine, c'est un cas d'aliénation, un signe effrayant, bizarre, de malheur et de désespoir. Ce pervertissement de la nature dans la femme l'accuse moins que celui qui fait son malheur; car c'est le crime de l'homme.

Dans le spectacle étonnant qu'elles nous donnent aujourd'hui, d'inquiétude, d'agitation, dans leurs furies de toilette, il y a encore bien moins d'inconstance réelle que de concurrence et de vanité, souvent aussi d'inquiétude, quand la jeunesse, la beauté leur échappe, et que chaque matin elles voudraient se renouveler.

Ces variations étonnantes dans la parure et la toilette sont très souvent les caprices d'un cœur malade, inhabile, qui veut retenir l'amour. Il en est de très fidèles qui, pour garder leur amant, travaillent incessamment à se déguiser, se changer. Elles le feraient tout de même dans une grande solitude, dans un désert, dans un chalet des Alpes où elles vivraient avec lui.

Vont-elles bien à leur but? Je ne le crois pas. Les impressions du cœur sont plutôt troublées qu'affermies par ce changement continuel. On serait tenté de leur dire : « Ma chère, ne varie pas si vite. Pourquoi forcer mon cœur fidèle à une permanente infidélité?

Hier, tu étais si jolie ! J'avais commencé à me prendre à cette ravissante femme. Et aujourd'hui où est-elle ? Déjà disparue... Ah ! je la regrette. Rends-la-moi. Ne me force pas d'aimer tant le changement. »

La toilette est un grand symbole. Il y faut de la nouveauté, mais non brusque, jamais surtout une nouveauté complète qui désoriente l'amour. L'accessoire varie avec grâce, et suffit pour tout changer. Une fleur de plus ou de moins, un ruban, une dentelle, peu ou rien, souvent nous enchante, et l'ensemble est transfiguré. Ce changement sans changement va au cœur et dit sans parler : « Toujours autre et toujours fidèle. »

Les folies, les épidémies passagères de luxe et de mode, n'ébranlent nullement pour nous ce que nous avons, d'après l'universalité des temps et des lieux, posé comme la loi essentielle du cœur de la femme et le fond de sa nature.

Ce qu'elle veut, ce n'est pas l'amour seulement, mais la fixité, la persévérance passionnée, indéfiniment avide et curieuse, l'éternel approfondissement de l'amour.

Elle le veut et elle y a droit. Car, à cette ardente enquête elle répondrait à jamais par une improvisation éternelle, inépuisable, de bonheur inattendu.

Un mot d'une comédie, qu'on croirait léger, me paraît mériter attention.

La dame. — Vraiment, ton maître m'aimerait-il ?...

Le valet. — Ah! madame, il a juré qu'autant vous renouvellerez d'attraits, il renouvellera d'amour.

Mais la dame pouvait répondre : Pourquoi pas? S'il est fidèle, non pas fidèle comme un sot, d'une constance monotone, mais d'un amour inventif, insatiablement avide de mieux sentir la femme aimée; celle-ci, riche comme la mer, prodigue comme la machine électrique en étincelles, peut dépasser son attente. En elle est la brûlante Iris des grâces de la passion, des désirs qui embellissent ou des refus qui attirent. Quelles limites à sa puissance? Nulles que celles de la Nature. Elle est la Nature elle-même.

VIII

IL FAUT QUE TU CRÉES TA FEMME
ELLE NE DEMANDE PAS MIEUX

La femme de dix-huit ans sera volontiers la fille, je veux dire l'épouse docile, d'un homme de vingt-huit ou trente ans.

Elle se fie à lui de tout, croit sans peine qu'il en sait plus qu'elle et que tout le monde, plus que son père et sa mère (qu'elle quitte en pleurant, mais sans trop de peine). Elle croit tout ce qu'il lui dit, et, lui remettant son cœur, lui remettant sa personne, elle est bien loin de discuter les nuances d'opinion qui pourraient les séparer au fond, et, sans s'en rendre compte, elle lui remet aussi sa foi.

Elle croit, elle veut commencer une vie absolument nouvelle, sans rapport avec l'ancienne. Elle veut renaître avec lui et de lui : « Que ce jour, dit-elle, soit le premier de mes jours ! Ce que tu crois, je le crois : *Ton peuple sera mon peuple et ton dieu sera mon dieu.* »

Moment admirable pour l'homme, d'une puissance, d'une prise très forte. A lui de savoir la garder.

Il faut vouloir ce qu'elle veut, et la prendre au mot, la refaire, la renouveler, la *créer*.

Délivre-la de son néant, de tout ce qui l'empêche d'être, de ses mauvais précédents, de ses misères de famille et d'éducation.

C'est son intérêt d'ailleurs, c'est l'intérêt de votre amour. Sais-tu pourquoi elle désire se renouveler par toi : c'est parce qu'elle devine que tu l'aimeras davantage, et toujours de plus en plus, si tu la fais tienne et toi-même.

Prends-la donc comme elle se donne, sur ton cœur et dans tes bras, comme un tendre petit enfant.

Elle le sent, elle le sait, par une seconde vue de femme : l'amour, dans nos temps modernes, n'aime pas *ce qu'il trouve*, mais bien *ce qu'il fait*.

Nous sommes des ouvriers, créateurs et fabricateurs, et les vrais fils de Prométhée. Nous ne voulons pas une Pandore toute faite, mais une à faire.

C'est ce qui garantit que ce temps qu'on croit refroidi aura des forces d'amour inconnues aux âges antérieurs, des ravivements tout nouveaux de chaleur et de passion.

La passion des vieux temps, pour un idéal fixé, était presque morte en naissant ; elle se refroidissait bientôt pour ce qui n'était pas son œuvre. Mais notre passion moderne pour un être progressif, pour l'œuvre vivante, aimante, que nous faisons heure par heure, pour une beauté vraiment nôtre, élastique a la mesure de notre puissance même, quelle intarissable flamme en jaillira chaque jour!... Comment? de toute occasion, ou légère, ou sérieuse, toujours, partout. Il en sera comme des nappes immenses du feu qui couve sous certaines contrées de la Chine : sur chaque point, frappez, creusez légèrement, et la flamme sort.

IX

QUI SUIS-JE POUR CRÉER UNE FEMME?

C'est l'objection timide que plus d'un fera. Ces hommes, ailleurs vaniteux, avouent ici leur faiblesse. La difficulté, l'immensité de cette œuvre les inquiète.

Pour l'effleurer, à la bonne heure! pour en tirer le plaisir d'une nuit, à la bonne heure! mais la culture assidue, persévérante d'une âme, cela les effraye ; ils reculent.

« Je n'y suis guère préparé. Déjà entamé par la vie, par une éducation cruelle, par la réaction violente qui la suit pour le plaisir, je me sens bien peu capable de prendre en main cette vierge, ce jeune cœur plein d'amour qui me veut pour son créateur, son dieu d'ici-bas. Ai-je donc assez de lumière, hélas! assez d'amour même? Ai-je gardé le sens d'aimer? »

Non, ne te méprise pas, ne te défie point de toi, veuille et persévère, tu peux de grandes choses encore, et dans la vie et dans l'amour. Ce vain passé qui te poursuit, tout cela n'était pas l'amour. Tu n'en es pas même à le deviner. Ce sens dort, mais il existe ; c'est la réserve de Dieu. Et même la prostituée en est susceptible encore. Plus profond est l'abîme, plus ardent est le désir du ciel.

Si tu devais rester en face de ta jeune fiancée, sans y chercher rien qu'un peu de plaisir, ton âme y défaillerait bientôt ; l'ennui se mettrait entre vous. Ici, cela n'est pas possible ; vois avec quelle confiance elle veut se remettre à toi, afin de devenir toi-même. Cette œuvre de transformation, ce doux progrès de mélange, maintiendra à votre union la flamme du premier jour, l'augmentera. Comment ferais-tu pour ne pas aimer toujours davantage, quand tu te sentiras en elle meilleur et purifié? quand, à chaque instant, de son chaste cœur te reviendront les rayons de ta nature primitive, de la belle jeune lumière qui rayonna à ton berceau, qui s'était obscurcie en toi, mais qu'elle, cette âme charmante, te rend encore embellie?

Donc, ne va pas sottement, quand elle vient d'un grand cœur et qu'elle veut se donner, hésiter, dire (par une lâche et coupable humilité) : « Je ne suis pas digne. » Tu n'es pas libre de le dire. Il n'y a rien de moyen ni de médiocre dans le mariage. Celui qui ne s'empare pas fortement, puissamment de la femme, n'en est estimé ni aimé. Il l'ennuie, et l'ennui, chez elle, n'est pas bien loin de la haine. Elle échappe, au moins de cœur, et non seulement elle, mais les enfants même ; la famille tout entière devient étrangère, ennemie.

Tu demandes quels titres tu as à t'emparer d'elle, je vais te le dire.

Le premier et le plus fort, c'est le vif et ardent bonheur qu'elle-même a, au mariage, de pouvoir dire : « Je t'appartiens. »

Elle se sent libre alors, pourvu que tu sois son maître. Libre de qui, le dirai-je? de sa mère, qui, tout en l'aimant, la traite jusqu'à vingt ans, et la traiterait jusqu'à trente, toujours comme une petite fille. Les mères françaises sont terribles. Elles adorent leur enfant, mais elles lui font la guerre, l'annulent par l'éclat, la force et le charme de leur personnalité. Elles sont bien plus gracieuses, et souvent plus jolies même, plus jeunes surtout, très jeunes. Tant que la fille est sous sa mère, elle a le chagrin d'entendre les hommes dire entre eux chaque soir : « La petite n'est pas mal, mais combien la mère est mieux! »

Riches ou pauvres, elles se nourrissent la plupart très mal, et très mal aussi leur fille. Mais la mère, qui est toute grâce, tout esprit, tout éclair, n'a pas besoin de fraîcheur. La fille en aurait besoin. Le mauvais régime la tient pâle, chétive, un peu maigre. La pauvre jeune demoiselle ne prolonge que trop souvent l'*âge ingrat* jusqu'au mariage. Là enfin, heureuse par toi, elle va prendre d'aimables contours, elle te devra sa beauté ; si tu t'occupes beaucoup d'elle, si tu t'enveloppes doucement, mais fortement de ton amour, elle fleurira, ta jeune rose, plus fraîche alors et plus vierge qu'au temps de sa triste jeunesse.

Être belle, et par l'amour! quel bonheur! Je renonce à dire l'excès de sa reconnaissance... Être belle! mais pour une femme c'est le paradis, c'est tout. Si elle a le sentiment qu'elle te doit une telle chose, oh! qu'elle cédera de bon cœur aisément sur tout le reste; qu'elle sera ravie de te sentir maître, trancher, décider de tout, lui épargner le plus souvent la fatigue de vouloir!

Elle reconnaîtra volontiers, ce qui est réel, que tu es son ange gardien, que tes dix ou douze ans de plus, ton expérience du monde, te font connaître mille choses dont tu peux la préserver, mille dangers où ses dix-huit ans, sa demi-captivité de jeune demoiselle, la laisseraient fort aveugle, et où, selon toute apparence, elle irait tête baissée.

Exemple. Sa mère, dont si souvent elle a désiré d'être libre, la fille la regrette pourtant au moment de la quitter. « Si nous vivions tous ensemble, mon ami!... » Ce mot, ce vœu échappe bien souvent au bon cœur de la fiancée. Le mari sait mieux qu'elle que rien ne serait plus funeste, que tous en seraient malheureux, qu'une vie de gêne et de discordes en résulterait.

« Mais, du moins, si j'avais ma bonne, qui m'aime tant, qui est si adroite, ma Julie? Il n'y a qu'elle qui sache bien m'habiller... » Là encore, c'est lui qui la garde. Il obtient qu'elle n'amène pas la souple et fine femme de chambre, qui la gâte et qui serait le vrai rival du mari, la flattant et en dessous la travaillant contre lui, confidente dangereuse des petits chagrins de femme, et maîtresse peu à peu, vraie maîtresse de la maison. Heureusement le jeune homme du plus loin voit tout cela, et obtient qu'on le dispense de recevoir chez lui la séduisante vipère.

Ce sont là des points très graves où il y a quelque

peu de dissentiment. Parfois même elle se détourne et pleure un moment, toutefois en avouant qu'après tout, tu as plus d'expérience, que tu as sans doute raison.

Si tu l'emportes sur ces choses, combien plus sur tout le reste! En affaires, en intérêts, en idées, elle reconnaît sans peine que tu sais et vois plus et mieux, surtout que tu as des habitudes d'esprit bien autrement fortes et graves.

Cela seul d'avoir un métier, une spécialité d'art, c'est une grande supériorité de l'homme. Il y faut une gymnastique préalable, avoir brisé la roideur de ses articulations, dompté, plié, fortifié ses facultés d'action. C'est en forgeant qu'on se forge soi-même. On y apprend spécialement que pour réussir, aboutir à une œuvre, il faut de la persévérance, de la conscience, le sérieux désir de bien faire, et une grande précision. Les femmes en seraient très capables, de cette précision, et elles ne l'ont presque jamais; c'est qu'elles ne veulent pas assez.

Il faut dire aussi qu'étant jeune, la femme est un peu fatiguée, souvent troublée par le sang. Ces pudiques et charmantes roses qui si souvent lui montent aux joues, c'est sa parure, mais son obstacle. Elles la rendent très peu capable d'une attention soutenue. Aussi, cette femme aimée, si on la laissait faire, elle n'aurait que trop de penchant à se rejeter sur toi, à te dire : « Pense à ma place ! » comme l'enfant fatigué au bout de dix pas, qui veut que sa mère le porte. Mais il ne le faut pas souffrir. Il faut aider, soutenir la belle paresseuse, sans la dispenser de marcher.

C'est là ou jamais, mon ami, que tu auras occasion de savoir si tu es homme d'esprit. Elle te pose, sans le savoir, cette enfant chérie, le plus haut problème de méthode : Comment tu renonceras aux procédés scolastiques qui ont fait ton éducation, comment cette science rigide, abstraite, à l'état de pur cristal, tu pourras la ramener à l'état de vie, et d'un diamant faire une fleur pour la donner à ton enfant!

O le beau et grand problème! Combien difficile!... Mais aussi, pour toi, quelle utilité! Jamais, sans cela, tu n'eusses su toi-même si tu savais à fond, jamais si tu étais maître de cette science déposée en toi, mais non assimilée à toi, et non fondue dans ta substance. Tu le sauras bien désormais, quand ta science sera mêlée au plus chaud sang de tes veines, quand elle aura passé, brûlante, par ton cœur et par ton amour.

Je suis à cent lieues des disputes. J'ai le cœur trop plein ici pour m'écarter et répondre à ceux qui doucereusement voudraient te décourager en disant que la science moderne, ayant peu d'unité encore, ne peut être ainsi ramenée à la simplicité vitale, pour être transmise à la femme, à l'illettré, à l'enfant.
Un mot suffira.
L'esprit moderne n'a que deux faces :
Les *sciences de la vie*, qui sont celles de l'amour.

Elles nous disent la vie identique, la commune parenté et la fraternité des êtres.

Les *sciences de la justice*, qui sont la haute charité et l'amour impartial. C'est la fraternité encore.

Sont-ce deux choses? Non, ce n'en est qu'une. Ces deux grandes églises de Dieu que nous bâtissons depuis trois cents ans, elles se réunissent au sommet; elles ne sont qu'une à la pointe, et s'embrassent près du ciel.

Plus le droit s'est exhaussé, humanisé, et plus aussi la fraternité de justice a rencontré la fraternité naturelle et médicale, les sciences de la vie, de l'amour et de la piété. (Voy. les *Éclaircissements*.)

Voilà la science moderne, unique, identique, à deux sexes. Tu la perçois par le juste et le vrai, l'ordre et l'harmonie. Et *elle*, ta jeune initiée, elle la sent par la pitié, la tendresse. Tous deux par l'amour.

Jeune homme, tu veux être aimé, n'est-ce pas? conquérir la femme?

Eh bien! pour cela sois homme. Je veux dire : conserve au-dessus des étroitesses (utiles et nécessaires) du métier, le haut sentiment de l'ensemble vital, l'amour du tout pour le tout. C'est par là que tu resteras digne d'être aimé toi-même, grand, noble, puissant sur la femme, qui n'est qu'amour et que vie.

Si tu étudies les lois, par exemple, va le soir, va le dimanche, à l'église de la nature, je veux dire au Jardin des Plantes. Que ton ami, jeune médecin, te mène à la table noire, t'enseigne la mort.

Et si tu es médecin, fais halte aussi quelquefois. Tu ne vois que trop la douleur. Apprends-en les causes sociales. Informe-toi, par moments, de la grande thérapeutique d'équité, d'ordre civil, qui viderait les hôpitaux, de cette cité de justice qui guérirait par le bonheur.

Sur ce terrain, mon ami, tu es bien sûr d'être entendu, car ta femme est toute pitié, toute tendresse et toute croyance.

Eh! qu'elle a envie de te croire, quand tu viens à elle le cœur plein de tant de vérités nouvelles, rajeunissantes, attendrissantes! Contraste frappant! ta vierge, ta fiancée de seize ans, ta fraîche et florissante rose, si tu regardes son esprit, son éducation byzantine, elle vient à toi vieille et caduque, sous les rides du Moyen-âge. Toi, au contraire, homme moderne comme opinion, science, idée, tu lui arrives neuf et fort, éblouissant de jeunesse. — Puissance incroyable d'amour, et quel bonheur sera le tien!

Par une erreur innocente de tendresse et de reconnaissance, elle t'attribue, te renvoie tout ce qu'a fait l'esprit des temps. Elle t'aime à cause de Linné et pour le mystère des fleurs. Elle t'aime pour les diamants du ciel que vit le premier Galilée. Elle aime en toi jusqu'aux sciences de la mort qui nous ont appris le profond secret d'amour, et qui, contre la barbare impiété des temps gothiques, nous ont dit : « La femme est pure. »

Résigne-toi, mon ami, c'est de toi que vient toute

chose; tu as le mérite de tout. C'est toi qui as fait tout être et qui as fait toute science. Elle n'ose pas le penser, son amour le pense pour elle; car, étant son créateur, tu es aussi celui du monde; monde et Dieu, tout se perd en toi.

LIVRE II

INITIATION ET COMMUNION

I

LA MAISON DU BERGER

Les folies des amants méritent attention. Sages, ne méprisez pas les paroles des fous. Ces innocents, parfois au hasard du délire, ont dit de vrais oracles.

Écoutez ce jeune homme qui, pour la première fois, en mai, à la campagne, promène sa fiancée timide. Les parents suivent à distance, et pas trop près. Il semble faire appel à toute la nature, à la terre et au ciel, dans un si grand bonheur. Mais la terre, mais le ciel, et que dis-je? sa fiancée même, tout semble disparu dans un nouveau transport. Qu'a-t-il donc vu? La maison du berger.

« Ah! c'était là mon vœu!... Étroite et solitaire, c'est la demeure que je rêvais pour nous... Ne pouvoir se quitter, errer ensemble, échapper à la foule, fuir tout contact impur, sceller son paradis de mystère et d'oubli du monde ! »

. . . .

Jeune homme, ta folie n'est pas si folle, la maisonnette qui roule par les champs est sans doute un logis trop dur pour ta compagne délicate, mais ton instinct du moins te révèle une chose juste et vraie que bien d'autres apprennent tard et à leurs dépens :

Ne semez point dans la grand'route.

Ne plantez point dans le torrent.

N'aimez point au milieu des foules.

Que peut-on sur la femme dans la société? Rien. Dans la solitude? Tout.

Du reste, ce n'est pas elle qu'il faut garder ainsi peut-être, mais toi-même. Plus elle est solitaire, plus tu vis avec elle, plus vous mêlez vos cœurs. Mais qu'elle ait une société, et je dis la meilleure, qu'elle ait avec elle sa mère, sa sœur, une amie respectable, justement pour cela tu crains moins de t'éloigner d'elle, et le nœud va se desserrer. « Elle est avec sa mère, je vais voir mes amis. Elle est avec sa sœur, je puis visiter tel salon. » Puis tu seras repris au tourbillon du monde; tu aimeras sans doute encore, mais toujours moins. Crois-tu qu'en rentrant chaque soir fatigué, l'air blasé, distrait, tu retrouveras la même femme et le même amour au foyer?

« Ainsi, à votre sens, le mariage sera une vie de reclus, de captif? la femme enfermée seule? l'homme sortant à peine pour le besoin de ses affaires? Ce n'est plus une vie, c'est une mort anticipée. Faisons nos testaments avant le mariage ; le lit de noces est un sépulcre. Plus d'amis, plus de république. Adieu le citoyen. L'amour et le foyer vont exterminer la patrie. »

Ce n'est pas ma pensée. J'espère une société tout autre, pure, libre, forte, où la table de fraternité reçoive à sa première place l'épouse, la mère, la vierge, où les fêtes étalent la charmante assemblée de nos dames, près des magistrats, assises et couronnées de fleurs. La femme, reine des foules, arbitre délicat, austère, des mœurs publiques, ce sera le charme touchant des cités de l'avenir.

Tout cela est loin encore, peut-être. Laissez-moi donc, en attendant, dire des choses possibles et pratiques, les seules que comporte le temps.

La solitude que je veux pour la femme, ce n'est pas la maison du vieux jaloux Arnolphe, qui tient sous clef et garde à vue Agnès, le corps d'Agnès du moins en étouffant son cœur et lui asphyxiant son esprit.

Je veux d'abord qu'Agnès ait un jeune mari, selon son âge. J'ai dit la proportion : vingt-huit ans et dix-huit. Pour s'en écarter, il faut des rapports très spéciaux, très singuliers, très rares, qui peuvent se trouver, mais presque jamais ne se trouvent.

Je veux la liberté complète pour Agnès. Si la

femme naît faible et serve de souffrance, l'amour est sa rédemption, le mariage son affranchissement successif. Elle y devient égale, souvent supérieure à la longue.

« Sa taille? je vous prie. — Juste aussi haut que mon cœur. » (Shakespeare.)

La solitude, au reste, est toute relative. L'amour est chose si forte, qu'il domine toute circonstance. Il peut, à la rigueur, être seul au sein d'un grand peuple. Il est sain, il est pur en pleine épidémie. Un palais, un grenier, un trône, une boutique pour lui, c'est parfois même chose. N'oublions pas pourtant qu'il ne subsiste fort contre les obstacles du monde qu'aidé d'un cœur honnête, d'une vie laborieuse, d'une succession de travaux, qui remplissent, moralisent les jours.

Qui n'a vu, au plus noir, au plus triste quartier de Paris (rue des Lombards, je crois), une belle femme, née fort riche, qui, malgré son éducation distinguée et sa grande dot, passe sa vie au fond d'un magasin, à écrire et chiffrer, dans un tout petit cabinet vitré, donnant des ordres, gouvernant vingt garçons? Cette femme, au milieu de tant d'hommes, est seule, non surveillée, maîtresse. Son jeune mari court tout le jour et fait les affaires du dehors. Le soir on se retrouve. Madame, ayant fermé ses livres, renvoyé tout son monde, remonte auprès de lui. Nulle union plus forte, nul mariage plus heureux. L'aime-t-il? Non, plutôt il l'adore. Cet affreux magasin leur vaut la maison du berger.

Si pourtant vous me permettez de faire un vœu pour vous, c'est que votre jeune femme, cet être poétique, soit moins occupée de factures, de billets à échoir; que vous-même vous ne soyez pas loin d'elle exilé tout le jour. L'union est belle et forte, ici, mais est-elle profonde? N'est-ce pas un peu comme l'intime association de deux hommes d'affaires? Y a-t-il vrai mélange de cœur entre personnes occupées d'intérêts? Au lit même et sur le chevet, au moment du bonheur, la pure et digne épouse dit entre deux soupirs : « N'oublie pas, mon ami, que c'est demain le 31. »

L'amour est, sans nul doute, une flamme, un désir, un paradis, qu'on peut trouver partout. Mais c'est aussi une culture. Il veut un peu de temps, quelque recueillement, pour qu'on puisse se connaître, se comprendre, et doucement, jour par jour, entrer d'un degré de plus dans la pénétration de l'âme.

Quand je rêve, quand je fais des vœux (j'en fais souvent pour tous), je souhaite à ceux qui aiment, et aimeraient dans la foule même, la solitude qui seule initie aux arts de l'amour, quelques années paisibles du moins, qui leur permettent le mélange des cœurs, affermis l'un par l'autre, avant de retourner au combat de la vie.

Je la vois en esprit, la petite maison solitaire, — non pas précisément la maison du berger, mais pas beaucoup plus grande : deux étages, trois pièces à chacun. Nulle domestique, ou tout au plus une bonne fille de campagne, dont madame fera son enfant, et qui lui épargnera les gros ouvrages. Je la voudrais, cette maison, à distance de la ville, où chaque jour tu fais tes affaires. Bien située, bien soleillée, avec un grand verger, et un petit jardin, où elle puisse un peu cultiver. Surtout d'abondantes eaux.

A toi d'arranger, de prévoir, d'ordonner tout cela dans le moindre détail. Ne te repose pas sur les femmes de la famille qui prétendront s'entendre mieux à ces arrangements.

Toi qui y as tant d'intérêt, tu prépareras seul la douce et charmante cage pour tenter ton petit oiseau, pour lui faire désirer être prise, vivre ta captive, afin de devenir ta reine.

Demande conseil à l'abeille. Elle te dit : « Je mets le même œuf en deux cellules différentes, la cellule royale, la cellule ouvrière. Deux abeilles tout autres viennent de ces différents berceaux. »

Tel le nid, tel l'oiseau. Les milieux et les circonstances, les habitudes nous font.

O le nid! un vrai nid!... le beau, le doux sujet! Mais je ne veux pas le gâter en l'abrégeant ici. Je ne veux pas montrer la maison encore vide. Combien autre elle sera tout à l'heure, du jour, de l'heureux jour où quelqu'un (je ne dis pas qui) va l'enchanter de sa présence, l'illuminer de ses beaux yeux!

Petite, bien petite maison. Mais si c'est la passion qui l'ait construite, elle sera si bien combinée, si ingénieusement, si artificieusement disposée, que le jeune cœur y soit pris de partout, que la distribution et l'aménagement ajoutent à sa tendresse les fatalités d'habitudes, si puissantes et si douces, et la livrent tout à l'amour.

II

LE MARIAGE

> Tu es mon frère, mon père et ma mère révérée ;
> Tu es mon cher amant, tu es mon jeune époux.
>
> (*Iliade*.)

Ce n'est pas le mot d'Andromaque, c'est le mot éternel de la femme à ce grand passage.

Elle le dit du cœur d'abord, d'un élan de nature.

Elle le dit aussi par un sentiment juste, vrai, de sa situation. Elle sent bien qu'il est son tout maintenant, son protecteur unique. Et quant aux cérémonies par lesquelles l'Église et la Loi semblent la protéger, elle n'y fait pas attention.

En réalité, c'est la force de cet acte si grave qu'elle est donnée sans réserve, sans garantie et sans retour. Si l'amour n'est pas là, si elle ne tombe pas dans les mains les plus tendres, toutes les précautions légales aggraveront sa situation. Toutes ces barrières de papier seront vaines. Mais, bien plus, agaçant, irritant celui à qui la personne est livrée, elles la mettront en péril. Idée sotte de constituer une guerre préalable dans le mariage et de croire que la loi puisse intervenir à toute heure de nuit, de jour, et veiller au lit même entre eux : contre celui qui possède la femme par la fatalité de cohabitation et qui peut lui imposer le travail, le péril de la maternité, rien, rien n'est réservé. Nulle autre garantie que l'amour.

La cérémonie, la solennité, la publicité, sans nul doute sont excellentes. Mais le fond de la chose, c'est l'âme. Comme le disent les jurisconsultes romains : « Mariage, c'est *consentement* », l'acte de la volonté, de la liberté qui se donne. Donation mutuelle des cœurs, mais sacrifice surtout de la plus faible, qui, se remettant au plus fort, âme et corps, ne réservant rien, livre tout, risque tout aux chances de l'avenir.

Contrat bien inégal!... Ni la loi de l'Église, ni la loi de l'État, n'ont essayé sérieusement d'y modifier la nature. L'une et l'autre en réalité y sont très contraires à la femme.

L'Église est nettement contre elle et lui garde rancune du péché d'Ève. Elle la tient pour la tentation incarnée et l'intime amie du démon. Elle souffre le mariage en préférant le célibat, comme vie de pureté, car impure est la femme. Cette doctrine est si profondément celle du Moyen-âge, que ceux qui veulent en renouveler l'esprit soutiennent contre la chimie (Voy. *Éclaircissements*), que justement, dans sa crise sacrée, le sang de la femme est immonde. Telle physique, telle législation. La femme, à ce point ravalée, que sera-t-elle, sinon serve et servante de l'être plus pur qui est l'homme? Elle est le corps, il est l'esprit.

La loi civile n'est guère moins rude. Elle déclare la femme mineure pour toujours et prononce sur elle une éternelle interdiction. L'homme est constitué son tuteur; mais il s'agit des fautes qu'elle peut commettre, des peines qu'elle peut subir, elle est traitée comme majeure, tout à fait responsable, et très sévèrement.

C'est du reste la contradiction de toutes les anciennes lois barbares. Elle est livrée comme une chose, punie comme une personne.

« Mais la famille, du moins, est pour elle et voudrait la protéger sérieusement? »

Je ne vois pas cela. J'ai connu bien des amis théoriques de la liberté qui, venus là, ne s'en souvenaient guère, et unissaient leurs filles, bon gré mal gré, à tel homme vieux, riche, dont elle ne voulait pas du tout.

Il est bien entendu que la faible créature ne va pas toute seule soutenir un siège contre son père, sa mère, toute sa famille. Elle se laissera faire, mener au jour fatal. Et elle y arrive bien mal préparée.

Toutes les mères se font illusion, toutes disent avec une sorte d'emphase : « Oh! j'aime tant ma fille! » Que font-elles pour elle? Rien. Elles ne la préparent pas au mariage, ni de cœur, ni de corps.

Un seul point est louable, c'est que généralement elles la gardent assez bien (et mieux que les hommes ne croient). Elles veulent qu'elle arrive au mariage vierge, neuve, ignorante même, s'il est possible, et que le mari soit charmé de la trouver à ce point petite fille. Et, en effet, cela l'étonne (lui qui n'a vu que des femmes perdues) au point qu'il la croit hypocrite.

Cette ignorance est cependant très naturelle sous une mère inquiète et jalouse, surtout si l'enfant n'a pas eu de jeunes amies qui l'aient instruite. Mais il y a danger à ignorer tout; l'innocente est exposée par cela même à plus d'un hasard. La mère devrait l'éclairer, l'avertir, du moment qu'elle devient femme. C'est du moins son plus sacré devoir de l'initier parfaitement avant le mariage, de sorte qu'elle sache bien d'avance ce qu'elle va consentir et subir.

Nul consentement n'est libre ni valable qu'en chose connue d'avance.

Sait-elle bien le matin ce qu'elle promet pour le soir? Est-elle là une personne consultée, ou une chose livrée? Sait-elle, surtout, le droit exorbitant que va prendre l'époux de se constituer (sur un signe douteux) le juge de son passé moral, de sa bonne conduite, de sa pureté, de sa vertu?

Elle n'est pas mieux préparée physiquement que moralement. On s'occupe trop de la robe, pas assez de la fille. Père, mère, amies et le fiancé même, tous dans l'agitation de vains préparatifs et de mille riens, négligent précisément celle qui semble le but de tout.

Comment se porte-t-elle à ce moment de trouble, à la veille d'une pareille épreuve?

D'abord elle ne dort guère. On croira, par fatuité, que c'est d'impatience. Généralement, c'est le contraire. La chose la plus désirée, quand elle approche, remplit souvent de crainte et de tristesse, surtout quand il s'agit de déraciner en une fois et de quitter toutes ses habitudes, quand on se voit au seuil d'un si vaste inconnu.

Il est tout naturel qu'elle soit inquiète et agitée, qu'elle ait parfois un peu de fièvre, que la circulation sanguine soit irrégulière ou très rapide, la nutritive lente, difficile à achever. Il faudrait de longue main aviser à tout cela. On pense à autre chose. Souvent elle arrive au moment très souffrante, craintive, dans un état de pléthore douloureuse qui demanderait de doux, de tendres ménagements.

Jeune homme, lis bien ceci tout seul, et non avec cet étourdi de camarade que je vois derrière toi, qui lit par-dessus ton épaule. Si tu lis seul, tu liras bien, tu sentiras ton cœur. Et la sainteté de la nature te touchera.

Ceci c'est de la religion, de la pure, de la vraie. Si tu trouvais ceci un amusement, un sujet de plaisanterie... j'aime autant que tu ries à la mort de ta mère.

Au mariage, ton bonheur est immense, mais combien sérieux! Respecte-le. Ouvre ton cœur à la gravité sainte de l'adoption que tu vas faire, à l'infinie tendresse que réclame de toi celle qui vient à toi, toute seule et dans une confiance infinie.

Seule, mon ami. Car, tu l'as vu, l'Église ne la protège guère. La loi, pas davantage. Et la famille, hélas! n'a pas pris grand soin pour l'affermir en ce pénible jour. Elle ne la soutient pas, mais te l'amène, te la donne... au hasard de ton jugement.

Mais, moi, je me fie à toi pour elle. Et je suis sûr que, tout manquant, tu seras tout, la patrie, le prêtre et la mère, qu'elle trouvera en toi la garantie de ce triple pontificat.

C'est toute sa pensée, sa foi et son espoir, pendant qu'elle avance chancelante et si belle de sa pâleur dans sa fraîche toilette. Elle sait bien qu'elle n'est plus chez elle, et pas encore chez toi. Elle flotte entre deux mondes.

Où va-t-elle et que veut-on d'elle? Elle ne le sait pas trop bien. Elle ne sait pas grand'chose, sinon qu'elle se donne d'une grande dévotion de cœur.

Elle a ce bonheur de penser qu'elle est désormais dans ta main. Y sera-t-elle bien ou mal? et comment la traiteras-tu? Cela te regarde, non elle.

Pour arme et sûreté, elle a de ne réserver rien, d'arriver seule à toi sans protection, de t'aimer, de s'abandonner...

« Que la terre et le ciel prient et pleurent pour moi. »

Mot de Christophe Colomb à l'entrée du monde inconnu.

III

LA NOCE

C'est l'heure. Sa mère la quitte, en versant quelques larmes. Moi je ne la quitte pas encore. J'ai un mot à te dire, que ne sait pas sa mère.

Ne t'impatiente pas, et ne me maudis pas. Ce n'est pas moi qui te regarde. Elle est entrée sans crainte, elle t'aime tant! Elle a l'assurance modeste que donne la pureté. Mais enfin elle est bien troublée, pardonne à la nature... Son pauvre petit cœur bat si fort, qu'on en voit le battement... Un moment, je te prie, laissons-la se remettre un peu, et respirer.

Ce mot est celui-ci:

Je te fais et te constitue son protecteur contre toi-même...

Oui, contre toi. Ne te récrie pas tant... Contre toi, car, à cette heure, tu es l'ennemi.

Un ennemi doux, respectueux et tendre. Abrégeons les choses fades que dirait un homme du monde sur les bonnes manières qu'ont alors et toujours les gens bien élevés. Je sais que la plupart arrivent refroidis par la vie, par la grande, trop grande expérience du plaisir. Mais, pour les plus usés, c'est chose d'amour-propre, de vaniteuse impatience. Cela peut mener loin. Donc, j'en crois ici le mot dur, mais net, de l'Histoire naturelle : « Le mâle est très sauvage. » Mot confirmé malheureusement par la médecine et la chirurgie, que l'on consulte trop souvent pour les suites, et qui, dans leur froideur, sont indignées pourtant de la fureur impie qui peut souiller une heure si sainte.

Autre chose, et très grave, d'importance infinie.

Sais-tu bien, dans ce moment de trouble, que tu es partagé entre deux idées très contraires? Tu ne comprends ni toi, ni elle. Cette blanche statue, que tu couves des yeux, si touchante, si attendrissante, qui a peur de paraître avoir peur et garde aux lèvres un sourire pâlissant... tu t'imagines la connaître, et elle te reste une énigme.

Celle-ci, c'est la femme moderne, une âme et un esprit. La femme antique était un corps. Le mariage n'étant, dans ces temps-là, qu'un moyen de génération, on choisissait, on prenait pour l'épouse une fille forte, une fille rouge (rouge et belle sont synonymes dans les langues barbares). On lui voulait beaucoup de sang, et qu'elle fut prête à en verser. On faisait grand bruit de cela. Le sacrement de mariage était un mariage de sang.

Au mariage moderne, qui est surtout le mélange des âmes, l'âme est l'essentiel. La femme que rêve le moderne, délicate, éthérée, n'est plus cette fille rouge. La vie des nerfs est tout en elle. Son sang n'est que mouvement et action. Il est dans sa vive imagination, sa mobilité cérébrale; il est dans cette grâce nerveuse, d'une morbidesse maladive; il est dans sa parole émue et parfois scintillante; il est surtout dans ce profond regard d'amour qui tantôt enlève et enchante, tantôt trouble, et plus souvent touche, va au cœur et ferait pleurer.

Voilà ce que nous aimons, rêvons, poursuivons, désirons. Et maintenant, au mariage, par une bizarre inconséquence, nous oublions tout cela, et nous cherchons la fille des fortes races, la vierge des campagnes, qui, surtout dans nos villes, oisive et surnourrie, aurait en abondance la rouge fontaine de vie.

L'avènement de la force nerveuse, la déchéance de la force sanguine, préparée de longue date, est du reste un fait de ce temps. Si l'illustre Broussais revenait, où trouverait-il chez notre génération (j'entends des classes cultivées) les torrents de sang qu'il tira, non sans succès, des veines des hommes d'alors? Changement fondamental, en mal? en bien? on peut en discuter. Mais, ce qui est sûr, c'est que l'homme s'est affiné et fait esprit. Une éruption non interrompue de grandes œuvres et de découvertes a signalé ces trente années.

Tout a changé. La femme aussi. Elle a lu, et s'est cultivée, mal, si l'on veut, mais cultivée pourtant. Elle a vécu de nos pensées. La demoiselle en fait mystère, mais qui ne lit dans ses yeux, dans sa physionomie, souvent trop expressive, dans sa délicatesse souffrante? Ta fiancée n'a craint rien plus que d'avoir les charmes vulgaires auxquels tu tiens tant aujourd'hui. Tu parlais si bien d'amour pur! Elle aurait voulu être diaphane. Elle a cru que tu désirais ici-bas un être aérien et ne lui voulais que des ailes.

Du reste, celles qui ont le moins à redouter l'épreuve, qui y arrivent plus que pures, mais innocentes, ignorantes de toutes choses, sont souvent celles qui inquiètent, alarment davantage. Tant l'homme perd l'esprit ce jour-là, souvent moins par amour que par orgueil et défiance! Une honte touchante, un trouble nerveux, les petites peurs de femme, si naturelles en ces moments, sont sur-le-champ interprétées de la manière la plus sinistre. On se jette dans telle et telle conjecture mortifiante.

« Sans doute, elle craint cette épreuve... Elle retarde le plus qu'elle peut un aveu qu'elle n'ose faire! »

Elle ne comprend pas d'abord; mais, si enfin elle entrevoit ce qu'il pense, on peut juger de son indignation, de sa douleur... Elle suffoque, ne peut plus pleurer... Elle qui aimait tant, et qui lui aurait tout dit, s'il y avait eu quelque chose; lui faire une si mortelle injure de défiance!... Il y a de quoi haïr pour toujours!

Que l'homme songe bien que, s'il juge la femme, elle le juge aussi, à ces moments. Elle est prodigieusement sensible alors, tendre, mais d'autant plus vulnérable. Elle reçoit au plus profond du cœur un trait définitif, qui fait vivre ou tue son amour.

Oh! quel changement étrange, étonnant et barbare! il disait aimer tant, et il n'a pas même de pitié! il ne voit pas sur son visage (ce qui arrive souvent), c'est qu'à force d'émotions, elle est réellement très malade. Dès l'arrivée, elle avait tant de difficulté à respirer! Puis, a monté, de proche en proche, le flux nerveux, et quelquefois jusqu'à un état de tempête qui épouvante. Quelquefois encore, c'est bien pis, les nausées viennent; la plus sobre est bouleversée de fond en comble. Sa situation est horrible, son anxiété excessive.

Pitié! pitié pour elle! soyez bon, soyez tendre... Comprenez donc un peu, soignez-la, et rassurez-la. Qu'elle sache bien que vous n'êtes pas un ennemi, au contraire un ami et le plus dévoué, qui lui appartient tout entier. Soyez discret, habile, respectueux, intelligent de sa situation. Et rassurez-la tout à fait.

Il faut lui dire ceci :

« Je suis à toi, je suis toi-même. Je souffre en toi... Prends-moi, comme ta mère et ta nourrice. Remets-toi bien à moi... Tu es ma femme et tu es mon enfant. »

Moment bien précieux, où celui qui se fait mère et garde-malade réparera les torts de l'amant. L'esprit calmé calme le corps, et la tempête nerveuse s'apaisant peu à peu, la bonne nature, la docilité féminine, parlent pour vous; elle souffre et craint de vous voir rester triste. Que si elle ne peut se remettre, si elle est encore trop peureuse, elle vous favorisera, par tendresse ou faiblesse, de privautés charmantes que, sans cela, vous n'auriez eues que tard. Elle s'endormira près de vous, veillée par vous, en confiance. Vous n'y perdrez rien au réveil.

IV

LE RÉVEIL. — LA JEUNE MAITRESSE DE MAISON

« Le réveil sur l'oreiller », l'extase du jeune homme, hier seul, et qui aujourd'hui se voit deux, qui contemple (sans en bien croire ses yeux) cette tête charmante, cette douce personne sans défense qui repose là sous sa garde... c'est trop pour la nature humaine, et les plus fiers y sont brisés... Nul langage, pas même les larmes, ne peut répondre à cela... Parfois le cœur s'épanche par la reconnaissance, remercie la Nature et Dieu. Parfois un mouvement sauvage vient aussi d'orgueil dans l'amour, et il est contenu à peine : « Je la tiens ! j'en suis maître ! Il est donc vrai ! elle est à moi ! »

Mais à cet élan aveugle de triomphe succède un mouvement plus noble, l'ardent besoin de rendre quelque chose à celle qui vous a apporté l'infini du bonheur... « Oh ! le monde, la terre et le ciel, c'est peu !... Tout mon sang, ce n'est pas assez !... » Le cœur lui sort de la poitrine, s'élance, s'offre et se

donne à elle : « Prends-moi donc, accepte-moi donc !
Prends mon âme pour tout l'avenir, la totalité de
mon être, ma pensée et ma volonté... »

Les lois antiques ont saisi ce moment, adjuré
l'homme de consacrer cette heure, de la perpétuer,
de soulager son cœur en assurant la destinée de la
femme. C'est ce qu'on appelait le *Don du matin*.

« L'homme donnera sa vie pour l'amour, et il croira
n'avoir rien donné. »

Et moi aussi, jeune homme, je t'arrête ici, moi ton
maître, je vais te demander un don.

Es-tu riche ? as-tu des terres, des forêts, des palais ?
Eh bien, garde-les... Celle-ci est au-dessus de tout
cela. Ce que je demande pour elle, c'est ta parole
seulement, ta promesse d'honorer, de respecter ta
femme, de ne jamais être pour elle ce que tu fus un
moment hier soir. Sa jeunesse, sa faiblesse, sa douce
obéissance, que tout cela te soit aussi sacré que la
vieillesse de ton père et son sévère commandement...
Rougis d'avoir été, contre ta propre nature, dur,
violent, et pour qui ? pour elle ! d'avoir eu la pensée
indigne que tu étais fort, elle faible... Fort contre
celle qui se donne et se fie, fort contre l'amour,
contre Dieu !

Le jour vient, et si fatiguée, elle est retombée dans
le sommeil... Comme elle est pâle, affaissée sur elle-
même !... On le voit, elle a bien souffert. Ce dur
combat moral fut trop pour elle ! Et quelle cruelle

blessure d'avoir trouvé dans l'amant adoré un maître dur, impérieux!... Il se dit : « Je m'en veux! J'ai été insensé. J'ai agi contre moi... Avant cette violence, j'avais si bien son cœur et j'étais si sûr de sa volonté!... L'oubliera-t-elle? le pardonnera-t-elle?... Et si elle allait cesser de m'aimer! »

Il la connaît bien peu s'il doute d'elle. Elle s'éveille, ouvre les yeux dans un demi-sourire, triste et doux, regarde où elle est, et puis comme un enfant timide, cache un moment sa tête... Est-elle vraiment bien fâchée?... Non, un peu honteuse plutôt... de quoi? d'avoir souffert, et il semble qu'elle ait envie de demander pardon du mal qu'on lui a fait. Elle a besoin de paix, elle a besoin d'amour, et elle fait la paix elle-même, lui mettant dans la main sa petite main, avec un soupir et ce mot : « Mon ami!... »

Qui résisterait à cela?... Il n'y tient pas : une larme lui vient... Elle le voit, l'embrasse, et, languissante, lui fait ce doux reproche, qui est une caresse d'amour : « Que tu es donc impétueux! on ne peut pas te résister... Oh! tu es mon maître, et je t'aime... Mais je suis bien souffrante. Est-ce que je pourrai me lever? »

Elle est lente, elle est paresseuse, un peu pesante ce matin, elle si svelte et si légère. Elle se lève pourtant, la jeune dame, mais en toute décence et ne donnant rien au regard. Elle a hâte de se mettre dans une bonne chaise longue, où elle s'étend, faible et courbaturée. Au premier coup d'œil au miroir : « Mon Dieu, que je suis laide! » Vive dénégation; mais elle le répète encore.

La faire paraître à table devant un public léger

d'amis rieurs, d'amies jalouses, de sœurs et de frères curieux, ce serait une barbarie. Sauvez-lui cette exhibition.

Combien elle vous saura gré d'y avoir pourvu, de lui ménager le repos et la solitude! Une mère même embarrasse alors. Quelque heureuse qu'on soit de la voir, on n'aime pas trop à lui répondre sur ceci et cela; car le secret est désormais à deux. Elle ne peut être bonne fille et confiante sans parler trop de son mari.

« Non, calme-toi, repose, ne crains rien. Personne ne viendra... Remets-toi, refais-toi par ce déjeuner chaud et léger qui te raffermira le cœur... Puis, j'aurai le bonheur de te montrer ta maison, ton jardin. »

Je vous plaindrais à ce moment, si vous aviez épousé une demoiselle riche. Elles sont si difficiles à contenter! Les plus jolies choses ont peine à obtenir un sourire, et ce sourire dit bien souvent : « Pas mal, mais j'ai vu beaucoup mieux. »

Celle au contraire qui n'est riche que de beauté, d'esprit et de vertu, qui avec cette grande dot croit modestement ne rien apporter, qui d'une vie pauvre passe à un état plus aisé, à la vie libre et douce, elle est heureuse, elle est charmante de joie, de surprise naïve, du plaisir qu'elle a à voir et toucher, à s'approprier toute chose, à dire : « Nous voici donc chez nous! »

Et encore : « Jolie maison!... on a pensé à tout. On dirait véritablement que tout ceci ait été arrangé, prévu pour une femme. »

Croyez-vous que ce qui la charme, ce qui va au cœur féminin, soit cher et de grand luxe? Point du tout. Ce qui leur plaît le plus, c'est ce qui met vraiment les choses dans la main de la maîtresse de maison, ce qui permet de ranger, de garder, de serrer, de bien distribuer les objets, dans l'ordre et la propreté qu'aime une femme. C'est alors qu'elle sent qu'elle les possède et se les approprie. Grands placards et profonds tiroirs, bonnes armoires de chêne à mettre le linge. Des resserres, des cachettes, car elles aiment tout cela, celles surtout qui n'ont rien à cacher.

Les meubles variés, les sièges de toute hauteur, et jusqu'aux chaises basses d'enfants leur conviennent, et avec raison. La femme sédentaire a besoin de varier au moins les attitudes du travail, ce sont les libertés de la captive volontaire.

De bons tapis (communs, si vous voulez du reste), mais épais, doublés, triplés de moelleuses doublures, continués partout, sur les escaliers même ; c'est le bonheur d'un petit pied de femme, qui si délicatement en apprécie la douce résistance, le velouté ami et la molle élasticité. Grand avantage. Elle a bien moins besoin d'approcher du foyer.

Pas de poêle, mais des cheminées. Poêle et migraine sont synonymes. Le feu de bois : il est plus gai, plus sain. La poussière du charbon de terre, infinie, invisible, fait peu de mal à l'homme, qui va et vient, mais beaucoup à la femme, qui sort bien moins et en infiltre ses poumons à la longue.

Heureux moment! celui où on lui met les clefs en main! Un moyen sûr de la rendre économe (si elle est seule, laissée à sa sagesse naturelle), c'est qu'elle ait tout et puisse dépenser. Dès lors moins d'envies enfantines. A tout ce qui la tente, elle dit : « Je pourrais l'acheter, ce sera pour demain. » Et, demain, elle n'y pense plus.

N'oublions pas toutefois que la demoiselle la mieux née quitte souvent une mère prodigue qui l'a gâtée, ou une mère despotique qui, lui interdisant de se mêler de la maison, l'a laissée ignorer la vraie valeur des choses et le prix de l'argent. Il faut bien la former, lui apprendre à se défendre contre les ruses mercantiles, les vols des domestiques, etc.

Elle trouvera très bon d'ailleurs qu'en lui livrant peu à peu le détail, son mari garde la haute direction des intérêts de la maison, le budget général. Elles n'aiment pas beaucoup les hommes qui s'abdiquent trop. Par une contradiction charmante, elles veulent être maîtresses, mais que l'homme soit maître, c'est-à-dire fort et digne. Elles ont bien souvent du plaisir, même en chose de femme, à le consulter, à vouloir qu'il commande et décide. C'est une sensualité d'amour que d'obéir, de sentir qu'on est possédée par quelqu'un qui vous enveloppe de sa force bienveillante et qui quelquefois doucement fait sentir un peu l'aiguillon.

Nous reviendrons sur la maison. Descendons au jardin.

Et, d'abord, ne pourriez-vous pas, sans frais, avec quelques piliers, un léger toit de zinc, lui créer entre la maison et le jardin une petite galerie ouverte, un petit portique d'hiver, où elle puisse travailler, marcher au soleil ; un autre d'été, où à l'ombre elle couse, brode et lise, devant un bassin, au gazouillement de la fontaine ? Petit abri si peu coûteux, si nécessaire dans nos climats changeants !

Que ces lieux sont transfigurés ! quel charme ce jardin solitaire a pris par elle ! de quelle douce lumière il est éclairé, enchanté !... Ah ! les choses ne sont plus les choses ; tout est âme pour la recevoir, la bénir. Pas un mur, une pierre qui ne s'attendrisse à la regarder. Les fleurs l'admirent et la contemplent, de toutes leurs corolles ouvertes. Et la petite herbe, là-bas, fleurit d'avoir touché son pied.

Elle aussi, elle est fascinée, ensorcelée du lieu. Elle y est et veut y rester. Elle ne demandera jamais la fin d'un si doux enchantement. Perdue dans sa pensée d'amour, elle te laisse parler sans répondre, s'imbibant de cette rosée comme le gazon muet de la fontaine. Sa bouche émue, qui ne dit rien, est pleine d'éloquence ; bien plus encore son sein gonflé, qui si doucement monte, descend, remonte. Elle va, appuyée sur ton bras, et peu à peu se donnant toute et rejoignant ses mains, se suspendant à toi, elle se fait presque pesante... C'est tendresse, sans doute, c'est la fatigue aussi, c'est la chaleur du jour... La chère enfant se laisse aller, se fait un peu porter, en disant, avec un soupir : « Ah ! que je suis bien, près de toi ! »

V

RESSERRER LE FOYER

L'amour crée l'amour et l'augmente. Le secret pour s'aimer beaucoup, c'est de s'occuper beaucoup l'un de l'autre, de vivre beaucoup ensemble, au plus près et le plus qu'on peut.

« Eh! quoi? si l'on s'ennuie, ce sera le contraire : on se prendra en haine. » Oui, si l'alternative de la solitude et du monde, si la vie trouble, oisive et coupée de contrastes, empêche l'âme de prendre son assiette. Mais non si l'existence, une, simple, entre l'amour et le travail, exclut les vaines distractions, et de plus en plus se resserre dans cette communion constante : penser, vivre, jouir l'un par l'autre.

Dans la vieille Zurich, quand les époux brouillés venaient demander le divorce, le magistrat ne les écoutait pas. Avant de décider, il les enfermait pour trois jours dans une chambre unique à un lit, avec une table, une assiette et un verre. On leur passait la nourriture sans les voir et sans leur parler. En sortant, au bout des trois jours, pas un ne voulait le divorce.

La seule distribution de nos appartements modernes suffit pour empêcher l'union. Cette multitude de petites pièces divise le ménage, rompt la famille, isole les époux. En revanche, la superposition des étages, dans ces grandes casernes malsaines où nous nous entassons, nous met à chaque instant dans le contact des étrangers.

Monsieur travaillera à part, madame s'ennuiera à part, on causera de futilités avec des femmes peu sûres; il faut pour l'un cabinet de travail : boudoir pour l'autre, mot significatif; deux chambres à coucher, de sorte qu'on puisse à toute heure s'ignorer et s'éviter, se défendre au besoin. A peine la salle à manger, à peine le salon réunit un moment; mais les visiteurs, les convives, occupent et font diversion; on est dispensé de se parler, et presque de se voir. Je conseille aux époux de mettre prudemment des verrous à leurs chambres respectives pour s'assurer l'un contre l'autre.

Pourquoi rétablir le divorce? un tel mariage vaut autant. Cet appartement-là suffit.

Eh! quand on aime, comment ne pas envier le logis du menuisier mon voisin, qui n'a en tout qu'une chambre? Aussi, pendant qu'il rabote, sa femme, qui est blanchisseuse, chante en repassant tout le jour. Souvent je me suis oublié à écouter sa jolie voix, forte et vibrante, fraîche et pure. Elle chantait parfois trop fort, et me dérangeait un peu, mais je n'en disais pas moins : « Chante, chante, pauvre petit pinson ! »

« A la bonne heure un menuisier ! Mais mes travaux sont d'un ordre si élevé et d'objet si grave... Moi, je suis un penseur. Toute distraction me tire de mes méditations profondes. » — Trop profondes, monsieur, souvent creuses. Vos œuvres, celles de ce temps, sont la plupart stériles, spirituelles, je l'accorde, mais de si peu de vie, si sèches, si rarement *humaines*. L'auteur, à chaque instant, y perd de vue le monde du cœur et du bon sens.

Une œuvre vraiment humaine, une pensée forte et vivante et qui a corps, ne se trouble pas aisément. Son puissant tourbillon emporte, et s'assimile, s'approprie tout ce qui eût pu la distraire. Combien plus aisément si ce qu'on appelle distraction est justement le fond du cœur, votre amour et la femme aimée ! Tout cela n'est qu'un, ne fait qu'un. Est-ce elle qui peut distraire de l'œuvre, ou l'œuvre d'elle ? Ni l'un ni l'autre. Au sujet même qui semble le plus éloigné, elle se mêle encore par la chaleur d'amour qui par elle y va circuler.

Les tableaux hollandais, me plaisent, j'y trouve à chaque instant ce charmant pêle-mêle d'étude et de ménage, où celui-ci est ennobli, celle-la réchauffée, féconde. Tout le monde a vu au Louvre (et aussi dans l'exquise description de la *Foi nouvelle*) le *Saint Joseph* de Rembrandt. Mais je ne suis pas moins frappé de son tout petit philosophe, microscopique image de l'étude harmonisée par la famille. Dans un pâle coucher de soleil, un vieillard, près d'une fenêtre où s'étale un grand livre, ne lit plus, mais médite, et couve sa pensée. Il a les yeux fermés, ce semble, et il voit tout. Il voit la bonne servante qui attise le feu. Il voit sa dame (qu'on distingue non sans quelque peine) descendant l'escalier tournant. Ces images si douces se mêlent, on le devine, à la douceur de ses pensées. Derrière lui, un cellier fermé contient apparemment quelque peu d'un vin généreux qui le réchauffe parfois. Voilà l'homme au complet qui a fait et qui cuve la vendange de la vie.

Si ce livre est la Bible, je suis certain que le bonhomme en prendra le meilleur. Il est fait pour entendre Tobie, Ruth et les patriarches. Il ne se perdra pas dans les choses vaines et stériles, et ne s'informera pas, comme tel autre, du sexe des anges. Le même homme, au couvent et dans une cellule, aurait fait sur la Bible des commentaires de Scot, de saint Thomas, raffinant et subtilisant, bref, stérilisant tout. Ici, c'est le contraire. Et pourquoi? le ménage, la famille, l'affection, le ramènent sans cesse à la réalité. Tout ce qui va au cœur, dans cette histoire des anciens jours, se refait en lui et se renouvelle; il la revit par le cœur.

Une chose charmante à observer, et que j'ai vue souvent avec bonheur chez mes plus studieux amis, c'est la délicatesse infinie de la jeune femme, qui, dans un local resserré, va, vient, tourne autour du travailleur sans le déranger jamais. Tout autre l'eût troublé; mais « *Elle*, dit-il, ce n'est personne... » En effet, c'est lui-même encore, sa seconde et sa meilleure âme.

Elle retient son souffle et va sur la pointe du pied. Légère, elle effleure le parquet. Elle respecte tant le travail!... Là, on peut admirer quel être doux et fin c'est que la femme, tendre surtout, ayant besoin à toute heure de l'objet aimé. S'il la souffre, elle restera dans un coin à coudre ou broder. Sinon mille occasions, mille nécessités, lui viendront d'entrer dans cette chambre : « Que fait-il? et où en est-il?... Il en fait trop peut-être? Il se rendra malade! » Tout cela roule en son esprit.

Il est bien des études où, sans le savoir, elle apporte bien plus qu'elle ne peut ôter. Sa charmante électricité, quand elle passe et que sa robe vous a frôlé légèrement, croyez-vous qu'elle soit vaine pour l'artiste ou l'écrivain? Au travail ingrat et aride qui languissait, se mêle par bonheur ce parfum de la fleur d'amour qui ravive tout. Ainsi, de vieux tableaux italiens logent dans un crâne la rose à cent feuilles. La mort même en est réjouie.

Qu'il est heureux de sentir qu'elle est là! Il fait semblant de ne pas la voir. Il reste courbé, comme absorbé... Mais son cœur lui échappe et il s'écrie : « O chère! ô charmante! ô ma rose! ne te contrains donc pas ainsi... Tes mouvements qui sont une harmonie, ta voix, cette mélodie qui fait l'enchantement de mon oreille, tout cela ravit aussi mon œuvre, et elle aura ta grâce, la flamme de mon cœur palpitant...

« Je ne t'avais pas vue encore dans cette chambre, que j'ai deviné ta présence à la chaleur de mon travail, à la jeune lumière qui se faisait dans mon esprit.

« On dira dans mille ans : « O l'œuvre vive et « tendre, brûlante encore !... Mais c'est qu'elle était « là. »

VI

LA TABLE

Il faut que tout soit arrangé et prévu pour qu'un si grand changement de vie soit doux à la jeune femme, que son régime de demoiselle soit peu modifié et lentement. Il faut bien prendre garde de la faire passer tout à coup de la vie frugivore que préfèrent la plupart des filles à une forte nourriture d'homme. Elle en serait malade. Rien de plus insensé que ce que nous voyons faire par l'imitation des Anglais : une femme oisive et sédentaire nourrie de grosses viandes, à peine nécessaires au rude travailleur, à l'homme actif, toujours en mouvement. Régime irritant que la femme ne soutient qu'en y ajoutant l'irritation plus grande des alcools. Dès lors, fanée, flétrie, rougie, de très bonne heure. C'est l'extermination de la beauté, et, à la longue, la profonde décadence de la race même.

Il faut garder à la jeune Française ses habitudes d'enfance et ne les améliorer que peu à peu, avoir soin que, du premier jour, elle trouve dans sa maison nouvelle tout ce qu'elle avait chez sa mère. Tu y as pensé, j'en suis sûr, je connais bien ton cœur. De longue date, par sa mère, sa nourrice, par le médecin de la maison peut-être, tu as su tout ce qu'elle était physiquement et ce qu'il fallait faire. Pour lui bien préparer son nid, il fallait savoir tout, ses habitudes, l'état de sa santé ordinaire, ses petites indispositions, toutes ses circonstances de femme. Ceci n'est pas de curiosité vaine, mais d'absolue nécessité. Il faut même, sans affecter une inquisition indiscrète, remonter quelque peu l'histoire de sa famille, ses précédents de race, connaître les maladies qui s'y seraient produites et pourraient s'y représenter encore. De cette connaissance dépendra son hygiène, et, autant qu'il se peut, votre alimentation, les préférences pour les mets qui lui vont, qui peuvent conserver sa santé.

Beaucoup et les plus distinguées arrivent très faibles au mariage, trop affinées de race, maladives de naissance ou par suite de mauvais régime. Celui qui reçoit dans sa maison une si frêle fleur voit trop souvent qu'elle n'est pas capable des fatigues d'amour. Avant d'en avoir un enfant, il faut l'affermir elle-même, la pauvre enfant, l'amener à être tout à fait une femme. Il faut être mère, afin de pouvoir être époux.

Un tort des mères et des nourrices, c'est de vouloir que l'enfant mange trop, au risque de se faire du mal. S'il va jusqu'à l'indigestion, elles en sont ravies : « Il profite ! » disent-elles. J'ai vu ce spectacle bizarre, des mères passionnées prier, forcer leur fils, de manger, boire avec excès, témoigner à chaque bouchée le bien et le plaisir qu'elles y sentaient elles-mêmes. Elles étaient gourmandes pour lui et sensuelles pour lui. L'amour a des effets semblables. Dînant un jour chez un ami très sobre, au dessert, je le vois ému : on aurait dit le gastronome à qui l'on sert le morceau de son choix. Ici, nulle cause ni prétexte à cela. Je regardai en face, et je vis sa jeune femme manger un fruit qu'elle aimait fort. Il regardait ce fruit, rougissait, se troublait. Je compris tout. Lui-même, il n'en fit pas mystère. « Son plaisir m'a été si sensible, dit-il, que je n'ai pu me contenir... Je vis en elle, et tout ce qu'elle sent, je le sens beaucoup plus moi-même. »

Mouvements trop forts de nature et qu'il ne faut pas qu'elle voie. Elle en serait troublée. Une telle identité physique d'appétits, de fonctions, serait nuisible au plus faible des deux. Elle fondrait à ta flamme. Sois calme, je te prie, sois modéré, sois sage, ménage-la, ne précipite rien.

Profonde, profonde communion que celle de la table, surtout dans le petit ménage où l'on est deux, où la domesticité n'intervient pas, ou intervient à peine.

L'homme nourrit la femme, apporte chaque jour, comme l'oiseau des légendes, le pain de Dieu à sa bien-aimée solitaire. Et la femme nourrit l'homme. A son besoin, à sa fatigue, à son tempérament connu, elle approprie la nourriture, l'humanise par le feu, par le sel et par l'âme. Elle s'y mêle, y met le parfum de la main aimée.

Donc, ils sont nourris l'un par l'autre. Chacun d'eux sent avec bonheur que pas un atome en lui n'est à lui, que jour par jour tout est renouvelé, ravivé, par l'objet aimé. De la loi que nous trouvions dure et basse, de la fatalité du ventre, la nature sait nous faire le plus doux des liens, haute poésie du cœur, où l'union devient unité. Qui dira s'ils sont plus mêlés par cette communion calme et douce, ou par la crise même et le transport du plaisir? Dans l'alimentation mutuelle, tout comme dans la génération, c'est l'échange également, la transmutation de substance.

Les voilà donc à table, assis, en face l'un de l'autre, et mangeant ensemble pour la première fois. Te voilà devant elle, ravi et la couvant des yeux. Elle, pendant ta courte absence, elle a pensé à toi, et elle a voulu être belle; elle est un peu parée. Et de quoi? De bien peu de chose, d'une fleur du jardin, qu'elle a mise dans ses cheveux.

Ce seul jour lui a profité, c'est une autre personne; son teint est un peu reposé. La jolie fille maladive est une femme touchante; elle sourit modestement grave, et c'est *madame* déjà.

Elle n'a pas grand appétit. Un peu de légumes, de fruits, de laitage, c'est ce qui lui plaît. Ton régime carnivore est loin de l'attirer. Elle a horreur de la mort, horreur du sang; chose bien naturelle, elle-même est la fleur de la vie. C'est pour cela surtout qu'il lui faut cette fille de campagne dont j'ai parlé. Elle ferait bien volontiers tels aliments, mais quoi ! une cuisine sanglante lui répugnerait trop. Elle est bien délicate aussi pour les gros ouvrages, qui ne sont rien pour la jeune paysanne robuste, qui, de plus, travaille au jardin.

Cuisine, c'est médecine; c'est la médecine préventive, la meilleure. Donc c'est l'œuvre d'épouse, qui seule sait bien ce qu'il faut au mari, qui connaît son travail, ses dépenses de force vitale. Seule elle sait et mesure la réparation nécessaire. En tout ce qui est propre, non répugnant pour elle, en tout ce qui ne grossit pas sa jolie main, en ce qui doit être *touché* de la main même (et, disons-le, nécessairement mêlé des émanations de la personne), il est désirable et charmant que ce soit elle qui agisse. Telles pâtes et tels gâteaux, telles crèmes, ne peuvent être faits que par celle qu'on aime et dont on est avide.

Si pure, elle n'en a pas moins le sentiment et la divination de tout ce qui te fait plaisir. Elle sait très bien tes gourmandises et combien tu as faim de ce qu'elle a touché. Elle a prévenu ta pensée. Ce que tu trouves de meilleur, c'est elle qui l'avait fait pour toi. Ce mets si doux préparé de sa main, elle l'a effleuré de sa bouche, consacré de ses lèvres. Elle l'apporte avec un sourire :

« Mange, ami, car j'y ai goûté. »

VII

ILS SE SERVIRONT EUX-MÊMES

Je n'écris pas pour les riches, qui compliquent à plaisir leur vie de mille inutilités ennuyeuses et dangereuses, qui vivent devant leurs domestiques (lisez devant leurs ennemis), qui mangent, dorment, aiment sous des yeux haineux et moqueurs. Ils n'ont pas d'intimité, rien de secret, point de foyer.

Et malheureusement je ne puis écrire non plus pour ceux qui n'ont point de temps, point de liberté, qui sont dominés, écrasés par la fatalité des circonstances, ceux dont le travail incessant règle et précipite les heures. Que peut-on conseiller à qui n'est pas libre ?

J'écris pour ceux qui sont libres d'arranger leur vie, pour le pauvre non indigent qui travaille chez lui, et pour les pauvres volontaires, c'est-à-dire pour les gens aisés qui auront l'esprit de vivre simplement sans domestiques et d'être vraiment chez eux.

« Vivre à deux, et non à trois », c'est l'axiome essentiel pour garder la paix du ménage.

Une fille de campagne qui aide ne rompt pas le tête-à-tête.

Si vous avez le bonheur d'avoir une petite maison, elle aura au rez-de-chaussée sa cuisine et son lavoir près de la salle à manger, et montera peu au premier.

Cette fille n'est pas tout à fait seule; sa maîtresse descend, surtout dans vos absences, et lui dit de bonnes paroles, tout à fait à sa portée. Elle lui apprend à lire et la forme un peu.

Elle a le jardin aussi, le chat, le chien et les poules, avec qui elle s'amuse, et dialogue toute seule, comme elle faisait aux champs.

La bonne fille, toute bonne qu'elle est, n'en est pas moins une fille, une curieuse. Donc, en montant à sa chambre, qui est en haut, elle ne manquera pas de mettre l'œil au trou de la serrure et d'écouter ce qu'on dit. Une double porte et une petite antichambre doivent isoler l'appartement de l'escalier où elle passe, va, vient, écoute et observe.

« Mais comment, nous dit la dame, cette fille rustique me dispensera-t-elle d'avoir ma Julie, ma femme de chambre, si adroite, et qui sait tout faire? »

Adroite? mais vous l'êtes autant qu'elle. Allons, belle paresseuse, rendez-vous plus de justice. Pour les objets de toilette, je me fie à vos fines mains. La femme, en ce genre, a un trésor inépuisable d'esprit et d'invention.

Et s'il faut absolument une femme de chambre pour d'autres soins délicats, je vais vous en présenter une qui brûle de l'être, qui a cent fois plus de zèle que mademoiselle Julie, que mademoiselle Lisette et toutes les illustres en ce genre, qui de plus n'est pas maligne, ne dira rien aux voisines à votre désavantage, qui ne rira pas de vous avec un amant, qui ne tirera pas la langue par derrière quand vous parlerez, etc. — « Mais cette perle, où est-elle donc ? Je la prends, c'est mon affaire... — Où elle est ? A côté de vous. »

Voici votre sujet, ô reine ! qui pétitionne pour entrer dans ce service ; il croira monter en grade si vous l'élevez à la dignité de Valet de chambre titré, à la position féodale de Chambellan, Grand Domestique, Grand Maître de votre maison, que dis-je ? Médecin ordinaire (tout au moins pour l'hygiène), car son zèle n'a pas de bornes. Toutes ces charges de cour, il veut les cumuler gratis, et par-dessus le marché, avec les fonctions des hommes, il fera celles des femmes, fier et honoré, Madame, si Votre Majesté accepte ses très humbles services.

« Mais il a trop d'occupations, il n'a pas le temps. J'aurais honte de l'employer près de moi d'une manière si futile... Je dois l'avouer aussi, toutes ces petites choses de femme veulent être faites *oisivement*, à la longue, pas en abrégé. Tout cela doit traîner un peu, mêlé de petits bavardages. L'homme vraiment homme est une flamme, il veut tout précipiter et aller au bout. Nous ne ferons rien qui vaille. Tous ses soins seraient des caresses. Ma toilette en serait moins avancée que dérangée. »

Secret pour secret, Madame, aveu pour aveu. Sachez bien que l'homme le plus occupé a beaucoup de temps, du temps de trop, dès qu'il s'agit d'un véritable plaisir. Je ne sais quel Romain, général, magistrat, homme politique, roi du monde enfin, comme l'étaient ces gens-là, trouvait bien le temps d'assister chaque matin aux soins qu'on donnait à son jeune enfant, observait comme on s'y prenait pour son éducation physique, le regardait laver, vêtir, etc., etc. Henri IV, parmi tant d'affaires, ne manquait pas un seul jour de se faire rendre compte minutieusement et par écrit de tout ce qu'avait fait le Dauphin qui venait de naître, faisant constater heure par heure, par un habile médecin, comment l'enfant mangeait, dormait, digérait, etc. Nos grands hommes d'aujourd'hui, bien plus occupés que les empereurs et consuls de Rome, plus occupés que Henri IV, trouvent du temps pour bavarder quatre heures par jour à la Bourse, au Palais, au café, que sais-je? puis pour bavarder six heures (sans écouter) au spectacle. Non, le temps ne manque pas.

Il ne manque pas pour les vaines et sottes agitations, dont on revient en bâillant et toujours plus vide. Il ne manque que pour être heureux.

Or voici un homme qui dit qu'il serait heureux si vous lui donniez une heure dont vous ne savez que faire. Vous êtes son enfant, son Dauphin, son spectacle encore, son opéra, sa charmante et *divine comédie*.

Divine. Je ne m'en dédie pas. J'en juge par la dévotion avec laquelle il assiste à ces choses que vous croyez basses ou futiles. Vous riez; il ne rit pas. Le jour que vous l'admettez au cabinet de toilette, vous le voyez troublé, ému d'une vraie religion. Jamais le pieux Indien, au bout d'un long pèlerinage, n'entra à la pagode sainte en dispositions meilleures. Curieux, mais tendre surtout, plein d'un respectueux désir, admirant d'avance, adorant... Oh! n'ayez donc pas peur de lui! Quelle femme, tant dévouée fût-elle, vous regarda jamais d'un œil aussi prévenu?... Cette Julie si regrettée, si caressante et si flatteuse, croyez-vous (je le dis bien bas) qu'elle n'ait pas remarqué tel petit défaut sur la plus belle personne, qu'elle n'en ait pas souri?

Celui-ci, tout au contraire, a l'œil fait de telle sorte qu'il ne voit rien que de parfait, de souverainement beau. Quel regard il pose sur vous! et comme vous en êtes couvée, caressée! Et tout cela purement. Rien de pur comme l'amour vrai.

Montaigne dit quelque part que la vue des gens bien portants communique la santé et fait qu'on se porte bien. Et moi je n'y change qu'un mot; je dis que c'est le regard d'amour qui porte bonheur et qui fait fleurir la beauté. De là cet éclat charmant que prend vite la jeune femme. C'est qu'elle a reçu ce regard.

Objet sacré, ne craignez rien. Vous êtes une religion, et, si vous gardez vous-même le cœur digne et pur, vous le serez toujours. Oui, sous cet œil plein de flamme, de respect pourtant, vous ne pouvez jamais descendre de votre divinité. Vous ne perdrez point votre autel. Vous resterez dieu.

« Hélas (dit-elle en elle-même, car elle n'oserait le dire à aucune oreille); hélas! comment rester dieu!... Et n'est-ce pas l'effet naturel d'une si intime intimité, que ne pouvant à nul moment échapper à celui qui aime, à ses tendres inquiétudes, on livre les côtés vulgaires et inférieurs de la vie?... Qui est sûre d'être poétique vingt-quatre heures par jour? de ne pas être ramenée par l'inflexible nature du haut idéal à la prose?

Vraie pensée de jeune fille! Parfaite et complète ignorance de la réalité des choses! Ceux qui connaissent l'amour savent bien que ce n'est pas par là que s'effeuille le bouquet de noces. Nulle de ces choses naturelles, innocentes, ne fait tort à celle qu'on aime.

Si vous voulez savoir vraiment comment la femme descend de l'idéal au la prose, je vais vous le dire.

Ce n'est pas en se montrant femme, en s'avouant naïvement ce qu'elle est, ce que nous sommes, humanité; c'est en se montrant froide et vaine, en laissant surprendre à cet œil, si aveugle pour certaines choses et si clairvoyant pour d'autres, son infirmité morale.

On croit que la satiété a bientôt tué l'amour; on ne dit pas qu'elle vient le plus souvent, non pas de posséder trop, mais de posséder trop peu, de sentir qu'on n'ira pas jusqu'au fond de la personne, qu'on n'atteindra pas à l'âme, qu'elle est vide, vaine, légère, qu'on creusera sans trouver le fond.

Cette fille, hier si parée, laborieusement coquette jusqu'au jour du mariage, aujourd'hui femme à sa toilette, est comme paralysée. A peine prend-elle soin d'elle-même. Mais on invite les mariés : grand bal ce soir. A l'instant comme pour un second mariage, la voilà vive, alerte, ardente et jamais assez parée.

L'amour, si fasciné, si aveugle tout à l'heure, prend ici une seconde vue; il traduit ainsi cette négligence des jours sédentaires :. « Assez et trop pour mon mari. » Et cette parure pour le bal : « Je veux plaire, mais surtout aux autres. »

Eh bien, cela lui fait froid, et la satiété commence.

Femme vulgaire, femme légère. L'idéal a baissé et ne remontera pas.

L'impression est toute contraire si l'observateur ému remarque tel soin délicat de toilette pour le tête-à-tête, telle coquetterie de tendresse pour les heures de solitude. « Rien pour les autres et tout pour lui. » Voici le sens de ces choses. Nulle parole; mais elles ne sont que plus profondément senties. L'amour se sent ici sur un terrain solide; il y poussera de fortes et profondes racines. Ne craignez rien pour l'idéal : il ira se fortifiant et par le poétique et par le réel.

Mais pourquoi les distinguer ? Quand on aime, c'est la même chose. O génération refroidie! femmes peureuses, faibles, ignorantes de vos véritables puissances, que vous savez peu combien l'amour est robuste et rit de ces choses! combien peu pèse pour lui tout ce qui vous alarme tant!

Tout est poésie en ménage et toute chose de nature est noble en la personne aimée.

Le plus fier a bonne grâce à tout faire pour celle qu'il aime. Et elle, reine de la maison, quoi qu'elle fasse, fait œuvre royale.

Ils sont serviteurs l'un de l'autre, mais avec cette nuance : elle sert en toutes choses d'utilité et d'amour pour le ménage et la maison; lui, il la sert elle-même et en tous soins personnels.

Humbles fonctions! Dites très hautes de grâce et de grande faveur. Rappelez-vous là-dessus la bonne théorie féodale; les dignités sont en raison des occasions qu'elles donnent d'approcher la royale personne et de la servir, non aux choses de l'État, mais bien à celles du corps.

VIII

HYGIÈNE

Jeune homme au cœur tendre et fidèle, sache bien dès le commencement que ton plus sacré devoir est de profiter tout d'abord de la foi naïve de ta jeune épouse, de ses dix-huit ans, du luxe admirable de bonne volonté qu'elle apporte, pour t'emparer d'elle entièrement au moral et au physique, prenant son corps, prenant son âme, — son âme pour la féconder, l'éclairer, la grandir, — son corps pour le fortifier, le préparer à la grande bataille qu'il lui faudra bientôt soutenir, je veux dire au dur travail de la maternité.

Votre solidarité est bien au delà de tout ce que tu as pu rêver, imaginer toi-même. La vie du cœur, la vie du corps, va tellement se mêler en vous, que les choses les plus légères, d'elle à toi, te deviendront prodigieusement sensibles, ou délicieuses, ou douloureuses. Nul détail n'est à dédaigner, nulle minutie à mépriser. Tout est de grande conséquence pour votre avenir.

Dépêche-toi d'être son maître. Car, dans peu, je le prédis, elle sera ta maîtresse, au moins par les habitudes, et elle te tiendra de partout. Oui, la femme, plus elle est douce, docile, humble même, plus elle enlace, plus elle lie, plus elle tient. Tout cela par des nœuds légers, invisibles, faibles, ce semble, mais d'une force inouïe. Au premier degré, c'est un fil léger, gracieux, comme sont les fils de la Vierge qui volent au vent, et cependant posés ont tant d'adhérence. Au second degré, c'est comme les vrilles de la vigne, ses petites mains allongées, infiniment délicates, qui pourtant serrent déjà bien. Au troisième degré, mon ami, ce sera la force du lierre qui serre et pince de si près le chêne une fois saisi, qu'il s'y incorpore, y entre ; le fer n'y ferait plus rien ; nul moyen de détacher l'un si l'on ne tranche au cœur de l'autre.

Eh bien, tout cela n'est rien au prix d'une femme qui, dans la solitude, pénétrée de vous, vous pénètre, qui, nourrie de vous, vous nourrit, qui vous tient par la maison, par le foyer, par le lit, par les enfants, à la longue par toutes les idées communes, qui vous prend par sa complaisance et sa docilité sans bornes, soumise à votre fantaisie, et qui, pour l'accès d'un moment, rend l'infini de l'amour pur.

« Tant mieux, dis-tu, qu'elle me prenne ! Je ne suis pas effrayé de tout cela, je le désire... »

Bien ; mais, ainsi averti, tu dois de bonne heure faire tienne cette jeune et grande puissance, qui, en peu d'années, sans art, sans manège, à force d'amour, va te conquérir, t'absorber.

Cette absorption serait le dernier malheur pour tous

deux si tu n'avais mis en elle ton âme, je veux dire l'âme moderne. Car, tel que tu es, jeune homme, et quoique entamé par la vie, tu es encore bien plus qu'elle le dépôt de la vérité. La pauvre, hélas! n'est que ténèbres! Elle n'a strictement appris que ce qu'il faut oublier. Son bon cœur, sa nature vierge, son charme, ne serviraient à rien qu'à vous perdre tous les deux, et votre enfant, et l'avenir, si dès ce jour tu ne prenais l'autorité de la science et de la lumière. Ce n'est pas en vain que depuis trois siècles le génie humain accumule dans ta main (ta forte main d'homme) le trésor de la certitude. Sers-t'en aujourd'hui ou jamais, mon ami, car c'est ton salut.

Que deviendrais-tu, grand Dieu! si dans peu tu la voyais retombée dans le passé, devenue ton innocent adversaire, te faire une guerre, non de paroles, mais de larmes et de soupirs?... Je t'en prie, ne la lâche pas, tiens ferme. Pour ta vie, et pour sa vie, morale et physique, reste maître (elle le désire, elle le veut), subjugue-la. Enveloppe-la de toi-même, de ta constante, immuable et clairvoyante pensée.

Tu ne dois pas perdre de vue que vous aurez prochainement (qui sait? dans neuf mois peut-être?) à subir la plus rude épreuve à laquelle soit soumise la nature. Je dis *vous*, car à ce moment tu souffriras autant qu'elle ; la torture de l'inaction et de l'impuissance, en de tels moments, fait sentir à l'homme bien plus que les angoisses de la mort. Alors tu pleureras du sang, mais tu ne pourras rien faire. Ta force, l'élan de ton cœur, tes vœux, tes anxiétés, tes terreurs éperdues, ne lui serviront de rien. Il faut prévoir, il faut pourvoir, dès ce moment, et dans ces jours calmes encore, avoir d'avance présents la chance et le péril de ce terrible jour.

Cela doit te rendre attentif et soigneux de tout. L'attention fort distraite d'un médecin qui vient quelquefois, et souvent pense à autre chose, ce n'est pas pour te rassurer. Oh! que je me fie bien plus à ta clairvoyance, à la seconde vue de l'amour, à son fixe et puissant regard, arrêté sur l'objet aimé sans que rien puisse l'en distraire, et qui le voit de part en part!

Mais la femme physiquement est un être tout fluide, d'une étrange mobilité. On s'éblouit presque à la regarder; des symptômes si variés se confondent et troublent. Défie-toi de ta mémoire. Rien ne te soutiendrait plus que de tenir un petit journal de sa vie physique. Si, par l'ordre de Henri IV, on l'a fait pour Louis XIII, si la vie de ce roi maussade, dans ses accidents les plus prosaïques, a été notée jour par jour, pourquoi ne le ferais-tu pas pour ta charmante femme, toute poésie, toute pureté, et qui tient ta vie suspendue à sa jeune vie fragile?

Il ne faut pas l'occuper, l'obséder de ces détails. Il n'est pas bien nécessaire qu'elle voie trop la brûlante anxiété de l'amour toujours inquiet, et le plus souvent sans cause. Cela pourrait lui ôter beaucoup de sa sérénité. Fais cela pour toi, pour te souvenir, te guider : cette base fixe d'expérience et d'observation te mettra bientôt en état de prévoir, presque toujours bien, ce qu'elle sera le lendemain ou quelquefois les jours suivants, pour la santé, la bonne humeur. Grand et très grand avantage. Tu prendras bien mieux ses caprices (qui ne sont guère que des souffrances). Tu ne demanderas rien qu'à temps, à propos, à l'heure tendre où peut-être on y pensait.

Intéressé à ce point au détail de sa vie physique, tu dois, par un progrès doux, incessant et patient, l'envelopper entièrement, peu à peu t'emparer de tout. Mais nulle précipitation. Rien ne doit être plus sacré, plus habilement ménagé que la pudeur d'une jeune femme. On les accuse trop vite, et le plus souvent, à tort. Il n'y a ni froideur ni grimace ; mais la plus aimante, la plus dévouée est parfois nerveuse au point de souffrir très réellement. Elles sont comme les oiseaux, d'organisation élevée, délicate. Un rossignol que j'ai perdu m'aimait fort, mais il ne pouvait supporter que j'approchasse ; il frémissait d'être touché.

Cependant la vie intime crée des embarras presque inévitables. La familiarité refusée à l'amant, à l'ami tendre, au témoin le plus bienveillant, elle se trouvera accordée à des personnes moins dignes, moins sûres. Quand madame de Gasparin conseille à la dame de ne pas se laisser voir dans ce qu'elle appelle « la triste vérité de la nature déchue », elle ne sent pas assez que la faveur qu'on ôte au mari sera pour la femme de chambre. « Chose indifférente ? » Nullement ; c'est l'entrée, l'occasion d'une certaine intimité relative, plus dangereuse qu'on ne croit et funeste à votre union.

Tout est pur pour les cœurs purs. Pour traiter franchement ce point délicat, nous dirons qu'il vaudrait mieux que telle familiarité qui viendra tôt ou tard, ne vint pas par négligence et laisser aller entre vieux époux, mais peu après le mariage entre amants. Et cela tout simplement, bonnement. On n'y risque guère. L'amour, alors exalté, accepte tout, adore tout de l'objet aimé, reconnaissant de l'effort qu'il fait pour se confier. Ce serait le vrai moment de franchir ces petites barrières qu'il faudra bien franchir à la longue en des temps moins favorables.

Un mois ne se passe pas que l'occasion ne vienne. Si elle souffre, chassera-t-on le mari pour appeler la mère ? Faudra-t-il, en chose si simple et qui est de pure hygiène, que celle-ci amène un médecin, un étranger, à qui la jeune dame doit dire péniblement ces petits mystères qu'elle ne dit pas même au mari ? Souvent, en cas de retard, elle se confiera à sa vieille nourrice imbécile, à quelque sotte *bonne femme*, qui, pour aider, conseillera des stimulants dangereux.

Et qui donc doit s'en mêler, sinon celui qui y a tant d'intérêt ? Cette crise, qui n'est (chose aujourd'hui démontrée) que la crise de l'amour qui permet la fécondation, c'est pour l'amour même qu'elle vient. Aussi, contrairement au préjugé grossier et barbare qui séquestrait alors la femme, jamais celui qui aimait n'a pu concevoir qu'elle fût alors un objet d'éloignement. Il l'a toujours crue très pure. Si touchante en ces moments, si tendre et si confiante, sa langueur significative dit : « Je souffre et c'est pour toi. »

Il lui faut un gardien attentif, très confident, qui sache tout, qui puisse l'aider en tout. Car elle est si exposée! Si elle a froid, tout s'arrête. Si elle a peur, si on lui fait du chagrin, si elle pleure, tout peut s'arrêter encore. Si elle digérait mal, tout serait encore en péril. Ce qu'elle n'ose dire, il faut le pressentir, le deviner. Elles craignent tant de déplaire! elles sont si malheureusement imbues de cette vieille idée d'une prétendue impureté démentie par la science! C'est le premier devoir d'amour de les éclairer là-dessus.

Pauvres martyres de la pudeur! les moindres choses souvent leur semblent graves et les effrayent. Peu après le mariage, voilà la jeune femme très rouge, la tête lourde, les yeux injectés. « Qu'as-tu ? — Rien. » Elle ne l'ose dire. Cela dure une semaine. Puis la voilà faible et pâle. Autre semaine. Mais elle se tait toujours. On sait qu'elle n'est pas enceinte. « Appelons le médecin », dit la mère. Il est bien facile, sans médecin, de deviner qu'une alimentation nouvelle, un peu plus forte peut-être, l'a troublée, produisant d'abord de la plénitude, puis l'effet contraire, détente et faiblesse. Quelque rafraîchissement suffira pour calmer tout. Que le médecin l'ordonne, on baisse modestement la tête, et on se résigne. Si c'est le mari qui prie et supplie, on rougit, on s'indigne. « Dieu merci, on n'a fait aucun excès, on n'a pas été gourmande. » Il faut être doux, patient, discret, ne pas insister. Que tout soit à sa portée; elle fera timidement, en cachette, ce que vous voulez. Heureuse en réalité de n'avoir pas à subir l'interrogatoire du docteur, son enquête solennelle.

Celui qui est vraiment tendre, qui aime pour *elle*, et non pour lui, l'enveloppe, mais sans appuyer. Elle ne sent pas peser l'air qu'elle respire, et pourquoi? Parce qu'il est dedans et dehors. L'amour est la même chose. Celle qui l'a dans son cœur ne trouve rien que de très doux à le sentir autour d'elle, à le trouver en tout comme son air véritable et l'élément de sa respiration. Cela lui devient nécessaire, et si cet enveloppement, que vous nommez persécution, lui manquait un seul moment, elle en serait très malheureuse.

Au reste, dans ces premiers mois, les soins ne sont pas difficiles. Presque toujours la vie physique, heureusement influencée par l'espoir et le bonheur, prend le plus charmant essor. La fleur penchée se relève avec un éclat, une grâce inattendue. Qu'elle soit un peu plus forte, c'est tout ce qu'il faut désirer, et encore il ne faut pas le vouloir impatiemment.

Qu'elle vive d'une vie de campagne, travaille un peu, sue un peu (très peu dans le commencement). Qu'elle aille, vienne, dans un grand jardin, ne soit pas trop longtemps assise. Qu'elle se baigne dans l'eau soleillée, presque froide. Que souvent aussi, bien seule, à son aise, en sécurité, elle se baigne dans la lumière. Tout serait gagné si sa blanche peau passait aux tons vivants et bruns. Les plantes tenues à l'ombre sont étiolées et pâles. Nos vêtements malheureusement nous tiennent tels, en nous séparant du père de la vie, le Soleil.

IX

DE LA FÉCONDATION INTELLECTUELLE

« Il ne faut pas que l'enfant vienne avant que son berceau soit convenablement préparé. »

Cela veut dire qu'il n'est pas à désirer que l'union soit trop tôt féconde, mais que préalablement la jeune femme, qui doit être elle-même le premier berceau de l'enfant, se raffermisse des émotions de sa situation nouvelle.

Il faut qu'elle ait un répit entre ce drame et ce drame. Le mariage, qui vous a paru un accident si agréable, a été pour elle une épreuve, et trop souvent l'épreuve dure encore après. Laissez-la, qu'elle respire. Qu'elle ait un intervalle de calme où, n'ayant plus les épines du commencement, et pas encore les troubles de la grossesse, ce doux être de souffrance jouisse, lui aussi, et goûte un moment de bonheur.

Moment d'ailleurs bien nécessaire, infiniment précieux, où votre union morale, commencée à peine, va se former réellement ; où ta femme, associée intimement à ta pensée, et la couvant de son rêve, va préparer, sans le savoir, l'être nouveau qui doit venir, et qui n'est que cette pensée au sein de la chère rêveuse où va s'incarner votre amour.

Cette union, tu crois déjà l'avoir. Tu crois posséder ta femme et te l'être assimilée. Que tu en es loin !

Posséder ? Ce n'est pas pour une nuit (ou pour plusieurs, souvent fort pénibles encore) que l'on peut avoir l'orgueil d'employer ce mot.

Posséder ? Ce n'est pas même pour cet éblouissement où l'amour la jette, lui faisant tout d'abord admettre les idées de son amant, quelque nouvelles qu'elles lui soient, et croire légèrement tout ce qu'il lui dit.

En réalité, les choses ne vont pas si vite. Partis de deux mondes opposés (presque toujours elle est élevée par sa mère dans les pensées rétrogrades), vous ne pouvez en un moment arriver à la fusion. Les vieilles choses dont on l'a nourrie, dont elle paraît émancipée, peuvent reparaître un matin pour vous diviser. Ton orgueil dit : Non. Elle, au fond plus tendre, et qui aime tant son amour, et qui veut tant le garder, elle insiste par un heureux instinct pour y entrer davantage, sans réserve et sans retour.

« Je travaille à côté de toi, et je te vois travailler. Mais ce n'est pas assez pour moi. Ce que tu fais m'est une énigme, et je voudrais te comprendre. Je sens que, pendant ces heures, présente il faut que tu m'oublies, et que je sois presque toujours exilée de ta pensée... Cela m'est dur. Et que ne puis-je me mêler à ton travail, t'aider! Je serais si heureuse.

« Mais que j'en suis incapable! Loin de pénétrer tes idées, j'ai peine à démêler les miennes. Quand tu me presses de t'ouvrir mon cœur, je ne peux pas m'exprimer... Tu te plains alors, et tu me crois froide... Ah! bien à tort!... Je ne sais quelle entrave, quelle restriction, me reste de mon passé. Est-ce l'esprit qui me manque, ou bien mes dents qui se serrent? Mais je ne puis pas parler... Parle-moi, toi qui le peux; affranchis-moi de moi-même, instruis-moi, mets en moi une âme. »

C'est à peu près ce que dit la jeune épouse intelligente. Elle veut très sérieusement s'associer à lui, et cela de deux manières, si elle pouvait :

Ta vie technique, spéciale, d'art, science ou métier, ne la rebuterait pas (une s'est mise à disséquer! une autre à copier, chiffrer des tables astronomiques!).

Mais c'est surtout la haute vie de son mari, ses idées les plus générales qu'elle désire comprendre et s'approprier. Elle veut sa croyance et sa foi.

Donc, la voilà ton élève docile. Heureuse situation! charmante bonté de la nature! Cette jeune âme ne se plaint que de n'être pas assez conquise, de n'être pas assez tienne. Elle se prête d'esprit, de cœur, à toute chose que tu veux. Elle n'aspire qu'à se donner, à t'appartenir davantage.

Rien de plus doux que d'enseigner une femme.

Elle fait un parfait contraste avec l'indocilité, la demi-rébellion qu'offre presque toujours l'enfant. Appelez-le à la leçon, il s'enfuit à toutes jambes; elle, elle devance plutôt l'heure, elle est empressée, heureuse, insatiable de vos paroles, croyante, pleine de déférence, de respect pour la science de celui qu'elle aime. Enfin, quand elle ne serait pas l'être gracieux, l'être aimé, le bonheur du cœur et des yeux, par sa docilité seule elle serait le plus charmant écolier.

Notez qu'elle se plaît à la chose, à ce rôle qui la fait si jeune. Elle est ravie de recevoir cela encore de vous, aussi bien que les caresses, aussi bien que toute chose, puisque tout lui vient de vous. Elle est sensible à la douceur de l'encouragement, de l'éloge, par lesquels vous la soutenez, sensible à la réprimande. Elle ne hait pas d'être grondée. Si vous êtes bien sévère, si vous l'appelez : Madame, elle se trouble, est près de pleurer. Elle se jette au cou du maître. Cela finit la leçon.

« Pour ce jour, c'en était assez. Et nous n'en lûmes pas davantage. »

Il n'y a dans cet enseignement délicieux qu'une chose à regretter. Voulez-vous que je vous la dise?

C'est que souvent elle n'a pas fait attention, elle n'a pas compris du tout, ou compris toute autre chose.

Non qu'elle ne soit très intelligente, souvent très spirituelle. Mais elle l'est infiniment plus pour ce qui lui vient d'elle-même, moins pour ce qu'elle reçoit.

Chose bizarre, qu'une personne si réceptive de nature et faite pour la fécondation, reçoive difficilement, même en s'y prêtant le plus, la fécondation de l'esprit!

Le titre baroque d'un livre espagnol du seizième siècle m'a souvent bien fait rêver : *Les sept enceintes du château de l'âme.*

Sept? ce n'est pas dire assez. Elles sont en nombre infini, ces enceintes. Vous en forcez une ou deux, vous croyez que tout est fait, et que la place est emportée... Point du tout, d'autres remparts sont derrière, qu'il faut percer. Mais la singularité, c'est que c'est ici une place qui ne demande qu'à se rendre, à ouvrir ses portes. L'esprit de la femme qui aime fortement et se sent aimée, brûle de se donner sans réserve et de se subordonner. Il fait bon marché de lui-même. Il veut se livrer, et ne peut.

L'obstacle n'est point du tout dans la volonté.
Il est dans son éducation;
Il est dans sa nature de femme,
Et surtout dans ta maladresse.

Si l'éducation du garçon est dure, celle de la fille a été presque toujours négative et stérilisante. Je ne parle pas des mondaines gâtées et dames à quinze ans. Mais celles qu'on élève mieux et modestement par un inconvénient contraire, le sont à peu près comme une plante qu'on cultiverait dans une cave; elles en restent souvent tristes et gauches, ayant peu de facilité. Il faut du temps pour qu'elles reprennent du courage, un peu d'élan, de confiance en elles-mêmes. La grâce leur revient par l'amour et à force d'être aimées. Avec la grâce aussi revient la vive conception de l'esprit. Elles redeviennent capables de saisir un germe moral, d'être moralement fécondes.

Mais ces germes comment les donner?

Il est très rare que l'homme sente ce qui convient précisément à un être si délicat et si différent de lui.

Ou il prêche, fait de longs discours, fatigue, et ne voit pas que ces procédés déductifs ne sont nullement suivis, qu'elle tâche en vain d'écouter.

Ou bien, plus modeste, il s'abstrait et il croit agir sur elle par des lectures, par des livres, — ne sachant pas que le premier livre vraiment fait pour une femme n'a pas été écrit encore.

Il n'y en a pas un qui convienne en entier à une jeune femme. Il faut choisir dans les meilleurs ce qui lui irait le mieux. Cela varie à l'infini, selon les esprits et les circonstances.

La lecture trop variée et non discrètement ménagée a sur elle des effets déplorables.

Elles ne sont nullement préparées, ni par leur constitution, ni par leur éducation, à recevoir toute sorte de nourritures indigestes. La nature, qui les réserve à une chose bien plus haute et plus délicate, ne leur a pas donné cette force brutale d'estomac, qui broie, subjugue le fer, la pierre, les poisons, qui tire le bon de ceux-ci, et vivrait, comme Mithridate, d'empoisonnements continuels.

Et quand je parle de poisons, je ne pense même pas aux choses immorales. Sa pureté les rejetterait. Je parle surtout d'un monde de choses malsaines par leur nullité même, choses vulgaires, choses inutiles, qui prosaïsent l'esprit.

L'homme est condamné à la fatigue quotidienne d'une information prodigieuse, à épuiser le monde des détails, à savoir tout, à tout sonder, jusqu'aux plus bourbeux ruisseaux de l'expérience; mais il ne suit pas de là qu'il doive y traîner l'être sacré qui lui garde le ciel même.

Oh! un livre digne de la femme!... où le trouverai-je? Un livre saint, un livre tendre, mais qui ne soit pas énervant! un livre qui la fortifie sans l'endurcir, ni la blaser, ne la trouble pas de vains rêves! un livre qui ne la mette pas dans l'ennui et la tristesse du réel, dans les épines de la contradiction et de la désharmonie, un livre plein de la paix de Dieu!

Faites-moi grâce ici de votre grande discussion sur l'égalité des sexes. La femme n'est pas seulement notre égale, mais en bien des points supérieure. Tôt ou tard elle saura tout. Ici la question est de décider si elle doit tout savoir à son premier âge d'amour!...

Oh! qu'elle y perdrait!... Jeunesse, fraîcheur et poésie, veut-elle, du premier coup, laisser tout cela? Est-elle si pressée d'être vieille?

Il y a savoir et savoir. Même à tout âge, la femme doit savoir autrement que l'homme. C'est moins la science qu'il lui faut que la suprême fleur de science et son élixir vivant.

Nous ne nions point du tout qu'une jeune femme, à la rigueur, ne puisse lire et connaître tout, traverser toutes les épreuves où passe l'esprit des hommes, et rester pourtant vertueuse. Nous soutenons seulement que cette âme fanée de lecture, tannée de romans, qui vit habituellement de l'alcool des spectacles, de l'eau-forte des cours d'assises, sera non pas corrompue peut-être, mais vulgarisée, commune, triviale, comme la borne publique. Cette borne est une bonne pierre. Il suffisait de la casser pour voir qu'elle est blanche au dedans. Cela n'empêche pas qu'au dehors elle ne soit fort tristement sale, en tout point de même aspect que le ruisseau de la rue dont elle a les éclaboussures.

Est-ce là, madame, l'idéal que vous réclamez pour celle qui doit rester le temple de l'homme, l'autel de son cœur, où chaque jour il reprendra la flamme de l'amour pur?

Oh! donnons tout à la femme... Je n'y contredirai pas, sauf un point, une seule réserve :

Lui donner tout ce qui lui laisse sa fraîcheur et sa pureté, son charme de jeune épouse, cette prime fleur de jeunesse et de virginité morale. Laissons-lui cela, je vous prie, et le plus longtemps possible. Que lui donnerait-on en échange? quel trésor de sagesse humaine la consolerait de ne plus être un rêve du paradis?

Cela s'en va bien assez vite, et demain ce sera fini. Elle sera toujours bonne et belle, vertueuse et accomplie, je le veux bien. Il n'y manquera qu'une certaine chose, un souffle, qu'un souffle enlève... Eh quoi? Le *velouté* de l'âme.

Vous avez cent fois regardé, admiré sur la pêche odorante qui fait la jalousie des roses, ce duvet fin, délicat?... Eh bien, ce n'est pas cela. Ceci est trop matière encore, ce duvet soyeux se palpe et se prend.

Je parle d'une autre chose qui ne se prend pas, d'un certain glacé, léger givre, blanche lueur de frimas dont se trouve enveloppée la pourpre violette et sombre d'un fruit savoureux. N'y touchez pas, tenons-nous à distance, car l'haleine la plus douce en altère déjà la fraîcheur.

C'est le seul objet auquel je comparerais la virginité intérieure que conserve la jeune épouse au sanctuaire de son cœur, le velouté qui l'entoure, ce cœur si pur, si bon, si tendre!

Ce velouté, est-ce une fleur, une grâce, un charme de beauté, d'imagination, qui enivre la pensée? C'est bien plus. Il garde et couve ce qui sera le plus fort soutien de la vie de l'homme, un fruit de tendresse, d'infinie bonté, un fruit de jeunesse et d'inépuisable ravivement.

L'homme passera par les malheurs, les traverses

de l'existence, il franchira les déserts, l'aridité de ce monde, les pierres, les cailloux, les rocs, où souvent saigneront ses pieds. Mais chaque soir il boira la vie dans ce fruit délicieux, tout plein de la rosée du ciel. Chaque matin, à l'aurore, il va s'éveiller rajeuni.

Voilà ce qu'il faut garder.

X

DE L'INCUBATION MORALE

J'entendais cette conversation entre deux jeunes mariés. Ils vivaient à la campagne. Lui, il revenait de la ville, où l'avait conduit une affaire : « Oh! que tu as été longtemps! j'ai tant attendu ! — Je t'ai rapporté ceci. — Merci, parle-moi de toi... — Nos affaires sont à tel point. — C'est bien, parle-moi de toi. — On m'a dit ceci et cela, j'ai rencontré telle personne. — Oui, mais parle-moi de toi... »

Voilà tout naïvement le cœur de la jeune femme, au moins dans les commencements. Les nouvelles ne l'occupent guère. Le train du monde, l'infini des petits événements, qui nous paraissent énormes et seront dans l'oubli demain, lui restent indifférents. Et, si vous lui en parlez, elle ne peut pas même écouter. Elle fait semblant un moment de le faire, par déférence. Mais elle n'y tient pas longtemps. L'esprit est ailleurs et l'œil rêve. Elle vit comme hors du temps, dans l'éternité de son amour.

Elle veut une science sans doute, une seule, savoir une chose, quelle? Le cœur de son mari.

Mais cela peut être immense. Un cœur d'homme, à la rigueur, pourrait contenir un monde. Puisqu'elle ne veut d'autre aliment, à toi de le dilater, ce cœur, pour que toute chose grande et bonne y soit. Elle acceptera tout dès lors très avidement.

« ... La dame du Fayel en mangea et dit : « Je « l'ai trouvé si bon, que je ne mangerai pas d'autre « chose. »

La responsabilité complète du développement de la femme repose aujourd'hui sur celui qui l'aime. Elle n'a plus de culture publique. Plus de grandes fêtes nationales, comme celles de l'antiquité, qui faisaient toute l'année la pensée de la famille et l'entretien du foyer. Pour les fêtes religieuses continuées du Moyen-âge, les croyants eux-mêmes déplorent la tiédeur que l'on y porte; ils en avouent l'impuissance. Est-ce la culture des livres qui supplée? Aucunement. L'abondance et le morcellement des publications scindées qui éparpillent l'esprit, tout cela a dégoûté les femmes, et beaucoup ne veulent plus lire.

Reste donc le livre vivant, la personnalité de l'homme, la parole aimée. L'amour est plus que jamais appelé à mériter son grand titre de médiateur du monde.

Toute la question est d'évoquer par l'amour tout

ce qu'il y a en ce jeune être d'amour, de grâce et de pensée. En elle, un océan dort qu'il faut mettre en mouvement. La plus simple, à cet appel, répondra par une richesse inattendue de nature. Celui qui, sans égoïsme, n'aura songé qu'à mettre en elle tout ce qu'il croit beau et grand, trouvera, avec bonheur, qu'elle rapporte tout à lui seul et l'aime des forces croissantes de son amour agrandi.

Il faut la prendre où elle est, sur sa pente véritable, qui est d'aimer de plus en plus.

Il faut magnanimement, dans l'amour étroit, concentré, qu'elle a pour toi, lui faire prendre l'élan sympathique du grand amour universel de la vie et de la nature, et peu à peu, à la longue, la force de l'amour actif, de charité religieuse, de fraternité sociale.

Elle est jeune, mais dès ce jour, il faut la faire et la créer pour les bonnes choses de Dieu, la préparer à devenir ce qui est vraiment la femme, une puissance d'harmonie, de soulagement, de médication et de salut. Elle ne peut, à dix-huit ans, en faire encore toutes les œuvres; mais elle peut en acquérir les sentiments, les idées. Beaucoup de choses positives lui seront plus tard utiles, qu'elle peut apprendre aujourd'hui.

Il faut préparer tout cela, doucement, sans précipitation. Il s'agit bien moins de sciences, d'études suivies, que de donner par moments, à propos, des germes vivants, qui de ton cœur à son cœur transmis, déposés, germeront, s'identifieront avec elle, et deviendront elle-même.

Il est sans doute difficile d'observer cette douce

puissance de germination, d'incubation, qui est dans la femme.

La force de l'homme est d'abstraire, de diviser; mais la force de la femme est de ne pas savoir abstraire, de conserver toutes choses, toute idée entière et vivante, et par là de pouvoir la faire plus vivante et de la féconder.

La nature lui interdit de diviser, de séparer. La femme est l'union elle-même. Elle doit faire un être vivant, c'est-à-dire un et entier. Elle ne peut pas dire : *deux*. « Moi et mon amant, même chose », dit-elle. — Et s'il la féconde, cela ne fera pas trois. Nulle division en elle, nulle pluralité. Les trois ne font qu'un.

Votre cerveau, arsenal des plus fines lames d'acier, a des scalpels à trancher tout. Anatomie, guerre, critique, voilà la tête de l'homme. Mais l'organe de la femme est autre. Ce doux organe, qui pour elle est un second cerveau, ne rêve que des rêves d'amour. La paix du ciel, la paix de Dieu, l'union, l'unité elle-même, voilà le trésor de son sein.

Par où voulez-vous qu'elle prenne vos divisions, qu'elle saisisse cet âpre instrument d'analyse? Si quelqu'une de vos pensées subtiles lui arrive, c'est que, par son procédé maternel, l'incubation, elle la couve à cause de vous, la met en elle, la *conçoit*, et de l'idée fait son enfant.

Ce qui donne un caractère tout particulier de fécondité à la rêverie de la femme, c'est la manière dont le temps se divise pour elle, non par la division artificielle du calendrier, mais par périodes naturelles. Son mois, d'environ vingt-huit jours, se reproduit identique avec les mêmes accidents, les mêmes phases d'ascension, de crise et d'entr'acte. Ces phases, peu variées, ramènent au mois suivant un état moral analogue à celui des phases correspondantes et souvent les mêmes pensées. Ces pensées, reproduites plus d'une fois, fortifiées de mois en mois, arrivent alors à prendre corps, à dominer la personne entière, à remplir toute sa capacité d'amour et de passion.

Voilà ce qui peut s'observer sur la femme solitaire, sur celle que la société n'attire pas incessamment hors d'elle-même. Ces retours d'une même pensée en font l'être fidèle, en qui la culture du cœur est aidée par la nature; — et même pour peu qu'on y aide, l'être progressif; qui, le germe, une fois reçu, lui donne, à chaque époque nouvelle, un degré nouveau de vie, de chaleur.

Tout est poésie dans la femme, mais surtout cette vie rythmique, harmonisée en périodes régulières, et comme scandée par la nature.

Au contraire, le temps pour l'homme est sans division réelle; il ne lui revient pas identique. Ses mois ne sont pas des mois. Point de rythme dans sa vie. Elle va, toujours devant elle, détendue, comme la prose libre, mais infiniment mobile, créant sans cesse des germes, mais le plus souvent pour les perdre.

Peu d'hommes (qui ont les deux sexes, et pourtant sont les plus puissants mâles) ont le don d'incubation.

Ce que nous venons de dire sur la vie rythmique

de la femme domine toute son éducation et la rend essentiellement différente de celle de l'homme.

Il faut prendre garde avec elle de ne rien faire à contre-temps, mais suivre docilement la nature. Bien suivie, elle vous aide. Quel avantage, par exemple, de commencer avec elle tout essai d'initiation morale dans la phase ascendante de sa vie sanguine et quand le flot monte, quand la sensibilité s'avive d'une sève plus abondante et d'un plus généreux esprit! Au contraire, dans la crise même, dans la langueur qu'elle laisse, il ne faut pas fatiguer la femme de choses nouvelles, mais la laisser doucement repasser, rêver, couver celles qu'elle a déjà reçues.

Telle devrait être l'attention de la mère prudente, de la sage institutrice qui commence la demoiselle ; telle aussi celle de l'amant, de l'époux, qui continue la jeune femme. La fécondation de l'âme, autant que celle du corps, demande qu'on ne fasse rien qu'à propos, aux moments les plus favorables. Il y faut une observation très constante et très soutenue, un tendre respect de l'objet aimé. Nulle violence, nulle impatience, prendre son temps, son jour, son heure.

Elle y correspond admirablement. La jeune femme que le monde n'enlève pas dès le premier jour, mais à qui la solitude laisse tout le recueillement de cette époque sérieuse, ne demande qu'à croire et vouloir tout ce que veut son mari. Elle est infiniment touchante. L'état nouveau, qui tout d'abord fait les délices de l'homme, presque toujours garde encore pour elle des côtés pénibles. Il est heureux, elle le sera. Mais elle n'en est pas moins fort tendre, de tendresse désintéressée. On peut, dès ces premiers temps, s'ouvrir, s'épancher avec elle sur les grands objets de la vie, commencer sérieusement sa conquête morale.

Vous trouverez minutieux ce que je vais dire. Mais rien ne peut l'être ainsi.

Non seulement l'époque du mois doit être observée et la phase ascendante préférée à toutes, mais l'état de l'atmosphère est aussi chose importante. Je ne voudrais pas que, pour telle ouverture du cœur, telle communication de sentiment, d'idée nouvelle, tu prisses maladroitement le moment où elle souffre d'un orage imminent. L'électricité du flot de vie qui monte en elle, compliquée de celle de l'air, des souffles de la tempête, c'est bien assez, et c'est trop pour l'occuper d'autre chose.

L'approche (pas trop prochaine) de la crise sanguine, avec un état du reste un peu détendu, c'est l'heure sacrée que je voudrais pour que tu t'ouvrisses à elle sur les grandes choses décisives, où la première impression est de conséquence extrême. Peu d'abord, un mot, un germe, une première lueur d'idée, dans la familiarité la moins solennelle, ou dans une caresse d'amour.

Si ton cœur a touché son cœur, si ta pensée est vraiment descendue en elle, la crise prochaine du mois, quand même elle serait pénible, n'effacera rien. Au contraire, l'idée chez la femme s'enfonce par la souffrance. Souffrance de nature ou d'amour, toute épine la fait pénétrer. Les oisivetés forcées qu'impose parfois la douleur lui nourrissent singulièrement les germes qu'a reçus son esprit.

Même souffrante encore, dans la semaine émue qui suit la crise, et dans la semaine d'entr'acte où elle est tout à fait calme, elle s'occupe et ses mains travaillent volontiers. Sa pensée aussi. Les deux choses vont en même temps chez les femmes. Filer, tricoter, broder, faire de la tapisserie, ce sont des travaux excellents qui augmentent l'activité de leur esprit... O aimables petits métiers, doux travaux, vous continuerez, malgré tout l'effort des machines ! Nul bon marché, nulle beauté de travail, ne prévaudra sur ce qui remplit les longues heures d'une femme chaste et laborieuse. Elle y a mis sa douceur, tissu ses amours, ses rêves, et j'y sens toujours la tiédeur du cœur charmant qui s'y mêla.

La Française, qu'on dit si mobile, autant et plus qu'aucune femme, mène de front ce double travail. Son rêve n'est pas rêverie languissante, flottante et vague. Il est plus près de la pensée. Parfois, pour donner le change, elle couvre l'idée favorite qui se continue en elle de petits chants à demi voix qui n'y ont aucun rapport. Mais, par moments, un accent plus vif qui survient avertit assez que, sous la chanson légère ou le refrain monotone, il y a tout autre chose de sérieux, de passionné.

Celle-ci n'a pas en amour la dépendance servile que

montrent si volontiers tant de femmes des autres pays. Si elle est captive de cœur, obéissante, toute livrée à la pensée de son amant, elle garde une indépendance d'allure et de forme; parfois on y serait trompé. Tel mot, vraiment sorti du cœur, que vous lui avez dit hier, elle ne l'a pas relevé, et vous l'avez cru perdu. Détrompez-vous, elle le garde. Il l'a occupée tout le jour. Et, le soir, après le souper, à la chaleur du foyer, rapprochant son siège du vôtre, elle le redit à sa manière, dans sa langue féminine, tout autre et pourtant le même. Qui sait? ce mot prendra racine, et dans la période prochaine, favorisé du flux vital, s'enrichira, fleurira de sentiments, d'idées nouvelles, plus chaud, plus vif, disons le mot, plus amoureux qu'à l'autre mois.

Pour céder ainsi sans céder, pour avouer sans embarras l'ascendant profond de l'amour et sa conquête morale, il faut que sa douce fierté rencontre des temps favorables, de bonnes heures où la nature cède et désarme d'elle-même. La nuit y vaut mieux que le jour, parfois aussi le crépuscule. Il est telle chose qu'on n'eût pas dite à midi, mais qu'on dit le soir, à un moindre degré de lumière. Telle parole ne saurait se dire à distance, et on souffre moins à la dire de près, à l'oreille.

M. de Senancour, qui conseille de ne pas faire lit commun, oublie (chose surprenante dans un esprit si sérieux) que le lit est justement le conciliateur des âmes en toute communication grave et importante. Il n'est pas pour le repos seul, il n'est pas pour le plaisir seul; il est le confident discret, le favorable intermédiaire des pensées et des paroles qui ne pourraient se dire ailleurs. C'est le grand communicateur, disons mieux : une communion.

Les sujets religieux, par exemple, les plus délicats de tous, agités en pleine lumière, élèvent souvent entre les époux des nuages, parfois des dissentiments. Bien moins la nuit, bien moins au lit. Tout s'adoucit et se fond. Le jour, on était frappé des oppositions apparentes, la nuit les angles disparaissent, les pointes sont moins saillantes. Malgré ces choses de formes, on se trouve unis pour le fond dans l'amour et l'amour de Dieu.

Le très grand lit d'autrefois, occupant moitié de la chambre, fort bas, presque au niveau du sol, et se continuant partout par de très épais tapis, est infiniment commode. Il n'impose nulle servitude. Il donne toute facilité de communiquer ou de s'éloigner. Les conversations du soir, du matin, deviennent aisées, les rapports de douce amitié, autant que l'amour, les paroles les plus intimes, souvent les moins préméditées, qui échappent, et que peut-être on ne fût jamais parvenu à arracher de son cœur, s'il eût fallu les jeter d'un bout de la chambre à l'autre.

Ces libertés nuancées du repos et des réveils, la facilité des paroles et des langages muets, sont une tentation naturelle pour l'attendrissement timide d'une jeune âme délicate, qui, longtemps encore après que vous croyez la posséder, garde, contre son amour même, je ne sais quoi d'hésitant, de fermé, de contracté. Est-ce pudeur? est-ce fierté? Comment saurait-elle le dire? Quoi qu'il en soit, l'homme est rarement assez fin pour le bien sentir. Et pourtant la glace encore n'est pas tout à fait rompue. Telle, mariée depuis plusieurs mois, est de cœur une demoiselle. C'est leur noblesse naturelle : pour qu'elles se donnent tout à fait, il faut quelque cause morale. Cela presque toujours arrive quand elles ont aimé, adopté un bon sentiment de l'homme, quelque chose de sincère, de chaleureux, de fort, de grand, qui s'est fait entrevoir en lui. Et qui n'a pas de tels moments? Les pires mêmes ont de ces lueurs.

Dès lors elle lui est gagnée. La douce chaleur d'amour qui lui est montée au cœur lui donne un peu plus de courage, et le soir, lorsque lui-même était déjà au repos, il a la charmante surprise de la trouver très éveillée. Vive et tendre, cette muette parle tout à coup. Il fait nuit. Elle n'eût osé parler le jour. Mais alors, il n'est pas rare qu'elle devienne éloquente. Elle est heureuse, elle le croit vraiment bon, digne et selon Dieu, et c'est en Dieu qu'elle l'aime. Son cœur fond, et elle est sa femme. Car de cette heure a, pour elle, commencé le mariage. Elle peut dès lors porter son nom. De la jeune demoiselle qu'hier elle était encore, nous n'avons plus de nouvelles, et l'épouse est née d'aujourd'hui.

LIVRE III

DE L'INCARNATION DE L'AMOUR

I

CONCEPTION

L'amour est chose très haute et très noble dans la femme. Elle y met sa vie pour enjeu.

Chaque fois qu'elle consent à l'union et cède au désir de l'homme, elle accepte de mourir pour lui.

Que risque-t-il? Rien, sinon de travailler un peu plus et de nourrir un enfant. Que risque-t-elle? Tout. Non seulement elle subira la crise d'une effroyable douleur, où sa vie tient à un fil, mais les chances d'une longue mort et de mille infirmités, si cruelles, que l'auteur même de ces maux peut en être rebuté!

Jeune homme qui trouvez l'amour chose si plaisante et si légère, prenez, je vous prie, lisez un seul des livres que vous offre la nombreuse, la terrible littérature de l'art de l'accouchement et des maladies qui suivent. A la seule énumération vos bras vont tomber, à la description la sueur vous viendra au front, et, si vous persévérez jusqu'au détail chirurgical, horriblement ingénieux, des opérations (qui torturent, ne guérissent pas), le livre vous échappera... Ce qu'elles supportent, hélas! ces pauvres créatures si faibles de leurs corps, et de leur chair, vous, homme, vous ne pourrez seulement le supporter de la pensée.

L'amour est le *frère de la mort*. On l'a dit et répété. Mais qui a sondé encore à quelle profondeur il est le *frère de la douleur?*

Que ce mot sévère soit inscrit au seuil du monde charmant de la fécondité où tu te figures entrer comme par un arc de triomphe fait de guirlandes de fleurs... Lis ce mot, non pour reculer (c'est la loi de la nature), mais pour comprendre une fois la suprême beauté de la femme. Elle accepte tous les périls, la mort, l'infini de la souffrance, pour donner à celui qu'elle aime l'infini de la jouissance, la vie des siècles en un instant, l'abrégé de l'éternité.

« Sois heureux, et que je meure! sois heureux une seconde, et que j'en souffre à jamais! » C'est le mot qu'elle a dans le cœur. Et elle a la magnanimité de ne pas le dire : elle te contristerait trop, elle glacerait tes transports, si ce nom cruel de la mort, qui est au fond de sa pensée, venait, parmi tes baisers, errer sur ses lèvres... Non, elle gardera tout pour elle... A toi le ciel, à toi la joie! A elle la sombre lueur et l'effroi de l'avenir.

Dévouement désintéressé ! C'est une sottise vaniteuse, assez ordinaire dans l'homme, de croire que la femme lui cède vaincue par l'amour physique. Cette erreur peut s'excuser chez les enfants, chez les novices, mais elle est bien ridicule en tous ceux qui ont un peu d'expérience. Quiconque connaît les femmes sait très bien que presque toutes n'y mettent que de la complaisance et de la bonté. Dans notre état civilisé, la sève génératrice les tourmente peu. Cette froideur leur vient de deux choses, de la dépense infinie de force nerveuse qu'elles font en grâce, en paroles; et, d'autre part, trop souvent, de la déperdition maladive de vie qui se fait en elles, même dans l'intervalle des crises régulières de la nature.

Pour dire nettement la chose, dût l'orgueil de l'homme en souffrir, elles cèdent presque toujours sans aveuglement, pour remplir leur destinée de femme, pour assurer l'amour de l'homme et se créer une famille, elles cèdent par tendresse pour lui, par le très noble besoin qu'elles ont de se dévouer.

Le grand physiologiste Burdach, notre illustre maître, fait cette remarque fort belle, bien fondée en vérité : « Dans les espèces animales, la noblesse de la femelle paraît à ceci, qu'elle ne cherche l'accouplement que pour la génération. » Et encore cet autre trait : « Le mâle est féroce avant le plaisir, dans l'aveuglement de son désir sauvage; et, quand la femelle est féroce, ce n'est qu'après le plaisir, et dans la maternité pour défendre ses petits. »

L'enfant, voilà la récompense, le précieux équivalent des souffrances et des périls que l'amour fait affronter à la femme. « C'est pour elle le prix du plaisir », a dit si dignement Virgile. Mais, même sans cet espoir, l'épouse sait se dévouer. Féconde ou non, elle accepte son souverain devoir de femme, celui de renouveler, de ranimer le cœur de l'homme. Elle est la *fontaine de vie* (*Genèse*), mais elle l'est dans les deux sens. Si elle ne la donne à l'enfant, elle la donne à l'époux.

Ah! combien la science honteuse et subtile des scolastiques, qui ont si étourdiment parlé de ces choses, en a peu soupçonné la gravité sainte, n'y cherchant que le libertinage, et ne voyant point du tout le sérieux, le danger, le dévouement, qui en est le fond, l'échange profond de la vie, qui en est le vrai mystère!

Notre âge, l'âge du travail, sait très bien que le travailleur, le producteur en toutes choses, qui donne de sa vie, de son âme, a besoin de la reprendre incessamment dans la nature. L'épouse n'ignore nullement qu'elle est la nature elle-même, c'est-à-dire la réparation, la consolation, le bonheur et la joie. Elle est le prix de la journée, la douceur du soir, le repos. En elle seule il trouve l'oubli, l'oubli profond comme la mort, qui chaque jour fait sa renaissance. Il revit, de qui? sinon d'elle. Mais comment lui refait-elle la vie? En hasardant la sienne. Elle le voit (dans ce transport) aveugle, et ne l'en fait pas moins arbitre de sa destinée, lui donne sur elle toute puissance. La sécurité magnanime d'un cœur pur qui fait son devoir met tout le souci de l'autre côté. Pour elle,

elle sourit en paix, ne risquant rien que de mourir. Et elle ne l'en aime pas moins... ah ! que dis-je ? encore davantage pour son sacrifice et pour son danger. Tout ce qu'il prend en volupté, elle le rend au double en amour.

Les doctes et les sots vous diront que tout cela est instinctif, que la femme en son dévouement suit l'ivresse de la nature, etc. En général, c'est précisément le contraire. Elle a très peu d'entraînement, beaucoup de calme et de tendresse. C'est l'homme qui aime dans le trouble; elle, en lucidité complète.

Je rougis d'écrire ceci, mais enfin la chose est trop vraie, il faut l'avouer. L'amour de l'homme se produit beaucoup trop le soir, dans l'excitation très basse que laisse un copieux banquet, spécialement à la suite des fêtes d'automne et d'hiver, quand les récoltes sont rentrées, greniers pleins et vendanges faites. De là ces conceptions si nombreuses des mois d'hiver infligées indignement, sans amour, à la femme soumise et non consultée.

Elle, au contraire, si parfois elle ressent la douce étincelle, c'est aux heures sobres et poétiques, aux tendres réveils, au matin, au printemps surtout, quand Dieu veut qu'on aime, et qu'un souffle légitime de cette fécondité qui est le devoir de la nature ranime la femme et la fleur.

Malheur aux enfants des ténèbres, aux fils de

l'ivresse, qui, neuf mois avant de naître, ont été un outrage à la mère!

Celui qui naît de l'orgie nocturne, de l'oubli même de l'amour, d'une profanation de l'objet aimé, traînera la vie lourde et trouble.

Au contraire, c'est une grande, une puissante bénédiction d'être conçu dans la lumière, quand l'amour s'adresse non confusément au sexe, non à la femme quelconque, mais à cette femme unique, à ce cœur qui est à lui, disant : « *Elle*, et non une autre », se mirant dans son sourire, dans ses beaux yeux reposés, qui lui reflètent l'aurore, dans sa surprise charmante, et son naïf élan qui dit : « Justement, je rêvais à toi. »

L'accord profond, parfait du cœur, le sens exquis que l'amour, à son moment le plus obscur et dans son ténébreux éclair, garde de la personne aimée, c'est ce qui fait un fruit divin, fils de liberté, de lumière. Tous deux voulurent. C'est, sans nul doute, du plus haut amour volontaire qu'ont été conçus les héros.

. . . .

Voici cependant que le jour se fait grand; il est parti, le travail l'a rappelé. La jeune épouse se lève, modeste, non sans dignité, mais un peu neuve à elle-même... « Suis-je bien moi?... Mais oui, se dit-elle... Grand mystère! j'ai fait mon devoir, et pourtant je suis troublée! »

« Eh! que tu as tort de l'être, pur diamant! et qui de nous peut se vanter d'être aussi pur? » C'est ce que disent les dernières étoiles, qui disparaissent à cette heure. Elles la regardent en souriant, l'innocente, qui se promène, émue, dans son petit jardin.

Les belles eaux transparentes et limpides de la fontaine à qui elle demande un peu de fraîcheur, ces eaux où se mire le ciel, lui disent : « O vierge sage ! plût au ciel que notre flot où tu crois te purifier fût aussi pur que ton sein !

— Mais enfin, dit-elle bien bas à elle-même, et si bas qu'elle a peur presque de s'entendre, n'ai-je pas été trop heureuse ?... Et dans ce moment solennel, d'avenir infini peut-être, ai-je tenu mon âme en haut ? Dieu l'a voulu, Dieu a agi. Ai-je gardé la pensée de Dieu !

— Ah ! chère sœur, lui disent les fleurs en se penchant vers la terre afin de baiser ses pas, qui ne serait attendri de ton âme charmante ?... Oh ! que nous puissions aspirer le doux parfum qui vient de toi ! Fais comme nous, ô jeune fleur ! ouvre en paix ton sein innocent ; n'envie pas aux rosées du ciel de gonfler ton chaste calice. Après, comme avant l'amour, nous sommes et nous restons pures. »

II

LA GROSSESSE ET L'ÉTAT DE GRACE

Nous l'avons dit, la femme, c'est vraiment la vie féconde. Ce qu'elle pense, c'est chose vivante, et son idée, c'est un enfant.

Nous savons maintenant pourquoi telles paroles la trouvaient si froide, telles autres si vive. Elle n'est ouverte et sensible qu'à l'idée qui peut s'incarner. Celle-ci, elle la prend, la fait sienne, l'ébauche comme rêve vivant, la doue de son désir. Que le souffle d'amour y passe, le rêve a corps, devient un être.

Ce que vous lui donnez d'abstrait, de général, de collectif, elle en fait un individu. Vous lui parliez de la patrie, de la cité libre, héroïque : et elle a rêvé le héros.

Le héros dans l'action, dans l'art ou dans la science, le rénovateur, créateur, de bras puissant, de main féconde, qui versera des bienfaits inouïs au genre humain. Tout cela obscur et confus. Elle ne sait pas bien elle-même ce qu'elle veut, s'en remet à la

Providence. Dieu saura ce qu'il faut faire. Ce qui suffit à la mère, ce dont elle est presque sûre, c'est que l'enfant est un miracle, un sauveur, sans doute un messie.

Elle n'osa jamais en parler, pas même sur le chevet, pas même à l'heure encourageante où la bonne nuit couvre tout et permet de dire tant de choses. Elle n'osa. Car, s'il avait ri ! quelle cruelle blessure à son rêve !... Non, cette sublime espérance est la seule chose que la femme ne dit pas à celui qu'elle aime. Elle a de son divin roman un peu de honte et une secrète pudeur.

Je vous le dis en confidence, c'est là ce qui l'agitait l'autre jour quand son mari, rentrant avant l'heure, la voyait sérieuse, émue, comme si elle était surprise en chose qu'elle voulût cacher. Il cherchait, il voulait savoir, mais elle l'embrassait en silence.

Si sage et si raisonnable, elle est étonnée elle-même de l'essor involontaire qu'a pris son imagination. Elle ne sait pas que sa folie est la plus grande sagesse. C'est ce délire de notre mère, son effort pour faire l'enfant dieu, qui nous fait le peu que nous sommes, c'est le meilleur de nous-mêmes qu'elle a mis en nous par ce songe. Et quiconque est fort sur la terre, c'est qu'elle l'a conçu dans le ciel.

Ceci, si j'osais le dire, fut la conception solitaire de la femme entre elle, et elle pendant qu'elle était maîtresse encore de sa pensée, libre, légère, avant la nuit où le Dieu fort, le tout-puissant réalisateur, la prit dans ce rêve éthéré, la comprima de son orage. Et la voilà toute changée. Elle sent une pesante chaleur et des froids subits ; un frisson lui court. Son beau cou se gonfle ; son sein est ému, il ondule, mais cette fois l'onde ne redescend pas ; le flot reste suspendu, la mamelle s'arrondit, et plus bas va se dessiner une ombre, une courbe douteuse et comme un hémisphère nouveau.

Une turgescence douloureuse l'alourdit. Le cerveau même faiblit un peu ; cette âme ailée est un moment alanguie et opprimée de la chair. Elle n'a plus la direction libre et sûre de ses mouvements. Elle vacille, elle flotte, elle nage... Quoi de surprenant ?... Lui-même, l'auteur aveugle du miracle, est presque aussitôt troublé qu'elle. Il est ému, il est ravi, inquiet aussi, la voyant lancée sur cette grande mer où il ne peut plus la suivre. Elle est hors de son action, hors de protection... Quelle terreur pour celui qui aime !... Il la voit qui, jour par jour, avancera fatalement vers l'accomplissement de ce mystère. Il n'y peut rien que faire des vœux, prier et joindre les mains, comme le croyant à l'autel. Une dévotion sans bornes l'a pris pour le temple vivant. Devant ce globe divin qui contient le monde inconnu, il rêve, il se tait ; s'il sourit, le sourire est tout près des larmes...

Nul n'accusera sa faiblesse. Si jamais on dut respecter un accès de religion, à coup sûr, c'est celui-ci. Nous sommes vraiment en présence du plus grand miracle, d'un miracle incontestable, d'un miracle non absurde, mais qui n'en est pas moins obscur.

Chaque être est un, fermé d'une infranchissable barrière. Elle a été franchie pourtant. Double prodige ; la naissance de l'enfant, la transformation de la mère. L'épouse imprégnée se fait homme. Envahie de la force mâle qui une fois a mordu en elle, elle y cédera de proche en proche. L'homme gagnera, la pénétrera. Elle sera *lui* de plus en plus.

Un an, deux ans, suffiront pour qu'une soie charmante et légère, comme la fleur de l'épi de blé, fleurisse à sa lèvre. Sa voix aussi sera changée. Souvent elle perd de hautes notes, souvent elle en gagne de graves (mais dans une si grande douceur) ! Et combien d'autres changements ! L'imitation involontaire de celui qu'elle a au fond de son être se manifeste à son insu, dans l'allure et les mouvements. Vous ne la connaîtriez pas qu'à la regarder seulement marcher, parler ou sourire (malgré tel adoucissement et telle timidité de forme), vous diriez : « Je le reconnais dans sa femme, et elle c'est lui. »

Profonde, merveilleuse union ! Dans ces premiers mois surtout de grossesse où la vie nouvelle qui prend en dedans ne se révèle à elle encore que par le trouble confus d'une grande fluctuation, elle rapporte tout à celui qui l'a blessée, dont elle souffre, et qu'elle aime d'autant plus. Au dedans, elle le sent qui brûle ou circule en elle. Au dehors, elle le prend comme son unique soutien, s'appuie à lui, se plaint à lui, lui est comme suspendue. Elle veut (ce qu'il veut plus qu'elle) qu'il la plaigne, qu'il la gâte, l'enveloppe des plus tendres soins. En retour, elle s'abandonne, elle est tout à fait bonne fille. Elle devient sa petite fille, se laisse soigner comme un enfant. Si elle s'en défend d'abord, si c'est un peu malgré elle, que faire? Elle n'a ni la force ni la volonté du refus ; elle se soumet, puisque enfin il l'exige, et sans grande peine ; car elle trouve cela très doux.

En attendant que l'enfant vienne, elle peut bien l'être à sa place. Et, chose un peu surprenante, elle, tout à l'heure si sérieuse, elle ne se sent pas trop mal de ce nouveau rôle. Les libertés que la femme trouvera charmantes dans son petit innocent, elle sait bien que celui qui l'aime les trouve en elles délicieuses. Elle sait que d'elle tout le ravit, qu'il est si heureux du libre bonheur où elle détend sa vie, que, pour le lui laisser entier, il ferme les yeux. Entre autres singularités de nature qu'elles ont alors, elles aiment par moments à se cacher, à s'isoler, à se prouver qu'elles sont bien indépendantes, et que le cher tyran qui les suit tellement du cœur ne les enveloppe pas trop. Il obéit à cela, il s'éloigne, tout au plus sourit. Elle, de son côté, n'ignore pas qu'en ne voyant rien, il voit tout. N'importe, elle lui sait gré d'être si discret et si bon. Jeu charmant, tout innocent, où personne ne trompe personne ; ridicule ? oh ! non, laissez-leur ces enfances de l'état de grâce.

Pour vous dire le vrai, madame, si cet homme-ci vous gâte, il n'y a pas grand mérite, car nous sommes tous comme lui. Pour vous, nous tous (je ne dis pas les amis, mais les passants, les hommes, toutes créatures, la nature entière), nous sommes d'accord pour vous favoriser d'amour, vous combler de vœux, vous bénir. Quelque part que vous alliez, chez nous, vous êtes chez vous. Prenez des fleurs, des fruits, et tout ce que votre envie vous dira... Cela nous portera bonheur, et nous en serons si ravis !

Mais vous n'irez pas plus loin, entrez chez moi, je vous prie. Daignez me voler, madame, volez-moi de préférence... Je ne sais quelle vieille coutume permettait à la femme grosse de prendre trois pommes ou trois poires. C'est trop peu, favorisez-moi et prenez tout le jardin... Aussi bien, vous avez le cœur.

Mais, maladroit, qu'ai-je dit? J'ai tout gâté. Elle entrait, et voilà qu'elle est honteuse, ne veut plus rien, se détourne... Sa charmante petite moue veut dire : « Il fallait ne rien voir. »

Je m'en veux, je suis désolé... car elle ne m'écoute plus, elle passe, s'en va, rougissant et baissant les yeux.

C'est le furtif de la chose qui la tentait. Car, du reste, elle sait bien que tout est à elle; qu'elle peut faire tout ce qu'elle veut, et que ce sera toujours bien. Elle apporte infiniment plus qu'elle ne pourrait emporter; elle apporte la paix, l'amour, un parfum de félicité. On ne peut la voir sans sourire, mais c'est le sourire de béatitude; c'est qu'on a vu le bonheur même, et on en reste heureux tout le jour.

Où elle daigne mettre le pied, la loi cesse. Et la loi prie qu'elle veuille bien commander. Son caprice, c'est la loi; sa fantaisie, la sagesse, et sa folie, la raison.

Si elle péchait (chose impossible!), cette fille innocente de Dieu, sa faute serait pour nos cœurs, si faibles et si attendris, un charme de plus. Son unique petit péché qu'il faut peut-être qu'on avoue, c'est qu'au dedans, travaillée d'un atome, mais si avide, elle est avide elle-même, et, si elle se croyait, si elle osait, elle suivrait cette aveugle impulsion. On est heureux de la voir manger beaucoup, manger toujours, souvent en cachette, en dessous. A tort, cela pourrait lui nuire. Son mari devrait la prier de se priver quelque peu. Il cède trop à la jouissance de voir sa vie amplifiée, sa beauté éblouissante et dans une splendeur solennelle. Voyez, ce n'est pas sa ceinture qui s'arrondit seulement. Ses beaux bras, ses blanches épaules, son sein, tout s'épanouit en courbes voluptueuses, et toute sa personne est en fleur.

C'était le jour de la Saint-Jean, je crois, en 1825, à Saint-Cloud, chez ma vieille amie, que j'étais venu visiter. La femme du charmant peintre, madame B..., qui était voisine et comme l'enfant de la maison, entra, sans se faire annoncer. La porte s'ouvrant rapidement, la chambre me parut tout à coup remplie de lumière et de fleurs. Je fus ébloui. Elle jeta son chapeau de paille, jeta un énorme bouquet qu'elle venait de faire aux champs. Quoique très visiblement mère, elle avait fait tout cela en un moment, avec la vivacité de la jeune fille et de l'enfant gâtée, sûre d'être approuvée de tous.

C'était une personne très grande, forte, dans la plénitude absolue de vie. Sa puissante électricité, qui inonda tout, m'empêcha d'entendre ce qu'elle disait. Ce que j'entendis le mieux, ce fut un éclair de vie, de bonheur et de bonté, qui lui jaillissait des yeux.

Je baissai les miens, et me sentis triste. Cependant je les relevai, et la regardai encore. Puis, m'affermissant le cœur, je pris congé, et, à pied, je m'acheminai vers Paris.

Cet hymne de l'Orient, le vrai chant de l'infini, me flottait sur mon orage :

« O soleil! ô mer! ô rose!...

« Le cercle de l'existence s'accomplit et se ferme en toi. »

III

SUITE DE LA GROSSESSE. — LE RIVAL

Entre amis il faut être vrai. Je dois te le dire franchement, sans détour... Tu as un rival. — « Grand Dieu ! » — Un rival préféré. Elle t'aime et t'aimera toujours. Mais enfin prends-en ton parti, tu n'es plus sa première pensée.

Parmi les singularités que nous remarquions en elle, la plus forte (qui ne se voit pas également chez toutes les femmes), c'est que, dans les premiers temps où elle se sentit tellement envahie de toi, conquise, elle eut de petites velléités de contradiction, des mutineries enfantines, des caprices de résistance. La liberté instinctive réclamait, timidement, contre l'engloutissement de l'amour.

L'amour en riait, pensant absorber cela avec tout le reste. Il le croyait, il se trompait. Comme en elle tout est vivant, cette résistance timide n'était que la vie nouvelle qui fermentait dans son sein. La gracieuse petite révolte n'était autre que ton enfant.

Il y a un homme de plus, une âme, une volonté de plus, qui double et qui trouble aussi par moments cette chère âme, qui croyait ne pouvoir jamais vouloir autrement que toi. Il est là, et il réclame. Du fond de la mer de lait, des ténèbres où il dort, il influe déjà, il agit. Son monde, ce pauvre monde souffrant, ému, qui le contient, il le gouvernera bientôt, et déjà au cinquième mois il a frappé à la porte, et dit fortement : « Me voici ! »

« Je l'ai senti ! » s'écrie-t-elle en appliquant sa main tremblante au point qui a retenti : « Il remue, il est bien vivant... Le voici encore, il s'agite... Ah ! mon enfant, tu m'as fait mal !... Mais, grand Dieu ! quel bien aussi ! »

Dès cette heure, voilà sa pensée. Elle n'en sortira guère. Y rêver, suivre, guetter, épier ses mouvements, l'attendre, c'est toute sa vie. Il ne manque pas au rendez-vous. C'est un inséparable amant. Du moins, si elle est infidèle, elle ne cache pas son jeu, elle parle incessamment de lui. Comment en serait-il autrement ? Cette création progressive d'une personne dans une personne est si absorbante, que celle-ci n'a rien en soi où elle puisse se retirer, se détendre contre lui. Et elle n'a garde d'y songer. Car, si ses brusques mouvements la font à chaque instant souffrir, elle jouit pourtant de l'accord d'un si profond mariage. Les tressaillements de ce doux fruit ne sont pas toujours douloureux. Elle se figure aisément qu'il aime déjà sa mère. Son visage parfois s'illumine, elle rougit... C'est qu'il a passé.

Elle te dit tout, ou presque tout. Tu es l'heureux confident de leurs innocentes amours. Tu y prends part et te mets en tiers. Mais dans sa vie, désormais remplie à ce point d'un autre être, combien tu tiens peu de place! C'est maintenant l'intérêt dominant, exclusif, unique. Et ce qu'il veut, on le veut. Et ce qu'il craint, on le craint. Quatre mois avant de naître, il est maître de la maison.

L'époux toujours cède au père, doit céder. Toute habitude, tout plaisir, est immolé dans cette crise. Eh! qui voudrait la contrarier, la gêner, lui faire de la peine?... Que ne peut-on plutôt l'entourer de sujets de joie, l'égayer, la tenir heureuse, souriante! Gagnons cela à tout prix.

L'homme est pourtant toujours l'homme. On ne change pas aisément toute sa vie de fond en comble. De là de petits mouvements, je ne dis pas de jalousie dans un cœur comme le tien, mais peut-être un peu de tristesse, quelques plaintes. Elle voudrait ne pas les entendre. Pour la première fois, elle élude, elle aime mieux ne pas écouter, s'en va. Elle ne va pas loin, elle ne fuit pas bien vite, n'a pas bien peur d'être rejointe. Et, se retournant à demi, avec le sourire le plus tendre, quoique un peu malicieux : « Mais, mon ami, si pourtant il ne veut pas que je t'aime? que faire? » — Elle voulait t'éprouver. — L'épreuve est peut-être forte. Elle te voit contristé, elle a hâte de te consoler. Partagée entre deux devoirs, elle subit l'un sans blesser l'autre. Pourvu qu'il ne souffre pas, ne réclame pas, le petit tyran, elle obéira en tout, et, encore bien loin de se plaindre, dira : « Ah! que je suis heureuse? En lui, c'est toi seul que j'aimais. Et, par lui, j'ai ce bonheur de t'appartenir davantage. »

Tout est digne dans l'amour, tout royal. Rien ne l'élève plus que ses libres servitudes, ses humiliations volontaires. Celle-ci ne fut jamais plus reine que dans cette abnégation, qui subit les exigences d'une inexorable tendresse. Inquiète et troublée, mais pure, elle se remet de tout à Dieu. Ses souffrances, l'imminence du péril qui se rapproche, lui donnent les pensées les plus graves. Dans les moments de bonheur, un peu égoïste, où tu la tiens (la chère esclave du dévouement, du sacrifice), si tu pouvais voir son regard, tu aurais peut-être un regret, le trouvant si calme et si haut, si plein de la lumière du ciel.

Elle est craintive, elle a peur certainement, dans ces derniers jours, mais la peur surtout de faire mal. Elle sent bien confusément qu'elle est l'instrument sacré d'une création incessante, et qu'en transmettant à l'enfant son sang, sa vie, en même temps elle lui transmet son âme. De là un constant scrupule, une touchante attention pour garder cette âme pure et dans une grande sainteté.

Plût au ciel qu'on pût lui donner un livre qui la soutînt, ou quelque bonne prière, non pas pour demander à Dieu qu'il change rien aux lois du monde; au contraire, elle ne veut que s'harmoniser à ces lois, à l'ordre infini, faire ce que Dieu veut.

Sa vraie force, dans cette voie, où elle marche seule et tremblante, ce serait toi, si tu pouvais dominer l'amour par l'amour, ne pas l'abaisser sans cesse à la terre. Le moment est sérieux. Son jour est proche. Il faut bien y songer, la ménager, l'épargner... Ah! la mort l'épargnera-t-elle?

Aie pitié de nous, ô mort!

IV

ACCOUCHEMENT

Si vous voulez voir sur la terre une image de la peur, regardez cet homme-ci à ce grand moment. Peur naïve, non dissimulée, trop forte pour être contenue, qui s'exprime par les signes qu'on trouverait les plus ridicules, s'ils n'étaient les plus touchants. J'en ai vu, et des plus fiers, arrachant leurs moustaches noires. Défaits, pâles, anéantis, ils faisaient pitié. Il fallait que l'accouchée, du milieu de ses douleurs, criât : « Courage donc, mon ami! n'es-tu qu'une poule mouillée? »

La femme vit dans l'enfant, mais l'homme vit dans la femme. A cette heure vraiment redoutable, il la serre, la tient des deux mains, comme une chose prête à échapper. Mais ses mains ne tiennent rien... Elle est sous une autre puissance qui la tire bien autrement, l'entraîne de son côté. Elle regarde par moments le monde où elle est encore, l'inquiétude de l'assistance, cet homme eperdu... mais il lui semble déjà qu'elle regarde de l'autre rivage.

La crise dure. Le médecin secoue la tête, va et vient, n'est pas rassuré. L'autre le suit comme son chien. La peur l'a humanisé. Sa lâcheté, ses flatteries, sa vive et subite amitié pour celui que souvent il connaît à peine, mais qui tient sa vie dans les mains, sont les choses les plus curieuses. Lui, si jaloux, il ne l'est plus. Il dévoile sans hésitation à un étranger la chère et respectée personne. Il ne s'informe pas même si elle pâlit de cette profanation. Il prend un air sévère, la gronde de son hésitation pudique. Au total, il est absurde, imbécile et comme idiot.

Elle lui a dit, sur ce point, les choses les plus raisonnables. Mais la peur n'écoute rien. Elle a dit que, dans le grand œuvre de la femme, une femme seule est l'utile auxiliaire. Qu'au contraire la vue d'un homme peut être le plus grand obstacle. Obstacle pour quelques-unes absolument insurmontable, jusqu'à en mourir.

Notez que le plus souvent tout le secours consiste à regarder les bras croisés. Si l'enfant se présente mal, s'il faut de la dextérité, la petite main d'une femme, son adresse, son habitude de toucher des objets minimes, tout cela vaut mieux à coup sûr que les grosses pattes de l'homme. Quel main sera assez douce, assez fine de tact et de peau, pour toucher, grand Dieu! la chose la plus délicate, horriblement endolorie par cet excès de tension, les éraillures et déchirures de ce pauvre corps sanglant!

La femme soigne bien mieux la femme. Pourquoi?

Parce qu'elle est à la fois la malade et le médecin, parce qu'elle comprend aisément dans une autre les maux qu'elle a elle-même, les épreuves où elle a passé. Les médecins sont savants de la science, mais fort peu de la malade. Il n'en est guère qui aient le sens d'un être si fin, si plein de mystère, où la vie nerveuse est tout.

Nos médecins sont une classe d'hommes extrêmement éclairée, et, selon moi, la première de la France sans comparaison. Aucune autre ne sait autant, ni autant de choses certaines. Aucune n'est si bien trempée d'esprit et de caractère. Mais enfin leur rude éducation masculine d'école et d'hôpitaux, leur dure initiation chirurgicale, une des gloires de ce pays, toutes ces qualités ici entraînent un grave défaut. Elles aboutissent en eux à l'extinction de la fine sensibilité qui seule pourrait percevoir, qui prévoit, devine les choses du féminin mystère. Le sein de la femme, ce doux miracle où la Nature a épuisé sa tendresse, qui donc pourra, sinon la femme elle-même, y toucher sans impiété?

La faute n'est pas aux médecins, qui, je crois, sentiraient cela. Elle a été de plus en plus à la faiblesse de l'homme (plus que femme en ces moments); elle a été au mari, que rien n'a pu rassurer que la présence du docteur. A cela je ne contredis pas. Quoique tant d'illustres sages-femmes, les Boivin, les Lachapelle, etc., etc., suffisent bien pour rassurer, quoique l'exemple de l'Europe, où elles sont préférées partout, puisse aussi calmer nos craintes, rien n'empêche que le médecin ne soit consulté, n'assiste de ses avis, pourvu qu'il n'agisse pas et même ne soit pas trop près. Son intervention directe est beaucoup moins propre à aider qu'à paralyser la nature.

Les femmes doivent être écoutées. Eh bien, elles disent franchement (quand on ose les presser sur un sujet si délicat) que toute leur force en cet acte d'un extrême effort, c'est la liberté de l'effort, et que cette liberté est nulle si un homme est dans la chambre. Il en résulte à chaque instant des hésitations, des mouvements contradictoires. On veut et on ne veut pas. On agit et on retient. Vous direz qu'elles ont tort, qu'elles devraient se mettre à l'aise, oublier, en une telle crise, leurs superstitions de pudeur, la peur des petites misères dont elles sont si humiliées. Mais enfin, elles sont telles; telles il faut les prendre. Et celui qui, pour leur salut, les met en péril, est certainement un sot.

Je disserte trop longuement... C'est fait... Un cri inouï, qui n'est pas de ce monde-ci, qui n'est pas de notre espèce (ce semble), cri aigre et aigu, sauvage, nous perce l'oreille. Une petite masse sanglante est tombée...

Et voilà donc l'homme!... Salut, pauvre naufragé!

Elle était anéantie, mais elle rouvre vivement les yeux : « O mon enfant, te voilà donc ! »

Et tendant la main au mari demi-mort : « J'étais résignée... J'acceptais de mourir de toi. »

Voilà un pacte bien fort entre eux qui s'est fait dans ce jour, un bien sérieux mariage, le contrat de la douleur.

Elle l'aime et lui tient maintenant par un lien que le plaisir n'eût formé jamais, elle l'aime, marquée par lui d'une ineffable marque, elle l'aime pour le sang qu'elle verse, et pour sa chair déchirée, pour l'horrible écartement où la charpente même de l'être a cru se dissoudre.

Lui, il l'aime pour l'angoisse et l'agonie de frayeur où il s'est trouvé, sans force, plus frappé qu'elle, et plus défait qu'au tombeau. Il a été dompté, ce jour, par la terreur et la pitié. Le faible a vaincu le fort. Elle l'a marqué à sa manière d'une ineffaçable empreinte de crainte et de douleur.

Quel lien, d'être morts ensemble, je veux dire, d'avoir ensemble vu, senti de si près la mort!

Et ce n'est pas encore fini. La crainte doit rester tout entière. La voilà dans ses dentelles, pâle, et belle d'un charme touchant. Ah! si vous connaissiez, au vrai, la réalité terrible que couvre cette beauté!

Il faut affronter tout, ô homme! Ces impressions sont salutaires. Il faut que tu connaisses bien le grand maître en douleur, l'Amour...

« Non, de grâce, diras-tu, laissez-nous notre poésie, l'horrible n'est pas poétique. Que deviendrait-elle elle-même si on lui représentait la choquante image de ses viscères déchirés?

Épargnons-lui cette vue, mais toi, tu dois l'endurer, et cela te sera bon.

Rien n'amortit plus les sens. Quiconque n'a pas été endurci, blasé sur ces tristes spectacles, est à peine maître de lui, en voyant la peinture exacte de la matrice, après l'accouchement. Une douleur frémissante saisit et fait froid à l'épine... L'irritation prodigieuse de l'organe, le torrent trouble qui exsude si cruellement de la ravine dévastée, oh![1] quelle épouvante!... on recule...

Ce fut mon impression quand cet objet vraiment terrible m'apparut la première fois dans les planches excellentes du livre de Bourgery. Une incomparable figure de l'atlas de Coste et de Gerbe montre aussi le même organe sous un aspect moins effrayant, mais qui émeut jusqu'aux larmes. On le voit quand, par son réseau infini de fibres rouges, qui semblent des soies, des cheveux pourpres, la matrice pleure le sang.

Ces quelques planches de Gerbe (et la plupart non signées), cet atlas étonnant, unique, est un temple de l'avenir, qui, plus tard, dans un temps meilleur, remplira tous les cœurs de religion. Il faut se mettre[1] à genoux avant d'oser y regarder.

Le grand mystère de la génération n'avait jamais apparu dans l'art avec tout son charme, avec sa vraie sainteté. Je ne connais pas l'étonnant artiste. N'importe, je le remercie. Tout homme qui eut une mère le remerciera.

Il nous a donné la forme, la couleur, mais bien plus, la morbidesse, la grâce tragique de ces choses, la profonde émotion. Est-ce à force d'exactitude, ou a-t-il senti cela? Je l'ignore, mais l'effet est tel..

O sanctuaire de la grâce, fait pour épurer tous les cœurs, que de choses vous nous révélez!

Nous y apprenons d'abord que la Nature, en prodiguant tant de beautés au dehors, a mis les plus grandes au dedans. Les plus saisissantes sont cachées, comme englouties, aux profondeurs de la vie même.

Et l'on y apprend encore que l'amour est chose visible. La tendresse que nos mères nous prodiguent, leurs chères caresses et la douceur de leur lait, tout cela se reconnaît, se sent, se devine (et s'adore!), à ce sanctuaire ineffable de l'amour et de la douleur.

V

COUCHES ET RELEVAILLES

Avant et pendant les couches, la société habituelle, la conversation des gardes-malades, nourrices, voisines, etc., est généralement nuisible, dangereuse à la malade. Elles sont bavardes et maladroites, travaillent de la langue au hasard et troublent souvent de propos fâcheux un esprit si ébranlé. Parfois ce sont des commérages, des médisances et cent petites sottises qui donnent une agitation vaine. Parfois ce sont de mauvais contes d'accidents tragiques, de prédictions sinistres, de miracles, d'absurdes recettes, etc., etc. Dans tout autre temps elle n'aurait pas voulu entendre, elle les aurait fait taire. Mais alors, affaiblie, passive, elle n'en reçoit que trop la funeste impression. Elle la garde pour elle seule. Tout cela, bien entendu, en l'absence du mari, entre femmes ; il rentre, on se tait.

La première condition, cependant, pour la remettre serait de lui assurer le plus grand calme d'esprit.

L'invasion d'une étrangère en ce moment-là ne vaut rien, combien plus d'une parleuse indiscrète et d'une sotte qui, de son autorité de garde-malade, change l'ordre de la maison, se fait servir et embarrasse plus que la malade elle-même! La domestique ordinaire, la bonne fille de campagne simple, douce, obéissante, accomplissant à la lettre et sans raisonner les prescriptions du médecin, eût mieux valu, à coup sûr. On y eût gagné le silence, et rien n'eût été changé. Mais la garde essentielle, celle qui me rassure le plus, c'est sans contredit le mari; avec l'aide de cette fille, il peut aisément faire tout.

Je sais bien qu'il est occupé, qu'il a peu de temps. Il faut, il faut faire du temps. C'est bien le cas, ou jamais.

Il faudrait prendre un congé, surseoir, ajourner ce qu'on peut. Le péril n'est pas passé, et il est plus grand peut-être. Vous la voyez belle et parée dans son lit, souriante. Elle n'en reste pas moins tout près de la mort. Une porte, une croisée ouverte à contretemps, un aliment donné au moment critique de la fièvre de suppuration, une mauvaise impression morale peut la bouleverser, la frapper. En peu d'heures, tout serait fini.

- Même cette domestique dévouée pourrait, dans son ignorance, ou pour obéir peut-être à un caprice de la malade, faire en ton absence quelque coup fatal. Vraiment, je ne me fie qu'à toi.

Sache d'abord que ta présence seule est le souverain remède. Toi présent, la voilà tranquille, toute calmée; elle s'endort. Toi absent, elle n'est pas bien; si elle dort, ce n'est que d'un œil; la garde, cette étrangère qui est là pour la veiller, la malade sent de son côté le besoin de la surveiller. Même la bonne domestique, un peu gauche, l'impatiente. Enfin, quand celle-ci serait adroite et tout ce qu'on voudra, elle ne te remplacera pas. C'est la main aimée, non une autre, qu'il lui faut dans vingt petits soins. Il lui faut avoir à portée la chère personne dont elle souffre, et la faire un peu souffrir, se plaindre à toi, et se faire plaindre ; enfin n'ayant besoin de rien, ne parlant pas, et dormant même, il lui faut te savoir là.

« Mais serai-je assez habile ? » — Oui, tu le seras. Tu ne connais pas tes talents encore, ton mérite. Tu ne sais pas tout ce que tu vaux, si tu n'es pas retenu par un orgueil ridicule de prétendue dignité d'homme (ridicule, coupable même, dans une crise si délicate), je t'assure que tu trouveras une adresse inattendue, une dextérité non commune, à faire honte, envie, aux gardes les plus expérimentées.

Il y a peu, très peu à faire (beaucoup plus à ne pas faire et à éviter). Le médecin t'a tracé la voie, et elle, au besoin, ta femme, sans parler beaucoup, suppléera avec quelques mots. Ce sera un bonheur pour elle de te diriger, un bonheur plus grand et un amusement de te voir en action. Les maladresses d'un autre l'irriteraient, mais les tiennes la mettront de bonne humeur ; ta patience la charmera, lui donnera un état excellent de sérénité, d'hilarité même... Qu'importe ? un homme d'esprit qui aime est trop heureux en pareil cas de lui voir ces impressions si favorables à sa santé.

Si ta vanité en souffre, tant mieux. Tu mérites cela, et bien d'autres choses. Qui a péché, si ce n'est toi? Lorsqu'on a tant souffert pour toi, il est bien juste qu'à ton tour tu pâtisses, que tu fasses aussi une petite pénitence.

Te voilà d'ailleurs bien malade de soigner une femme charmante, qui jamais, sans cette occurrence, n'eût voulu peut-être se remettre si complètement à toi! Bénis ton sort. Combien d'hommes l'envieraient! Tout, d'elle, est faveur.

Élève-toi, mon ami, à la hauteur de ta situation. Un bon cœur et un grand courage savent se faire honneur de tout. L'homme naturellement distingué, et de vraie noblesse, ennoblit toute fonction, et donne certaine dignité, certaine grâce (amusante) à ce qui, dans les mains d'un autre, en paraîtrait peu susceptible.

Quel bonheur pour elle! et combien elle sera rassurée, charmée, de t'avoir là si zélé, et de t'employer à tout! A vrai dire, la pauvre chère, si elle rit par moments de toi, est aussi un peu ridicule. Sais-tu quelle était sa peur dans son extrême danger (la peur ordinaire aux femmes, en ceci toutes sont les mêmes)? La mort? Non. La souffrance? Non. Et lors même que celle-ci était horrible, une autre pensée dominait. Quelle? Il faut le dire, tu ne le devinerais jamais : la peur de déplaire, de rebuter en quelque chose et d'être désagréable.

À qui? A tous, au médecin, à la garde, à sa bonne elle-même, qui est comme son enfant et pour qui elle a de si grands égards de bonté.

C'est la première fois que la jeune dame se trouve tout à fait liée à un lit, incapable de s'aider elle-même. Elle n'est libre avec personne. Elle est embarrassée de tout. Que deviendrait-elle sans toi?

Il est trop vrai que la maîtresse la meilleure, la plus délicate, la plus digne d'être aimée, n'a jamais la certitude que certaines choses soient bien prises de sa domestique. La situation même périlleuse et touchante n'empêche pas que celle-ci ne rechigne en dessous. La malade sent bien tout cela, et il n'est qu'une seule personne à qui elle soit certaine d'être toujours délicieuse, charmante et désirable en tout.

C'est un des jeux souverains du maître tout-puissant, l'Amour, de transfigurer toutes choses, spécialement de changer, démentir, transposer les sens. Tout ce qui déplairait sans doute à celui qui n'aime pas est suave à celui qui aime. Lequel a tort? Je n'en sais rien. Nos sens habituellement froids, plats, tristes, qui déclarent ceci et cela, presque tout, déplaisant, sont-ils sûrs d'avoir raison contre ce sens supérieur pour qui tout est bonheur et charme dans les manifestations de la nature?

Une gravure originale d'un maître du dix-septième siècle, du facétieux Abraham Boss, dit cela fort naïvement. La jolie femme est dans son lit (récemment accouchée sans doute), malade, mais visiblement gaie. Sa vieille servante grondeuse s'en va, en se lamentant sur les petits désagréments de garde-malade. Mais un autre est là qui succède. C'est le mari, un cavalier jeune, élégant, dans la grande tenue du temps, fraise empesée, chapeau à plume, l'épée et les éperons, une figure espagnole, brune, déterminée, militaire. Armé, non pas de l'épée, mais de l'insigne salutaire de sa nouvelle profession, il pose triomphalement et prépare ses facultés. Du reste, plein de souffle et d'audace, les cheveux au vent, beau comme l'homme qui marche à l'assaut. On voit bien que celui-ci ne doute de rien, qu'il mènera tout à bien, qu'il a le génie de la chose, l'amour et la dextérité.

Ne pouvoir rien, attendre tout, vivre entièrement, uniquement dans la main aimée, en recevoir les aliments de toute chose de nature, c'est une identification plus absolue des deux êtres que n'a été celle même de l'enfant au sein de sa mère. Car l'enfant ne faisait rien et recevait sans vouloir. Mais celle-ci ne voudrait même rien faire, elle veut recevoir et reçoit, et de toute sa pensée, de toute sa volonté, jouit de cet état d'enfance.

Il est son monde complet, elle ne vit, ne se meut qu'en lui. Ses beaux yeux aimants, languissants, le suivent par toute la chambre qui va, vient, marche léger et sur la pointe du pied. Elle ne boit que de sa main. Bientôt de sa main elle mange. Même les organes de la vie animale, involontaire, comme l'estomac, par exemple, ont pris si fort habitude que, sans lui, ils refuseraient. Lui absent, nul besoin de rien. « Il n'est pas là... J'attendrai. »

Un résultat admirable de cette vie en deux personnes, c'est que la moitié bien portante influe physiquement beaucoup au profit de la moitié malade. Elle l'aime de sa faiblesse et de sa maladie; lui, il l'aime de sa santé, de sa gaieté, de son espérance. C'est le bien portant, le gai, le confiant, qui domine l'autre; il l'entraîne comme par l'influence d'un magnétisme supérieur et la ranime à la vie.

Quelle joie quand elle peut se lever, quand on lui montre son jardin et les changements faits pour elle, quand le soleil lui sourit, que ses animaux tressaillent du bonheur de la revoir, enfin, quand pour la première fois on approche son grand fauteuil de la table, et que sa place si tristement vide, sa place, à la jeune maîtresse, est remplie encore!
L'équilibre lui revient, l'harmonie, toujours par toi. Faible, elle reste longtemps les yeux sur tes yeux, y puisant le bonheur, la santé, la force, cette unité qui fait la vie, et elle dit tendrement : « Je reprends mon assiette en toi. »

Qu'est-ce donc qu'on pourrait faire pour elle, qui a tant souffert? Une chose, une seule la récompenserait. Nous sommes trop barbares encore. Mais ce sera certainement un sacrement de l'avenir.
Une dame m'a ouvert cette idée. « Le plus haut bonheur pour la mère, disait-elle, serait que, relevée au bout de quarante jours ou plus tard, prenant le bras de son mari, avec toute la famille, tous les parents pour cortège, tous les amis, elle portât elle-

même son enfant à l'autel (qu'une loi de 91 veut qu'on place à la commune), qu'elle le nommât au magistrat et par là le plaçât dans la cité et l'introduisît dans la vie.

« Je suis sûre qu'à ce cortège d'amis, tous suivraient comme amis. Il n'y aurait pas un passant qui ne se mît à la suite, ne voulût en être, pour faire honneur à la mère, la remercier d'être mère, la féliciter, la bénir. »

Ils reviennent, et sa tendresse, reportée vers son mari, s'exprime par un mouvement d'amour et de reconnaissance. « Me voici donc encore chez nous! Je vis, c'est toi qui m'as fait vivre, et tu m'as donné mon enfant!

Assise au soleil et lui à ses pieds, elle s'incline, la blanche rose, et dit : « Moi, que te donnerai-je? Mais tu m'as, je n'ai rien gardé... N'importe! si je puis quelque chose, me voici... Demande-moi même l'impossible, et je le ferai.

— Tu le veux?... Eh bien, je demande... — Oh! tout ce que tu voudras. — Mets-moi d'un degré de plus au fond de ton âme. — Et comment? tu es moi-même; nous avons cessé d'être deux. »

Mais il insiste : « Tu m'as dit ton passé, ce que tu fis, souffris, voulus... Que je t'en aimai davantage! Aujourd'hui, ce que je demande ce sont tes pensées d'avenir.., Promets-moi de me dire tes rêves, tes ennuis, s'il t'en venait, tes caprices (eh! qui n'en a?), tes tristesses, les sujets de plaintes qui pourraient te venir de moi... Enfin, si le sort voulait qu'une lueur d'amour te passât, que tu fusses un moment troublée, malade, prends-moi pour médecin. Tu trouverais en moi l'infini de la compassion et de l'indulgence. Nous mettrions en commun ce que nous avons de force. Unis là encore, nous trouverions dans cette épreuve le secours de Dieu et de la raison. »

Mais elle rit. « C'est cela, ami? Ah! que la chose est facile pour celle qui ne pense qu'à toi! »

Alors, se posant sur lui, dans un profond embrassement, une avec lui, elle dit : « Tu as été mon amant, mon mari, et je t'ai donné mon corps et ma vie, plus même, ma vie d'auparavant; je t'ai dit mes petits secrets. Tu as été mon médecin, ma très tendre garde-malade, et mon indulgente nourrice. Donc, tu me vois de part en part, comme si un rayon du soleil me traversait corps et âme. Et qu'y peux-tu voir? Toi-même. Je me sens transformée en toi. Ce qui viendra en ce cœur, en cette personne, qui est tienne, comment ne le verrais-tu pas? Les germes les plus lointains, l'aube première d'un sentiment, s'il naissait, tu les saisiras avec moi, plus tôt encore. » Et joignant les mains : « Ma chère âme, sois-en sûre, tu sauras mon âme, même avant qu'elle ait pensé. »

LIVRE IV

DE L'ALANGUISSEMENT DE L'AMOUR

I

ALLAITEMENT ET SÉPARATION

La maison est changée, plus animée, vivante. Un nouveau centre existe, le berceau, et tout gravite autour. L'âge lacté, la suprême innocence du petit être, étend à tout son charme. La pitié, la tendresse, lui asservissent la famille. Le père y sert la mère, et celle-ci l'enfant. C'est un monde, ce semble, ordonné au rebours du monde, mais selon l'amour, selon Dieu : le fort y fait tout pour le faible, et l'empire est au plus petit.

Cette maison aussi, plus ouverte, est moins solitaire. L'enfant souffre, crie, et que faire? on appelle de nouveaux secours. La mère allaite; mais nul moyen que, faible et délicate, elle suffise à tous les soins. Il faut une autre domestique qui, tenant l'enfant dans ses bras, reste toujours présente au sein de la famille, voie, entende tout. Plus tard elle placera un mot, et, par l'enfant, deviendra importante.

Adieu la solitude. L'ancienne domestique vivait à part, ne comptait pas. Ils étaient deux; les voilà cinq.

Changement plus profond. La mère est toute en ce berceau; le monde a disparu pour elle. Il en doit être ainsi, et c'est le salut de l'enfant. Si frêle, il périrait sans cette absoption de la mère.

Le père oublié peut souffrir, mais il est forcé d'adorer. Elle est si belle et si touchante dans cet état de douce ivresse, de tendre inquiétude, que lui-même se dit : « A peine elle est la même!... Jusqu'ici je ne l'avais point vue, point devinée. »

Quand, penchée sur son fils, palpitante, en extase, elle mire un céleste sourire dans ses yeux incertains, la lueur qui va d'elle à lui transfigure toute chose, nul cœur ne se défend, tout cède... (Corrège, à Dresde, et Solari, au Louvre.)

L'amour a dépassé l'amour. Il a cru s'incarner, se refaire, se doubler. Et il a fait plus fort que lui. Il ne savait pas faire un dieu. Il ne lui reste qu'à tomber à genoux.

Est-ce à dire cependant que le miracle ait mis dans le néant celui qui, après tout, l'a fait? Non, la nature compatissante a pitié du premier amour. Au moment où la femme paraît tellement distraite de celui qui l'aime, elle lui appartient plus encore. L'imprégnation profonde qu'elle a reçue de lui subsiste, gagne et gagnera. L'amour actif dont elle entoure l'enfant ne fait rien à l'amour passif, involontaire, d'autant plus invincible, qui la possède. Elle songe moins à son mari, et l'aime moins de la pensée, mais du sang davantage, davantage de sa vie transformée. Pendant cet oubli apparent qui semble les séparer, se confirme la métamorphose qui les confond de plus en plus.

Ce n'est pas tout, le flot de la vie monte. Les émotions de l'allaitement, si diverses, de joie, de douleur, parfois de volupté mystérieuse qui retentit aux dernières profondeurs, lui font confondre (par un sixième sens qu'on ne peut dire) ses deux amours. Elle tressaille troublée de l'enfant et regarde le père. Quand la belle source coule égale et facile, quand l'enfant épargne sa mère et la dégage seulement de l'excès de la plénitude, elle tombe comme dans un narcotisme, un demi-rêve, où sa vie et la leur n'ont plus rien de distinct. Sa personnalité fluide lui échappe; elle est tous les trois à la fois, et surtout dans les deux qu'elle aime.

Si elle pense, dans la béatitude de cette contemplation, c'est pour te comparer toi à toi, toi qu'elle a aux entrailles, et toi qu'elle a dans le berceau. « Oh! comme il te ressemble! » C'est son mot invariable. Et elle le croit de bonne foi. C'est pour elle une tendre sensualité d'abnégation de dire : « Je l'ai reçu et il est tout de toi. Moi, je n'y suis presque pour rien. Tes traits, ton âme, jusqu'à tes mouvements, tu y mis tout... Toi-même, tu passas dans ce trait de flamme. »

A quoi ne manquent pas d'applaudir amis, voisines et domestiques, chacun à sa manière, remarquant tel trait différent : « Ceci surtout... Non, c'est cela! »

Dans ce joyeux Noël, la petite créature, par ses traits indécis et mille ombres douteuses, selon le jour, le point de vue, permet toute illusion. Elle rappelle ou reproduit tout ce qu'on veut. Telle pensée de cet heureux jour, tel incident de cette nuit, telle singularité physique connue d'un seul, elle montre tout naïvement. « Ah ! cette marque qu'il a au visage, je la reconnais bien ! la fossette charmante qui se creuse à sa joue, je l'avais vue ailleurs... Si son sourcil se fronce, je sais pourquoi, et ce n'est pas sa faute ; un nuage léger passa à ce moment... »

Ainsi l'enfant, histoire vivante, les charme en leur contant leurs secrets, jusqu'aux choses qu'ils avaient oubliées. Comment ne pas aimer ce confident délicieux qui sait ce qu'on ne dit jamais, qui représente dans une pureté suprême le moment du brûlant transport ? Image immobile et fidèle, il a fixé, conservé cet éclair d'un moment qui créa l'avenir.

Si bien il le conserve, si bien il est lui-même l'éclair de vie, le bonheur incarné, que près de lui l'ivresse en recommence. Ce n'est pas impunément que sa vue attendrit tellement le cœur. S'ils ne s'aimaient, il suffirait de lui pour éveiller leur flamme. Son père brûle, à ce souvenir. Et elle a rougi elle-même. Elle est émue, veut, ne veut pas. Mais enfin elle reprend la première un peu de raison, et (fut-elle jamais plus charmante ?) elle prie et demande grâce : « Épargne-nous... aie pitié de ton fils ! »

Il est touché. Les voilà tous les deux qui enveloppent le berceau, s'y unissent d'âme, y mêlent leurs pensées d'avenir.

Que sera-ce au beau jour où l'œil de l'enfant s'ouvrira, où ses mains s'agiteront, où il tentera son premier pas? Que de sentiments, de paroles, vont s'échanger entre eux! que de choses ils ont à se dire! et combien il faut qu'ils s'entendent! L'enfant est entre eux l'occasion, la nécessité de mille rapports nouveaux. Disons mieux, sous forme vivante, c'est la communion des deux êtres.

Communion douce et sévère, sous laquelle l'allaitement n'en impose pas moins la tristesse d'un demi-divorce.

On n'a que faire de prêcher le mari. Le médecin, la mère, n'ont besoin de le raisonner. Son amour pour la femme, son amour pour l'enfant lui parlent bien assez. Il s'éloigne, mais le moins qu'il peut, et dans la même chambre. Il fera d'abord lit à part.

Ce n'est pas assez. Sa femme même, par tendresse, l'éloigne encore. L'enfant crie, et, si le père veille, comment se lèvera-t-il le matin à l'heure du travail? Elle le prie, insiste, et il lutte quelque peu. « Mais, mon ami, si tu deviens malade?... — Nous, nous n'avons que toi. » Voilà un argument vainqueur et sans réplique. Le pauvre homme se résigne. Dépossédé de la chère société dont jusque-là il vécut à toute heure, de tout un monde de privautés charmantes qui firent de cette vie un enchantement, Adam s'en va du paradis.

Le soir du moins, au retour du travail, il avait le

bonheur d'entendre un chant de femme, le chant de ce cœur adoré. Là encore, la séparation se fait. Car l'enfant lui suffit à elle; il est son chant, sa mélodie. Concentrée et le jour et la nuit dans cette pensée, il ne lui faut rien autre chose. « Mon ami, je n'ai plus de voix, mes couches me l'ont emportée... »

- L'instrument restait, un instrument ingrat, mais varié, le piano, sur lequel elle a passé bien des années. Oh! que ses touches sèches lui semblent aujourd'hui répondre peu aux harmonies immenses qu'elle a dans le cœur, comme un orgue de cathédrale, le profond amour maternel!

Si le mari s'en souvenait, s'il la priait d'en retrouver des notes, elle essayerait sans doute; la complaisance ne lui manque jamais... mais que faire? depuis tant de mois, ce piano a bien souffert, et la meilleure corde a cassé.

II

LA PAPILLONNE

Ce livre de l'amour ne peut, ne doit pas contenir un second livre sur l'amour maternel. Donc, à mon grand regret, il me faut supprimer ici ce qui arrivait sous ma plume, le charmant développement de l'éducation que l'enfant donne à la femme, autant que la femme à l'enfant. Pour qu'elle agisse sur lui, elle retourne à son âge, elle se remet à bégayer, et l'imite afin qu'il imite. Comédie admirable, où elle montre une si extraordinaire patience, et parfois presque du génie. Sans cet effort si grand, il n'y aurait aucun moyen d'initiation de la vie humaine ; nous partons tous de là, nous ne devenons hommes que par cette patience de la femme à se faire enfant.

Vous demandez fièrement pourquoi la femme, arrêtée de bonne heure dans son développement, n'a trouvé aucun art. C'est parce qu'elle a dû concentrer tout l'effort de ses meilleures années sur un art supérieur, celui de créer l'homme, de commencer en vous tous ces développements de l'esprit, ces facultés puissantes, qui vous donnent tant d'orgueil, ingrats!

Cette persévérance inouïe pour franchir la barrière entre elle et cette chose dont elle veut faire une personne, pour dialoguer avec un muet, en tirer quelques signes et faire enfin que la parole et l'âme, l'humanité jaillisse en lui, cela est au-dessus des forces de l'homme. Il soutient bien la comédie, s'y associe même pour un moment, une heure peut-être, et c'est beaucoup. Qu'elle répète vingt fois de suite ou trente fois la même chose, il le trouve très bon, agréable, charmant dans sa bouche, et ses petites grâces pour amuser l'enfant et l'éveiller amusent parfois aussi le grand enfant. Cependant, quand la chose revient des mille fois, des millions de fois, et des jours et des nuits, et toujours à peu près la même, il fait semblant de l'écouter, d'y prendre part, ne peut, et pense à autre chose.

Ces quatre ans (ces huit ans, s'il survient un second, un troisième enfant, etc.) vont établir une divergence croissante, et de plus en plus forte, entre les époux les plus unis. La femme, absorbée par son rôle de nourrice et d'éducatrice, se renouvelle très peu, se resserre même dans un cercle limité d'idées. L'homme, au contraire, par le progrès du temps, celui de ses affaires, par l'effet de la solitude où le laisse sa femme, qu'absorbent les enfants, l'homme, dis-je, agrandit le cercle varié de son activité, de ses relations. Il cède de plus en plus au tourbillon immense de la vie de notre âge, à sa mobilité terrible qui enlève, dissipe l'individu, le met en poudre, s'en joue, le jette au vent.

Voilà l'écart, fixe et normal, que présente le meilleur ménage. La femme (la meilleure) va se serrant dans un tout petit cercle, et l'homme (le meilleur), s'éparpillant dans l'infini.

Il faut dans l'homme une grande, une bien forte et fixe passion, pour qu'un pareil écartement, une si énorme divergence, n'anéantisse pas l'union.

Cette femme accomplie dans sa sphère, cette mère admirable, comment lutterait-elle contre son adversaire, le monde et sa variété ? le monde étourdissant, scintillant d'aujourd'hui ?

Nulle personnalité ne tient contre un tel adversaire, qui lui oppose cent mille forces diverses à la fois.

Elle est belle, attachante, elle donne un attrait au foyer. Mais la mobilité prodigieuse de la vie moderne, qui nous porte de moment en moment d'un continent à l'autre sur des ailes de feu, donne à l'homme pour maison le globe, et l'éblouit sur le passage de mille beautés humaines et naturelles qui font au moins distraction.

Je veux qu'elle soit même encore spirituelle, cette femme, amusante, habile à se renouveler. Mais, à chaque heure, le géant aux mille bras, la presse, apporte à l'homme la nouveauté du monde, nouveauté d'événements, d'accidents, de faits, qui rendrait moins piquante la nouveauté d'idées de l'esprit le plus fécond. Ce renouvellement brutal de l'attention par les faits matériels blase et endurcit le cerveau.

Qu'elle suive encore, si elle peut, cette personne ingénieuse, le kaléidoscope changeant, amusant de la mode, elle est dans la concurrence la plus incertaine avec le changement même, tous les hasards de l'imprévu.

Et quelle lutte possible de la personnalité délicate avec les excitants violents, les *spiritueux*, cette barbarie de la civilisation, qui ne veut que des coups de force, des accès, des élans factices, ces *esprits* ennemis de l'esprit?

Nous l'avons dit, deux forces brutales et sauvages qui se disputent le monde font une guerre atroce à l'amour.

1° Le besoin, la manie de la variété, la *Papillonne* (mot très bon de Fourier), qui, longtemps retardée par la monotonie du Moyen-âge, a éclaté depuis, et se venge aujourd'hui, et fait fureur par tous les moyens à la fois, avec la violence d'une réaction;

2° Nous l'avons désirée, saluée avec enthousiasme, et voilà qu'elle nous écrase. Fatigué déjà, ébloui, blasé et dégoûté de ce tourbillonnement, de ce papillotage qui lui ôte toute force, l'homme se réfugie lâchement dans une énervation contraire et plus funeste, le pesant *Narcotisme*, dans la rêverie vague et stérile, la fumée du tabac, l'hébétement des alcools.

Combien la femme ici aurait droit de réclamer!...

L'homme, je ne dis pas aveuglé par la passion, mais, au contraire, celui qui se garde lui-même et vit en pleine lumière, comprendra aisément que les deux ivresses alternées, les deux folies qui donnent l'équilibre de la sagesse, sont au sein de la femme bien autrement salubres et vivifiantes que dans toute cette fausse vie. En elle le meilleur narcotique, et en elle les meilleurs réveils.

La paralysie cérébrale et l'engourdissement qui d'avance vous fanent le lendemain sont de tristes moyens d'oubli, au prix de ceux qu'elle eût donnés, — le paradis du soir, le doux repos près d'elle, avec ce don de renouvellement qui aurait enchanté l'aurore.

Et quant à cet éparpillement infini d'objets qui vous tiraillent, tant de livres neufs qui sont vieux, tant de chemins de fer pour n'arriver à rien, tout cela, vous le dirai-je, me fait l'effet d'un grand complot pour assassiner votre esprit, pour l'accabler d'un monde de choses indigestes, sous lequel, enterré, il ne remuera plus. Ainsi Herculanum reçut en un jour cinq cents pieds de cendre. Ainsi une prairie de la Loire, que je connais, à la fameuse inondation, ayant reçu la charge de deux cents charrettes de pierres, est désormais abandonnée et n'est plus bonne à rien. Sauve ton âme d'un pareil sort, défends-la de cette inondation. Garde-la par l'amour, et garde-la par la sagesse. Réponds au fangeux océan qui vient à toi et t'offre tant de choses, que tout cela n'est rien près du trésor de l'homme et de la femme qu'ils se gardent l'un l'autre.

Celui de l'homme, un rien, un infini, un atome de feu, qui fait qu'on aime, qu'on agit et qu'on crée. Je le dis d'un mot : l'*étincelle*.

Et celui de la femme, la douceur d'un cœur pur où vous reposer, la mer de lait féconde, le rajeunissement éternel. Tout cela sous un charme modeste et virginal. La simplicité sainte et la divine enfance.

Quand tu rentres le soir au foyer, et qu'elle vient à toi, le petit dans ses bras, écarte, mon ami, écarte le nuage que laisse sur ton cœur et tes yeux l'éblouissement de tant de choses dont tu fus accablé le jour. Reprends le sens de la réalité après cette fantasmagorie, cette mauvaise lanterne magique où t'ont passé tant d'ombres. Que cette femme avec cet enfant, que son charmant sourire, sa joie de te revoir, son baiser tendre et son enlacement muet, te purifient, te rendent la bonne lumière de la nature. Renouez, je vous prie, vos aimables communications, un peu troublées par tes affaires, par la maternité, par l'allaitement qui t'a sevré... Eh! ne leur garde pas rancune. Est-ce sa faute, à elle? Que n'a-t-elle pas souffert, lui donnant le sang et le lait, quand cet enfant avide, inexorable, brisa ses fibres délicates!... Tu l'aimes, je le sais, tu la vois ravissante dans sa beauté épanouie, portant son fruit divin... Oh! l'étincelle a lui. Vous vous êtes retrouvés les mêmes.

Au vrai, est-ce le pauvre petit qui rompt le tête-à-tête? C'est un rival commode. Donc, tolérez-vous tous les deux, ou plutôt aimez-vous à trois. Demain, il grandira, il n'absorbera plus sa mère. Quelques années encore, il va lui échapper, et, délaissée de lui, elle viendra pleurer dans tes bras.

III

LA JEUNE MÈRE SEVRÉE DE SON FILS

J'ai des pleurs dans le cœur, et pour plus d'une chose. Ce n'est pas impunément que tant de fois je passai (dans l'histoire) le Styx, le fleuve des morts.

Je ne suis pas insensible à mon temps, et j'en sens les mortelles blessures...

Eh bien, tout cela ensemble, qui devrait m'endurcir aux affections privées, me laisse un coin du cœur saignant sensiblement pour ce que j'ai vu tant de fois, la mère qu'on sèvre tout à coup, en lui enlevant son enfant, à qui on emporte son fils.

Ah! comment l'homme fait-il cette barbarie? Parce qu'il prévoit, dit-on. Si l'enfant n'est mis aux écoles, comment arrivera-t-il aux épreuves et aux examens qu'exige l'État?

Pourquoi des examens? dit la mère. — Quoi! madame, si intelligente, ne devinez-vous pas que c'est la seule barrière qui reste? Sans examen, tout est faveur, règne absolu du roi des rois, je veux dire du commis.

Huit ans, dix ans se sont passés. On a eu des enfants et on en a perdu. D'autant plus cher celui qui reste. Et cet unique enfant, il faut s'en séparer. On diffère quelque temps, à cause d'elle. Mais enfin l'âge s'avance. Le père insiste, et l'arrachement s'exécute. Oh! que la chose est différente entre eux, et le sacrifice inégal! Lui occupé, distrait d'affaires et de travaux, à peine en souffre-t-il. Mais elle, c'est sa vie qu'on lui ôte. L'enfant avait tout supprimé, l'art, la lecture, tout ce qui occupa jadis la demoiselle. Il part : vide absolu. Elle est seule dans la maison déserte. Quand le père est absent, plus libre, elle pleure à chaque chambre. Là il naquit, là il jouait, là il apprit à lire. Au repas, c'est bien pis. Elle veut faire bonne contenance, ne pas affliger son mari, se montrer forte. Elle n'ose regarder cette place vide. Mais je ne sais comment la chose se fait. Ses yeux l'ont rencontrée... Elle échappe en sanglots.

Que lui reste-il? Toi. Tu l'embrasses, tu la consoles. Mais ce n'est pas assez pour un cœur si malade. Ce cœur il est là-bas; il est à cette dure école; il partage le brusque, le cruel changement de situation. L'immobilité, pour un être si libre jusque-là, le travail ingrat et abstrait, la répression sèche et violente! A qui revient le contre-coup de tout cela, si ce n'est à la mère, à qui il écrit, conte tout? Je renonce à dire ses douleurs; j'en ai vu tomber dans le désespoir.

Mais ce n'est pas assez. Voici le pire. On s'habitue à tout. Au bout d'un an, il est moins malheureux; il a fait des amis; il joue avec fureur aux courts moments de la récréation. Et quand sa mère, au bout d'une semaine d'attente impatiente, où elle a compté tous les jours, arrive émue pour l'embrasser, elle le trouve froid et distrait, visiblement occupé d'autre chose. Elle a interrompu son jeu, et elle lui fait perdre l'heure; elle parle, et il n'entend que les cris de ses camarades qui s'amusent sans lui. Cruelle, cruelle blessure! Elle sent combien peu elle lui est déjà nécessaire; elle a été de trop pour lui à ce moment, et il l'a vue sortir avec plaisir. Elle part sans pleurer, et se roidissant de douleur. Mais en arrivant, elle succombe... « Mon Dieu, qu'as-tu? » Elle ne peut parler, ni presque respirer...

Quelle chute! elle a perdu son fils, son amour de dix ans... et perdu l'amour ici-bas! Rien ne reviendra de pareil.

Elle est pure, elle est bonne, elle se rappuie sur son mari. Il ne lui vient pas dans l'esprit de chercher nul autre secours et nulle consolation. — Heureux moment pour lui, s'il savait le saisir!

Presque jamais cela n'arrive. Il y a trop de choses changées.

Changées en lui. L'homme a fait terriblement de chemin dans ces années de demi-divorce, où elle ne pensait qu'aux enfants. Il a passé par mille épreuves. Il touche à l'âge peu poétique qu'on dit *positif* (quarante ans), pour la plupart déjà froid et stérile. Est-il resté lui-même celui-ci? Je veux bien le croire. Mais fût-il l'homme à part, exceptionnel et singulier, où la vie ne mord pas le fond, tout au moins a-t-elle attaqué la fleur du cœur, le sens exquis et délicat, qui lui ferait sentir le bonheur d'un retour si doux.

Et elle aussi, elle est changée. Combien en mieux! J'en appelle à Van Dyck. Agréable à vingt ans, à vingt-huit elle est adorable. Chose curieuse, elle a changé de classe pour ainsi dire. La première beauté de jeunesse n'atteint presque jamais la haute distinction. La rose était un peu bourgeoise, mais ce lys est royal. La finesse, le mat immaculé, l'irréprochable pureté de son teint, annonce assez qu'aucune passion basse n'a touché à ce sanctuaire. Son innocence visible la rend plus attendrissante encore dans sa mélancolie. Elle souffre, et n'a rien fait de mal. « Et qu'a-t-elle? » dit-on. « Est-ce son mari qui la rend malheureuse? — Non, mais son fils est au collège. Voilà sa maladie. » On sourit, et cette douleur peu comprise, qu'on trouve enfantine, laisse pourtant un doute. Quelque autre chagrin est là-dessous. Chacun voudrait le croire, et tous brûlent de la consoler.

Cela n'est pas facile. Car elle a la terreur du monde, le dégoût de la foule et des vaines distractions. Quand son mari l'y traîne, elle revient plus triste. « Eh! mon ami, pourquoi changer nos habitudes? Triste ou gai, on est mieux chez soi. »

Qu'elle a raison! qu'elle est sensée!... Et toi-même, es-tu sage? De quoi son cœur a-t-il besoin? D'amour, et de nulle autre chose. L'amour est-il éteint en toi? Non, attiédi, distrait. Quand tu parles de la distraire, c'est tout le contraire qu'elle veut. Elle désire la concentration.

Le foyer a été un peu troublé, les cendres, brûlantes toujours, semblent éparpillées. Eh bien, il faut les rapprocher, les réunir. Il suffit de les concentrer pour ressusciter l'étincelle.

Veux-tu aimer, aimer beaucoup encore, c'est-à-dire être heureux? Ressaisis-la, à ce moment, cette femme charmante qui te revient, se remet dans ta main. Prends-la, serre-toi à elle, vis beaucoup avec elle et ne la quitte pas. Tant de fibres vivantes, jadis mêlées de l'un à l'autre, vont se reprendre ensemble, recomposer votre unité.

Je dois t'en avertir. Elle est en ce moment plus riche de grâce et d'amour que jamais. La passion et la douleur ont fait une femme nouvelle, y créant des ressources exquises de sensibilité, jouissances pour toi inouïes et profondes, voluptés encore inconnues.

Divin trésor! Bien fou à ce moment celui qui conviera le monde à entrer en partage quand lui-même ne cherche qu'un seul cœur à qui se donner.

Le monde! le vaste monde!... En prononçant ce mot, elle s'est attristée, la jeune femme, et moi, je m'assombris comme elle. L'infini, l'inconnu, est devant nous. Qu'allons-nous y trouver? Mille pressentiments nous assiègent.

Ce livre coulait à pleins bords, et je ne pouvais l'arrêter. Il usait trop commodément de la bienheureuse hypothèse d'une vie solitaire, d'un petit monde d'harmonie. Mais comment s'isoler du grand?

Il ne le permet pas. Si l'on ne va à lui, il vient à vous, il gronde aux portes, comme la vague d'un océan sinistre. Et nulles portes ne l'arrêteront.

Qui es-tu, toi qui frappes si fort? Es-tu la Patrie, la Cité? Es-tu le grand Amour à qui tout doit céder, pour qui les héros immolèrent (plus que la vie) leur propre cœur?... Ah! si tu es cela, que la porte s'ouvre toute grande! non, qu'elle tombe et que tombent les murs... Car nous sommes à toi, et nous t'appartenons, corps et biens, âme et vie. Et celle-ci, toute femme qu'elle est (ou, disons mieux, parce qu'elle est femme), ne nous démentira pas. Au contraire. Si bonne pour les individus, elle a autant que nous de tendresse pour les nations.

Mais, monde! tu n'es point du tout ce monde de grandeur, de lumière. Tu es le trouble et le chaos.

« N'importe! j'entrerai, et vous n'y ferez rien. Je suis votre fatalité. Vous me fermez la porte. Mais vous me respirerez, je suis dans l'air. On ne peut m'éviter. Dehors, dedans, vous me trouvez partout.

« Je suis le trouble et le péril sans doute. Et par cela, je suis l'épreuve utile, et il y a en moi un devoir à subir et à affronter. Mon vrai nom est : *le Combat de la vie.* »

IV

DU MONDE. — LE MARI A-T-IL BAISSÉ?

Cette maison n'est plus la petite maison que nous eûmes le bonheur de décrire. Elle s'est agrandie par la force des choses. Les enfants, les relations, les affaires et les intérêts ont amplifié l'existence en tous sens. Nos époux, très unis et solitaires de cœur, n'en sont pas moins tenus d'admettre ce tiers dangereux, qu'ils espéraient exclure, l'étranger, l'inconnu, le monde. Sans doute aussi, il a fallu habiter un grand centre, où l'activité du mari pût se développer. Enfin, peut-être, et c'est le pis, par cette activité ou par le seul progrès du temps, les bénéfices de la mort, les héritages, etc., nos époux sont devenus riches.

Notez qu'en France une chose manque, qui fait le vrai fond de la vie anglaise, qui matériellement tient la famille unie. Quelle chose? la porte et le verrou. Ni l'un ni l'autre n'existent en ce pays. Là, la règle est la solitude (solitude aimée, volontaire). Ici, c'est l'exception, une singularité, et rare. Non présenté, et non recommandé, tout homme entre au seul titre d'homme.

L'inscription qu'on lit sur toute porte anglaise, sans qu'il soit besoin qu'elle soit écrite, est : « Je ne vous connais pas. » Sur la française on lit : « Donnez-vous la peine d'entrer. »

De cette belle confiance, qui fait honneur à la nation, il résulte une chose, c'est que ceux qu'on n'admet pas, se figurant qu'on les excepte seuls, deviennent des ennemis. Ceux qu'on admet avec réserve, avec une prudence naturelle, légitime, sont des ennemis plus dangereux encore, plus en état de nuire étant introduits dans la place. Ils y mettent le cheval de Troie.

Les plus blessés, les plus hostiles, sont ordinairement les parents, qui souvent, sans aucun rapport d'idées, de sentiments, n'en prétendent pas moins à la confiance. La femme, très unie au mari, et qui garde pour lui sa pensée, est sûre d'avoir contre elle toutes les femmes de la famille : mère, sœurs, cousines, tout lui devient hostile et lui fait la petite guerre. Les amies d'enfance, qui ont gardé un pied chez elle, lui sont très malveillantes, elles ne lui pardonnent pas sa fixité dans la voie droite. Si elles ne rompent pas, c'est afin d'observer cette maison singulière, cette personne exceptionnelle ; elles espèrent toujours qu'un peu plus tôt, un peu plus tard, elle aussi, elle faiblira, et deviendra alors d'autant plus dépendante qu'elle a été plus sage, craignant extrêmement le bruit et le scandale, asservie aux amies qui auront surpris son secret.

En la voyant naïve encore, jeune de cœur (l'enfant

l'a absorbée), très neuve, malgré ses vingt-huit ans, on ne désespère pas de la voir arriver à ce moment de faiblesse. Il y faut quelque adresse, mais surtout de la patience, comme à la chasse, la patience rusée du sauvage. Cela ne manque guère aux envieuses. Les années ne leur coûtent point, pourvu qu'elles gagnent un peu à la longue.

Et d'abord en chose innocente. Celle qu'elle croira et consultera sur la mode touchera aussi, par instants, à bien d'autres sujets. Elle pourra, par badinage et comme étourdiment, lancer dans telle occasion un petit mot sur le mari, le plaisanter de tel léger défaut, ébranler la foi de la femme, qui jusque-là, aveugle tout au moins d'habitudes, le croyait à peu près parfait.

Il y prête. On ne peut nier qu'au milieu de la vie (trente-huit ans, je suppose), l'homme, engagé dans les affaires, acharné au métier, spécialisé fortement dans sa carrière, ne puisse avoir notablement baissé.

Il a limité son effort, concentré son esprit, il est plus fort, mais n'est plus harmonique. La beauté qu'il eut à vingt ans, à vingt-cinq, où son esprit, son cœur, s'intéressaient à tout encore, et s'animaient de tout, cette jeune grandeur qui fut près de sa femme sa haute séduction, l'a-t-il gardée? J'en doute. Pourquoi fut-il aimé? Parce qu'en lui on vit l'infini. Mais justement, la force de spécialité qui seule lui a fait son succès dans son métier, son art ou sa science, c'est ce qui l'a limité et lui a ôté l'infini, cette grande illusion de l'amour.

Voici l'aveu que nous devions aux femmes : Il est trop vrai, le mari a baissé.

Il est trop vrai. Il était homme, quand on l'aima; dix ans, douze ans plus tard, il est avocat éminent, excellent médecin, grand architecte, etc. Cela est beau. Mais pour la femme, il était bien plus beau d'être homme, c'est-à-dire d'être tout, d'avoir la haute pensée du tout, l'espoir illimité, et de planer sur toute chose.

Maintenant, que la femme (qui donne le bonheur ici-bas) nous juge avec équité. Que serait devenu cet homme s'il eût plané toujours, s'il n'eût descendu pour saisir la réalité?

Qu'elle juge. Mais un grand esprit la récuse : « La femme, dit-il, c'est la désolation du juste. » Elle est tout amour, il est vrai; l'amour, c'est la faveur et la grâce gratuite, ce me semble. Cependant, qui contesterait qu'il n'y ait aussi dans l'amour une générosité reconnaissante, une tendresse, une haute pitié pour l'effort de la volonté, la grandeur du travail, qui fait le succès mérité?... Et quelle femme ne sent pas la gloire?

La gloire même relative. Elle est dans le métier, comme dans l'art. Elle est dans le plus petit cercle, aussi sensible que dans la vaste sphère de nation ou d'humanité. La femme l'y sent très vivement. Elle s'y intéresse très fort. Elle en est très touchée. Elle ne souffre pas qu'on doute de la gloire de son mari. Et, s'il est forgeron, ne hasardez pas devant elle de dire que celui-ci n'est pas le meilleur forgeron.

Donc, madame, vous voulez la gloire, la réussite, vous voulez que cet homme marque par les œuvres, qui seules constatent la force. Seulement, vous ne vous rendez pas toujours compte des conditions très difficiles, des efforts obstinés, parfois violents, extrêmes, et je dirai, désespérés, par lesquels on achète le succès.

De ces conditions, la plus dure pour cet homme, c'est d'être marqué par l'effort au membre dont il se sert le plus ; donc, de ne plus être harmonique. Celui qui bat le fer, fût-il le génie de son art, fût-il un dieu, deviendra infailliblement trop haut de l'épaule droite. Que voulez-vous faire à cela ? Supprimez-lui son art, à la bonne heure.

Et qui forge en tout autre genre aura aussi la marque de son métier, quelque difformité morale, physique. La plus grave, c'est que les facultés non employées s'atrophieront. Si l'artiste n'y prenait garde, fortifiant toujours une partie qui devient colossale, laissant les autres embryonnaires, il pourrait arriver à être un monstre, — il est vrai, un monstre sublime.

L'homme antique restait beau et fort, et le progrès de l'âge, pour lui, c'était le progrès dans la beauté. Ulysse, à cinquante ans, revient de Troie, revient d'une longue et terrible navigation où il a tout souffert, et il est le même Ulysse, si bien que seul il tend cet arc que les jeunes prétendants soulèvent à peine. Sa Pénélope le reconnaît à sa force, à sa beauté majestueuse grandie du malheur. Comment cela ? Il s'est gardé, conservé, par l'usage énergique de tous les dons qui furent en lui. Il est resté l'homme harmonique qui partit pour la guerre de Troie.

Maintenant prenez l'homme moderne que vous voudrez, le mieux né et le mieux doué, grand de génie, de volonté. Il trouve devant lui, à vingt ans, une machine immense et terrible, la subdivision des filières d'art, des sciences, des professions, par où il faut passer pour arriver à quelque chose. Le but de la vie est changé. Ulysse était né pour agir ; il agit, resta beau. Celui-ci est né pour créer ; la spécialité (la machine à créer) l'absorbe ; l'œuvre est belle, et l'homme risque de devenir laid.

Femmes, ayez donc pitié de lui.

Tenez-nous compte de cet effort immense. Et si nous perdons, lorsque le genre humain y gagne, regardez l'œuvre, un peu moins l'ouvrier.

Vous donnez libéralement de votre beauté à votre enfant. Nous, nous donnons la nôtre à cette œuvre, notre enfant intellectuel, mais trop libéralement, presque toujours, hélas ! et sans réserver rien.

Maintenant, que serait-ce si nous restions ce que nous fûmes, beaux d'aptitude à tout, et de facilité brillante, au seuil lumineux des sciences, sans en pénétrer les ténèbres ? Nous resterions, non l'homme antique dans la haute harmonie d'Ulysse, mais l'homme universel et agréable, qui se connaît à tout, ce que le siècle de Louis XIV admirait et recommandait, ce qu'on appelait « l'honnête homme ». C'était le gentilhomme qui ne mettait la main à rien, mais se piquait de bien juger, et finement. Nous dirions aujourd'hui « l'amateur éclairé ». Tels sont les héros de Molière, Philinte, si vous voulez, Clitandre.

C'est un roi tout fait des salons, un très bon juge en tout, accepté, invoqué des dames, et leur admiration. Il sait de tout *en général*. Il leur plaît parce qu'il leur ressemble. Elles savent et font (quand elles font quelque chose) toujours *en général*. Elles restent à l'état d'*amateurs*, n'étant pas de force à comprendre les œuvres de conscience et les chefs-d'œuvre d'effort herculéen (un Ruysdaël, par exemple, l'Estacade aux eaux rousses, le prodige du Louvre).

Nous nous garderons bien d'exiger d'elles ces terribles travaux (qui impliquent le martyre de l'art). Leur gloire est aux œuvres vivantes par-dessus tous les arts ; en elles, l'étincelle qui les inspire.

Quant aux hommes, c'est autre chose. Ce temps ne les tiendrait pas quittes, s'ils restaient Philinte ou Clitandre. L'homme moderne, ce tout-puissant mâle, doit incessamment engendrer.

Mais si l'enfantement de la femme est au prix des douleurs, s'il faut qu'elle souffre neuf mois, et crie souvent vingt ou trente heures, — les grands engendrements de l'homme veulent souvent neuf ans, vingt ans. Et que de soupirs étouffés, que de gémissements supprimés ! Le *han !* du charpentier, le cri du coup de hache, pour le bien asséner, nous l'avons crié tous les jours.

Elles aiment l'énergie et les grands résultats, le principe et le but ; mais ne connaissant pas bien le long chemin qui mène au but, n'appréciant ni le temps nécessaire ni la continuité d'efforts, croyant que tout s'enlève par des coups de génie, des hasards heureux de la Grâce, elles ne sont sensibles qu'aux succès d'improvisation. Un heureux avocat qui, chaque soir, leur rapporte un succès, un journaliste étincelant qui les éblouit de son feu d'artifice, voilà les hommes aimés. Mais, dans les grandes choses, l'improvisation même veut du temps, et beaucoup de temps. Celle de Michel-Ange, si rapide, pour peindre toute une église, lui coûta six ou sept années d'un acharnement solitaire.

Notez qu'un effet trop fréquent des grands travaux, des grands efforts, c'est de faire perdre la parole. Qui agit ou crée, jase peu. « Des choses, et non des mots. » Les dons brillants qu'on eut peut-être, quand on s'en tenait aux surfaces, on les perd quand on entre dans l'intelligence exigeante, austère de l'art, et que l'on veut des résultats. Il suffit du dernier bavard pour primer et faire taire le plus profond des inventeurs. J'ai eu parfois ce curieux spectacle de voir un agréable, dans un cercle de dames rieuses, dominer, régenter un pauvre homme de génie, un des trois ou quatre qui donneront leur nom à ce siècle, le redresser sur son art même, l'engager à étudier.

C'est encore pis dans les affaires proprement dites. Près d'une femme, il ne faut pas d'affaires. Elle veut être elle-même l'affaire unique, essentielle, et toute autre lui est odieuse. Elle ne tient presque jamais compte de l'esprit, du talent, des grandes facultés qu'on déploie très souvent au maniement des intérêts.

Elle ne veut rien savoir de tout cela. Au moindre mot qu'on dit de ses projets, de ses efforts, de ce qu'on fait et espère pour la famille, elle bâille ou détourne la tête. Enfin, elles veulent être riches, mais n'en veulent nullement les moyens.

Que fera le mari? Il ne travaille souvent qu'à cause d'elle. Tel modéré et sans désir coûteux pouvait, comme tant d'autres, rester dans cette position libre et légère qu'on aime en France. C'est son mariage, sa maison plus considérable, les enfants survenus, qui l'ont attaché au travail, à un travail ingrat, dont même il ne peut lui parler. Elle va, vient, oisive et dédaigneuse, pendant qu'il se consume, seul en réalité, et gardant pour lui seul l'épine de la vie.

Comment se fait-il, s'il vous plaît, que les romans, qui prétendent représenter nos mœurs au vrai, ne disent jamais rien de cela? Pourquoi les hommes qu'on y voit, maris, amants, n'importe, sont-ils tous des oisifs, qui apparemment ont des rentes? Pourquoi messieurs et mesdames les auteurs prennent-ils généralement leurs héros dans les *propres à rien* (passez-moi le mot fort et juste du peuple), fainéants et gens à l'engrais? Pourquoi? Par le faible qu'ils gardent, parmi leurs grands discours démocratiques, pour le monde *comme il faut*, pour l'espèce du gentilhomme.

J'ai regret de voir en ce siècle tant de génie usé dans ce triste genre du roman, employé à scruter nos plaies, à les aigrir. Le roman nous a enseigné à nous pleurer nous-mêmes; il a tué la patience. Il a fait généraliser des misères, des laideurs morales, qui ne sont qu'en certaines classes. Sur trente-six millions de Français, trente-cinq ignorent parfaitement tout ce qu'ont peint ces grands artistes...

Du reste, cette littérature morbide ne prend pas fort sur les âmes saines. Elle ne rend guère malades que les malades. Elle n'est pas bien périlleuse au petit ménage dont nous nous occupons. La jeune femme qui n'a pas été au premier âge mûrie, gâtée, piquée du ver mystique et de l'équivoque religieuse, n'est pas préparée au roman. Un amour sain, loyal et fort, puis l'amour maternel, deux puissants purificateurs, l'ont gardée des contagions. Elle n'aurait pas compris Balzac. Son livre du *Mariage*, que lui-même appelle un squelette, elle y eût senti un cadavre.

On ne la gagnera pas par la bassesse. Les amies qui la tâtent et voudraient l'ébranler ne manquent pas de lui prêter en cachette quelque chose de madame Sand. Qu'y voit-elle? Que l'amant ne vaut pas mieux que le mari. Le mari est souvent indigne dans ses livres, mais l'amant toujours pitoyable. Et que dis-je? infâme, odieux! Raymond fermant sa porte à la pauvre Indiana, celle-ci errante, sans autre abri que la mort, c'est à coup sûr ce qu'on a écrit de plus fort pour donner l'effroi de l'adultère.

Du reste, il ne faut pas prendre un seul livre à part dans l'œuvre douloureuse de ce grand écrivain. Il faut en voir l'ensemble. Le mari le montre à la femme et lui donne l'idée dominante. C'est, au total, un monument d'histoire pour la faiblesse du temps, une véhémente accusation de l'aplatissement des caractères (dans nos classes aisées). Une femme née pour le grand, et très justement exigeante, a cherché où étaient les forts, et ne les a pas rencontrés. Elle a dit haut ce que toutes pensent : c'est que *l'homme a baissé* (maris, amants, n'importe), qu'un tel homme ne leur suffit pas.

Si vous n'avez pas l'intention de répondre à cet appel, de reprendre énergie, vous avez tout à fait raison d'avoir peur de ces livres. Ils sont votre condamnation définitive. Mais les hommes qui prouvent tous les jours leur vaillance (dans l'action ou dans la pensée), qui créent la vie nouvelle ou qui risquent la leur, n'ont guère peur des romans. Ils savent bien que, quand leurs femmes liraient tout le jour les portraits de maris qu'a faits si bien madame Sand, elles ne pourront les reconnaître dans ces tableaux qui leur sont étrangers.

J'écris ceci dans la ville des plus belles femmes de France, que leurs maris quittent toutes les nuits pour la pêche. De plus, six mois par an, ils s'en vont en masse à Terre-Neuve (où nombre d'eux périssent). Eh bien, dans cette ville, point de bâtards et point d'adultérins, nulle aventure. Si l'on jase un peu d'une femme (et sur dix-huit mille âmes), c'est dans les classes aisées et quelqu'un de la bourgeoisie.

Admirablement sobres, elles n'en sont pas moins riches de formes, de beauté colossale, de main forte, ferme aux œuvres d'hommes. Beaucoup font des affaires. La nuit, elles battent le linge, le jour, courent les rochers dans une nudité intrépide qui ferait le bonheur des peintres. Du reste, elles paraissent ignorer tout à fait qu'un *monsieur* est un homme. Elles le baignent, au besoin, comme elles feraient d'un nourrisson. Elles se battraient à merveille si l'ennemi venait, comme jadis ont fait leurs mères, qui prirent les Anglais de leurs mains.

Il n'y a pas de roman ici. La poésie de l'Océan suffit de reste ; il ne fournit que trop de tragédies. Mais, je vous le déclare, tous les romans du monde peuvent y venir. Les maris, sans difficulté, les permettront aux femmes. Car deux choses les gardent : l'une, qu'on voit assez dans la ville aux très nombreux habits de veuve, c'est l'idée de la mort, l'idée du danger que l'on court là-bas : cela tient le cœur haut ; l'autre, c'est la force, la supériorité de l'homme, affrontant tous les jours plus de dangers que le soldat n'en affronte rarement. De là, sécurité profonde. Ils savent que leurs braves moitiés ne s'y tromperont pas et connaîtront bien les vrais mâles.

Ce lieu original, de grand vent, frais, salubre et de souffle héroïque, c'est celui où heurtèrent l'Anglais et la Vendée, — Granville, depuis 93 justement nommé *la Victoire*.

V

LA MOUCHE ET L'ARAIGNÉE

Quand je vois l'ardeur singulière des femmes pour faire la guerre aux femmes, l'exquise jouissance que les amies intimes trouvent à perdre une amie, je craindrais aisément pour le ménage que je suis dans ce livre. Une chose me rassure. C'est que, malgré les circonstances de situation qui ont pu relâcher le lien, ils communiquent tout, se confient tout, leurs actes et leurs pensées. La table, le lit commun, donnent des occasions naturelles, et des heures favorables, même à l'homme le plus occupé. Affaires, idées, il lui dit tout, et elle est très reconnaissante du soin qu'il met à lui faire comprendre les choses mêmes qui semblent hors de sa sphère. Cet effort pour la mettre toujours de moitié dans sa vie lui compte infiniment près d'elle. Elle y sent son amour persévérant, à travers tant de préoccupations. Elle y sent ses tendres égards pour l'épouse et la mère. Elle en est relevée, honorée à ses propres yeux. Une tendresse si forte et si grave rend la sienne non moins profonde, indépendante des variations (tout extérieures) d'humeur et de caprices. Elle la rend scrupuleuse, attentive à dire tout aussi. Elle prend fort au sérieux la promesse qu'elle fit (fin du livre III) de lui confier ses sentiments et tous les mouvements de son cœur. Il lui en coûte quelquefois pour tenir parole. Restée jeune, moralement vierge, elle a un peu de peine à avouer telle idée fugitive, tel rêve, telle illusion de nature, qui parfois vient à la plus sage. Mais enfin, elle l'a promis. Un instinct juste et droit lui dit que c'est sa meilleure garantie, de vivre en pleine lumière et sous les yeux de son mari. Elle a un sentiment confus des pièges qui l'entourent. Elle n'a nullement la prétention de savoir tout. Séparée jusqu'ici du monde (par son enfant), le plus sûr, pour elle, est de n'y pas faire un pas sans s'appuyer de l'expérience de celui qui y est constamment resté, et vit au champ de bataille des affaires et des intérêts. Les femmes (presque toutes) se perdent par orgueil. Elles refusent de reconnaître que l'homme, forcé de démêler tant de choses compliquées, vivant en plein combat, est bien plus positif. Il faut l'être en affaires, quand chaque jour on peut se perdre, et faire mourir de faim les siens, si l'on se trompe d'une ligne ou de l'épaisseur d'un cheveu.

· Les femmes sont très fines, dit-on. Cela est vrai. Mais cette finesse qu'elles ont dans les choses de sentiment, celles qui n'ont pas couru le monde ne l'ont pas du tout dans la vie. Elle vivent réellement d'à peu près. Aux moments les plus périlleux, elles remettent beaucoup à la chance. Et si elles consultent, c'est le plus souvent la personne dont il leur fallait se garder.

Pour les meilleures, c'est par leur mari même le plus souvent qu'on les entame. Elles sont vaines pour lui, ambitieuses pour lui, et on les prend par là. S'il est puissant, influent, sa femme, bon gré mal gré, se trouve avoir une cour. Elle prend plaisir à cet éclat, qui est un reflet de son mari. Elle devient un but d'intrigue. Elle voit arriver (non une fois, mais dix) des dames bien posées, estimées, pieuses souvent, actives en bonnes œuvres, et qu'elle a vues dans les réunions de charité, qui amènent, présentent un jeune fils, intéressant, capable déjà de servir le mari, voué à ses idées, tout à fait dans sa ligne. Il a vécu d'études solitaires. Il lui manque le poli du monde. Mais quoi ! il est si doux et si docile ! Il suffirait qu'il fût reçu, un peu conseillé, dirigé, et il deviendrait accompli.

Quand l'affaire est montée et bien poussée, il s'établit un étonnant concert. On ne parle que du jeune homme. Il semble que les rôles aient été partagés. Une parente, admise le matin, le nomme par hasard, elle l'a vu, l'a trouvé charmant. Et le soir, une amie dira en badinant : « Moi, j'en suis amoureuse. » Plus hardie, la femme de chambre rompra bientôt la glace, hasardera en la coiffant de lui dire qu'il se meurt d'amour. Jadis, on achetait Lisette, on payait ses paroles. Aujourd'hui, il n'en est besoin. Elle sait bien que la dame une fois lancée dans l'aventure, ayant donné prise sur elle, et laissé surprendre un secret, elle sera maîtresse de sa maîtresse, pourra exploiter la maison, régner et piller sans contrôle.

Combien on va plus vite, si le mari, au lieu de protéger, a besoin lui-même de protecteur! s'il est un petit fonctionnaire qui attend l'avancement, un industriel peu aisé qui ne peut aller, n'étant pas poussé par le capitaliste. Là la corruption est insolente, hardie. Elle ne doute de rien, avance bravement, au risque d'indigner la jeune femme. La bonne amie, la dame confidente, femme déjà d'expérience, à qui elle aura avoué naïvement quelque chagrin de cœur, lui dira qu'en effet elle ne s'étonne pas qu'elle s'ennuie, étant si mal mariée, que cet homme-là est pitoyable, d'incapacité désolante, qu'il la fera végéter à jamais. Elle en dit tant que l'amour-propre de la petite femme, son bon cœur, l'attachement qu'elle garde au fond, se trouvent sensiblement blessés. Elle se récrie, elle s'emporte. Et la maladroite doit changer de batterie. Il faut l'aider du moins, ce pauvre homme, qui travaille en effet beaucoup. Il faudrait qu'il fût appuyé de quelqu'un qui le prît à cœur, qui eût des reins, qui eût force et crédit, qui seulement le levât de terre; il irait ensuite de ses propres ailes; un premier secours fait beaucoup.

Rien de plus vieux que la méthode pour faire que deux personnes s'aiment, qui n'y auraient jamais pensé. Mais cela réussit toujours. Il suffit de dire à chacune que l'autre a le cœur pris pour elle. Le protecteur, la dame ainsi bien avertis, mis en rapport par un heureux hasard qui ne manque jamais, tous deux agissent comme on aurait voulu ; la jeune femme ne manque guère de justifier ce qu'on avait dit d'elle, par quelque légère coquetterie, qu'elle croit innocente, et se permet dans l'intérêt de son mari.

Mais on sait qu'elle l'aime, on sait qu'elle n'irait guère plus loin, qu'il n'y aurait pas même de sûreté à lui en faire quelque ouverture. On risquerait de gâter tout, de la voir échapper. Faire est plus sûr que dire. L'audace, une demi-violence, emporte souvent la chose et fait passer le pas.

On dira non. On croit que ces actes odieux ne se voient guère que dans les plus basses classes. Et on se trompe tout à fait. Cela est très commun. Mais les dames sont bien plus discrètes là-dessus que les demoiselles. Elles gardent l'aventure pour elles, dévorent leur douleur et leurs larmes.

Parfois, longtemps après, la chose se révèle pourtant de manière ou d'autre. Nombre de faits de ce genre sont venus à ma connaissance, et par des voies très sûres. Je n'ai garde d'en reproduire le honteux détail. C'est toujours l'araignée qui circonvient la mouche et la pousse au filet.

Un seul point essentiel. C'est qu'en ces faits, la faible créature n'apportait pas du tout une intention perverse de trahir, que la volonté était pour peu ou rien dans l'acte, et qu'au contraire c'était par l'acte (forcé, presque forcé) qu'on corrompait la volonté.

Un point grave à noter encore, c'est que l'amie qui livrait son amie savait d'elle-même des circonstances de vie, de tempérament, de santé, d'époques mensuelles, etc., qui lui faisaient apprécier ce qu'on pouvait oser, les situations, les moments où la femme est toujours plus faible, plus facile à troubler d'émotions quelconques, de surprise, au moins de frayeur.

Et le troisième point, c'est que plus la chose est imprévue, invraisemblable, odieusement absurde, et plus elle est facile. L'indignation est plus grande, dira-t-on. Oui, mais la surprise est plus forte, foudroyante et paralysante. La volonté, qui ne s'attend à rien, n'apparaît même pas, et la fatalité fait tout, ne laissant revenir la personnalité brisée qu'après, pour en tirer peut-être une seconde de consentement physique qui n'est point un consentement.

Elle pleure, elle veut tout dire, et n'en fait rien. L'amie lui montre le péril d'un si terrible éclat, et pour une chose où on ne peut pas revenir. Quels seront la fureur, l'emportement de son mari! La crbira-t-il forcée ou consentante? il ira demander raison à cet homme, bien plus adroit, plus exercé aux armes, et qui le tuera pour réparation. « Ma chère, au nom de ton mari, je t'en prie, ne dis rien. Qui sait? il en mourrait, tout au moins de chagrin. Tes enfants seraient ruinés, votre existence bouleversée... Cet homme est si puissant pour nuire! Il est très méchant quand il hait et qu'on le pousse. Mais il faut l'avouer, il est zélé aussi pour ceux qu'il aime. Il voudra expier, t'apaiser... il fera tout pour ta famille, pour l'avenir de tes enfants. »

Et, en effet, le lendemain, on vient dire à la jeune dame qu'il est désespéré d'avoir été heureux, il se tuera, si on ne lui pardonne. Car c'est le cœur qu'il eût voulu gagner. Déjà, il a agi pour le mari. Il brûle de le servir, et jamais on ne vit tant de bonne volonté. « Ma chère enfant, ce qui est fait est fait... Hélas! nous autres femmes, nous sommes obligées de souffrir et taire bien des choses. J'ai eu ma part aussi... Mais enfin dans cette vallée de larmes il faut bien toujours se résigner, s'humilier..., ma fille, et pardonner. Il faut prendre de bons sentiments, et ne pas être implacable pour son ennemi. Véritablement, celui-ci est dans l'état le plus terrible. Il semble fou... Tu en aurais pitié. »

Cette éloquence amène un rendez-vous, celui-ci volontaire. L'intérêt de la famille a commencé la corruption. Scène violente, comédie bien jouée de douleur et de désespoir. Grandes promesses, éternel dévouement au mari. Le tout si pathétique, que l'amie même en pleure. L'attendrissement gagne. La jeune n'est pas inexorable... Jusqu'où va le pardon?

Cependant les choses traînent. Et rien ne s'accomplit de ces grandes promesses. Elle se meurt de regret, de remords. On lui donne je ne sais quelle excuse. Enfin, les prétextes épuisés, l'amie profite de son impatience. « Mais, ma chère, j'écrirais... Oui, si j'étais à votre place, je le sommerais de sa parole, je le ferais rougir, je dirais qu'après ce qu'il a fait, et ce que vous avez pardonné, après tant de bontés nouvelles, il est horrible qu'il oublie. » Ce mot ou quelque autre analogue, écrit sous la dictée par l'imprudente, la livre pour toujours. L'ami et l'amie, désormais, la tiennent et sont sûrs d'elle. On lui parle sur un autre ton. On priait, on commande. Elle a un maître; à tel jour, à telle heure, ici ou là, on lui dit de venir, et elle vient. La peur qu'elle a du bruit, et je ne sais aussi quel magnétisme, comme celui qui attire l'oiseau vers le serpent, la ramènent pleurante. On la trouve bien plus belle ainsi. On rit. Pour les promesses on ne s'en souvient guère.

Quand il en a assez, est-elle libre au moins? Point du tout. L'amie a le papier, elle la leurre d'espérances nouvelles, invraisemblables, absurdes. N'importe, il faut marcher, vendue et revendue, subir un autre protecteur, qui, dira-t-on, fera mieux, et souvent ne fait rien encore.

Servitude effroyable, qui dure tant qu'elle est belle et jeune, qui l'enfonce de plus en plus, l'avilit et la pervertit, Eh! que n'a-t-elle le courage de risquer tout plutôt, d'aller se jeter dans les bras de son mari, de lui tout dire! Quel que fût le premier moment de colère, elle trouverait en lui, à coup sûr, plus de compassion.

Mais cette vie de honte a brisé le peu qu'elle avait de nerf et de résolution. Elle s'y plie, et chaque jour est moins capable d'en sortir. Si parfois son tyran femelle qui ne la ménage guère, par quelque mot aigre, ironique, la pique, et la réveille encore, si elle regimbe un moment et dit : « Je ferai tout savoir!

— Mais, ma chère, dit l'autre, on rira. On ne te croira

pas. Et, quand on te croirait, on n'en rirait pas moins. — Il est une justice, madame. — Erreur, ma fille, les jurés, pour ces affaires-là, veulent des preuves plus claires que le soleil. Plus d'un enviera le coupable. Telle est l'opinion en France. On part toujours de l'idée que celle qui résiste le plus consent au fond, pour un moment du moins. Que veux-tu? C'est ainsi qu'on a toujours pensé, et pourquoi toujours on a ri. »

Cela n'est que trop vrai. Ceux même qui liront ceci, ceux qui voient les mœurs d'aujourd'hui, et l'empressement de tant de femmes à rechercher le déshonneur, diront, je pense : « Il n'y faut pas tant de façons. » Ils ignorent ou ne veulent pas savoir ce qui est vrai pourtant, mais plus caché. C'est que nombre de femmes ne font le premier pas hors du devoir que malgré elles, conduites à leur insu, poussées habilement où elles ne savaient pas aller, et enfin surprises et contraintes. J'entends une demi-violence, assez pour tromper la faiblesse, qui s'est trop avancée, et qui se voyant prise perd la tête et succombe. Dès lors, elle croit que c'en est fait à n'en point revenir, et elle succombera tous les jours.

« Elle a consenti », dira-t-on. On peut prouver qu'elle s'est avancée par telle légèreté, telle coquetterie, telle œillade imprudente. — Il serait bien dur de juger sur cela. Était-ce là un encouragement sérieux, un engagement au déshonneur? Toujours elles veulent plaire, on le sait. Elles ont le tort de croire que l'homme est généreux, que celui dont elles réclament une chose juste, et pour leur famille, se croira payé d'un regard. N'est-ce donc rien, en effet, que d'avoir le bonheur d'obliger une femme, d'avoir d'elle le sentiment tendre que la plus innocente accorde à la reconnaissance ?

Si le malheur veut qu'elle soit enceinte, d'autant plus durement on dira qu'elle a consenti. Vieille erreur, dont la fausseté est connue aujourd'hui. La nature n'a que faire du consentement. C'est l'époque surtout qui en décide. L'opposition complète de la volonté, la douleur et le désespoir n'y font rien.

J'en suis fâché pour Cervantès, partout ailleurs admirable de bon sens. Il a flatté le préjugé brutal, et cherché le sot rire, dans l'épreuve que son roi Sancho impose à la fille plaignante. La vigueur qu'elle met à défendre une bourse d'argent, devant le tribunal, au grand jour et ne craignant rien, ne prouve aucunement qu'elle ait pu, surprise et effrayée, la nuit, défendre aussi bien son honneur. Une vieille loi allemande (de Souabe), exagérée dans l'autre sens, a cependant très bien compris qu'en ceci la surprise est tout, que le crime est déjà tout entier dans l'audace du début, dans la mainmise sur un être timide, vaincu d'avance par l'excès d'émotion. Elle ordonne la mort de celui qui a mis la main sur la vierge et l'a échevelée (*discapillata*).

Ceux qui croient établir matériellement que la femme peut se défendre, en parlent comme d'une chose froide, inerte, sans émotion, d'un marbre ou d'une bûche de bois. Mais tout physiologiste, tout médecin, et quiconque connaît ce pauvre être nerveux, qui vibre, frémit d'un souffle, que la nature veut faible et désarme chaque mois par la souffrance, celui-là dira que la nature aussi veut qu'elle soit toujours protégée, qu'elle marche sacrée et respectée, que tous prennent sa cause, écoutent sérieusement ses plaintes. A nous de la défendre, car elle ne le peut elle-même.

Il faut laisser aux scolastiques la sotte opinion qui met en ligne précise une opposition bien tranchée, un abîme, entre *consentir* et *ne consentir pas*. Dans une chose tellement mêlée de l'influence du corps et de celle de l'âme, mêlée de liberté et de fatalité, il y a des nuances infinies, et je ne sais combien d'états intermédiaires et mixtes, où, ne consentant pas, on cède.

J'ai passé toute ma vie à réclamer les droits de l'âme contre le matérialisme nauséabond de mon temps. Ici cependant il faut dire des paroles justes, de bon sens (point matérialistes). C'est que le corps agit aussi, c'est qu'au sujet dont il s'agit, les deux actions se croisent, prévalent tour à tour, se succèdent dans une confusion et une rapidité terribles.

On ne peut pas parler de nos forces volontaires comme d'une barre de fer, d'un verrou, qu'on tire, qu'on ouvre ou ferme simplement. Il n'en va pas ainsi. Tout est bien autrement complexe. Il serait bien juste de comparer ces forces à une chose infiniment susceptible de plus et de moins, comme à un thermomètre, divisible en je ne sais combien de degrés. Pour mesurer, dans l'acte, sa vraie moralité et le degré de peine qui lui revient, il faut chercher quel fut le degré de la volonté, quel aussi le degré de fatalité qui s'y mêle presque toujours. Sans cette attentive appréciation, le meilleur juge peut errer, être trop faible ou trop sévère. Telle qu'il épargnera, a voulu et osé. Telle qu'il accablera a subi et souffert, n'a pas consenti, même du trentième de la volonté.

« Et les vingt-neuf degrés restants qui ont décidé l'acte, de quelle façon les comptez-vous? » — Mettez-en vingt pour la surprise, la peur de se sentir sous une main forte (et cruelle au besoin). Puis, si la résistance dure, ajoutez-y, pour huit ou neuf degrés peut-être, ce que l'impatience féroce n'épargne guère, quelque choc rude, quelque douleur aiguë qui paralyse. Enfin, l'émotion (la pauvre femme n'est pas de pierre). Si à cette douleur tout à coup suspendue, succède une sensation non douloureuse, c'est pour elle comme pour le condamné la grâce sur l'échafaud. Voilà ce malheureux trentième de volonté sans volonté, ce prétendu consentement. Le coupable est-il moins coupable? Il l'est plus; cela même, loin d'atténuer le crime, en fait l'horreur. Il a profané l'âme.

Un sage magistrat disait qu'en toutes causes de femmes et même en bien d'autres encore, pour l'éclaircissement du degré réel de volonté et de fatalité, les tribunaux auraient besoin de l'assistance permanente d'un *jury médical*. Ce n'est rien d'appeler par hasard un expert pour une circonstance matérielle. On doit toujours tirer à clair la question capitale, et très obscure, le degré de la volonté.

Il faut là tout le secours des sciences physiologiques. C'est quand les médecins auront dit ce qu'il y eut de physique, de matériel et de fatal, que le juge commencera son œuvre en conscience, le blâme, le redressement et la correction de l'âme, la médication de pénitence et d'amélioration.

Au Moyen-âge, où toute science était théologique, le magistrat avait soin d'avoir près de lui le *juge clerc*, c'est-à-dire *savant*, pour éclairer sa conscience. Aujourd'hui, nous n'en doutons pas, nos tribunaux de plus en plus voudront voir près d'eux la lumière de science, qui tout au moins montrerait la moitié des choses. J'entends par là le médecin, le physiologiste, qui, sans prétendre influer trop, aiderait cependant, et souvent prêterait le fil au juge pour pénétrer lui-même aux ténèbres de la volonté.

VI

LA TENTATION

Si j'ai parlé de ces choses tragiques, étrangères au petit ménage qui fait seul l'objet de ce livre, c'est uniquement pour avertir les imprudentes mouches des manœuvres de l'araignée. C'est pour rappeler à ceux qui négligent la femme, l'oublient presque, et s'étonnent ensuite de leur triste aventure, qu'ils en sont cause eux-mêmes et sont très justement punis.

Ceux qui, tout au contraire, s'écartent peu, restent ensemble, mêlent chaque jour toutes leurs pensées, n'ont guère à craindre ces complots. Ils les voient d'avance, ils en causent, en rient de mépris, de pitié.

Grand honneur pour la femme de se conserver libre et pure parmi cette flétrissure universelle, quand ses parents, ses amies de jeunesse, subissent, presque toutes, un servage de honte. — Elles affectent d'abord de la trouver étrange et ridicule.

Tout cela ne mord guère. La voyant rester ferme, inattaquable, il leur faut bien se résigner. La voix publique, le suffrage des personnes indifférentes et désintéressées lui assigne son rang moral. Dans sa dignité simple, jeune encore, sans le savoir ni le vouloir, elle prend autorité. On la consulte, on estime ceux qu'elle reçoit. Sûre et discrète, cependant elle avertit expressément qu'elle ne veut savoir nul secret qu'elle ne puisse dire à son mari.

Peut-elle ignorer l'avantage d'une telle position et n'en pas avoir quelque orgueil? Cela est difficile, mais on ne le sent guère. On lui voit seulement la gravité modeste d'une jeune dame, honorée de son mari, souveraine du cœur autant que de la maison, qui dans sa sphère gouverne, et, dans la sphère de l'homme, dans les affaires, est au courant, est consultée, parfois conseille utilement. Même dans les idées et la conversation générale, la femme de trente ans, d'un esprit net et pur, qui n'a pas traîné dans les basses régions, brille souvent d'une lumière que n'a pas l'homme de quarante, spécialisé et un peu fatigué.

Elle a atteint le moment de sa force. On le sent à une certaine expression, grande et sereine, que sa beauté a prise. Elle fleurit et s'enrichit d'une charmante plénitude; jamais sa peau ne fut plus blanche, et elle est redevenue délicatement rosée. Toujours sobre, elle n'est pas pourtant indifférente à la table. Elle devrait marcher davantage; mais elle a tant à faire à la maison, elle la quitte difficilement, et sa vie sédentaire fait qu'elle a un peu trop de sang. Elle rougit aisément, parfois sans cause. Le flot lui monte subitement à la tête, ses beaux yeux brillent alors, et plus qu'il ne faudrait.

Elle rit et jouit de la vie, mais dans une mesure qui pourrait ennuyer tout autre. Sa petite sensualité sera parfois d'aller seule au jardin se cueillir quelque fruit, un, puis deux, puis plusieurs. Pourquoi furtivement, étant maîtresse de tout et ne pouvant que se voler soi-même?

Elle se donne un peu de bon temps; elle est dormeuse. Son sommeil, parfois lourd, n'est pourtant pas toujours paisible; il a de subites chaleurs, où elle rougit fort et s'agite. Au matin, son mari, éveillé et qui la contemple, n'est pas sans s'inquiéter. Que faire? C'est qu'elle rêve. Ou plutôt son jeune sang, abondant, généreux, rêve pour elle. La fée malicieuse des songes se joue justement des plus sages; elle soumet la nuit à ses folies celles qui en font le moins le jour. Mais celle-ci est si scrupuleuse, qu'à peine réveillée elle se fait l'effort de dire tout; confessée, absoute, embrassée, elle est heureuse et, tout épanouie, ne s'en souvient plus elle-même.

La vie physique s'éveille souvent tard chez la femme, à l'époque qui semblait devoir donner le plus de calme, quand sa santé s'est affermie, quitte des maladies de jeunesse et des premières épreuves de la maternité. Tout régularisé, tout marchant en ordre parfait, la position meilleure et plus aisée, l'enfant ayant un peu grandi, s'étant fait aux écoles, le cœur de mère calmé, la bonne épouse ayant tout accepté de son mari, en sachant le fort et le faible, et gouvernant un peu, enfin toute l'existence acheminée dans l'allure insensible d'un chemin de fer à petite vitesse... Mais quoi! s'il suffisait de bien peu pour faire dérailler.

Nos dames de commerce, les plus intelligentes de France, qui vivent en public comme dans une maison de cristal, et qui, par conséquent, sont très faciles à observer, donnent lieu à une remarque : c'est que beaucoup d'entre elles, du reste régulières, ont quelque faible pour leur meilleur commis. On le sait, on dit tout d'abord que c'est aux dépens du mari; mais cela n'est pas toujours vrai. Si l'on pénètre davantage, si l'on connaît l'intérieur plus à fond, on voit souvent qu'il n'est pas moins aimé, que la prédilection de la dame s'adresse à celui que lui-même aime et estime, qu'il croit, non sans raison, lui être le plus dévoué. J'ai vu parfois cette idylle dans une boutique. Innocente idylle, ce semble, mais non moins dangereuse, car la pente est glissante. Le jeune homme, ravi d'être ainsi adopté et si bien accepté des deux, peut être très loyal d'abord; il les aime, les distingue à peine dans son affection. Mais les choses pourtant vont leur chemin, et les beaux yeux de sa maîtresse, qui le troublent de plus en plus, lui font trouver la vie très malheureuse. Tous les trois le sont bientôt. L'idylle tourne à la tragédie, et celle-ci a son dénouement, la séparation, la chute ou parfois le suicide.

Notons seulement, de ceci, une chose, peu remarquée encore, mais très réelle : c'est qu'une bonne femme, d'un cœur loyal et tendre, qui a le malheur de faiblir un peu, ne faiblit guère que du côté où son mari penche aussi, je veux dire vers celui que le mari préfère, qu'il s'approprie, se subordonne, et dont il fait un autre lui-même. — Au contraire, loin d'aimer tout homme supérieur au mari, l'épouse lui est très malveillante; l'éclat qu'il a de plus, elle en est envieuse, le hait et le conteste, et n'en est point du tout séduite. J'ai vu cela, non pas dix fois, mais cent, dans nos classes bourgeoises.

Les pires, au contraire, les déloyales, qui ne pèchent point par faiblesse, mais par expresse volonté, ne manquent pas d'aller chercher, d'attirer l'homme hostile, celui dont la supériorité apparente ou réelle humiliera le mari, le rendra ridicule, l'abreuvera de honte et d'ironie. Qui aiment-elles au fond? Ni l'un ni l'autre. Leur chute n'est pas affaire d'amour, mais de vanité pure, et c'est par orgueil qu'elles se déshonorent. L'absence de cœur explique tout. Aussi ne se relèvent-elles guère. Où le cœur manque, rien ne supplée.

Pour revenir à la jeune dame si bien posée dans l'harmonie morale et si unie à son mari, s'il lui survenait quelque trouble, ce ne pourrait être qu'une surprise de cœur, dont lui-même serait un peu coupable. Leur situation, leurs vertus, la magnanimité de cet homme excellent, peuvent amener de la manière la plus honorable un accident, non dangereux, mais douloureux pour elle, qui lui rappelât qu'elle est femme et fît saigner le pauvre cœur.

Un neveu du mari, tout à coup orphelin, leur est retombé à dix ans : on s'est empressé de le faire venir. Il leur est arrivé (de Pau ou de Bayonne) gracieux enfant béarnais, point timide, tout plein de gentillesse et de malice. Madame, alors bien jeune, qui n'avait que vingt ans, ne l'a pas moins reçu comme une mère, a pleuré la sienne avec lui et plus que lui, l'a comblé de caresses. Il est mis aux écoles, revient chaque année aux vacances, de plus en plus vif, agréable, doux et hardi, et ne doutant de rien. Il a douze ans, quinze ans, toujours reçu très tendrement, comme un frère aîné de l'enfant. On ne lui envie point (pas plus qu'à l'autre si petit) les caresses innocentes. Seulement l'effet est différent. Un jour que devant son mari elle joue à courir avec lui, elle est, comme on peut croire, tout d'abord attrapée, prise... Il faut qu'elle paye un baiser, laisse faire... Mais ce n'est pas le seul : au second, elle perd la tête, rend et plus qu'il ne donne ; elle reste un moment sans force dans ses bras : plus de respiration. Il est très rouge, elle très pâle. Il ramène en riant la tremblante colombe. Le mari rit aussi, elle point, elle a la fièvre et elle la garde tout le jour.

Dès cette année, on peut le croire, elle commence à avoir un peu peur et devient plus prudente. Lui il se développe dans toute la vivacité de la grâce méridionale, causeur, conteur spirituel et charmant, hâbleur peut-être ; mais toujours on le croit. L'atteinte est vive pour la dame du Nord, le contraste parfait avec l'homme sérieux, occupé, qui donne peu aux dehors, qui concentre sa flamme pour l'action et les grands résultats.

L'agréable arrivée du jeune homme est la fête de la maison, et aussi un brusque changement de toute chose. Il y a plus de soleil, ce semble, et du bruit et des rires (on en entend bien peu là où il y a un vrai bonheur). Pour elle, elle rit et elle est triste. Ce contraste la frappe elle-même et l'inquiète. Elle n'est pas très bien portante, et les messieurs sortant ensemble, elle reste, elle veut se recueillir, se consulter.

La voilà seule, en ce petit jardin, en ce même jardin où, dix ans auparavant, au jour sacré où elle devint enceinte, elle se promena à l'aurore, non moins émue, quoique si pure. La voilà en présence des mêmes fleurs qui s'attendrirent pour elle, et lui jurèrent qu'elle était innocente. « Mais qu'en diraient-elles aujourd'hui? Je n'ai rien fait et rien voulu de mal..., je l'aurais dit à mon mari... Je suis troublée pourtant, je ne me sens pas bien..... Pourtant, je n'ai rien à lui dire. — Beaucoup, madame. — Mais qui donc a parlé? Il n'y a que moi et cette rose. Dans quel éclat elle est, comme elle est rouge (il me semble, du moins), rouge de feu!... Est-ce par la couleur qu'elle parle et que veut-elle dire? »

VII

UNE ROSE POUR DIRECTEUR

Ne la cueillez pas, madame. Elle deviendrait muette. Hors du sein de la nature, elle sécherait sur le vôtre, vous ayant seulement enivrée et troublée de ses parfums. Penchez-vous, et écoutez. Voici ce qu'elle vous dit :

« Vous allez et vous venez ; vous fûtes créée mobile ; moi, je reste sur ma tige. Vous m'admirez dans mon calme, dans ma royauté de rose. Telle je suis, parce que je me tiens fidèle à mes harmonies.

« Je ne suis pas un joujou à mettre dans les cheveux. Je suis une créature sérieuse, une puissante énergie de vie, œuvre et ouvrière à la fois, pour accomplir un mystère. Mon moment est court ; j'ai hâte d'assurer une grande chose, la durée d'une race divine, l'immortalité de la Rose. Et voilà comment, madame, je suis une rose de Dieu.

« J'ai ma tige, et j'y reste forte. Dispensez-moi de

l'honneur de mourir sur votre sein. Laissez-moi pure et féconde... Et soyez-le, comme moi.

— Oh! que tu as bien parle! que je voudrais te ressembler! être aussi une rose de Dieu!...

« Mais, ma rose, en conscience, es-tu donc d'avis que j'avoue?... Et qu'avouer? Un nuage, un brouillard que moi-même je démêle à peine, un rien... Et pour m'en alléger, j'irais lui percer le cœur!...

— Vous avez promis de dire tout...

— O rose! tu sais l'amour des fleurs, tu ne sais pas l'amour des femmes! Du moment où je l'aurai dite, cette chose, elle prendra en moi une force subite, une chaleur nouvelle... La révéler, c'est la grandir.

— Oh! que vous êtes malade! vous défendez votre secret, vous le couvez, le caressez, comme vous feriez d'un enfant. Vous tremblez qu'il n'aille au jour, qu'il n'endure la pleine lumière... Et vous avez raison, madame, car rien de plus délicat. Du moment qu'un amour furtif est avoué, il est compromis. Il peut brûler; mais pour s'éteindre. Cette profanation lui porte malheur... S'il s'agissait de le dire à une amie, à un bon père, patient et compatissant, vous y courriez... Vous auriez la jouissance d'en parler, de le nourrir, cet amour, et vos larmes seraient un péché de plus... Il faut le dire à la victime, à celui qui va en souffrir, mettre en commun ce secret de douleur. Qu'il saigne! mais vous saignerez, et vous vous arrêterez. Le rêve aura perdu ses ailes! vous vous retrouverez dans le vrai, dans la douleur infinie où vous verrez ce cœur sanglant... Vous êtes bonne et tendre, l'amour vous reviendra par la pitié. »

. . . .

Elle obéit. Elle ramasse tout ce qu'elle a de force et de courage. Au déjeuner, où le jeune homme est absent, elle dira tout. Elle s'asseoit, faible et défaite, et comme une condamnée !... Mais le cœur lui bat trop fort ; la langue reste embarrassée !... Enfin, par un suprême effort, elle demande à son mari si cette vie d'oisiveté est bien bonne à son neveu. Ses études sont finies. Ne serait-il pas temps de le placer, de lui trouver de bonne heure ces positions qui du moins préparent et ouvrent la carrière ?... Il la regarde surpris. « Mais quoi ! ma chère, il arrive. Et pouvons-nous donc le renvoyer ? Je voyais bien qu'en effet tu étais très froide pour lui... Te serait-il antipathique ? — Oh ! non ! — Eh bien alors, tu l'aimes ? — Mais, mon Dieu ! si cela venait... »

Une montagne à soulever lui eût moins coûté... Elle retombe comme anéantie ; elle est prête à s'évanouir... Tous deux extrêmement pâles... Mais lui, fort dans la mort même, le cœur percé, il lui tient compte de sa loyauté héroïque. Un seul péril, avec elle, est à craindre, qu'elle ne meure de son déchirement et de sa vertu.

Il lui serre vivement la main, et ils se séparent en silence. Mais, comme le feu dont on a brusquement écarté la cendre, la passion éclate ; le trouble, le bouleversement intérieur ne peut se cacher.

L'amour est chose si puissante, qu'entrevu par son reflet seul il enflamme tout. Le cœur le plus froid s'allume, l'orgueil infini, l'âpre joie, le violent bonheur de la découverte, crée chez le jeune homme le moins préparé un flamboiement immédiat de passion. Quelle en fut l'expression, favorisée par l'équivoque de la tendresse légitime, et pour ainsi dire filiale? On l'ignore. Mais la pauvre âme, hors d'elle-même, et trop faible pour résister à ces combats, parvenue enfin au soir, au coucher, à peine au lit, se jette aux bras de son mari en suffoquant de sanglots.

Il l'embrasse, essaye en vain de la calmer, de l'affermir. C'est à la longue seulement, après un déluge de pleurs, que, le tenant toujours serré et ne voulant point le lâcher, elle parvient à dire enfin :

« Garde-moi, aie pitié de moi, soutiens-moi... Je sens que j'enfonce... Si faible est ma volonté, que d'heure en heure elle glisse, et elle va m'échapper... Que dis-je? c'est elle qui m'entraîne, et je n'ai de force que pour me noyer... Oh! que j'ai eu tort d'être fière! j'en suis punie. Je suis plus faible que n'était notre petit au berceau... Je t'en supplie, prends-moi comme un enfant et traite-moi en enfant, car je ne suis que cela. Tu as été jusqu'ici trop bon pour moi, sois sévère et sois mon maître. Châtie-moi. Le corps maté, mortifié, me guérira l'âme... Il faut que je te craigne un peu, que j'aie peur... Meure ma volonté!... je n'en veux plus, je te la donne. C'est toi qui es ma volonté véritable et ma meilleure âme. Mais ne me quitte point d'un pas, pour qu'à chaque chose je puisse te demander si je la veux et si je dois la vouloir. »

Cette humiliation profonde d'une personne innocente et irréprochable remplit de douleur celui qui l'aimait. Hélas! la voir tomber là, cette reine de pureté! Il cache sa vive impression, et fait un effort pour sourire : « Ma chère, il ne suffit pas que tu demandes cela, mais il faut que je le puisse... Oh ! comment ne sens-tu pas qu'il n'est rien en ton corps chéri qui ne me soit aussi sacré que le tombeau de ma mère ?... Où prendrai-je la résolution pour une si grande barbarie ?...

— Mais si cela me fait du bien, ami, si cela me sauve. La crainte, a dit Salomon, est le commencement de la sagesse. Je sens que j'ai besoin de craindre, besoin d'être humiliée. Je t'aimerai bien davantage. Madame ***, que tu connais pourtant bien franche et bien fière, me le disait l'autre jour : « Celle qui une fois s'est courbée sous la main de son mari, lui est d'autant plus attachée pour sa tendresse sévère, pour ce souvenir du passé et pour ce qui peut revenir. »

— Non, nous ne retournerons pas à ces barbaries d'autrefois. Grand Dieu ! j'aurais épousé une âme et une personne, et j'en ferais une chose, un néant !... Je n'ose y penser. Mais, ma chère, quel que puisse être ton accablement, songe donc toi-même que le vœu de mon amour, ce que j'ai tant désiré, voulu et recherché en toi d'une si grande ardeur de cœur, c'était d'aller à ton âme, d'arriver au plus profond de ce sanctuaire moral... Que ferai-je, si je t'écoute, si je brise ta volonté, si je t'avilis par la peur ? J'aurai perdu justement pour toujours mon plus cher espoir. Que pourrais-je attendre de vrai, de sûr, d'une personne servile, qui aurait tremblé une fois, qui, placée si bas, ne pourrait se relever, et peut-être ne le voudrait plus ?... L'âme humaine n'est que trop portée à s'abandonner elle-même, à se trouver bien de sa honte, à y chercher, y savourer une sensualité d'amour.

« Et, si je tue ta volonté, avec quoi m'aimeras-tu?... Non, je veux que, de plus en plus, tu deviennes une personne, une âme, une liberté, libre contre moi, s'il le faut.

« Je l'ai voulu, mais pas assez. Je n'ai pas assez constamment cultivé et nourri ton cœur. De là, ce moment fatal... A qui la faute? Au travail, aux affaires, aux intérêts, aux soins que j'eus de ta fortune, de celle de nos enfants. Homme imprévoyant! c'est pour la famille que j'oubliais la famille!... Et, pour je ne sais quel bien, j'ai failli perdre mon bien, le ciel que j'avais dans les mains, toi, mon trésor incomparable... Merci pour ce coup cruel qui m'avertit de moi-même! Ah! sans lui, je n'étais plus homme. Je me retrouve, me sens, me reconnais par la douleur. Tu me retrouveras aussi. Nous ne nous quitterons plus. Et il faudra bien que tu m'aimes, car je serai grand...

« Pour cet enfant, quand même il ne serait pas déjà le mien, il le deviendrait. Celui sur qui tu as arrêté ton regard, qui a occupé un moment ta chère âme, est un enfant d'élection, qui, de ce glorieux bonheur, doit se ressentir toujours. Je l'adopte. Je le ferai aller au plus haut où il peut aller. Éloigné, il me sera toujours présent et partout il me trouvera pour le soutenir. Qu'en m'écrivant, il me parle de toi, je le trouverai très bon. Puisse un si noble souvenir lui garder le cœur digne et pur et toujours dans la grande voie. »

La malade n'était pas de celles qui craignent de

guérir. Elle ne laissa pas son mari s'endormir dans cette confiance d'imprudente magnanimité, ne lui permit pas de délais, pria, insista pour l'éloignement. Une occasion se présentait, et le jeune homme partit le lendemain. Elle sentait très bien que, dans ces choses, il ne faut ni ajournement ni moyen terme. Une séparation passagère, qui eût permis de fréquents retours, aurait été plus dangereuse qu'un séjour permanent. Plus timide que la Julie de Rousseau, elle aurait craint la barque de Saint-Preux et les rochers de Meillerie. Non, elle voulut et exigea une opération nette qui tranchait tout, dût-elle lui déchirer le cœur.

Mais ce qui la surprit, c'est que celui qui semblait devoir en souffrir le plus s'y résigna sans peine. L'attrait de l'inconnu, des voyages, d'une vie nouvelle, d'une carrière rapide et brillante, qu'une providence amie allait accélérer, tout cela fit une puissante distraction au chagrin des adieux. La vive imagination méridionale se concilie souvent avec un autre don qu'on lui croirait contraire, le sens très positif du réel et des intérêts.

Tant vertueuse et courageuse fût-elle, elle fut navrée d'être obéie si bien. Son mari vit qu'elle souffrait extrêmement. Un autre n'eût senti que la piqûre d'orgueil. Mais lui, qui l'aimait tant, il se trouva de moitié dans cette douleur. Rien n'était fait par la séparation, si cet amour endolori devait durer, croître peut-être. Que servait de la garantir au dehors, si le trait fatal allait s'envenimer au dedans?

Elle eût péri dans sa douleur muette, n'osant

avouer le deuil qui lui restait de son amour, et le regret confus que la faible nature mêle aux grands sacrifices. Si son mari eût eu la tentation ordinaire des jaloux, l'eût enlevée au monde, l'eût cachée dans la solitude, il eût comblé ses vœux. Qu'il l'eût mise au haut d'une tour, sur le pic d'un rocher, au château des Maremmes fiévreuses où s'éteint la Pia de Dante, elle l'en eût remercié. C'était ce qu'il fallait pour lui garder son rêve. Isolée, prisonnière, elle eût pu à son aise goûter le bonheur de pleurer.

Il fit tout le contraire. Il jugea parfaitement que, si l'illusion restait, c'est que l'objet aimé, promptement éloigné, ayant passé dans un éclair, avait pu garder tout son charme. Loin de lui conserver la poésie du rêve solitaire, il pensait qu'il devait replacer sa malade dans le monde vrai et positif, dans la lumière des réalités, convaincu que la fausse et fantastique image n'en soutiendrait pas le contact.

Une des causes les plus ordinaires des illusions de l'amour et de ses exagérations, c'est de croire que l'objet aimé est un miracle, et *unique* par tel mérite, qu'on trouve ensuite chose commune, quand on sait un peu plus le monde.

Un jeune homme voit dans Paris une belle demoiselle de traits réguliers. Il est épris, il épouse, puis est curieux de connaître le pays de sa femme, la ville d'Arles, son lieu de naissance. Là, il retrouve partout cette personne qu'il croyait unique. Ce miracle court les rues. Il voit cent filles et mille aussi jolies.

C'est la beauté d'un peuple tout entier, la beauté arlésienne qu'il a aimée. Le voilà refroidi.

De même, une dame espagnole, ignorante, qui n'est jamais sortie de son pays, voit arriver, avec son précepteur, un jeune Anglais, dans cette première fleur de teint qu'on ne trouve que dans le Nord. Et la tête lui tourne. Enfermez-la; elle en mourra. C'est tout le contraire qu'il faut faire. Il faut qu'on lui montre l'Allemagne ou notre Normandie, l'Angleterre, toute la zone de la beauté blonde, des millions de femmes et d'enfants, et des jeunes gens même, tout aussi blancs, tout aussi roses que celui qu'elle a cru unique. Quand elle aura vu cette fraîcheur sur bien des figures sans charme, triviales même, elle trouvera que ce don vulgaire de race ne suffit pas pour faire un ange.

La séduction du Midi sur nous autres septentrionaux est plus commune encore. Tel homme, à Lille, à Rouen, à Strasbourg, paraît irrésistible. Est-ce par son mérite propre? Nullement, mais par sa race, par cela seul qu'il a, dans l'œil ou la parole, le soleil de Provence, la grâce béarnaise, le piquant du Gascon. Les hommes même les plus médiocres de ces contrées favorisées, si vous les transplantez au Nord, nous font souvent une étonnante illusion. Dans un dîner officiel qui réunissait beaucoup d'inconnus, je me trouvai en face d'un Méridional, dont les yeux charmants flamboyaient; on cherchait, mais à peine on soutenait son regard. Il y avait dans ces yeux-là je ne sais combien de romans dans le genre de l'Arioste, je ne sais quoi de brillant, de léger, qui pourtant brûlait, parfois de divinement fou. Je finis par demander son nom. C'était un inconnu, un député du centre, qui ne dit jamais un mot à la Chambre, bavard partout ailleurs. Au total, en ce feu d'artifice, la race était tout, l'homme rien.

C'est justement au Midi que notre prudent mari mène la jeune dame malade. Il ne la laisse pas s'envelopper de résignation et de douleur. Il insiste pour qu'elle change d'air, qu'elle sorte de ses habitudes. Les beaux horizons et les grands spectacles de la France romaine élèvent et fortifient le cœur. Rousseau a conté admirablement comment, dans une crise où il faiblissait, la seule vue, la vue austère et grandiose du pont du Gard le releva. Combien plus peut agir la sublime vue des Pyrénées ! Leurs glaciers vierges, leurs neiges immaculées, purifient les yeux de l'âme.

Mais, tout en voyant la nature, cette personne intelligente et fine voit aussi, comprend l'homme. Elle retrouve partout en ces pays son jeune homme éloigné. D'abord, elle en souffre, elle en saigne. Même vivacité, même grâce, même parole brillante et fluide. Que dis-je? Elle revoit ce qu'elle croyait de lui seul, du moment, de la situation, cet éclair charmant du regard, parfois lançant des étincelles, parfois profond et s'enfonçant dans un sombre demi-tragique qui frappe, et qui pourtant n'a rien de vraiment sérieux.

Le jeune homme causait à merveille, était amusant. Tous le sont ici, plusieurs d'étonnante faconde. Tel commis, pour vous décider à prendre de son vin, fera plus de diplomatie que dix Talleyrand. Vous hésitez? Le crescendo de sa vive éloquence est un tourbillon, une trombe. C'est un gave pyrénéen, qui entraîne ses rivages. Il va jusqu'au pathétique, au sublime, enlève tout... Comme il en rira en sortant!

Races hâbleuses, cependant charmantes! Car ils mentent sans mentir; c'est nature. Ne leur reprochez pas la fiction. Ils ont le droit des poètes. Elle est si bien en eux et dans leur sang, qu'à tout propos elle leur vient même sans intérêt, malgré eux. J'en ai vu qui des jours entiers déroulaient un torrent de faits qui ne pouvaient tromper personne, faux comme faits, mais vrais comme idées, qui, s'ils n'existèrent pas au monde réel, existaient sur le brillant théâtre de la fantaisie créatrice.

La première fois que nous autres nous voyons ce mirage, nous sommes éblouis, étourdis. C'est ce qu'avait éprouvé la dame du Nord quand elle l'avait vu dans un seul. Mais quand elle le voit dans les foules, dans tout un peuple, elle se calme, se reconnaît, sourit.

Le dieu tombe et redevient homme; un homme nullement introuvable. Il se classe, se subordonne, retrouve son genre, son espèce. Si la céleste créature a disparu, il reste un jeune homme agréable, un peu léger, et pas trop sûr, un garçon pourtant de quelque mérite.

VIII

MÉDICATION DU CŒUR

L'adultère de la femme et l'adultère du mari sont-ils également coupables? Oui, comme déloyauté, violation de l'engagement. — Non, sous mille autres rapports.

La trahison de la femme a des conséquences énormes que n'a point celle de l'homme. La femme ne trahit pas seulement, elle livre l'honneur et la vie du mari : elle le fait chansonner, montrer au doigt, siffler, charivariser; elle le met au hasard de périr, de tuer un homme ou de rester ridicule, c'est presque la même chose que si elle donnait le soir la clef à un assassin.

Il sera assassiné moralement tout le reste de sa vie, ne sachant jamais si l'enfant est bien son enfant, forcé de nourrir, de doter une progéniture équivoque, ou de donner au public l'amusement d'un procès, dans lequel, gagnant, perdant, il assure toujours à son nom une illustration de risée.

Il est insensé de dire que la femme n'a pas plus de responsabilité que l'homme. Lui, il est une activité, une force qui soutient la famille, mais elle, elle en est le cœur. Seule, elle en sait le mystère. Seule, elle garde le secret de la religion domestique, le titre qui fait tout l'avenir. Seule, elle peut affirmer la légitime hérédité. Un mensonge de l'épouse peut fausser l'histoire pour mille ans.

Qu'est-ce que le sein de la femme, sinon notre temple vivant, notre sanctuaire, notre autel, où brûle la flamme de Dieu, où l'homme se reprend chaque jour? Qu'elle livre cela à l'ennemi, qu'elle laisse voler cette flamme qui est la vie de son mari, c'est plus que si elle aidait à lui enfoncer le couteau.

Nulle peine ne serait assez grave si elle savait ce qu'elle fait.

Elle est à cent lieues d'y songer, presque toujours. La trahison préméditée, de haine et de dérision, est chose infiniment rare. La première faute, du moins, est presque toujours un hasard, une faiblesse toute négative, moins un acte qu'une impuissance d'agir et de résister.

Les femmes sanguines s'éblouissent, et à certaines époques ont un véritable vertige. Les lymphatiques ont une extrême mollesse de volonté; elles sont habituées à céder; elles savent qu'elles y sont gracieuses, ce qui fait qu'elles cèdent toujours. Il leur coûte trop de refuser.

Celles qui ne sont pas endurcies ont souvent de cuisants remords. J'en ai vu deux frappants exemples.

Une dame très belle, riche, heureuse, arrivée a quarante ans sans reproche, ayant un bon mari, de grands enfants, un matin, lasse apparemment d'un bonheur monotone, cède à un homme qu'elle n'aime point. Son inexpérience du mal la découvre. Sa rougeur d'avoir faibli à cet âge, sa honte devant ses enfants, l'accablent; elle meurt en quatre mois.

Une jeune dame de vingt-cinq ans, vive, fière, élégante, d'une figure noble et sévère, qui exprimait une âme pure, avait pour son malheur une belle voix passionnée, qu'on voulait toujours entendre dans les soirées, dans les salons. — Un duo lui tourna la tête; elle succomba à l'ivresse de son art, nullement à la passion. Elle appartenait de cœur à son mari, jeune, agréable, et qui l'adorait. Foudroyée de son malheur, elle le chercha à l'heure même, lui dit tout, et qu'elle allait se tuer s'il ne parvenait à lui faire expier le crime. Mais il était brisé du coup, et jamais il n'eut la force de la battre. Dans ce débat, elle se mit à chanter. Elle avait perdu l'esprit.

J'étais jeune, mais ce souvenir m'est resté présent. Je la vis dans une maison de santé, gouffre de folie, de douleur, où les médecins l'avaient jetée. Son mari venait tous les jours, lui jurait avec des larmes qu'elle était pardonnée, pure, innocente désormais. Mais elle ne comprenait rien. On ne fit cesser le délire qu'en l'exterminant; le traitement l'anéantit. On peut dire qu'elle sortit morte, et elle ne tarda pas à mourir effectivement.

Il est fâcheux qu'on applique le même mot, ce mot si grave, adultère, à deux choses bien différentes, à la trahison perverse de celle qui se moque de son mari, qui veut réellement l'outrager, et à la chute étourdie d'une imprudente qui ne sait seulement qu'elle tombe qu'après avoir tombé.

Une dame attend son mari en voyage, dans une grande émotion, une vive impatience physique. Le souper est prêt pour le recevoir, mais il n'a pu revenir; il envoie un ami zélé l'avertir et la rassurer. Malgré un temps effroyable, l'ami arrive, mouillé, trempé. Elle en est touchée, le sèche et le fait souper, coucher. Pour lui elle sert un vin chaleureux dont son mari buvait seul et dont elle ignorait la dangereuse puissance. Bref, tous deux perdent l'esprit. L'ami désolé, au plus tôt, alla retrouver le mari, avoua, dit qu'il se soumettait à tout. Que faire? « Le vrai coupable, dit le mari, c'est le vin. Et moi aussi, je suis coupable, il est des heures où une femme ne doit pas attendre. »

L'orage (et l'orage du sang), les amusements du soir, les petits jeux de campagne avec des amis, des parents, des enfants que l'on croit enfants, sont des occasions trop fréquentes. La jeune folle, en riant trop, provoque un moment d'audace. Qui y songeait? qui a voulu? Personne. Elle revient en pleurant.

Mais ce qui, presque toujours, décide l'infidélité, c'est l'ennui, l'excès d'ennui où on laisse la femme; la vie de l'homme, plus occupé, est généralement bien plus amusante.

Quelle chose triste n'est-ce pas de voir, dans nos villes de province, une jeune femme, mariée de deux ans, et déjà fort délaissée, s'en aller, au coup de vêpres, bâiller avec cinq ou six vieilles!

Que de fois encore, en voyage, entrant dans une

ville d'Allemagne, il m'est arrivé de voir au balcon, dans une petite serre vitrée, entre les fleurs et les oiseaux, un doux visage de femme, regardant les passants au miroir de sa fenêtre. Oh! qu'elle était languissante! « Elle n'est pas assez aimée, disais-je. Où donc est son mari? Dans la fumée et la bière. La vie passe cependant, et sa maison lui garde en vain le plus charmant des dons de Dieu. »

Les plus mobiles sont souvent celles qui avaient le plus besoin d'amour, et qui, aimées puissamment, fortement, auraient été les plus fidèles. Nos Françaises, pour la plupart, ne se contentent nullement de la froide régularité conjugale, qui suffit aux femmes du Nord. Celles-ci, douces et résignées, exigent peu, et si le mariage n'est pour elles qu'un rapport extérieur, une simple cohabitation, elles soupirent, ne se plaignent pas. Pour les nôtres, il faut tout ou rien. La femme de France est la pire ou la meilleure; elle veut l'union nulle ou complète.

On croit très faussement, et souvent elle croit elle-même qu'elle a un besoin incessant d'amusements, de distractions. Au fond, c'est tout le contraire. Elles se connaissent peu elles-mêmes. Celles qui courent de plaisirs en plaisirs s'étourdissent; mais elles avouent en être excédées. Leur vrai besoin est d'être à la fois *très aimées* et *très occupées*.

Même la dame de commerce, occupée par moments, est tenue au comptoir, n'a pas l'entraînement des affaires du dehors qui font sortir sans cesse le mari. Je vois d'ici une jeune marchande, jeune et jolie, au fond d'une boutique humide, d'une rue noire et profonde de Lyon. Son mari l'aime; seulement, il donne la journée aux affaires; la soirée au café. Elle languit dans ce tombeau vivant. Comment n'écouterait-elle pas l'ami, ou le jeune acheteur, qui vient, revient, l'amuse? Si le mari aime vraiment, il doit prendre un parti, avoir pitié d'elle, la tirer de là.

Même sans quitter cette ville, il suffirait souvent d'émigrer seulement de bas en haut, et de la nuit dans la lumière. La petite femme, exposée au comptoir, et légère par situation plus que de volonté, peut travailler très bien en chambre au quatrième étage, d'où elle verra verdoyer les collines et le coteau de Fourvières, ou, mieux encore, une échappée des Alpes, qui relèveront, purifieront son cœur.

« Est-ce tout? » Non, c'est peu encore. Le grand point, c'est qu'il faut l'aimer, s'occuper d'elle, ne pas tourner le dos si on la voit ennuyée, être sensible à sa souffrance. Je ne dis pas qu'il faille aller à elle, mais ne pas la quitter. Elle en sera reconnaissante et finira par s'épancher. Elle en viendra à dire : « Je me meurs de tristesse! » Cela signifie : « Il me faut un amour. »

Mais ne vous fâchez pas, c'est plus un amour qu'un amant. L'amour s'applique à tant de choses! Ce peut être l'amour d'un enfant ou l'amour d'une idée, d'une grande affaire, l'amour d'une vie toute nouvelle, occupante, exigeante, sous un ciel étranger.

Rien de médiocre en ceci ; n'allez pas croire que telle petite distraction passagère, spectacles ou parties de campagne, suffise à cet état d'esprit. Non, il faut une passion ou un grand changement de vie.

Quoi qu'il advienne, et quand même elle faiblirait, ne quittez, ne quittez jamais la chère femme de votre jeunesse. Si elle a failli, d'autant plus elle a besoin de vous. Si elle est humble, repentante, il faut la traiter en malade, la soigner, la cacher. Si de mauvaises influences l'ont pervertie, il faut, sans perdre une minute, l'éloigner, la placer dans un meilleur milieu, agir avec force et modération, la corriger doucement.

Elle est vôtre, quoi qu'elle ait fait. La solidarité du nom, le mélange profond et complet de l'existence physique, rend la séparation illusoire. La femme fécondée une fois, imprégnée, portera partout son mari en elle. Voilà ce qui est démontré. Combien dure la première imprégnation? Dix ans? vingt ans? toute la vie? Ce qui est sûr, c'est que la veuve a souvent du second mari des enfants semblables au premier.

Elle s'est donnée *toute* au mariage, que portera-t-elle ailleurs?

L'homme est tellement avantagé contre la femme par la nature et par la loi, qu'il est de sa magnanimité de ne jamais demander le divorce. Si elle le demande, elle qui perd tout, c'est chose surprenante et qui semble insensée, sauf le cas de sévices et de cruels traitements, où il faut bien la délivrer.

Vous, vous ne pouvez la quitter. Car quel danger pour elle, lorsque l'amant qui la reçoit aura peu à peu le dégoût de vous retrouver en toute cette personne tellement transformée en vous? d'y surprendre vos voix, vos paroles, vos gestes! et telles traces plus sensibles encore!

Elle vous appartient à ce point, que, même si l'amant la féconde, c'est un enfant de vous et marqué de vos traits qu'elle lui donnera le plus souvent. Il aura cette punition de voir qu'il n'a pu avoir d'elle rien de réel ni de profond, et que, dans le point capital, l'union génératrice, il n'a pu la rendre infidèle.

Que serait-ce si l'infortunée était bientôt délaissée, expulsée! si, ayant perdu son foyer, elle n'avait pas même le toit de celui qui n'a voulu d'elle que la volupté d'un moment?... Ne laissez pas une femme que vous avez aimée, qui fut et qui est vôtre, au hasard de cette aventure. Rarement elle l'affronte d'elle-même ; rarement, si elle n'est trop maltraitée, elle quitte sa maison, la maison de ses habitudes, et où peut-être elle aime encore. Cela est bizarre, mais certain : plus d'une qui a eu un caprice tient encore plus à son mari qu'à l'objet de ce goût passager, et, s'il fallait décidément choisir, choisirait plutôt celui qui l'eut vierge, celui qu'elle a dans le sang et dont la vie est sa vie.

« Ne frappez pas une femme, eût-elle fait cent fautes, pas même avec une fleur. »

Nous aurions trouvé ce mot dans notre cœur, si l'Inde ne l'eût dit avant nous.

Frapper la femme! grand Dieu! la femme, notre reine d'amour, et une reine si soumise, qui chaque soir donne pouvoir illimité à l'homme, pouvoir de la rendre enceinte. C'est presque le droit de vie et de mort.

Un être généralement doux, faible, livré à ce point, le briser, le désoler par un châtiment servile!... O bassesse et lâcheté!

Les femmes du Moyen-âge, et même maintenant encore celles de certaines races, subissaient, subissent patiemment la discipline conjugale. Avec les nôtres, aujourd'hui si nerveuses, l'essai serait bien dangereux. Telle mourrait d'être touchée. Même coupable, même surprise, la femme doit être épargnée. Dans un seul cas, le désespoir d'un grand remords qui mettrait en péril sa vie, sa raison, si elle s'offre, prie et supplie, on peut lui accorder une légère souffrance du corps, — qui diminue celle de l'âme.

Le meilleur remède, c'est l'émigration. Laissez-moi là vos intérêts, coupez le câble et voguez, emmenez-la pour quelque temps. Ne dites pas cette chose vile, qu'on dit trop souvent aujourd'hui : « Point de bruit... Je la garderai, je l'aurai, quoi qu'elle fasse, et j'en aurai d'autres. Je lui infligerai tous les jours, à elle et à son amant, la souffrance du partage, la torture de mon assiduité. Elle me restera comme meuble, comme instrument de plaisir... Eh! qu'importe le reste, après tout? »

Non, il faut trancher au vif, souffrir et la purifier. Une fois sortie de son milieu, dans une société nouvelle, dans une langue étrangère, seule et n'ayant plus que vous, elle se trouvera tout autre. Avec celui qui travaille pour elle et qui la nourrit, qui du reste ne lui rappelle jamais son malheur, ne lui rend pas la vie amère, la traite bonnement et doucement, elle redeviendra neuve et n'aura plus du monde ancien qu'un vague souvenir de mauvais rêve. Dans des circonstances tout autres, entourés de mille nécessités nouvelles, vous vous renouvellerez. Vous auriez eu deux enfants en Europe. Là-bas, vous en aurez douze. Votre jolie femme, énergique et d'un cœur ardent, serait restée indomptable et vous eût perdu. Là, au contraire, elle vous sauve. Excellente épouse, courageuse et laborieuse, elle aidera à votre fortune. Elle vous aimera tout de nouveau pour l'avoir régénérée, et tous deux, sur vos vieux jours, vous pourrez revoir la patrie.

IX

MÉDICATION DU CORPS

Un chirurgien célèbre, qui eut une grande expérience des femmes, fait cette remarque que, souvent un peu froides dans la première jeunesse, elles ont au contraire au milieu de la vie, et à l'entrée de la période décroissante, un besoin réel d'être aimées. Parfois dès trente-cinq ans, dix ans avant son éclipse normale, le sang circule d'un cours moins régulier, s'arrête, par moments s'engorge. De là des maladies, de là des rêveries orageuses, des langueurs, de cuisantes flammes, le désir d'amour, le regret.

Il s'éloigne, l'aveugle, court aux jeunes rieuses qui s'amusent de lui et ont si peu pour lui répondre! Son véritable empire, le cœur profond, les sens intelligents, l'âme poétique de la femme souffrante, il oublie tout cela. Quelle prise il aurait eue? Combien forte et délicieuse!... Le fruit des fruits, la pêche, vaut par la piqûre de la guêpe, et la femme, de même, par la morsure de la douleur.

L'homme qui a des yeux et qui sait voir, apprécie ce moment où la physionomie a sa beauté la plus touchante, où cet être d'amour, sous la main de la nature qui lui prépare un âge de souffrance, déjà plus humble, recherche moins l'éclat et voudrait du bonheur. Celle surtout qui a vécu de devoir, de vertu, qui côtoya l'amour et qui resta dans la sagesse, est bien attendrissante à l'heure où elle croit le voir qui s'enfuit, soupire, dit : « Quoi ! déjà passé !... »

Si vous mettez à part le mal du Nord, la phtisie, effet du climat, il n'y a que deux grandes maladies en Europe, toutes deux sorties de nos passions, de nos pensées, de nos volontés.

L'homme veut être fort, et il choisit mal, exagère les fortifiants. Il boit, mange immensément, trop. Tous ses maux dérivent des organes digestifs.

La femme veut être aimée. Elle souffre à l'organe d'amour et de maternité. Toutes ses maladies, directement ou indirectement, sont des retentissements de la matrice.

Ce Protée prend mille formes. Il agit à distance. Si vous remontez, sérieusement, patiemment, la vie de la malade, vous finissez par voir que le mal de poitrine, d'entrailles, etc., qu'on croirait étranger à cette cause, a été préparé dix ans, quinze ans auparavant, par les chagrins de cœur.

Rien de bas dans la femme, rien de vulgaire, tout poétique. En général, elle est malade d'amour, l'homme de digestion.

Rien de plus sérieux que ce mot singulier qu'elle dit souvent et dont on rit : « D'où vient ton mal de tête? ton mal de dents? ou la colique? — De n'être pas assez aimée. »

Ayant donné ce mot d'explication, débarrassé aussi des fanges de mon chapitre VIII (adultère et divorce), je puis, selon mon cœur, revenir à notre idéal, à la femme qui n'a pas failli, à celle qui, s'appuyant d'un mari tendre, et ne lui cachant rien, a rasé, sans sombrer, l'écueil. Nous avons vu comment elle-même elle a pu sortir de son rêve et vu s'évanouir l'idole de son illusion. Est-ce à dire qu'il n'en reste rien? Non, la plus vertueuse ne perd pas cela sans souffrir, ne s'avoue pas sans douleur qu'elle a aimé sans être aimée; elle s'est vue aimée de son mari sans doute. Elle a senti la force et la tendresse de son cœur; cependant de ce côté même elle souffre aussi, se sentant descendue, lui ayant avoué qu'elle n'était pas la créature du ciel, l'ange de Dieu qu'il avait cru, enfin, obligée de se dire à elle-même qu'elle eût failli sans lui et qu'elle a eu besoin d'être gardée. Elle roule dans ce doute : « N'aurais-je pas péché au moins de la pensée?... Ou (quelle honte!) n'ai-je pas regret de n'avoir pas failli? »

Donc, entre deux amours, entre les doutes et les scrupules, dans le flux et le reflux d'un cœur trop mal guéri, elle s'affaisse et perd toute force, elle languit, pâlit. Après la pléthore et l'orage, arrive une grande défaillance. On peut prévoir la maladie.

Outre notre mal personnel, nous avons tous aujourd'hui à compter avec tel mal antique et inconnu qui nous vient de nos pères. Celui-ci qui ne paraît guère dans notre force, caché en nous, nous guette, attend patiemment le jour de notre faiblesse, et ce jour, nous saisit, triomphe, éclate parfois sous la face la plus surprenante, à notre grand effroi et pour notre mortification.

Mon livre n'est pas une idylle. Si le jeune homme léger, la jeune dame délicate, dédaigneuse, le lisaient par hasard, il faudrait qu'ils prissent courage. Car il sera sincère, ne reculera pas devant la nature. Ceci n'est pas un accessoire, d'ailleurs. C'est le cœur du sujet, et l'épreuve forte de l'amour.

L'amour que rêvent les enfants pour une Iris, blanche et rose, à quinze ans, est à peine l'amour; c'est le désir à la surface, léger frémissement des sens. Mais celui dont on a dit : « L'amour est fort comme la mort », est autrement robuste. Mettons-le hardiment, non pas devant la mort, mais, ce qui peut-être est plus dur, en présence de la maladie..

Laquelle ? La maladie souvent héréditaire, fatale, dont elle est innocente, cette pauvre femme humiliée. La plus pure, la plus vertueuse, n'en a pas moins un germe dans le sang qui tôt ou tard se trahira. Cette douce fleur, la blonde éblouissante (la *Néréide* de Rubens, si vous voulez, au Louvre), peut voir bientôt se rouvrir les scrofules qu'elle eut enfant. Cette autre, aux yeux profonds, au teint sombre, qui brûle le cœur, hélas! le dard d'amour qu'elle vous lance dans son navrant sourire, c'est l'élancement du cancer féroce qui lui mange le sein.

On conte que le brillant Espagnol Raymond Lulle poursuivait d'amour une dame qui l'aimait, mais n'accordait rien. Dans son impétueux désir, il la suit jusque dans une église. Là, indignée, hardie par les ténèbres (leurs églises sont fort obscures), elle se retourne, lui découvre son sein rongé. Que croyez-vous qu'il fît? Il s'enfuit, et, de chevalier, devint docteur, prêcheur et mauvais scolastique.

Il n'aimait pas. Combien, s'il eût aimé vraiment, une telle révélation l'aurait attaché au contraire! Quel lien fort, quelle occasion de dévouement, et j'allais dire quel attrait de tendresse!... Pour l'honneur de notre âge, un penseur éminent, dans une semblable circonstance, s'est donné d'autant plus. Il a enveloppé l'innocente victime en proportion de son malheur! Des précautions délicates ont été prises pour le voiler à tous et presque à elle-même. Oh! qu'il doit être aimé!... Ce désert, au milieu des foules, où ils se sont serrés contre le sort et la nature, leur sera envié par tous les cœurs dignes de sentir une telle chose. Et ne serait-ce pas le vrai temple que l'Amour, vainqueur de la mort, a voulu se faire ici-bas?

La souffrance est la vie même de la femme. Elle sait souffrir mieux que nous, est bien plus résignée. Mais ce qui lui est intolérable, c'est que la maladie, cette cruelle révélation de notre humanité, en découvre mille côtés bas, tristes, point du tout gracieux. Toute femme a eu un âge, un moment de divinité, où on l'a crue, où elle se crut presque elle-même, affranchie de la terre. Le souvenir de ce temps-là la suit, l'ennoblit à ses propres yeux. Le drame même de l'accouchement, qui l'alite passagèrement, la laisse fort poétique. La maladie, hélas! n'a rien de ces effets. Elle traîne lourde et plate, étalant à plaisir ce que cache le plus la nature. Triple dégoût, celui des fonctions, celui des maux et celui des remèdes.

Quand la chose peut se cacher, la malade souffre en silence. Mais il semble que la maladie ait la malice de se produire volontiers au dehors par des apparitions déplaisantes, des efflorescences perfides qui la mettent en relief. Tels malheureux boutons qui viennent et qui reviennent, une dartre vive qui naît sous les cheveux, c'est assez pour les jeter dans le désespoir. J'ai vu ce dernier mal frapper une jeune dame, éblouissante de beauté, de fraîcheur : elle aurait voulu en mourir.

Tout témoin dès lors est de trop. La femme de chambre est éloignée, renvoyée. Pressée par le mari, la malade pleure : « J'ai honte, mon ami... Cette fille irait le dire partout... — Ne pleure pas, je te soignerai moi seul, et nul ne le saura... — Mais si je vais te déplaire à toi-même!... car c'est pour toi que je souffre le plus. »

Une cause profonde et terrible des maladies de la femme qui n'a plus la première jeunesse, c'est de douter de sa puissance. Ce doute va cesser du jour où, contre son attente, son mari, dans l'âge de l'ambition et des succès, homme important peut-être, oublie tout et sacrifie tout, la sert, la soigne avec bonheur, lui prouve qu'elle est toujours sa chère et unique pensée.

« Mon ami, véritablement c'est pitié de te voir à ce

point te détourner de ta carrière, laisser les grandes choses pour t'occuper de mes misères. J'en ai remords. Je t'en prie, laisse-moi. » Elle le dit, mais sourit, est heureuse. Son état moral est très doux.

La maladie, c'est la discorde. Et la santé, c'est l'unité. Le premier soin, c'est d'établir autour de la malade l'harmonie extérieure. Vous ne l'aurez jamais si, tout le jour, voisines, amies, parentes apportant leurs conseils contre les vôtres ou amenant leurs médecins, vous contrarient en pleine crise, et même dans l'esprit flottant de la malade élèvent à chaque instant des doutes. Ces doutes, à eux seuls, sont déjà une grande maladie, qui continuera l'autre, l'aigrira. Avec eux, nul moyen de guérir. Il faut la solitude et une grande paix.

L'organisme va se défendre. Vrai commencement de guérison dans la plupart des maux. Presque toujours, c'est une idée exagérée, une passion, qui a tendu le nerf, troublé l'équilibre général. Isolé des causes qui ont produit ce mal, plus faible et un peu affaissé, on entre volontiers, d'âme et de corps, dans une sorte de recueillement. On juge mieux des choses ; on sort de l'exagération. On se blâme, on veut mieux valoir, vivre en parfait accord avec l'harmonie générale et la volonté de Dieu. On comprend qu'on n'est pas innocent de sa maladie. On l'accepte, et l'on s'y résigne. On n'accuse plus la nature. Elle ne nous tient jamais quitte autrement. Celui qui ne se fâche plus contre la maladie et n'a plus impatience de guérir est bien plus près de guérir en effet.

Mais rien ne donne patience à la malade autant que de vivre dans la main aimée, de se sentir enveloppée de la personne unique, où elle a son monde complet. Dans ce long tête-à-tête, qui lui rend la douce solitude des premiers temps de mariage, elle se sent bien d'être malade, s'épanche, s'épanouit moralement.

Au soir, et le jour clos, mais avant les lumières, te mettant dans la main ses petites mains, un peu amaigries, elle te verse tout son cœur. Elle te parle comme à sa pensée. Tu lui baises les mains. Elle va continuant, sans s'en apercevoir, disant tout ce qu'on ne dit guère, ce qu'une faible femme aurait pourtant besoin de dire, ses songes, ses envies de malade, les petites peurs de la nature : « Si je mourais, ami?... Je ne voudrais pas te quitter. Mais Dieu aura pitié de nous! » De là, elle va plus loin, avoue ceci, cela, tel grand péché qu'elle a caché... Ma foi, elle a tout dit, et s'est confessée tout à fait.

« Quoi! si peu! voilà tout? — Et vraiment, c'est beaucoup... Si j'ai fait autre chose, je n'en ai aucun souvenir... Mais qu'est-ce? et qu'as-tu, mon ami, pour mouiller mes mains de tes larmes? »

Cependant la nuit s'est fermée. La lune ne luit pas ; mais les étoiles scintillantes vous éclairent bien assez. Elle est quelque peu fatiguée. Elle s'endort, sans quitter ta main, et elle dort bien mieux dès ce jour, se sentant en grande harmonie.

Mariage, c'est confession. L'unité, la paix des deux cœurs, a commencé par cela, qu'ils se disaient tout l'un à l'autre. Et c'est aussi par là qu'on rentre dans la paix et l'harmonie morale, qui ramènera celle du corps.

Se confier à un tiers étranger, qui est homme après tout, ce n'est pas s'épurer, c'est le tenter et se tenter soi-même, passer de l'orage à l'orage. Pour que l'âme agitée, le corps malade, la personne souffrante, retrouve un plein repos, il faut que sa moitié, qui partage tellement sa souffrance, lui ouvre l'infini de l'amour, l'infini de la confiance, et, sans rien exiger, la mène à lui tout dire, si sûre qu'elle est d'être aimée tout autant!

Une fois soulagée de cela, il faut la raffermir, cette pauvre âme craintive. Songez qu'elle a peur de la mort. Disons les choses nettement; point de faux héroïsme. Il vous est bien facile à vous, élevé dans le culte du Dieu indulgent de nature, de regarder en face la destinée commune. Mais elle, nourrie du dogme de l'enfer éternel, quoiqu'elle ait accepté de vous d'autres idées, elle en ressent, dans sa souffrance et sa débilité, de fâcheux retentissements. Elle ne les cache pas, et, comme un faible enfant, se réfugie dans votre sein. Là, soyez fort pour elle, autant que tendre. Ne faiblissez pas avec elle; dominez, ajournez vos larmes, et qu'elle trouve en vous un point d'appui solide. Étendez-lui son âme féminine, serrée par la douleur, rétrécie par la crainte, à l'idée de la grande harmonie, où nous devons mourir autant que vivre, dans la loi juste et régulière du tout. Là je sais bien qu'il doit en coûter, et quel grand effort c'est pour vous d'absoudre, d'accepter comme chose de Dieu celle dont le nom, en ce moment, vous est horrible, la Mort... Cependant, croyez-le, elle épargne

souvent ceux qui la regardent avec douceur. Si cette
âme si chère qui s'appuie tout entière sur vous et
vit sur votre cœur, accepte l'idée d'y mourir, quand
Dieu l'exigera, elle a d'autant plus chance de vivre.
L'espoir de l'immortalité ne sert pas peu à nous faire
durer ici-bas.

Puissions-nous garder cette force et l'autorité nécessaire pour ces grands et sombres moments! puissions-nous garder la voie droite, rester pour ce que nous aimons le confesseur possible, le prêtre légitime! Que celle qui fut l'autel de l'homme et tant de fois lui donna l'infini, le retrouve, en ce jour, son médiateur, pour lui rendre le pardon de Dieu.

Mais, fussiez-vous moins digne, eussiez-vous au passage des affaires et des intérêts emporté la souillure du monde, l'amour vous renouvellera. Sa flamme brûlera tout cela. Et vous trouverez, à un coin du cœur inconnu, la grandeur des divins désirs pour soutenir celle qui se suspend à vous. Elle est vôtre, et elle n'a que vous, pour vivre ou pour mourir. A vous seul de faire qu'elle vive, ou qu'elle monte à Dieu dans vos bras.

En quoi le prêtre et le médecin sont-ils distincts? Je ne l'ai jamais compris. Toute médecine est nulle, aveugle et inintelligente, si elle ne commence par la confession complète, par la résignation et la réconciliation avec l'harmonie générale.

Qui peut cela, s'il s'agit d'une femme? Celui qui la connaît déjà d'avance, et qui est elle-même. Celui-là seul est son médecin-né, pour l'âme et pour le corps.

Ces deux choses si parfaitement harmonisées entre elles ne sont pas séparables. Que le jeune homme y songe et s'y prépare. Quel immense encouragement il trouvera aux études morales et physiques, en songeant au bonheur profond d'être tout pour l'objet aimé !

Dans l'avenir, toute éducation (allégée des côtés stériles) comprendra des années d'études médicales. L'état présent est ridicule. Quiconque vit a pour premier besoin de savoir ce qu'est la vie, comment on l'entretient, comment on la guérit. Ces études, d'ailleurs, sont pour l'esprit un si merveilleux exercice qu'à peine on peut dire *homme* celui qui n'y a pas regardé.

Même pour expliquer au médecin ce qu'on a de souffrant, pour le lui faire comprendre nettement et sans malentendu, il faut être soi-même (aux trois quarts) médecin.

La plupart vous diront qu'on ne peut se soigner soi-même, qu'on ne peut soigner sa famille, — ce qui revient à dire qu'on est plus incapable de traiter ceux qu'on connaît le mieux. Je m'en rapporte beaucoup plus à ce que me disait un médecin du Midi : « Jamais mon fils, jamais ma femme, ne seront traités que par moi. Non pas que tel de mes confrères ne puisse être plus savant. Mais, ici, j'ai sur tous un avantage immense, de connaître intégralement, de plante et de racine, le sujet à traiter : l'enfant sorti de moi, c'est moi ; et la femme transformée en moi à la longue, c'est toujours moi-même. »

L'individualité va toujours progressant. La médecine d'autrefois, si ignorante, guérissait souvent, et pourquoi ? C'est que tout allait par grandes classes, les malades et les maladies. On pouvait faire de la médecine, si je puis dire, *en général*. La classe et le métier, déterminant le tempérament, d'avance éclairaient, indiquaient le mal et le remède. Les classes ont fini, et aussi la médecine par classes. Elle a pour dernière gloire celui que j'ai déjà nommé, l'illustre guérisseur des débris de la grande armée.

Tout a changé, nul homme ne ressemble à un autre, tout est spécial, original, *individuel*, fort compliqué, nullement déterminé d'avance. Il faut beaucoup d'étude pour saisir cet *individu*, une grande suite dans les observations, une extrême assiduité. Elle manque, et le temps surtout, aux médecins des grandes villes.

Cette énigme, l'*individu*, est inguérissable à celui qui ne le sait pas totalement de fond en comble, et de part en part, dans son présent, dans son passé, à celui qui n'est pas comme au dedans de lui, qui n'est pas un autre lui-même.

Et plus vous êtes un avec lui, plus aussi vous pouvez le guérir.

Que si vous avez vécu longuement avec cette personne, si votre existence, identique par l'habitude et par l'amour, produit en vous à chaque instant des phénomènes analogues à ceux qui se passent en elle, de sorte que vos fonctions soient la révélation des siennes, vous êtes bien avant dans cet être, bien près de pouvoir établir ce qu'est son harmonie et sa désharmonie, et le mal actuel, et le retour possible au bien.

Vous êtes sa santé, et elle est votre maladie. La guérison pour elle, c'est de rentrer dans son harmonie avec vous.

« *Qu'est-ce que la femme? La maladie.* » (Hippocrate.) — Qu'est-ce que l'homme? Le médecin.

Le plus grand docteur du dehors que vous appellerez, après quelques questions, est plus que satisfait. De la malade il ne sait que la crise. Mais ce n'est rien : il faut savoir la vie. Qu'il lui faudrait de temps, de patience, et disons aussi, de génie, pour la confesser tout à fait! Mais saurait-elle répondre? oserait-elle?... Il lui faut se contenter souvent de peu.

Le mari, au contraire, sait tout.

Vous riez; je soutiens que même la plus dissimulée, qui lui cache le mieux certaines circonstances, ne peut empêcher qu'au total, par cela seul qu'ils cohabitent, il ne la sache à fond. Il l'a perçue par les cinq sens dans toute manifestation extérieure. Il la sait en toute opération du dedans, ses mois, ses jours, ses heures, sa régularité et ses caprices. Il prévoit son humeur, ses pensées et jusqu'à tel petit désir. Qui peut savoir dans un si terrible détail? Celui qui aime ou qui a aimé, et qui, avide, insatiable, a tout senti, tout noté, ce qu'elle oubliait elle-même. Bien plus, il a étonnamment, agi sur elle. Par la vie commune, par la fécondation, l'imprégnation et la métamorphose profonde qui l'accompagne, *il a fait cette femme*. L'époux est le père de l'épouse, en ce sens, autant que de l'enfant même.

Il l'a faite, il peut la refaire.

Si du moins quelqu'un le peut, c'est lui.

Le créateur de toute chose, l'Amour, en est aussi le tout-puissant réparateur. Fût-il alangui, attiédi, avec quelle force et quelle chaleur il reprend dans ces circonstances! Qui n'aimerait la femme malade? qui ne lui rendrait tout son cœur? Quand même elle eût été un peu légère, cette pauvre créature souffrante, comment s'en souvenir? Humiliée sous la rigueur de la nature, craignant tant de déplaire, en réalité, elle est plus charmante qu'elle ne fut jamais. De tout, même des choses les plus innocentes, elle s'excuse et demande pardon. Sa vive gratitude lui fait trouver des mots délicieux, à faire pleurer. Son cœur est devenu tout autre. Il apparaît là une grande chose, c'est que la maladie, cette sévère discipline naturelle, tire de l'âme un affinement qu'aucune culture humaine n'eût amené. L'amour en est approfondi par l'humilité même. Tendresse et tremblante pudeur, timidité d'enfant, voilà la femme en ces moments. Et comment ne pas l'adorer?

Touchant combat de l'amour, de la honte! Il faut bien que celle-ci cède pourtant quand on doit en venir aux remèdes qui font la terreur de la femme, s'il est décidé, par exemple, qu'un vésicatoire doit être appliqué. — Elle mourrait plutôt si on la laissait seule, mais elle craint plus que la mort de déplaire, de désobéir. « Et pourtant se laisser voir à lui en cet état;..... le mettre chaque jour à cette épreuve! Ah! c'est l'extinction de l'amour! »

La pauvre est si humiliée, que, courbée chaque jour sous la main tendre qui la soigne, elle ne suppose plus même qu'en elle il voie encore la femme, et elle ne demande que compassion. Elle croit que c'est fait du désir. Et grande est sa surprise extrême, son attendrissement, quand elle voit la flamme toujours brûlante, et la magnifique ignorance où l'amour reste de ce qu'il sait, de ce qu'il voit.

Elle commence à comprendre alors ce que c'est que cette grande puissance du cœur qui change et transfigure souverainement toute chose, l'indépendance de l'amour, qu'on croit le serf de la nature, et qui en est aussi le roi.

« Quoi! je puis plaire encore! quoi! mes caresses sont un bonheur pour lui! mon baiser est sa récompense! »

La voilà remontée, relevée. Sa royauté de femme est revenue. La santé reviendra.

Tout est inestimable de celle qu'on aime et tout est récompense. Tout d'elle charme, tout est adoré. L'amour en vient par tous les sens. Sa vie physique, dans l'ensemble et sans excepter rien, c'est un universel enchantement. De là, pour elle, un état de sérénité infinie, de béatitude profonde, le même état de grâce qu'on entrevoit dans la grossesse, mais ici dans quelle circonstance plus difficile! De voir que tout ce qui lui faisait honte et peur, ce qu'elle eût voulu dérober, ce soit pour lui bonheur et jouissance, qu'elle soit servie de lui, non avec patience, mais avec désir et transport, ce miracle la sauve. Elle vivra, malgré la nature.

LIVRE V

LE RAJEUNISSEMENT DE L'AMOUR

I

SECONDE JEUNESSE DE LA FEMME

Que la nature est sévère pour la femme! L'homme, même avec dix ans de plus, est dans sa pleine force, affermi dans la vie, actif et productif. Mais elle, elle a faibli déjà. Et maintenant, quoique sauvée, elle n'est plus la même. Les souffrances l'ont mûrie, pâlie. Des heures mélancoliques lui viennent en sa convalescence, des rêveries. Elle soupire. De quoi! Si belle et si touchante, accomplie! Car le temps, le grand artiste, le grand maître en beauté, a donné à la sienne cette touche suprême qui désarme et qui fond les cœurs. Oui, mais ce charme même vient de ce qu'elle est bien atteinte. La circulation de la vie, déjà moins régulière, lui annonce (il est vrai, de loin) qu'elle sera guérie de la crise d'amour qui constitue la femme, de ce rythme divin qui, mois par mois, lui mesurait le temps.

L'homme, au contraire, qui n'a pas pâli du flux et du reflux vital, l'homme qui, de l'amour, n'a eu que le bonheur, qui n'aima pas comme elle (jusqu'à créer, jusqu'à mourir!), l'homme relativement a vécu dans la prose. Il a fortement, rudement travaillé, mais dormi, réparé. Le parfait équilibre de recette et de dépense s'est maintenu pour lui. Il est le même ou se surpasse. S'il n'a pas fait d'excès, à quarante ans et au delà, on le voit bien plus fort. Il a échappé aux alternatives de santé qu'éprouve la jeunesse; il s'est endurci à la vie, s'y est enraciné. Et, comme alors décidément elle va d'elle-même, comme il vit sans savoir qu'il vit (ce qui est la perfection physique), il travaille souvent beaucoup plus, beaucoup mieux, avec une certitude, une infaillibilité d'exécution, que n'a jamais une main jeune. Même chez le plus fécond des hommes, ceux qui versent leur vie à flots pour la pâture du genre humain, nous voyons que leurs grandes œuvres, qui ont changé le monde, ne parurent qu'à cet âge. Molière alors donne *Tartufe*, Rousseau l'*Émile* et le *Contrat social*. C'est plus tard encore dans la vie que Voltaire publie son premier livre de génie, qui a créé l'histoire chez les modernes. De même dans l'action politique. Sully, Richelieu, Colbert, ne firent rien de grand qu'après quarante ans.

Au total, on peut dire qu'à l'âge où la femme a fait son œuvre principale, et va perdre, ou déjà perd la faculté créatrice, l'homme exerce la sienne avec une puissante efficacité. Et cela en tous sens dans l'amour, dans les affaires et dans la sphère de la pensée.

Tout serait fini pour la femme!... Oh! loin de là. Le charme du cœur et de la beauté, la grâce, la belle lumière d'esprit, d'élévation de vues, de caractère, qui parfois lui vient à cet âge, tout annonce qu'elle est appelée à une œuvre mystérieuse, moins visible et moins explicable, plus intime peut-être, d'un but touchant, sacré. Que sera-ce? Nous l'ignorons. Mais je vous jure d'avance que c'est œuvre d'Amour. Prise au berceau par lui, vivant de lui, par lui, elle ira a la mort, mais toujours aimant davantage.

Sa vraie tristesse, voulez-vous la savoir? Ce n'est pas la variation d'une santé moins égale, ni la jeunesse qui s'éloigne, la vie plus sombre en perspective, pas même la mort, qu'elle a vue de bien près, et qui, à l'horizon, reste avec ses lugubres ombres : ce qui l'attriste, c'est le demi-divorce qui, malgré lui et malgré elle, se fait entre eux par la force des choses. Lui qui, naguère, sacrifiait et quittait tout pour elle, il l'aime, à coup sûr, elle n'en doute pas. Mais enfin, depuis qu'elle est mieux, le voilà relancé aux affaires, aux travaux, aux combats de la vie. L'âge avance; point de temps à perdre. Plus l'homme est pur et conservé, et plus il est actif, impatient d'aller, faire et créer. Il regarde vers la gloire. Peu importe laquelle. L'habileté prouvée en choses de grandes combinaisons, le succès persistant, la fidélité que la fortune n'accorde guère qu'aux fortes volontés, c'est l'honneur et la gloire de l'homme, c'est l'orgueil de la femme. Mais c'est aussi souvent, il faut le dire, son inquiétude au milieu de la vie. Il avait dit : « Tu m'aimeras, j'en suis sûr, car je serai grand. » Et il a tenu sa parole. Le voilà tel par le succès. Elle y fait beaucoup indirectement, il le sait. Jamais sans le bonheur, sans le calme du cœur, le doux chevet moral, qu'il a trouvé en elle, il n'eût pu chaque jour s'élancer à de tels efforts. Elle a préparé ses triomphes. Et la force invincible qui, au jour décisif, enleva la victoire, c'est d'elle qu'il la prit le matin, quand sévère par tendresse, elle lui résista, lui dit : « Non, mon ami !... A ce soir !... et reviens vainqueur ! »

Grâce à Dieu, tout a réussi. Le voilà influent, puissant, en passe des plus grandes choses. La vague a soulevé son vaisseau par-dessous et elle le porte. Il a le vent et la marée. Elle assise au rivage, elle l'admire, mais ne le suit plus. Parfois même ses yeux s'éblouissent, et elle ne se rend pas bien compte de cette grande et heureuse navigation. Heureuse ? Elle l'est moins pour ce cœur aimant et fidèle, qui dit : « Il est là-bas... Que ne suis-je avec lui ? »

Dérision du sort. Plus jeune et moins intelligente, au fond moins tendre aussi, quand elle ne faisait rien que de se laisser aimer, quand elle n'était rien qu'une belle créature de Dieu, une agréable chose, elle eut cet insigne bonheur d'être serrée à lui dans une apparente unité. Et voilà que maintenant qu'elle est une âme, une personne, maintenant que son cœur agrandi contient un infini d'amour, la fortune et le succès le tiennent comme séparé d'elle. Si loin ! si près !... Un jour de gloire peut-être... Demain, la vie aura passé.

En le voyant en face si fort et si ardent, si ferme sur ses reins, dans la beauté royale et dans la joie virile que Nature donne aux puissants mâles, dont elle attend beaucoup encore, elle admire, elle rêve, elle est heureuse… et triste. La jeunesse est entière en lui, entières les forces de l'amour. Le torrent de la vie, tourné vers l'action, n'aura-t-il pas quelque retour aux illusions d'un autre âge? Tous le pensent, tous imaginent que le trésor qu'il a chez lui, cette douce et touchante beauté, cette perfection trop accomplie, ne le retiendra pas toujours. De toutes parts, le monde, hommes pervers et femmes équivoques, par tout moyen, intrigue, ruse, audace, badinage, ironie, que sais-je? travaille universellement à troubler, envahir l'homme du jour qui a réussi. Ignore-t-elle tout cela, la pauvre colombe au logis? Non, de loin, elle en voit assez pour en avoir le cœur bien gros. Qu'y peut-elle? Elle n'a garde d'approcher de ce monstre du monde qui l'épouvante. Le monde aussi qui a approché d'elle, et qui la sait trop pure pour en espérer rien, tourne le dos et court aux plus faciles.

Solitaire et d'autant plus humble, elle n'ose nullement se comparer aux beautés à la mode. Ces altières amazones qu'elle voit passer de loin, elle les admire de bonne foi et non sans peur. Reines? princesses? grandes dames à coup sûr, piaffant sur de brillants coursiers. Elle se tient pour vaincue d'avance. « Hélas! quelle vertu, quelle sagesse, quel héroïsme d'amour, résistera à ces Alcines, à ces triomphantes Clorindes! Malheur à la pauvre Herminie!… »

Elle ignore tout à fait ce que son mari voit de près, la misère, la laideur morale de tout cela. Tous les efforts qu'on a faits récemment pour nous parer la triste idole du jour, la *femme entretenue*, ce moyen terme ignoble entre la dame galante et la fille publique, n'ont pu la rendre belle. Idéale encore dans *Isidora*, mais avec les plus durs contrastes, elle est tombée rudement au réel dans *la Dame aux camélias*. L'adresse et le talent du peintre n'en laissent pas moins voir la choquante désharmonie du personnage, poitrinaire délicate, qui, dit-il, cependant, « boit et jure comme un portefaix. »

Si le mari, entraîné par hasard chez un ami, voit sa triste maîtresse, si grossière sous son élégance, il sera fidèle à toujours.

Oh! que Rousseau a donc raison de faire la différence d'une femme et d'une dame!... Chose de rang? de fortune? Point. C'est une distinction de cœur. J'ai vu une vieille blanchisseuse qui était dame et plus que dame; elle aurait figuré sur le trône du monde.

Un jour où le mari vient de quitter l'ami en question, où il l'a vu ennuyé, excédé de sa petite fille qui ne sait parler qu'après boire, il trouve sa femme au milieu des hommes graves qui étaient venus pour affaires. Elle les étonne de son grand sens et de son esprit positif. « Qu'est-ce? dit-il. Qui lui a enseigné cela?... Elle sait tout sans avoir appris. »

Qu'elle est touchante, à ce moment! J'ai eu ce bonheur plusieurs fois, d'y observer l'excellence de la femme lorsqu'elle voulait devenir l'auxiliaire de son mari, prenait ses idées, ses affaires, s'y intéressait avec passion, soutenait même ses opinions avec une vivacité qu'il n'y aurait jamais portée. Bien loin de contredire, j'entrais dans sa pensée, et j'ajoutais presque toujours un mot qui honorait son mari devant elle, fortifiait leur union. J'ai toujours eu en ce monde la religion de l'Amour et le désir de l'augmenter.

Représentez-vous donc l'heureux mari à ce moment où il revient non attendu, et la voit qui combat pour lui. Quelle surprise et quelle charme! c'est la Desdémona de Shakespeare sous le casque. Il sourit, il l'embrasse, disant comme Othello : « O ma belle guerrière! »

Combattre et disputer n'est rien. Qu'elle serait heureuse de l'aider sérieusement! Eh! n'est-elle pas son jeune frère? Elle a ses mouvements, ses gestes et son écriture même. Si parfois, couché tard, il dort un moment le matin, il ne la trouve plus. Il y a, à son bureau, quelqu'un qui tout doucement s'est levé à quatre heures et qui a écrit les lettres pressées. Apparemment quelqu'un qui sait bien sa pensée, connaît ou devine tout. Un élève peut-être? un charmant petit secrétaire? Nommez-la comme vous voudrez.

Elle a pris les deux sexes, et, de son audace timide, elle a un charme de jeune homme et d'enfant. Ses trente-six ans en valent quinze. Mais l'écolier docile, pour peu qu'on le désire, se refait la dame amoureuse et plus obéissante encore. Le matin il s'éveille, ne la voit pas, s'inquiète, l'appelle. Et la plume est jetée; M. le secrétaire accourt, humble page, à son lit.

Oh! qu'il est attendri! Il l'attire à lui doucement. Mais, chaste, elle s'asseoit au petit bord. Dans un transport sacré, il voudrait lui passer son cœur, le lui mettre en sa main, s'ouvrir enfin à elle des mystère de son art ou du secret de ses grandes affaires : « Que ne puis-je pour toi supprimer le temps, supprimer la longue succession d'efforts et de pensées dont nous achetons si chèrement les résultats de la vie! te donner sans fatigue, le monde et la science, t'infuser tout dans un baiser! » Mais, au premier mot, il voit le miracle s'opérer. Dieu donne à la pureté un don singulier de lumière. Son sens droit, qu'aucun mensonge, aucun sophisme corrupteur n'a faussé jamais, lui fait saisir tout d'abord le fond même de l'abstruse énigme. Qu'il est surpris! qu'elle est heureuse! dans sa vivacité d'enfant, elle s'écrie : « Je t'ai donc compris! »

Mais rien de ce qu'elle touche ne peut manquer de s'embellir. Elle essaye de reprendre timidement ce qu'il a dit; dans ce qui semblait sec et terne, elle met sa grâce de femme et la fraîcheur de la nature. C'est comme si la plage aride de la mer, égayée d'un charmant ruisseau, tout à coup se couvrait de fleurs.

Délicieuse découverte de la voir pour la première fois dérouler sous un œil aimant le mystère infini de la grâce, qu'une certaine pudeur du jeune âge avait fait toujours contenir! Cette virginité, jusque-là réservée, qui n'avait pu s'ouvrir encore, elle se livre enfin, offre à l'amour la fleur inattendue de l'âme.

II

ELLE ADMINISTRE, GOUVERNE LE RÉGIME ET LE PLAISIR

A la voir si obéissante, docile, attentif écolier, suivre les idées du mari et recueillir ses paroles, vous croiriez qu'il a toute initiative. C'est exactement le contraire.

Aujourd'hui qu'elle est lui-même, imbue, imprégnée de lui, aujourd'hui qu'elle est son âme (et son âme réservée pure), il est grandement de l'intérêt de l'homme qu'elle administre, gouverne, qu'elle règne dans la maison.

A vous parler franchement, il n'en est plus guère capable. Le tourbillon de la vie, le crescendo de l'action, le poussent tellement jour par jour, que ce petit monde intérieur lui devient presque étranger. C'est l'effet du progrès du temps, de l'absorption qu'exerce la spécialité; c'est l'effet du succès même; l'homme, comme sous un vertige, va de plus en plus loin de soi. Qu'arriverait-il s'il se livrait entièrement à ce mouvement centrifuge? Que le centre lui manquerait, que le point fixe où chaque jour la nature l'oblige pourtant de rentrer pour reprendre force, que ce point devenu flottant ne lui prêterait plus appui ni repos. C'est ce qu'on peut observer en toute maison où l'épouse, la sûre gardienne de l'homme, ne veille pas au foyer.

Bizarre est l'inconséquence du temps. S'agit-il de briller, de gagner, de faire fortune, ils sont tous ce qu'ils appellent *positifs*, ce qui veut dire grossièrement matériels. S'agit-il d'entretenir, de renouveler les forces et l'activité par lesquelles on gagne ou l'on brille, ils ont toute l'insouciance qu'aurait le spiritualisme qui croirait ne devoir rien au corps, tout à l'esprit. Nous sommes généralement nourris par nos domestiques, c'est-à-dire par nos ennemis, ou bien encore au hasard par ces grandes officines qui chaque jour alimentent de même des milliers d'hommes, différents de santé, de tempérament, de situations, ayant des besoins tout contraires. Ce qui pour l'un est salubre, pour l'autre est empoisonnement.

Si vous méprisez tellement le corps (l'instrument indispensable de votre activité), respectez votre pensée, respectez votre volonté, qui, sachez-le, sont jour à jour influencées par le régime. Il ne faut pas faire les fiers, mais dire les choses comme elles sont. Votre cuisinière vous gouverne. L'aliment malsain, irritant, qu'elle vous a donné ce soir, cette nuit troublera l'estomac, donc l'esprit. Demain ou après, exaspérant les entrailles, il décidera des résolutions précipitées, violentes, que sais-je? parfois libertines, et quelque grande folie.

Je soutiens homme de Bourse, que plus qu'aucune

pensée, c'est l'influence alimentaire qui, dominant vos humeurs, vous met à la hausse, à la baisse.

Moi qui toujours contre tous ai défendu les droits de l'âme, il m'appartient de dire ici ces choses de bon sens vulgaire que tous disent, mais légèrement, comme ici on dit toute chose, sans songer jamais au remède.

A la mauvaise Circé qui change les hommes en bêtes, il faut opposer la bonne, qui changerait les bêtes en hommes. La bonne Circé, c'est l'épouse tendre et prévoyante, qui, jour par jour, enveloppe la vie physique de sa sollicitude, qui ne connaît rien de noble, de touchant et de sacré au prix de la conservation de celui qu'elle aime. Elle quittera une lettre importante, un travail pressé, sérieux, qu'elle faisait pour t'aider, s'il s'agit de l'œuvre supérieure de la préparation du mets qui doit te refaire le soir.

Elle ne se fiera pas aisément à cette fille inintelligente et légère, qui t'irriterait l'estomac ou te nourrirait à vide, amuserait ton goût au lieu de réparer tes forces. Elle y mettra ses belles mains, de distinction souveraine, que la nature semble avoir faites pour recevoir uniquement l'hommage et le baiser des rois. Ta vie, c'est sa vie; ta force réparée, qui donc plus qu'elle y a intérêt? Elle n'y épargnera rien. Pour qui le premier sourire de la nature épanouie, si ce n'est pour elle?... A toi de payer en amour.

Elle a constamment sous les yeux, dans sa mémoire et dans son cœur, le bilan complet de ta vie; elle voit à nu ton équilibre intérieur et la balance de tes forces, ce que tu prodigues en travail, en paroles ou en démarches, à quoi elle subordonne l'économie de tes plaisirs intérieurs. Oh! qu'à bon droit tu l'appelles (en grondant un peu) *ménagère!* Ce qu'elle ménage le plus, est-ce l'argent? Non, surtout ce dont elle parle le moins, ce qui la regarde elle-même. Elle est ton inquiet médecin, mais de médecine préventive, qui craint toujours, modère toujours, veille surtout à ce que, dépensant peu, gagnant beaucoup, réparant toujours largement, tu restes au-dessus, fort au-dessus de tes affaires. C'est l'amour qui, à ses dépens, fait admirer dans le monde l'éclat puissant de ton regard, l'intensité de ta vie, ton énergique activité.

En toute chose de tendresse, elle n'est nullement ignorante. Elle sait autant que personne, non seulement la valeur nutritive des aliments, mais le temps où ils agissent, tels rapides dans leur action, tels lents au contraire qui influeront puissamment, mais à distance. Elle sait très bien aussi que l'aliment fort, excitant, n'aura toute son action pour les jours essentiels que si, quelques jours d'avance, il est précédé d'un régime plus doux qui rende aux organes leur susceptibilité vierge et augmente leur absorption.

Tel est le souci de l'épouse sur tout cela, que souvent elle le regarde manger plus qu'elle ne mange elle-même. Avec tout son respect pour lui, elle se défie un peu de lui. L'homme qui rentre ayant donné beaucoup de vie est naturellement trop porté à la reprendre sans compter. Voué aux œuvres de force, tout homme a des côtés barbares; il veut des fortifiants, et souvent il les veut trop. Elle qui n'est point fatiguée, d'autant plus sobre et plus sage, elle met toute son adresse à l'arrêter sur cette pente, à le tromper un peu, s'il faut. On loue les femmes sans art; moi, je veux qu'elles en aient beaucoup, et de pieuses ruses, que l'amour inspire pour notre bonheur. Celle-ci, si chaste et si pure, et qui le ménage tant, elle n'hésitera pas pourtant à se dévouer au besoin pour tourner ailleurs son esprit. C'est son nourrisson, après tout. Et, si l'enfant n'est pas sage, il vaut mieux, sans brusquer rien, faire aussi un peu l'enfant. Cette prévenance de tendresse, qui le surprend et le charme (aussi dans sa vanité), lui fait croire que la plus raisonnable a parfois un moment faible, et c'est au contraire alors que la bonté intelligente fait son œuvre réfléchie de mentor et de médecin.

Les femmes ignorent leur puissance, ou dédaignent de l'employer dans l'intérêt de la famille. Cependant il est certain qu'avec un mari régulier, de santé égale, qui n'a et ne veut avoir aucun attachement au dehors, elles peuvent à certains moments tout ce qu'elles veulent. L'amour est, chez l'homme, impatient et peu capable d'attendre; donc il compose facilement. La crise génératrice, qui pour la femme arrive au bout de vingt jours, profonde, mais douloureuse, et d'autant moins exigeante, revient tous les trois ou quatre jours pour l'homme (si nous prenons la moyenne donnée par Haller). Et ce n'est pas, comme on le croit, un simple besoin de plaisir, c'est celui d'un renouvellement à la fois moral et physique. Non satisfait, il laisse l'organisme dans un état de tristesse morne et trouble, le cours vital, sans issue, est comme un fiévreux marécage. La vraie vie, c'est le mouvement. La femme, souvent maladive, épuisée et par les couches et par des pertes habituelles, apprécie rarement la constitution si différente de l'homme, qui, n'ayant nul dérivatif, garde la force concentrée, donc l'exigence du désir, très loin, très tard dans la vie. De bonne heure, il la fatigue, l'ennuie. Il est reçu souvent sans pitié, sans égard, parfois avec des risées.

Bref, elles s'arrangent si bien, qu'au lieu de tourmenter une femme déjà fanée, il prend une jeune maîtresse.

Qui a créé contre les dames *la Dame aux camélias?* Leur propre bégueulerie.

Lorsque, le soir, le mari hasarde un mot de tendresse, on dit : « Que vous êtes léger ! Vous plaisantez ? » — Non, madame, souvent il est fort sérieux, il souffre, a besoin d'oublier. Il a besoin de cette douce et maternelle consolation que la femme doit aux travaux de l'homme. C'est lui qui soutient pour vous le grand combat de la vie, dont vous avez le repos et les jouissances. Il a besoin d'oublier les soucis de son commerce, l'injustice et l'arbitraire de son chef administratif, les intrigues et les calomnies de ses concurrents. Que sais-je?... Un baiser de vous, un sourire de vous, un doux retour d'affection, d'intérêt pour de tels efforts, enfin ce bonheur d'union matérielle et morale qui refait une âme brisée, voilà ce qu'il lui fallait.

« Mais, mon ami, à notre âge (ils ont quarante ans peut-être), quand on a de grands enfants!... cela devient ridicule. »

Il l'a vue toute la soirée faire la jeune et l'agréable pour un sot prétentieux, à qui elle prodiguait ses plus doux regards. Mais, ici, elle se dit vieille. Eh bien, il la prend au mot, il ira chercher ailleurs.

Il s'éloigne, non seulement privé, mais mortifié. C'est souvent de ce soir-là qu'on peut dater le divorce. Il la fuit... Non, il la hait. Le passage est souvent brusque. Demain il a une maîtresse et se lance dans une autre vie. Malheur à la femme, aux enfants!

Elle dira : « Pourquoi m'accuser! Je sais bien à quoi m'obligent les commandements de Dieu et de l'Église, les promesses du mariage. Je lui devais des enfants et je lui en ai donné. A la rigueur, je ne refuse rien du devoir dû ; je subis, s'il le faut, ce qu'il faut subir. Mais rien pour le vain plaisir, rien pour l'amusement, le caprice. »

Et croyez-vous qu'on accepte la passibilité désolante qui, dans l'étreinte elle-même, fait sentir le froid de la mort, bien plus, la sèche ironie qui observe et qui critique, qui rit au moment sacré?... Solitude des solitudes, divorce en pleine union! désespoir!... Quel célibat ne vaut mieux? Tranchons plutôt, comme Origène, et que le fer en finisse.

Elles sont chastes avec le mari, on le sait; mais avec les autres! Ce qu'on lui dispute, est-il sûr qu'on le refuse à l'ami!

Madame, qui savez mesurer le bonheur à si juste dose, écoutez bien cette histoire :

La mère demande à l'enfant ce qu'il veut de confiture... « J'en veux *trop*. » — On lui avait dit, chaque fois, en lui mesurant, qu'au delà ce serait *trop*. Et c'est justement ce trop qu'il voulait.

Il en est ainsi de l'amour : *assez* ne lui sert à rien.

Mais ce *trop* signifierait-il les choses bizarres, humiliantes, que l'ancienne casuistique accorde si libéralement à l'exigence conjugale, ravalant tellement la femme et la livrant sans réserve aux caprices insensés, impitoyables de l'époux?

N'ayez peur. Pour la femme adroite, aimable et aimante, d'une innocente gaieté, ce *trop* qui vous épouvante est souvent bien peu de chose. Parfois, c'est une misère qu'on n'oserait dire seulement, tant elle paraîtrait futile; c'est le moindre enfantillage...

Plus l'homme, au dehors, a la vie tendue, soucieuse, calculatrice et militante, plus au dedans il a besoin de bonté. La femme la plus raisonnable sait bien ce qu'il faut à ces heures. Elle sait qu'il ne la juge pas pour cela moins sérieuse au fond, moins solide. Au contraire, plus il la sait telle, plus il est heureux du contraste. Il y sent son affection et il en est attendri. Que ce cher associé, qu'il connaît si zélé pour lui, oublie tout à coup les affaires, ne soit sensible qu'à une seule, le consoler, le distraire, l'égayer, cela l'émeut fort. Il rit, mais il est touché. Un mot tendre, une caresse inattendue, la privauté de je ne sais quelle petite audace où reparaît la jeune fille, c'est d'un invincible effet. Nul sérieux, nul chagrin ne tient contre. Jamais la mer capricieuse, dans ses moments sombres où vous ne voyez que nuages, ne donna, sous un coup de vent, une si ravissante éclaircie.

La femme n'est pas jetée, comme nous, dans l'identité du monde scolastique. C'est ce qui la laisse à tout âge belle d'instincts, de surprises et d'inattendu. Elle a des réveils surprenants. La plus simple a souvent en elle d'infinis replis de nature, des beautés cachées, secrètes, telle réplique vive et charmante, tel mouvement jeune et joli, que son mari, en dix ans, en vingt ans, ne lui vit jamais. Telle, mariée depuis longtemps, n'en garde pas moins une innocence relative, oubliant (si vous le voulez par légèreté) tout ce qui l'eût fanée, vieillie. Elle reste neuve, en un sens, et, pressée d'amour, y répond par des naïvetés singulières et des ignorances adorables de ce qu'elle apprit tous les jours.

Cela ne s'imite pas. L'innocence de l'épouse est le mystère du saint des saints, qu'on ne devine point du dehors. Toute autre femme est arrangée, ou elle n'est libre que dans la laideur de l'ivresse. Mais celle qui est à toi pour la vie, sans politique d'avenir, sans réserve de coquetterie, se donne toute à la nature en sécurité complète, et elle n'en est que plus belle, plus touchante, délicieuse. Ce ne sont pas jeux de chatte, ni l'obscénité calculée, ni les grâces fausses et discordantes de nos froides filles entretenues (comme un violon sans âme qui crie sous l'archet). Les douces gaietés d'une femme qui joue, rit et dit : « Je suis folle... Qu'importe, si c'est pour toi? » c'est la Divine Comédie, le secret Noël du mariage, dont tu n'auras hors de là qu'une contrefaçon désolante. Cette grâce rieuse, que nous adorons dans les petits enfants, elle est bien autrement charmante (parce qu'elle est plus imprévue) dans la jeune dame, si sage en l'absence de celui qu'elle aime, et si grave pour les survenants. Tous disent : « Elle n'est pas gaie. Peut-être il la rend malheureuse... » Lui rentré, elle se sent libre et met gaiement le verrou.

III

ELLE AFFINE L'ESPRIT OU REND L'ÉTINCELLE

Les sauvages craignent le plaisir : « Il casse le jarret », disent-ils. Nul doute que, si l'on devait partir à jeun sur la neige pour une chasse de deux cents lieues, comme il leur arrive parfois, ou soi-même être chassé à mort par une tribu ennemie, dans ces terribles circonstances, on ferait fort sagement de se réserver.

Dans l'état civilisé ce n'est pas la même chose. Si l'amour atténue la force brute et l'imagination matérielle qui, sous l'influence du sang, porte au cerveau les images grossières, en revanche l'amour affine les facultés délicates. Le contact d'une femme pure, aimée, dont le cœur répond au cœur, communique quelque chose de son excellence morale, de sa douce sérénité. L'esprit en reste harmonisé. Les lendemains sont admirables de lucidité. Le flot sanguin, et sa compagne, cette poésie charnelle et barbare qui tient au tempérament, sont pour un moment domptés, et les nuages fantastiques dont elle obscurcissait l'esprit, s'écartant, lui laissent voir le vrai en pleine lumière. L'observation, l'analyse, la logique, cette trinité des facultés inventives, ont leur liberté complète, et toute leur fécondité.

Pour tout ce qui veut de la suite, ce qu'on n'obtient qu'en suivant de longues chaînes de pensées, de problèmes successifs, de connues et d'inconnues, il faut un état harmonique, et on ne l'obtient qu'en subordonnant la pléthore de vie qui troublerait sur la route. Les mirages fiévreux qu'elle donne nous font absurdement poètes ou misérablement subtils, nous détournent à droite, à gauche, et font perdre à chaque instant le droit fil de la vérité. Rien de plus obscur que le rut, ou l'état malsain, négatif, de l'abstinence absolue, état réellement impuissant, car la puissance s'annule et se dévore elle-même.

Nul doute que le grand remorqueur ne soit le désir et la force mâle. Mais, pour qu'elle soit féconde, il faut qu'à sa sèche âpreté se mêle le fondant suave des beautés féminines. Charmant miracle de nature! Le génie, hier arrêté sur la voie de l'invention, rencontrant un de ces nœuds qu'on ne sait comment résoudre, ayant tourné tout autour, désespéré et jeté tout, tristement s'assoit au foyer. Elle voit bien sa tristesse: « Mais qu'as-tu? Je ne veux pas, je ne peux pas te voir ainsi... Eh! laisse là ton idée; oublie, je t'en prie, sois heureux! » C'est justement ce moment d'oubli, de bonheur, qui a tout changé. Sa vue en est renouvelée, sa puissance rafraîchie: une électricité nouvelle lui revient pour l'exécution. Il est devenu un autre homme. Comment? Aimanté de la femme, de cette grâce de nature et d'aimable facilité qu'elle a et donne à toutes choses, il sourit du léger obstacle qui l'avait arrêté la veille.

Me trouvant à Montpellier, j'y vis avec religion une mauvaise feuille tachée, un garde-main du Puget, où, parmi quelques traits vagues, il avait écrit tout en haut ces vers du poète antique :

> Casta placent superis. Casta cum mente venito,
> Et manibus puris sumito fontis aquam.

J'éprouvai une commotion comme on l'a en entrant dans une grande église ou dans un tombeau romain, ou sous l'amphithéâtre d'Arles. Il est évident que cet homme, qui eut la grave mission d'exprimer l'âme souffrante du siècle, en commençant sa journée, offre ici à Dieu, à son art, ses privations volontaires. Il sent qu'il est responsable, il veut être digne et fort.

De lui chaque œuvre est un soupir. Était-ce le Milon saisi dans le chêne, était-ce les Atlas écrasés et si douloureux de Toulon, qu'il rêvait alors, ou la pauvre petite Andromède, évanouie de douleur dans sa délivrance même ? Je ne sais. Mais je vois qu'alors il se recueillait et se concentrait, demandait force à l'Amour pur pour en faire les œuvres éternelles qui rempliront à jamais les cœurs d'amour et de pitié.

L'art humain n'a nul procédé, nulle puissance, qu'à imiter l'art divin. Qu'a fait, que fait celui-ci ? Du grand torrent de la vie, l'Amour crée les générations, tout le progrès ascendant des espèces. Et, d'une goutte concentrée de ce torrent, il a créé et il crée le monde de l'invention, tout le progrès de l'idée.

Cette concentration des forces vitales par l'abstinence du plaisir, à quel prix est-elle féconde dans les œuvres de la pensée? A la condition suprême d'*être libre*. Un sacrifice n'est vraiment un sacrifice qu'autant qu'il est volontaire. La liberté seule mérite, la liberté seule est féconde.

L'amour captif, gardé de murs, chaste malgré lui, est stérile. Il se tourne contre lui-même. Sa flamme ne sert qu'à son supplice et reste sans expansion. L'âge vanté du célibat, le Moyen-âge, n'a eu ses grands résultats que par des hommes mariés. Abailard l'était, Dante aussi. Les francs-maçons, qui ont trouvé, réalisé l'art propre à cette société, vivaient autour des églises en familles, et continuaient ces grandes œuvres de siècle en siècle par un travail héréditaire.

Le mariage seul donne à la fois les deux puissances du génie : l'*harmonie* par le bonheur pur, et par moments l'*étincelle* dans l'abstinence volontaire, libre ajournement du bonheur.

La beauté, l'efficacité de ce sacrifice, c'est sa liberté; c'est de résulter de l'entente, de l'unanimité parfaite de deux personnes qui s'aiment.

Ici, la femme est très noble. Elle veut que l'homme soit fort, efficace et productif. L'amour individuel se sacrifie au grand amour, donc participe à sa grandeur.

Les deux âmes ici sont la même. Il ne faut pas les séparer dans la reconnaissance de l'avenir. Le Puget était marié, et dans ses œuvres palpitantes on sent bien ce qu'il en coûta ; on y devine le cœur, l'aimante pureté d'une femme qui voulut qu'il aimât dans l'art, qu'il reportât dans le marbre l'amour qu'il lui eût donné, la surabondance de l'esprit de vie. Elle ne fut pas jalouse de la charmante Andromède, s'immola à sa rivale. Au moment où le grand artiste, brûlant de ce feu sacré, se leva pour écrire les lignes qu'on a lues, je crois entendre la voix de la sainte épouse : « Ami, pense à la petite, et réservons tout pour elle. Aime-la, c'est mon enfant. »

Il eut raison de l'écrire : « La pureté plaît à Dieu. » Elle nous aide à imiter Dieu et à créer comme lui.

Mais la pureté n'est pas un isolement sauvage. Elle augmente par moments au contact de ce qui est pur. Qui n'a eu de ces nuits troubles où grondait l'orage intérieur, où l'âme, misérablement alourdie de honteux désirs, nageait aux fanges d'un marais ? L'aube vient enfin heureusement; près de toi tu vois l'innocence, la sérénité. Elle ouvre les yeux, sourit; tous les mauvais esprits s'enfuient. Tes songes ? oh ! tu n'oses les dire ! tu ne voudrais pas les savoir !... Dans la sainte coupe d'amour, tu te reprends tout entier, ton âme, ta vertu, ta lumière, avec un rayon de l'aurore, une perle de fraîche rosée !

La femme pure en qui l'homme a senti vraiment son autel, qui lui est unie de cœur, qui pense et veut comme lui, a en elle un mystère étrange de fécondité spirituelle qu'on n'a guère encore décrit. Ce que la Fable raconte du Fils de la Terre, qui, pour reprendre force, n'avait qu'à toucher le sein maternel, elle le réalise à la lettre. Elle est véritablement la Nature, tendre, bonne, et sainte, qui, au simple contact physique, par la vertu de l'amour, suscite un flot de vie morale. — As-tu une grande pensée? dis-la-lui le soir ou la nuit. Heureuse de ta confiance, heureuse de son espérance de te voir grandir encore, elle a tressailli, son cœur rit, elle t'embrasse... Moment sacré! Respecte-le. Voilà ton cœur riche et plein. Conserve-le haut. Lève-toi dans la royauté que sent en lui celui qu'on aime, dans le sentiment fier, exquis, d'emporter ton amour entier. Rien que d'avoir touché son Dieu, c'est du bonheur pour tout le jour.

L'austère élan du sacrifice, le charme du paradis! deux forces! toutes deux sont avec toi... C'est le moment où l'homme dit:

« Aujourd'hui je suis en puissance et je puis ce que je veux. »

Ainsi la Reuss ou le Rhône, les rapides fleuves des Alpes, en traversant les beaux lacs qui les retiennent un moment, n'y arrêtent pas leur cours. Ils y prennent un essor immense. En sortant, tout leur est possible. Transfigurés d'un vif azur, ils vont emportant le reflet de ces paysages sublimes et du ciel miré dans leurs eaux.

IV

IL N'Y A POINT DE VIEILLE FEMME

Vasari a dit un mot remarquable sur le vieux maître Giotto, créateur de l'art italien : « Dans l'expression des têtes, le premier il mit la bonté. »

Le rayonnement de la bonté, c'est l'âme de l'art moderne. Ses œuvres nous prennent le cœur justement en proportion qu'ils expriment plus de bonté.

On admire comme tableaux les nobles madones de Raphaël. Qui jamais en fut amoureux? Au contraire, la Madeleine du Titien (une simple tête qui est à Venise), une bonne fille de pêcheur, belle et forte, et pas très jeune, touche tellement par ses larmes, qu'on s'écrie : « Oh! qui eut le cœur assez dur pour affliger une si bonne créature? Parle donc, dis ce que tu veux! Je voudrais tant te consoler! »

Le Titien peint de préférence des belles dames de trente ans. Rubens va, sans difficulté, jusqu'à quarante et au delà. Van Dyck ne connaît point d'âge; chez lui l'art est émancipé! Il a méprisé le temps.

Le puissant magicien Rembrandt fait plus : avec un geste, un regard, un rayon, il enlève tout. La vie, la bonté, la lumière, c'est assez pour nous ravir. « Quel fut le modèle? » Adorable. — « Et beau? » Je ne m'en souviens plus, je l'ai tout à fait oublié.

L'art ignorant du Moyen-âge suppose que jeunesse et beauté sont absolument synonymes. Pour peindre la mère du Christ, ils vont prendre des petites filles immobiles et insipides. Les grands peintres des âges modernes, très savants observateurs, ont bien vu que la beauté, comme toute chose, a besoin de temps pour s'accomplir et s'achever. Les premiers ils surent ce mystère, inconnu de l'antiquité, que le visage et le corps n'arrivent nullement ensemble à l'apogée de leur beauté. Le premier est fatigué quand l'autre est en pleine fleur.

Une sévérité cruelle qu'on a pour les femmes, c'est de les juger précisément sur ce qui se fane le plus, le visage. Mais chez nous surtout, en France, où la physionomie est si mobile, où l'œil rapide, où la bouche gracieuse, souriante, éloquente, sont en constante agitation, les muscles, de très bonne heure rompus à tout mouvement, ont une souplesse, un fuyant, qui exclut la fermeté fixe, tendue de la beauté du Nord. Une Française a mille jeux, mille variations de physionomie, pour dix qu'une Allemande aurait eues. Donc, ce visage se fane. Est-ce à dire que dans notre race la chair soit moins ferme? Au contraire. Dans telle blessure où l'Allemande a besoin du secours de l'art, la Française guérit d'elle-même.

Il n'est pas rare pour celle-ci que le corps ait vingt-cinq ans et le visage quarante. Des plis se creusent autour de l'œil, à la joue, lorsqu'au contraire le genou, le coude, naguère saillants, ont pris de jolies fossettes. Même contraste pour la peau : à la face détendue par le jeu constant des muscles, elle est déjà moins unie, quand partout ailleurs, parée d'un délicat embonpoint, elle est jeune et gagne l'éclat du lis ou de la rose thé.

Cette ampleur de formes n'a pas des effets tout matériels, ainsi qu'on pourrait le croire. Elle en a aussi de moraux. Elle est singulièrement favorable à augmenter et faire valoir l'expression de bonté que la femme prend souvent alors, quand, moins troublée des concurrences et des aigreurs féminines, elle suit la pente bienveillante d'un cœur sympathique. Ses beaux bras d'une extrême blancheur, son menton plus arrondi en dessous et de morbidesse exquise; je ne sais quoi de tendre répandu partout en elle offre l'idée la plus charmante de maternité. Non pas la maternité exclusive de la jeune femme concentrée tout en un enfant, très froide souvent pour tout le reste. Mais une extrême bonté pour tous. Dans le regard, des caresses. Et s'il y a du bien à faire, quelque malheur à consoler, l'œil humide et l'agitation d'un sein riche de pitié, d'amour.

C'est un signe très mauvais pour un temps quand les hommes ne sentent plus la beauté de la bonté. Temps odieux, où, n'ayant pas besoin de retour, ne cherchant réellement que le plaisir solitaire, on le demande à la jeunesse la plus jeune, et, par un progrès maudit, à l'enfance même!

Ces barbares en sont punis et de plusieurs manières.

Ils sont de plus en plus barbares, grossiers de mœurs et de langage. Une génération qui n'est pas formée par les femmes de mérite est une génération de rustres.

L'amour égoïste et dur, l'amour cruel, a ceci, qu'il sèche comme l'eau-forte. Où il a passé, rien ne reste C'est un champ stérile à jamais.

Et enfin, pour en venir à ce que leur goût dépravé (triste fantaisie d'impuissants) cherche et veut au prix du crime, la pauvre jeune victime n'a rien au fond pour répondre à ces féroces exigences. Mal nourrie, de forme indigente, que donne-t-elle? ce qu'elle a, hélas! rien que la douleur.

Pour les brillantes, les rieuses, filles de luxe et de bruit, de théâtre et de cavalcade, qui vous mangent jusqu'aux os, est-il bien sûr que ces belles, avec leur folle bacchanale d'ivresse et leur vie d'enfer, nuits sans sommeil, etc., pussent soutenir la comparaison, dans un vrai jugement de Pâris, avec la dame qui toujours a vécu d'un doux régime, sage et pure? Vingt ans de moins n'empêcheraient pas souvent que nos insolentes lionnes ne restassent fort humiliées.

.

. Du reste, *une dame* est une dame. Son élégance naturelle, l'harmonie qui est en elle, suffisent pour saisir le cœur, plus puissamment que ne peut faire la *demi-dame*, où l'harmonie se dément visiblement par quelque fâcheux détail.

Au Moyen-âge, la châtelaine que le petit page servait à genoux, ou dont il portait la queue, était infailliblement jeune et belle. Pour elle était le premier éveil de l'imagination, des sens. De même dans tous les temps. Aujourd'hui, la grande dame, qui, le matin, à sa toilette, dans les dentelles et les parfums, croit pouvoir sans conséquence donner un ordre ou un billet à son petit domestique, fût-elle bien mûre et presque vieille, lui fait souvent battre le cœur. Elle est jeune pour lui d'élégance et de cette essence de fleurs dont il sort comme enivré.

Qui se trompe? cet enfant, ou vous? Peut-être, ce n'est pas lui. Dans cette dame qui a perdu de son éclat extérieur quelques agréments visibles, il sent, d'un très juste instinct, qu'une grande puissance réside qu'elle peut toujours exercer. *Il n'y a point de vieille femme.* Toute, à tout âge, si elle aime et si elle est bonne, donne à l'homme le moment de l'infini.

Plus que l'infini du moment. Souvent celui de l'avenir. Elle souffle sur lui. C'est un don. Tous ceux qui le voient ensuite disent sans s'expliquer la chose : « Mais qu'a-t-il ?... Il est né doué. »

Il y avait eu je ne sais combien de Rousseau avant Rousseau, tous raisonneurs, ergoteurs, éloquents. Et pas un n'avait entraîné le monde. Une femme souffle sur lui, d'amour et d'amour maternel. Et Jean-Jacques en est resté.

V

LES ASPIRATIONS DE L'AUTOMNE

Avec la fin de septembre (au moment où j'écris ceci), l'année est mûre. Elle atteint son achèvement réel, non seulement par les récoltes, mais dans toutes ses harmonies, dans la température parfaite et la parfaite balance des nuits et des jours. Le ciel y répond à la terre. Voilé le matin par la brume, le soleil fait le paresseux, comme n'ayant plus grand chose à faire. Et chacun aussi a fini. Il semble que ce soit dimanche, ou comme un repos du soir. Et qu'est-ce en effet que l'automne, sinon le soir de l'année?

Belle saison, tout à la fois souriante et recueillie. Il reste encore quelques fleurs, mais qui s'en vont une à une. La marguerite résiste. Le splendide et froid dahlia lutte encore, pendant tout octobre, contre le piquant du matin. Les hirondelles tournoient, s'appellent. Dans tout le Nord, la cigogne, ayant gravement sur un pied rêvé son voyage, se prépare à quitter les toits.

Tout cela plus sérieux encore dans les lieux voisins de la mer, qui y touchent sans la voir, qui n'en ont pas les spectacles, mais entendent sa grande voix. La terre, déjà au repos, en silence, écoute les plaintes, les colères du vieil Océan qui frappe, recule et refrappe, avec des rimes solennelles. Basse profonde qu'on entend moins de l'oreille que de la poitrine, qui heurte moins le rivage encore que le cœur de l'homme. Avertissement mélancolique. C'est comme un appel régulier que fait le balancier du temps.

Je vois d'ici une dame (celle que ce livre a prise jeune et conduite au déclin de l'âge), je la vois marcher pensive dans un jardin peu étendu, et défleuri de bonne heure, mais abrité comme on en voit derrière nos falaises de France ou les dunes de Hollande. Les arbustes exotiques sont déjà rentrés dans la serre. Les feuilles tombées dévoilent quelques statues, qu'on regarde plus volontiers maintenant que manquent les fleurs. Luxe d'art qui contraste un peu avec la très simple toilette de la dame, modeste, grave, où la soie noire (ou grise?) s'égaye à peine d'un simple ruban lilas.

Parée de rien, on peut le dire, elle n'en est pas moins élégante. Élégante pour son mari, et simple au profit des pauvres.

Elle atteint le bout de l'allée, se retourne. Nous pouvons la voir. Mais ne l'ai-je pas vue déjà aux musées d'Amsterdam ou de La Haye? Elle me rappelle une dame de Philippe de Champaigne qui m'était entrée dans le cœur, si candide, si honnête, suffisamment intelligente, simple pourtant, sans finesse pour se démêler des ruses du monde. Cette femme m'est restée trente années, me revenant obstinément, m'inquiétant, me faisant dire : « Mais comment se nommait-elle? que lui est-il arrivé? a-t-elle eu un peu de bonheur?... Et comment s'est-elle tirée de la vie ? »

Celle-ci me rappelle encore un autre portrait, un Van Dyck, une pauvre dame fort blanche, maladive. Le pâle satin de sa peau, d'incomparable finesse, orne un corps souffrant qui mollit. Dans ses beaux yeux flotte une grande mélancolie, celle de l'âge, des chagrins de cœur? du climat aussi peut-être. C'est le regard vague, lointain, d'une personne qui a eu habituellement sous les yeux le vaste océan du Nord, la grande mer grise, déserte, sauf le vol du goéland.

Mais revenons à celle-ci. Si je ne craignais de troubler sa sérieuse méditation, je dirais : « Vous aussi, madame, vous êtes mélancolique? Si sage? si raisonnable, si résignée, qu'avez-vous ?

« — Ce que j'ai, monsieur, ce que j'ai? Ce que tous ont, à ce moment, un élan vers le grand passage, un besoin de m'envoler. Mais je n'ai pas leurs belles ailes, ni la blanche voile du cygne, ni l'aile en faux de l'hirondelle. Je tiens ici-bas, je tiens fort. Dieu m'appelle, et cependant je me sens liée au nid... Liée par qui? Par Dieu même. Voilà ma contradiction. Ces oiseaux sont bien heureux : ils émigrent en famille. Nous presque toujours un à un, nous faisons vers l'autre vie une migration solitaire. On vécut deux; on part seul pour le voyage inconnu.

C'est la tristesse et la crainte qu'apporte l'âge à ceux qui aiment. Je crois, j'espère, je me confie. Je ne mourrai que pour vivre... Mais hélas! si c'était pour vivre sans revoir ce que j'aimai!...

« Voulez-vous savoir encore ce que j'ai?... Eh bien, je souffre d'être encore si imparfaite. — Il m'appelle son sanctuaire... Que je mérite peu un tel nom!... J'aurais voulu lui garder une vraie pureté d'enfance, un trésor vierge de sagesse, un lieu de repos qui pût être le paradis de son cœur; j'aurais voulu, chaque jour, dans ce jardin qui est à lui, arracher quelques épines et ajouter une fleur. Cette culture a peu réussi, et je ne vaux guère encore... »

Voilà ses alternatives, les demandes et les réponses qu'elle se fait en se promenant, les doutes qui dans ce moment ont plissé un peu son beau front. Front si pur que le temps respecte et n'ose toucher.

Est-ce bien tout? Sont-ce uniquement les pensées de l'avenir, les hautes aspirations vers la perfection suprême qui expliquent cette tristesse?... Moi qui vous connais, madame, vous ayant vue bien jeune encore, j'ose dire que votre cœur cache un secret et le garde. Apparemment, vous craignez d'attrister votre mari? ou faut-il croire qu'une femme conserve toujours, même tard, un peu de timidité pour avouer certaines choses?

« — Vous le voulez?... Franchement, ce qui m'attriste et m'accable, c'est que demain je serai vieille...

« Je ne suis point une sotte pour me révolter contre Dieu. Que serait-ce pour moi de vieillir, si j'étais seule? Mais j'aime, je suis aimée toujours. L'amour est un double mystère. Il n'est pas de l'âme seule :

il faut encore autre chose. Ce bonheur même que me donne un mari fidèle, tendre, d'une intarissable jeunesse, n'est-ce pas chose embarrassante, quand on sent le progrès du temps? C'est pour lui que je voudrais garder quelque peu de ce qui lui plut. Il a toujours eu en moi, il le disait ainsi lui-même, le renouvellement du cœur et la fête de la vie. Son illusion persiste, non la mienne. Je n'ose lui dire ma pensée, mon inquiétude. Si je me tais, si je reçois un culte dont je suis si peu digne, je m'accuse et je m'en veux, comme si j'étais vaine et fausse. Sa tendresse, son adoration m'humilient; il me semble que ses transports sont pour une autre, non pour moi.

— Eh bien, croyez-le, madame, la touchante humilité, l'inquiétude, la tendresse émue et reconnaissante qui voudrait rendre l'infini, c'est un aiguillon d'amour. Plus on avance, mieux on voit que réellement la plus charmante est celle qui sent davantage, qui se donne toute, et souffre de ne pas donner encore plus. »

Et c'est aussi ce qui explique l'ardente persévérance qui fait votre étonnement. Qui n'aimerait une femme modeste, simple, ignorante d'elle-même, qui ne voit rien de ses mérites et croit toujours qu'on lui fait grâce? Quel bonheur de la démentir! et qui n'éprouverait sans cesse le besoin de la rassurer?

Que regrettez-vous? la beauté de teint, de traits, que vous eûtes par un hasard de naissance, comme un reflet de votre mère, la faveur accidentelle de l'âge où nous passons tous? Mais la rare et personnelle beauté que vous avez prise, c'est vous-même, votre âme visible, telle que vous la fîtes par une vie pure, une noble et constante harmonie. C'est la lueur de l'amour, comme dans l'albâtre transparent la lampe douce et fidèle qui veille avec nous dans la nuit.

Quand donc saura-t-on que l'homme est son sculpteur à lui-même ? C'est à lui de se faire beau. Socrate naquit un vrai satyre ; et par sa profonde pensée, par la sculpture de raison, de vertu, de dévouement, il refit si bien son visage, qu'au dernier jour un Dieu s'y vit, dont s'illumina le *Phédon*.

J'ai revu ce phénomène sur un de mes plus illustres amis, le premier linguiste du siècle. Jeune, il eut la laideur mesquine d'un petit paysan normand ; mais sa volonté puissante, son labeur immense, ingénieux, pénétrant, lui mirent au visage des signes de délicatesse exquise. Toute la finesse persane errait autour de ses lèvres avec les pointes subtiles de la critique d'Occident, tandis que le génie de l'Inde s'épanouissait dans la beauté lumineuse de son grand front, capace à contenir le monde.

Madame, permettez-moi de vous dire franchement : Vous étiez jolie, vous n'étiez pas belle ; vous l'êtes. Et pourquoi ? Vous avez aimé.

Les autres se laissent aimer ; mais vous, vous avez aimé et toujours sculpté votre amour de bonté, de pureté, de fidélité, de sacrifice. En revanche, il vous faisait belle.

Les meilleurs, hommes ou femmes, naissent avec une première sève, verte et âpre, si je puis dire, ou bien quelque chose de sec et d'aride encore. Les enfants, par ignorance ou autrement, sont cruels.

Les jeunes gens, s'ils ne le sont pas, sont du moins beaucoup plus froids de cœur qu'ils ne le croient eux-mêmes. Tout désir leur semble amour. La chaleur du sang, du tempérament, ils appellent cela tendresse. Mais à chaque instant, des mouvements brusques, saccadés, violents, des paroles légères, ironiques, telle expression de visage vaniteuse ou méprisante, font tort à la grâce et disent : « Le cœur n'est pas tendre encore. »

Il faut du temps, des épreuves, des douleurs bien supportées et dans une grande douceur : il faut l'amour, l'amour fidèle, pour donner la grâce du cœur; et, disons-le, ce qui en est la traduction très exacte, la grâce de parole et d'allure, de geste et de mouvement.

Vraie jeunesse, jeunesse charmante, mais qui commence assez tard.

Vous n'étiez pas jeune, madame. Mais vous allez le devenir.

Ce qu'on a peu remarqué, je crois, c'est qu'une foule de choses gracieuses et jolies, donc jeunes, sont impossibles à la jeunesse.

La demoiselle, demi-captive, captive aussi d'une pensée, préoccupée de l'attente d'un changement de situation, pense à l'amour, au mariage, c'est-à-dire à elle-même; elle n'a ni les désirs ni les grâces de la charité. Jeune dame, allaitant ses enfants ou du moins assidue près d'eux, toute son âme est dans un berceau, et, si elle donne aux pauvres, elle dira : « Priez pour mon fils. »

Pour celle dont le cœur est plus libre de cette concentration, l'enfant, c'est toute âme souffrante. Elle rayonne de tendresse et de charité active. Elle se réduit, veut chez elle la grande hospitalité, large et bonne, des tables simples, et elle voudrait y faire asseoir tout le royaume de Dieu. Elle va chercher les pauvres, donne, et encore plus console. Elle pleure avec ceux qui pleurent. Et alors, elle est si belle!... Que je voudrais baiser ses mains!

A chaque instant, son mari la prend en flagrant délit de bonté. C'est un malade guéri, c'est une femme relevée de couches, qui viennent à l'étourdie, disent tout. Elle est embarrassée. Leurs bénédictions imprudentes dénoncent sa grâce cachée, cette pudeur de charité qui n'ose avouer son faible. Il sourit : « Je t'y prends encore! »

Un jour, il la voit rougir. Pourquoi? Une jeune domestique vient de manquer. La dame craint qu'elle ne soit trop grondée, et tacitement intercède de son regard suppliant.

Mais le moment où tout homme en serait épris, c'est quand, entourée d'un cercle de jeunes gens des deux sexes, elle met tant de bonté, d'adresse, à faire valoir les jeunes filles. Elle tire de ces pauvres muettes quelque chose de gracieux, les émancipant doucement par un signe, un mot habile. Elle est si loin d'être jalouse! Elle les aime, et par l'amour évoque l'amour aux cœurs qui y auraient le moins pensé. Celle enfin qui n'ose rien dire ni bouger de timidité, elle l'attire, en fait sa colombe, l'enlace et la baise... Alors l'enfant paraît charmante... Mais elle! le ciel est dans ses yeux!

VI

L'UNITÉ EST-ELLE OBTENUE?

Nous avons mis en lumière une chose jusqu'ici peu sentie :

Que le progrès du temps, la succession des âges, qu'on croyait mortels à l'amour, en est le développement naturel et nécessaire; chaque âge lui apporte une force; chacun d'eux à sa manière serre, fortifie le lien, le tend et l'assure. C'était le fil de la Vierge, et c'est un câble à la fin qui défierait les tempêtes.

L'amour a donc pleine victoire. Le temps est son serviteur, travaille pour lui. Nous pourrions fermer ce livre.

Pas encore, il faut en venir à la difficulté dernière. C'est que le vainqueur des vainqueurs a pourtant un obstacle... en lui.

Obstacle peut-être insurmontable, parce qu'il est précisément dans l'essence de l'amour.

Comment s'unir *si l'on est un?* — Pour s'unir, *il faut rester deux.*

Tant que la vie durera, dans la plus complète union, il y aura nécessairement une nuance qui les sépare. Elle sera toujours une femme. Et elle en sera plus aimée. Elle aura, tant sage soit-elle, des côtés d'enfance, et elle en sera adorée.

Elle voudrait supprimer tout à fait la différence. Je la vois, spectacle touchant, s'examiner, se demander ce qu'elle pourrait de plus pour lui complaire, pour s'accommoder encore plus à lui, pour s'unir encore davantage. Un seul obstacle : elle est femme.

Il y restera toujours quelque chose qui diffère. Différence qui diminue par l'âge et la volonté, l'amour croissant, mais pourtant n'a pas disparu encore.

La femme, c'est la beauté. Beaucoup de tendresse, un peu de faiblesse, la pudeur, la timidité, la fluctuation, l'à peu près, je ne sais combien de courbes aimables (dans l'allure et le mouvement, aussi bien que dans les formes), voilà la beauté, la grâce. Tout cela est le contraire de la ligne droite de justesse et de justice, qui est la grande voie de l'homme.

La femme est toujours plus haut ou plus bas que la justice. Amour, sainteté, chevalerie, magnanimité, honneur, elle sent tout cela à merveille, mais le droit plus lentement.

Cependant le droit, la justice, c'est le principe souverain de la vie moderne. Principe supérieur et complet; car la justice impartiale, bienveillante (comme elle doit l'être, pour être tout à fait juste), a les effets de l'amour, et c'est l'amour supérieur, enveloppant la Cité.

Si la femme, aux temps antiques, s'est élevée parfois jusque-là, c'est par un très rare effort. Comme sa grande mission ici-bas est d'enfanter, d'incarner la vie individuelle, elle prend tout par individu, rien collectivement par masses. La charité de la femme, c'est l'aumône à qui la demande, le pain donné à l'affamé. Et la charité de l'homme, c'est la loi qui assure à tous l'action de toutes leurs puissances, les rend libres et forts, capables de se nourrir eux-mêmes et de vivre avec dignité.

Regardons dans le détail. Voyons avec quelle lenteur elle entre dans l'esprit moderne.

Quel cœur plus tendre que celui de la femme? Sa bonté embrasse toute la nature. Tout ce qui souffre ou qui est faible, hommes, animaux, est aimé et protégé d'elle. Sa douceur pour ses domestiques est extrême. Même, chose nouvelle et qui n'est nullement d'autrefois, elle n'ordonne qu'en motivant, expliquant, avec des égards touchants, que j'appellerais la pudeur de l'égalité. Mais les égaux naturels qu'on n'a pas à protéger, qui ne demandent rien, sinon qu'on soit simplement juste, ils lui sont moins agréables. Sa délicatesse (d'aristocratie? non, mais de femme élégante et fine) souffre de leur rude contact. Le mot sacré du nouvel âge, *Fraternité*, elle l'épelle, mais ne le lit pas encore.

Elle semble parfois au-dessus des vertus du nouvel âge. Elle est plus que juste, — chevaleresque, et largement généreuse. Mais la justice dépassée détruit la justice même.

Son mari, qui lui dit tout, très agité cette nuit sans sommeil, hésitait pourtant à lui expliquer ce trouble. Il est, dans nos vies de combat, des choses dures et pénibles dont on est tenté d'épargner la triste connaissance aux femmes. Elles ne sont que douceur, amour et bénédiction; on peut leur dire l'amour du bien; mais comment la haine du mal? les nécessités guerrières de la justice et de l'honneur? les saintes colères du juste? Leur parler de tout cela, ce serait leur serrer le cœur.

Ce silence pourtant l'inquiète. Elle patiente toute la nuit, elle espère et elle attend. Enfin, le matin, discrètement, lui prenant la main, elle demande s'il n'est pas malade. Il parle alors, ne cache point les combats qu'il a soutenus, le duel moral qui l'appelle. Il est obligé ce matin de perdre son concurrent ou de succomber lui-même. Il a contre lui en réserve une arme mortelle, un secret dont la révélation tranchera entre eux le débat. Il peut le perdre. Il le doit. Car c'est l'homme d'une faction, l'ennemi du bien public...

« Oui, mais il est ton ennemi... — Cela m'aurait arrêté, dit-il. Et pourtant que faire? Si je m'immole, je vais aussi livrer la loi, la justice...

« — Ah! mon ami, que j'ai regret de n'être plus jeune et belle, de n'être plus ce que j'étais le jour où j'eus le bonheur d'avoir un enfant de toi!... J'aime autant. Hélas! pourquoi n'ai-je plus la même puissance?... Je jure que je t'aurais serré si fort, si bien gardé, que tu n'eusses jamais pu sortir ce matin.

« — Eh! que veux-tu que je fasse? Dans une heure tout est décidé. Par mon absence, je perds tout, je me condamne moi-même, je donne victoire à l'injustice...

« — Mais tu sauves ton ennemi... Sois grand... Et sois bon pour moi. Fais-moi ce beau sacrifice. Je me croirai jeune encore. »

Il est touché. Elle est si humble, si charmante de modestie et de générosité! Elle qui ne demanda jamais rien de personnel, elle toute abnégation et tout sacrifice, elle demande pour la première fois... Qu'il est dur de lui refuser! de ne pouvoir lui prouver combien on compte avec elle, combien on la respecte, on l'aime! Elle pleure, paraît mortifiée... Ah! séduction trop forte. La justice pourtant réclame, la patrie et la raison!

Amour! amour! vous ne savez encore ce que c'est que le juste... !

VII

LA MORT ET LE DEUIL

A mesure que l'âge avance, ma pensée, cheminant toujours, infatigable voyageuse, à travers l'histoire et la vie, a pourtant gagné deux sommets, où elle s'assoit volontiers et d'où elle voit la terre. C'est la Mort, et c'est l'Amour.

De là, la terre est peu de chose. La grandeur d'étendue n'est rien, et même la longueur de temps, la différence des âges s'amoindrit. Notre ignorance exagère les diversités. Du point où je suis monté, sous des costumes différents, on voit toujours l'homme éternel.

Cela ne m'empêche pas de descendre dans la plaine et de faire encore ma moisson dans les champs de l'histoire et de l'histoire naturelle. Mais je fais comme les Suisses : l'hiver je travaille en bas; mon travail fait, je remonte vers ces sommets solitaires qui me pacifient l'esprit, en me permettant d'embrasser dans une grande simplicité le combat apparent des choses et de voir le profond accord de ce qui semblait discordant.

Ce livre est parti de la mort, et voilà qu'il y retourne.

On l'a vu aux premières pages : la mort, la mort violente, nous a révélé la femme (donc l'amour) dans le mystère organique où tout prend son point de départ.

La mort, compagne invisible, mais fidèle de ce livre, n'y a paru qu'à propos, deux fois, et toujours sans frapper. Et cela lui a suffi pour serrer le nœud d'amour avec un nerf, une puissance qu'il n'eût eu jamais lui-même. Elle a fait mine de paraître au drame de l'accouchement. Elle a passé encore la tête au jour de la maladie, et tel est son talent, sa force pour unir les cœurs qu'à sa seconde apparition un jet durable de flamme en a jailli, ce que j'appelle le *rajeunissement de l'amour.*

Mais la mort n'a pas fini. Elle soutient que la vie, qu'on croit la seule condition, la seule facilité de l'être, empêche certaines choses d'être. Elle prétend que, s'il y a encore une nuance entre les deux âmes, si la femme fatalement reste vouée à la Grâce, l'homme à la Justice, sans pouvoir tout à fait se fondre, c'est la faute de la vie. Elle dit qu'elle seule, la mort, fondra la dernière différence, et que l'amour, impuissant pour la supprimer, obtiendra par sa sombre sœur l'unité définitive.

Eh bien, Mort, s'il le faut ainsi, je dois bien le

trouver bon. Je ne puis contre toi défendre ces deux enfants de ma pensée, que j'ai pourtant créés, nourris, caressés, unis, conseillés, depuis vingt ans que je rêvais, depuis deux ans que j'écrivais ce livre de l'Amour. Je les aimais. J'y ai regret. Mais que faire, si c'est la vie même qui empêche l'Amour d'atteindre sa consommation?.

C'est à l'homme de mourir, à la femme de pleurer.

Nous le voyons généralement. La femme, si maladive, de deuil en deuil, de larmes en larmes, vit cependant et reste veuve.

C'est une beauté pour l'homme de mourir debout, de mourir jeune, du moins en pleine action. Il en est bien plus regretté! Ne le plaignons pas; mais elle!...

L'homme qui survivrait, occupé, entraîné par le travail, sentirait peut-être moins, ou moins longtemps, ce grand deuil. Mais elle, hélas! combien loin le coup va porter en elle! A peine on ose y penser.

Je me rappelle, comme d'hier, que le lendemain du jour où l'on enterra mon grand-père, comme il avait plu la nuit, ma grand'mère, avec un accent qui m'arrache encore des larmes au bout de quarante années, dit : « Mon Dieu! il pleut sur lui! »

Vous ne changerez point cela; c'est le mot de la nature. Cela sera dit, redit par tous et par toutes; du moins, dit tout bas, étouffé peut-être, mais pensé certainement.

A froid, et quand nous aimons peu, nous sommes

plus nobles et plus fiers. Nous ne laissons pas notre cœur s'enfermer dans une bière. Nous lui gardons de belles ailes. Mais au serrement de la douleur, quand elle nous tient vraiment, nous prend à la gorge, cela revient invincible. Nous disons : « Il pleut sur lui ! »

Est-ce là une simple enveloppe, un habit, comme on le dit ? Et ce corps qui jour par jour reçut l'alluvion de la vie, qui, dans l'os indestructible, a la trace de toute passion et de toute activité, qui dans mille ans garde encore ces dents délicates, admirées, ces beaux cheveux, soie vivante, que vous avez caressés, tout cela est si fort mêlé de la personne, que le cœur est bien excusable de s'y heurter, d'y voir même la personne qui n'y est plus, et de dire: « Il pleut sur elle. »

C'est décembre. Un froid soleil éclaire le givre dont la campagne est blanchie. La maison, naguère bruyante, aujourd'hui silencieuse, frissonne au souffle de l'hiver. La cheminée, qui rayonna du cercle complet de famille, veuve elle-même, échauffe mal la veuve qui se serre au foyer. Dans un des coins de la chambre, deux sièges attendent et attendront à jamais : le fauteuil qu'en rentrant il approchait d'elle, où il contait les affaires de la journée, les projets du lendemain ; — et tout près la petite chaise où l'enfant venait se glisser entre son père et sa mère, jouait, les interrompait et les forçait de sourire...

D'elle que reste-t-il ? une ombre. Ses beaux cheveux, désormais en bandeaux blancs, couvrent à demi sa tempe amaigrie. Elle est toujours élégante, et semble même plus grande, svelte et jeune encore de taille, quand elle passe les yeux baissés dans ses appartements déserts. Du visage charmant, des yeux qui troublaient les cœurs, et qui, pour un cœur fidèle, furent toute la destinée, il lui souvient peu; elle cache tout ce qu'elle peut en cacher. Mais pourtant deux choses en restent qui feraient l'envie des jeunes. L'une, c'est l'attribut admirable de pureté que Dieu accorde pour consolation à la femme innocente qui a passé sur la vie sans la toucher. Le teint où jamais ne surnage rien de trouble gagne en transparence. Il passe du rose de jeunesse au demi-rose nacré, avec de délicats reflets. L'autre attribut qui pare encore notre veuve, malgré elle, qui même lui donnerait peut-être sous son deuil et ses voiles noirs un éclat mystérieux qu'elle n'eût point dans ses triomphes, c'est son doux, son puissant regard. Oh! que l'œil est la vraie beauté, beauté fidèle, que le temps est forcé de respecter! Mais que dis-je? il y ajoute. Les épreuves et les souffrances ont pu faner tout le reste. Mais, au regard, c'est comme au cœur, on s'embellit d'avoir souffert.

Elle quitte le feu demi-éteint, et, s'approchant de la fenêtre, heureuse de voir finir le jour, elle regarde le deuil de l'hiver, les mains jointes sur son cœur, dont elle écoute les voix. Le pôle ne tarde pas beaucoup à briller de vives étoiles. La mort, la vieillesse, l'hiver, qui, dans ces nuits lumineuses, aiguise ses flèches piquantes, toutes ces sévérités concentrent au pauvre cœur frissonnant la flamme à jamais vivante.

« Le monde, la jeunesse et le bruit, dit-elle, c'était un demi-sommeil, un rêve trouble, où mon amour n'eut jamais sa lucidité... Aujourd'hui, toute à toi, je veille! »

VIII

DE L'AMOUR PAR DELÀ LA MORT

« C'est trop veiller, c'est trop pleurer, chérie !...
Les étoiles pâlissent; dans un moment, c'est le matin.
Repose enfin. La moitié de toi-même, dont l'absence
te trouble et que tu cherches en vain et dans tes
chambres vides et dans ta couche veuve, elle te
parlera dans les songes...

« Oh! que j'avais donc à te dire! Et vivant, je t'ai
dit si peu... Au premier mot, Dieu m'a repris. A peine
eus-je le temps de dire: *J'aime*. Pour te verser mon
cœur, j'ai besoin de l'éternité.

« Un doux concert commençait entre nous, qui sanc-
tifiait la terre. En nous, d'un double cœur, l'harmonie
céleste venait de faire un divin instrument; il prélu-
dait... Si la corde a cassé, si la mort, qui nous semble
une si criante dissonance, a fait taire cette lyre, garde-
toi bien de croire qu'elle ait fini, ma chère, ni que Dieu
la jette au rebut. Non, l'hymne est suspendu, pour
reprendre dans un milieu tout autrement sonore,

dans la liberté souveraine, affranchie du monde inférieur.

« Pas une pièce et pas un atome du corps dont fut vêtue mon âme n'est perdu, tu le sais. Des éléments qui le constituèrent, chacun va trouver son semblable, retourne à ses affinités. Combien plus l'âme elle-même, la puissance harmonique qui fit l'unité de ce corps, doit durer et survivre ! Elle suivit, mais une. Car l'unité, c'est sa nature. Elle reste, elle est de plus en plus ce qu'elle fut, une force d'attraction. Tout ce qui autour d'elle gravita dans la première vie, par l'analogie de nature et l'assimilation d'amour, invinciblement lui revient. Je t'attends, incomplet ; le besoin d'unité que mon âme emporta lui fait aspirer à toute heure sa moitié la plus chère que votre terre lui garde encore. »

« Il le fallait ainsi. Rappelle-toi nos tourments d'amour, l'effort toujours tenté et jamais satisfait, pour échanger nos âmes, l'impuissance des voluptés même, la mélancolie du bonheur. Les regards, les paroles, les plus ardents transports, laissaient une barrière entre nous. Laquelle ? Nous ne savions. Le cœur disait toujours : « Après ! » Et : « Encore ! Ce n'est pas cela. » La fécondité même où la nature s'arrête, l'amour ne s'y arrêtait pas. Son regret légitime, c'était que, procédant de la lumière, étant l'amour unique exclusif de l'objet aimé, il s'aveuglât si vite, tombât dans les ténèbres ; qu'en cet oubli profond la personnalité disparût, s'abîmât ; qu'en *elle* il ne sût plus, à ce moment, si c'était *elle !*... De là, la tristesse

et le doute, l'amertume de dire : « Qu'est-ce donc que
« cette chose toujours incomplète, incertaine, qui
« n'atteint son désir qu'en s'y obscurcissant, en per-
« dant l'idée même ?... Dans cet élan de l'âme à l'âme,
« tout s'est évanoui, a fui, et je ne puis dire si l'union
« fut l'union, ou la mort d'un instant sous l'éclair du
« plaisir. »

« Ainsi, à ces transports brûlants, un tiers inattendu
se mêlait... l'idée de la mort. Effrayante? Non, mélancolique et non sans quelque charme. La mort disait :
« N'ayez peur, espérez... Une fausse mort vous a fait
« sentir que vous avancerez peu ici-bas. C'est ailleurs,
« c'est par moi et par délivrance que, gravissant
« l'échelle des mondes lumineux, participant vous-
« mêmes aux libertés de la lumière, vous vous pourrez
« pénétrer l'un par l'autre, et, sans perdre un moment
« la lucidité de l'amour, vous mêler dans un seul
« rayon. »

« Nous monterons ainsi. Mais par quel art et à
quel prix ?... Cherche le moyen le plus simple ; ce
sera le moyen de Dieu. Car, autant l'art humain,
plein de tâtonnements, chemine par complications et
pénibles circuits, autant celui de Dieu va droit,
vite, aisément. Au moral, tout comme au physique, le
semblable cherche le semblable, et instinctivement le
rejoint. Autrement des forces infinies se perdraient
par dispersion. Cette machine de l'univers, si visiblement harmonique en tant de choses palpables, serait,
dans l'invisible, tout le contraire, une désharmonie,
au-dessous des ébauches du plus maladroit ouvrier.

« Avions-nous sur la terre obtenu l'assimilation et la parfaite ressemblance ? Nos essais y furent vains. L'aveuglement de mon désir, l'abandon de ton dévouement, nous ramenant toujours au même effort, laissa hors de nos prises cent portes accessibles de l'âme par où nous aurions pu nous joindre. Tu connus de moi un seul homme. Et plusieurs y furent contenus. Le silence du veuvage et la force de ton souvenir vont te les rendre peu à peu, et tu feras, dans l'infini d'une âme qui t'appartient, qui est ton bien toujours, plus d'une heureuse découverte. Recueille-les, ces forces, ces pensées qui furent moi. Reprises dans ton cœur, couvées de ta tendresse, elles te seront une fécondation nouvelle, venue du monde des esprits.

« Je souffre de te voir souffrir. Mais avec cela il ne faut pas que tu guérisses. Une telle assimilation posthume se fait par la douleur, par la blessure saignante. Cette blessure boira mon âme, et, la fusion se faisant, tu ne pourras plus rester là-bas. Une invincible attraction, te prenant un matin là où ton cœur n'est plus, te portera comme une flèche là où il est, là où je suis. Cela n'est pas plus difficile qu'au ressort durement comprimé d'un poids ; le poids ôté, il vibre et se redresse, revient à sa nature. Or je suis ta nature et ta vie naturelle ; l'obstacle ôté, tu me reviens.

« L'obstacle, c'est la différence qui subsiste encore entre nous. Oh ! je t'en prie, deviens moi-même !... tu seras à moi tout à fait.

« La douleur est ton existence d'aujourd'hui. Je te

veux une douleur active. Ne reste pas assise à ce marbre froid d'un sépulcre. Porte un grand deuil, vraiment digne de moi, avec de nobles larmes qui servent à tous et grandissent les cœurs.

« Je vois ces pauvres gens, mes amis, éperdus, qui ne sentent pas mon âme errer sur eux. Je vois leur troupeau égaré qui fuit sauvage, comme si j'étais vraiment dans le tombeau. A toi de leur défendre et le désespoir et l'oubli. A toi de dire : « Il vit encore. »

« Si tu l'affirmes, ils le croiront. Ma maison, qui fut leur maison, les rappellera et maintiendra leur unité. Dans leurs incertitudes et leurs fluctuations souffrantes, ils voudront revoir mon foyer, s'y réchauffer : il brûle en toi.

« Là, tu conserveras mon âme ; qui sait ? tu l'étendras. Par toi, elle végétera et poussera de nouveaux rameaux. Plus d'un que je ne pus gagner, dans la rudesse du génie mâle, pourra venir à moi quand il me retrouvera sous une touchante figure de femme, belle de douleur et d'espérance.

« Cette couronne d'amitiés qui fut ma gloire, elle a en toi son unité, la flamme qui lui continuera ma vie. Conserve-le, ce groupe aimé ; maintiens-y si bien ma pensée, qu'un jour ensemble, assimilés à moi, je vous voie arriver en mon nouveau séjour. Que je te voie encore comme jadis jeune et si charmante, lorsque entrant, coupant mon travail, tu me disais avec le sourire de l'aurore : « Réjouis-toi, tes amis... les voilà ! »

Telle est la veuve, tel le veuvage. C'est l'âme attardée du mari qui, dans cette moitié fidèle, témoigne encore ici de lui, et, par le souvenir, par le pressentiment, fait la transition des deux mondes.

Grande position religieuse, d'avoir un pied déjà dans la voie haute, l'ascension prête et désirée vers les vies supérieures !... Chacun aussi, approchant de cette femme, y sent une chose sacrée, le doux esprit des morts qui n'ont aucune guerre ici-bas, et n'y veulent rien que faire un peu de bien. — Que j'aimerais à m'arrêter ici ! Mais ce sacerdoce de la veuve est un côté attendrissant des Religions de l'avenir. Assez aujourd'hui, rien de plus.

Donc, je ne la suis pas entre les amitiés du passé dont elle reste le lien, ni dans les amitiés nouvelles qu'elle fait à celui qui n'est plus, en répandant son âme sous cette forme d'amour maternel qu'on appelle enseignement.

Si le mari n'avait pas laissé d'œuvres pour répondre de lui, mais des actes, toujours discutés, s'il avait spécialement usé ses jours aux combats de la vie publique, alors, surtout alors, il aurait bien à désirer que son autre *moi* survivant veillât à sa mémoire, la cultivât, la défendît des premiers jugements, lui ménageât l'appel du temps, la résurrection de la gloire.

Elle revient à qui peut attendre sous la garde d'un témoin fidèle. Un matin, la lumière se fait. Et la veuve, longtemps dans l'ombre et comme enterrée avec lui, voit (comme virent les Sept Dormants de la légende) les couleurs qu'il avait suivies reparaître au fronton des temples, fraîches et dans l'éclat du matin.

Et elle a, vieille alors, une bien charmante surprise, d'entendre dire, comme s'il était encore vivant : « C'est un juste. »

De tous côtés, des enfants qu'il n'a pas connus lui viennent, se réclamant d'un tel père. Ils ont regret d'être jeunes et de ne l'avoir pas vu. On interroge curieusement celle qui eut le bonheur d'être le témoin de sa vie. Le voilà déjà antique. Elle le voit rayonnant dans la postérité.

Tels sont les effets de la légende pour tous. Combien plus pour celle qui a vu de si près, aimé, touché, l'objet du deuil, et qui le revoit maintenant à travers la tradition, transfiguré des rayons lumineux !

L'autel du juste disparu reste aux générations nouvelles un objet de religion. Nul jeune homme qui ne vienne là et ne veuille honorer la veuve. Ils trouvent une femme gracieuse, qui est loin de rappeler l'âge où recule déjà la légende. Ce qui lui conserve la grâce, c'est l'amour dont son cœur est plein, sa bonté pour tous, sa douceur résignée, sa sympathie pour les jeunes, et ses vœux pour leur bonheur.

Elle est belle encore de tendresse et belle de la grande ombre qui la pare et l'enveloppe. Plus d'un, à vingt ans, s'attriste d'être né si tard, revient malgré lui près d'elle, s'éloigne à regret, maudissant le temps qui s'amuse à nous séparer ainsi, et disant au fond de son cœur : « O femme que j'aurais aimée !... »

ÉCLAIRCISSEMENTS

---

1. *Ce que l'amour a été* dans les sociétés anciennes et modernes;
2. *Ce qu'il pourrait être aujourd'hui*, dans nos circonstances, en le prenant pour moyen d'une réforme morale qui seule peut rendre possibles les réformes sociales;
3. Enfin *ce qu'il deviendra* dans un monde de justice et de lumière, tel que nous l'aurons un jour :

Voilà le sujet tout entier. J'en donne aujourd'hui la *seconde* partie seulement.

La première et la troisième se compliquent nécessairement d'une infinité de questions religieuses, sociales et politiques, que je dois ajourner.

La seconde partie que je donne, c'est l'*Amour en lui*, concentré en ce qui paraît individuel, l'amour suivi dans son progrès que l'on croirait solitaire. Mais rien, dans les choses morales, ne s'isole ainsi.

Ici, il crée le foyer, il le crée solidement, parce qu'il en fait une chose vivante, élastique et progressive. Le feu meurt s'il est immobile. L'arbre meurt s'il ne végète.

Marchant dans son mouvement vrai, libre de l'agitation vaine qui l'énerve et le rend stérile, l'Amour aura le progrès naturel qu'il eut tant de fois, ce puissant rayonnement qui, si souvent dans l'histoire, féconda les sociétés.

Ma tristesse, en quittant ce livre, si bref et si imparfait, c'est de n'avoir pu cette fois développer les chapitres qu'on pourrait nommer proprement de *culture et d'éducation*, ou de discipline morale : chapitres vraiment pratiques où j'ai mis (selon ma faiblesse) les germes d'un art nouveau.

Nouveau, mais combien nécessaire ! Car la famille aujourd'hui, étant si peu soutenue de la religion et si peu de la cité, est obligée de demander chaque jour l'aliment de sa vie morale à l'amour, de puiser sans cesse à ses sources profondes.

Comment parler à la femme aux moments sacrés qui précèdent et qui suivent le mariage? Comment la prendre pour toujours à ces heures de la foi parfaite où elle écoute et croit d'avance? Et comment la reprendre aussi, plus tard, quand son cœur vacille, lorsque, d'ennui, de tristesse, elle flotte aux hasards du rêve? Voilà ce qu'il eût fallu pouvoir développer longuement

Aux chapitres *Fécondation* et *Incubation morales*, j'aurais voulu pouvoir donner des exemples de la vraie culture d'amour. J'en ai du moins marqué un point très essentiel où l'éducation de la femme se différencie de la nôtre par la nécessité d'observer le rythme de sa vie et la manière dont la nature lui mesure le temps.

Aux chapitres *Tentation* et *Médication du cœur*, j'aurais voulu multiplier les recettes parfois très simples par lesquelles on donne le change à l'amour, on l'élude ou le guérit. Le plus souvent l'objet aimé est pour peu dans la passion : c'est le moment qui fait tout; la personne qui aime a besoin d'aimer; elle est médiocrement éprise, mais amoureuse de l'amour. L'amour d'un enfant, l'amour d'une idée, d'un lieu nouveau, d'une affaire grave suffirait pour la calmer. Souvent aussi une personne qui a peu vu se prévient pour tel mérite secondaire dont elle a fait un idéal. Elle reviendrait au bon sens si vous la mettiez en face de la vraie supériorité. Telle, engouée d'un brillant causeur de province, n'avait besoin pour guérir que d'aller voir Béranger.

J'aurais bien voulu encore développer les chapitres importants et capitaux où la femme, ayant obtenu tout son ascendant légitime, tendre épouse, est en même temps pour l'homme comme une jeune mère, administrant la dépense, la réparation de sa vie, souvent calmant sa fougue aveugle, souvent lui rendant l'étincelle, par moment donnant le plaisir, et par moment la puissance, mais toujours, toujours le bonheur (livre V, chap. II et III).

C'est là que l'accord des sciences morales et physiologiques créera le plus fécond des arts, — diamétralement contraire à l'influence morbide de la vieille casuistique, — l'*art de vivifier par l'amour.*

Nous nous sommes arrêtés au seuil de ce sujet délicat, quoique nous sachions très bien que la décence hypocrite qui a baissé le rideau et livré tout au caprice n'a rien épuré, rien moralisé. En renonçant à éclairer les rapports intérieurs du mariage, elle en a fait le monde obscur du prosaïsme physique qu'on a cru pouvoir mépriser. On a conclu que l'amour n'était rien qu'énervation, méconnaissant qu'en lui réside l'aiguillon des forces infinies.

Naguère un brillant chirurgien, oracle des étudiants, leur prêchait, d'après les doctrines d'un grand et rude maître, l'infériorité de la femme et la royauté de l'homme, la vanité de l'amour, etc. Il croyait les émanciper, leur faire mépriser le plaisir. Un physiologiste illustre, de mes amis, qui était là, lui dit : « Prenez garde, monsieur, prenez garde ! Ils n'adopteront que trop aisément sa brutalité apparente, mais non pas son austérité, non pas la mâle tendresse qu'il cache au foyer de la famille. Ils n'entendront rien à l'âpre censeur qui veut frapper trop pour frapper assez... Vous le dirai-je en médecin? ces paroles de mépris pour la femme sont très dangereuses ; elles ne font pas l'abstinence ; au contraire, elles font vaguer misérablement, et conduisent tout droit à l'énervation. »

Pour revenir aux lacunes de ce livre, j'aurais voulu conduire la femme dans la culture intérieure qu'elle peut se donner elle-même. Son mari, qui la soutint jeune, plus tard dans l'accablement et le tiraillement du monde, revient le soir trop fatigué et souvent fané de cœur. A elle de créer dans le sien ce paradis où les sources vivifiantes abonderont pour le ranimer. Elles les prendra dans son amour, dans les innocentes voix de Nature qui lui traduit Dieu. « Une rose pour directeur », c'est beaucoup. Que j'aurais voulu la faire parler souvent, longtemps, tout au long, cette rose! Elle a beaucoup à dire à la femme d'aujourd'hui. Et celle-ci peut très bien l'entendre, elle si fine de cœur et d'oreille!

Ce grand docteur en harmonie, la Nature, au nom de Dieu, lui conseillera de s'harmoniser (femme ou fleur) à sa forte tige qui la soutient, de ne pas fleurir à part. Eh ! que servirait de briller isolée, pour quelques moments, dans le hasard d'un bouquet? Cette tige, ne la dédaigne pas. Ne dédaigne pas cet homme, s'il n'est pas le contemplatif de tel âge, s'il n'est pas non plus le svelte lutteur; le héros de l'antiquité, songe, chère fille, qu'il a en revanche un côté bien supérieur; il est le puissant ouvrier, il est le créateur fort d'un prodigieux monde de science, d'industrie, de richesse, qui sortit hier de sa brûlante activité. Il vient de changer toute chose. A côté de la Nature, il en a bâti un autre de son génie et de sa force. Toi assise (et il faut le dire pour les femmes des classes aisées), toi, belle paresseuse, tu regardes et tu jouis.

« Mais quoi! mon mari est marchand, industriel, ouvrier... » Donc, un créateur de richesse... « Écrivain, peintre? » etc. Un créateur en œuvres d'art. Et descendez où vous voulez, le métier est art aujourd'hui.

De l'effort universel, idées, œuvres et produit, s'entassant rapidement l'un par-dessus l'autre, tout s'exhausse, tout va montant dans une énorme ascension. « Tel moyen est prosaïque?... » Mais le résultat si grand! Ton mari, l'homme moderne, n'a rien trouvé de fait, et a fait tout. Si nos pères pouvaient revenir, ils seraient épouvantés, et se mettraient à genoux devant leur terrible fils. Regarde-le avec respect, avec amour et avec pitié aussi, ce martyr du travail. Ne va pas puérilement remarquer un peu de poussière dont ton glorieux Prométhée a pu souiller son habit. Regarde à son front pâli. Dans l'auréole qui rayonne, tu vois ruisseler la sueur, maintes fois la sueur de sang.

Lui aussi, il a un devoir. C'est de ne pas s'emporter dans la furie du travail jusqu'à en être englouti, ne voir que son *rail* étroit, s'aveugler dans le détail. Il n'y a point de petites choses, je le sais. Pour réussir, la minutie est nécessaire; sans elle, sans la précision, nul résultat n'est possible. Mais il faut que l'ouvrier reste plus grand que son œuvre, qu'il la domine. On ne l'embrasse fortement qu'autant qu'on est au-dessus. S'il en garde la haute pensée, il aura là, jour par jour, une puissance sur la femme, une prise, et ne la perdra pas. Elle est fidèle, autant que tendre, à quiconque est fort et grand. Or, dans le moindre métier, celui qui en sent la vie, le profond rapport à l'art, se révèle avec grandeur.

J'en aurais écrit davantage dans ce doux abri de Pornic, devant la mer humanisée qui sympathisait à ce livre et dont les rimes profondes lui servaient d'accompagnement. Mais voici une petite fille de six ou sept ans, je crois, qui, sans savoir ce qu'elle dit, m'avertit que c'est assez. On puisait de l'eau pour les bains. L'enfant, fille d'un pêcheur, ne jouait pas, regardait. « A quoi songez-vous? lui dis-je. — Monsieur, dit-elle, la mer, c'est bien singulier. On a beau y prendre toujours, il en reste toujours autant. »

C'est justement ce que je pensais à ce même moment, mais d'une autre mer.

J'ai puisé, comme j'ai pu, dans ce sujet sans fond ni rive. Il en reste toujours autant.

Mes matériaux historiques feraient deux volumes. Mes notes de physiologie un ou davantage. Je ne puis dire ce qu'il faudrait pour donner au moins par extrait les lettres, les révélations, les faits d'actualité, dont j'ai profité.

Cette petite mer, tirée de l'océan de l'Amour, suffisait pour me noyer. J'étais submergé du nombre des notes. Pour aujourd'hui, je les ajourne, et je me tiens à celle-ci :

I. — COUP D'ŒIL SUR L'ENSEMBLE DU LIVRE.

Si vers la fin de cet ouvrage nous n'en avons pas tout à fait oublié le commencement, nous devons nous rappeler une singularité de l'amour; c'est qu'à chacun de ses âges il s'est cru au but, s'est cru sûr de tenir l'infini. Tous de rire, de dire qu'il est fou.

Pas tant qu'il semble. Plusieurs fois, effectivement, il a occupé, maîtrisé l'infini de l'âme, mais (bien entendu) de l'âme comme elle pouvait être encore, dans les limites étroites où elle est d'abord contenue.

Quand la fleur d'amour, à vingt ans, disait d'un si grand élan : « Je me donne, prends-moi tout entière », ce n'était pas un mensonge; mais que donnait-elle? encore peu. Elle donnait ce qu'elle avait, non ce qui lui manquait encore (livre II).

Lorsque la fécondation l'imprégna si profondément et changea son être; lorsqu'une soie blonde et légère, qui vint à fleurir à sa lèvre révéla sa transformation; lorsque la voix, la démarche, tant de signes involontaires, semblaient dire : « En moi, tout est *lui* », sans doute l'infini fut atteint. — Atteint? Oui, fatalement; non le libre infini de l'âme (livre III).

Mais enfin, les velléités de cette liberté résistante qui protestaient par le caprice s'étant domptées elles-mêmes, le désaccord momentané de la maladie morale et physique (livre IV) ayant fait place à l'harmonie, les deux âmes se sont retrouvées dans l'unité la plus tendre qu'elles eussent obtenue encore. Avec bien plus d'effusion, l'amour triompha cette fois, et se dit : « Je tiens l'infini. »

Il y manquait une chose que la femme n'atteint vraiment que dans sa seconde jeunesse : c'est que, par un effort de cœur, elle sortît de l'éclat passif qui presque toujours fut le sien, prît action et mouvement, se fît *lui*, non plus par la sourde fatalité d'imprégnation, mais par la volonté, l'amour (livre V).

Jusque-là le travail les séparait, et la femme avait ses heures; aujourd'hui toute heure est à elle, le jour, la nuit. En toute chose, il la sent utile et charmante; il ne peut plus s'en passer : c'est le jeune compagnon chéri, en qui il trouve le sérieux, le plaisir, tout ce qu'il veut, qui se transforme pour lui. C'est Viola, c'est Rosalinde, un doux ami le matin, femme au soir, ange à toute heure.

Obéissante, elle a pourtant, au besoin, l'initiative : elle sait vouloir, agir. Et, quand l'homme, soit en affaires, soit en idées, faiblit, hésite, dans les nuits troubles surtout où son âme agitée, cherche, ne trouve, et semble ensorcelée; elle est là, elle sourit. Le mauvais enchantement disparaît; il en rit lui-même. Un baiser lui rend les ailes.

N'avons-nous pas obtenu ici ce que nous cherchions, l'échange absolu de l'être? L'amour n'a-t-il pas l'infini? Que la faible femme ait reçu, pris si bien l'âme de l'homme, qu'elle puisse, au besoin, la lui rendre, et que, dans la défaillance du génie viril, elle lui donne ce qu'elle n'a pas, l'étincelle génératrice, ne semble-t-il pas que ce soit le miracle de l'unité?

Non, celle-ci peut encore se resserrer d'un degré : c'est quand tous deux se rencontrent dans une idée de bonté, s'attendrissent dans la surprise d'avoir tellement le même cœur, quand l'amour et la pitié mêlés coulent en douces larmes, c'est le moment de fusion, où l'amour triomphe invincible, où l'âme renouvelle les sens, où, souvent plus vif qu'au jeune âge, revient l'aiguillon du désir.

La bonté ! Oh ! quelle grande chose ! Tout le reste est secondaire : grâce, esprit, raison, tout cela ne vaut que par elle. Même seule, elle est toute-puissante. Il n'est pas rare qu'on désire une femme parce qu'elle est bonne, et sans aucune autre raison. Profonde harmonie de notre être ! Il va, par les sens, aux choses de cœur; il tend, par l'union physique, à atteindre, à posséder la suavité morale qui est là. On y sent Dieu. C'est pourquoi on veut s'unir.

L'amour est chose cérébrale. Tout désir fut une idée.

Idée souvent très confuse; idée qu'un état du corps (chaleur, ivresse, pléthore) a secondée, enflammée, mais qui n'a pas moins précédé. Des deux pôles de la vie nerveuse, le pôle inférieur, le sexe, a peu d'initiative. Il attend le signe d'en haut.

Recueillez vos souvenirs. Dans le plaisir qui vous parut tout aveugle et tout instinctif, vous trouverez, en y songeant, qu'une occasion, un incident, quelque circonstance nouvelle, avait préalablement éveillé l'esprit.

La circonstance fut piquante? l'idée vive, inattendue? Le plaisir est grand.

Les renouvellements du désir sont inépuisables par la fécondité d'esprit, l'originalité d'idées, l'art de voir et de trouver de nouveaux aspects moraux, enfin *l'optique de l'amour*.

Le simple changement des milieux, des climats, des habitations, suffit parfois pour tout changer. Tel qui s'ennuie de sa femme au Marais l'aimerait aux Alpes. Rousseau dit qu'il fut vertueux pour avoir vu le pont du Gard. Tel se retrouvera amoureux pour avoir vu le lac Majeur, le Colisée, le Vésuve. — Plaisanterie? Non. Faites mieux, transportez-les en Amérique, ces gens ennuyés; mettez-les dans une langue étrangère, au milieu de mœurs nouvelles, au seuil des grandes forêts : ils trouveront très doux d'être ensemble, d'être l'un à l'autre la patrie et l'univers. La chère femme de la jeunesse se retrouvera jeune encore, désirée comme au premier jour, féconde; elle va l'être, à coup sûr. Nouveau monde, nouvelles amours.

Combien plus vivement encore le désir serait réveillé, s'il arrivait à l'un ou à l'autre des époux un de ces grands bonheurs de l'âme qui donnent tout à coup la beauté! Par exemple, un acte héroïque, un triomphe d'opinion, que sais-je? Un de mes amis qui réussit au théâtre, à chaque succès trouve chez lui récompense, se voit très aimé. Celui qui fait une chose belle, hardie, qui sauve une vie, je suppose, en risquant la sienne, n'est jamais un vieux mari pour sa femme, mais un jeune amant. L'amour, dans ces circonstances, reprend des forces immenses, un torrent de vie poétique qu'on n'eût jamais attendu.

II. — L'AUTEUR EST-IL EXCUSABLE DE CROIRE QU'ON PEUT
ENCORE AIMER ?

Je l'ai dit, ce sujet est venu à moi plusieurs fois, en 1836 par l'histoire, en 1844 par ma sympathie pour la jeunesse dont la vie est un suicide, en 1849 par la douleur sociale. Je sentais que là étaient et le mal et le remède. Mon esprit découragé m'opposait les mœurs publiques et me disait : « A quoi bon ? »

Cependant des chiffres terribles, irrécusables, officiels, qui m'arrivaient par moments, semblaient sonner à mon oreille un glas funèbre, et m'annoncer que la race même, la base physique de ce peuple, était compromise. — Par exemple, les jeunes gens impropres au service militaire, nains, bossus, boiteux, dans les sept années 1831-1837, n'étaient que quatre cent soixante mille, et dans les sept années suivantes, ils augmentent de trente-un mille, etc. — Les mariages ont été diminuant, et d'une manière effrayante en certaines années, en 1851, *neuf mille de moins* que l'année précédente ; en 1852, *sept mille de moins* qu'en 1851 (c'est-à-dire seize mille de moins qu'en 1850), etc. — La statistique officielle de 1856 montre que la population diminue, ou reste stationnaire. — Les veufs se remarient encore, mais non plus les veuves. — Ajoutez le nombre énorme de femmes suicidées, mortes de misère, etc. Voir sur la Morgue les *Annales d'hygiène et de médecine légale*, t. II, VII, XVII, XLIV, XLV, XLVI, XLVIII, L, et VIII de la seconde série.

L'Europe est-elle moins malade que la France ? Je ne le crois pas.

Notez que la vie de l'Europe, jusqu'ici, c'est la vie du monde. Si elle meurt, c'est la terre qui meurt. L'Amérique, inondée d'Irlande et de cent éléments troubles, est emportée par ce qu'elle a de barbare à la conquête du monde catholique et barbare, où elle risque de perdre ce qu'elle a encore de jeunesse, ce qu'elle offrirait de rajeunissement possible au reste du genre humain.

Je sais que l'Europe a déjà subi une sorte d'éclipse à la chute de l'empire romain. Mais la situation était différente, et même contraire en un point. Cet événement politique fut précédé d'un affaissement extraordinaire de l'esprit. Ici, au contraire, le progrès du génie inventif, accéléré dans les trois derniers siècles (qui firent l'œuvre de dix mille ans), est dans un brûlant *crescendo*. Le miracle des miracles n'est pas loin de s'accomplir, et véritablement, le plus grand événement de la planète, c'est que, par le fil électrique, ayant, minute par minute, conscience de sa pensée, elle obtient une espèce d'identité et soit comme une personne.

Ces miracles d'applications, d'où viennent-ils?

Ce sont des éclairs que nous lance la grande tour bâtie de toutes les sciences. — Babel? Non, une merveilleuse harmonie. Le myope l'appelle Babel, parce que, le nez sur une pierre, il ne voit pas la pierre voisine, donc encore bien moins l'édifice. Mais elle peut bien en rire, la sublime et solide tour, le pied dans les mathématiques et la tête dans la voie lactée.

Incalculable puissance, non d'intelligence seulement, mais de vie, de force. Il n'est pas une vérité intellectuelle qui n'ait une grande portée dans les choses de l'action.

Comment meurt-on avec cela, et dans une si grande lumière, dans une si parfaite connaissance du monde et de soi? Quand l'empire romain sombra, il descendit dans les ténèbres. Avant la mort, il eut la nuit.

Si le sens moral a baissé, ce n'est pas défaillance d'esprit. Le cerveau directement n'est pas attaqué, mais il nage, il flotte, par l'énervation des organes inférieurs. Nous avons une force énorme, mais elle est prodigieusement éparpillée, gaspillée.

Tout ce livre aboutit là :

Ou concentre-toi, ou meurs. La concentration des forces vitales suppose avant tout la fixité du foyer.

Il ne faut pas se mépriser et croiser les bras. Car alors tout serait fini.

Nous sommes corrompus, c'est vrai. Mais l'eau corrompue peut redevenir bonne à boire. Nos héroïques pères n'étaient pas des saints. L'idée les trouva piétinant tristement dans un marais. Voilà qu'ils regardent au ciel; saisis de l'éternelle beauté, ils ne se connaissent plus; il leur est poussé des ailes !

Ce peuple, au total, vaut-il moins que dans mon enfance? Je vois le contraire. Il m'est resté de ce temps-là l'idée d'une terrible aridité. Qui supporterait aujourd'hui le mortel ennui des *Martyrs?* L'abbé Geoffroy, MM. de Jouy, Baour, régnaient sur la presse. Nul sentiment de la nature. Peu d'oiseaux. Pas une fleur. Je les vis entrer une à une; l'hortensia a quarante ans, le dahlia a trente ans, etc. Aujourd'hui toute cabane a un rosier à sa porte, tout grenier du septième étage une fleur sur sa fenêtre. Le cantonnier du chemin de fer, qui ne peut quitter sa guérite, saisit le temps, entre deux convois, de se faire un jardin.

Dans ma vie de soixante ans, j'ai vu commencer, s'accroître une des manifestations les plus graves de l'âme humaine, le culte des morts, le soin des tombeaux. J'avais douze ans en 1810, et mes souvenirs sont fort nets. Je me rappelle parfaitement qu'un cimetière à cette époque était une Arabie déserte où personne presque ne venait. Aujourd'hui c'est un jardin plein de monuments, de fleurs. Le progrès de la richesse y est pour beaucoup, sans doute, mais aussi le progrès du cœur. Car on y vient; car les pauvres trouvent moyen d'y porter des couronnes, des souvenirs. Aux grandes époques de l'année, la femme du pauvre ouvrier économise quelques sous sur le pain de la famille pour porter des fleurs aux morts.

La Mort est la sœur de l'Amour. Ces deux religions sont parentes, indestructibles, éternelles. Et si la Mort est vivante, pourquoi pas l'Amour encore?

Je ne croyais guère, dans l'hiver de 1855, que le public refroidi entendrait certain chant d'oiseau, un rouge-gorge impatient qui s'envolait quand la neige n'était pas encore fondue. Mais on écouta. Je doutais du moins qu'un bruissement de fourmis pût se faire entendre. Mais on écouta, et tel, dit-on, fut ému. Comment ce monde ténébreux des imperceptibles, qui n'a pas la grâce ailée, put-il faire impression? On y reconnut l'Amour, qui circule en toutes choses.

Donc, j'ai espéré, *quand même*. Et l'excès même des maux m'a donné courage. Tant de folies, tant de dépenses, ne doivent-elles pas s'arrêter, tout au moins par impuissance? L'ennui aussi est visible. Les deux conjoints gagnent-ils au divorce dans ce mariage qui est l'état d'aujourd'hui? Madame n'éprouve que trop cette vérité si bien établie par George Sand: « Que l'amant est tout aussi ennuyeux que le mari. » D'autre part, ce pauvre mari ne s'amuse pas beaucoup. Il n'y a plus de *filles de joie;* il y a des *filles de marbre* et des filles de tristesse.

Au reste, quand le *monde* ne se réformerait pas, il y a trente millions de Français, cent ou deux cents millions d'Européens qui ne sont nullement du *monde,* ne connaissent ni la Bourse i les bals de filles ni les dames entretenues. S'il reste deux cents millions d'hommes pour aimer encore, c'est un public suffisant.

L'amour ne peut pas mourir. C'est lui qui refera tout. Il te refera toi-même, jeune homme de vingt-neuf ans (c'est l'âge du mariage à Paris), jeune homme qui n'es pas trop jeune, qui déjà es fatigué. Tu songes à t'organiser, mais tu n'oses, devant le train ruineux de la vie d'aujourd'hui. Si tu es homme positif, lis ce livre. Quelle qu'en soit la forme, tu n'y trouveras pas moins plusieurs choses fort positives. Il te faut, dans le mouvement universel de la mer de sable où l'on se débat, un sérieux associé. Tu ne le trouveras pas tout fait, mais ce livre t'apprend à le faire. La mère ne peut savoir d'avance quel sera le rôle actif de sa fille mariée ni l'y préparer. Toute chose aujourd'hui est devenue personnelle. Le mariage varie à l'infini selon le mari. Dans certaines professions, la femme est *collaboratrice,* par exemple, dans le commerce. Dans d'autres, comme dans les arts, elle assiste et elle inspire, *s'associe de pensée.* Enfin, dans les plus pénibles, les carrières d'hommes d'action, d'hommes d'affaires, elle est la *confidente* naturelle et la seule possible, le soutien moral, la consolation. Si tu ne la négliges point, si tu la tiens au courant, si tu établis avec elle une communication complète, tu verras combien la personne qu'en certaines professions on croit inutile, y prête au contraire de force. Dans un monde où tout remue, il faut avoir un point fixe où l'on puisse bien s'appuyer. Or, ce point, c'est le foyer. Le foyer n'est pas une pierre, comme on le dit souvent, c'est un cœur, et c'est le cœur d'une femme.

III. — LA FEMME RÉHABILITÉE ET INNOCENTÉE PAR LA SCIENCE.

La science est la maîtresse du monde. Elle règne, sans même avoir besoin de commander. L'Église et la Loi doivent s'informer de ses arrêts, et se réformer d'après elle.

Or, jusqu'ici, la plupart des lois religieuses et civiles à l'égard de la femme pouvaient se résumer d'un mot : *Elle est livrée comme une chose, punie comme une personne* (p. 85).

Telle physique, telle législation. La contradiction législative venait originairement de la physiologie insensée des temps barbares. Ils disaient tout à la fois : « La femme est une *chose impure*, — et une *personne responsable.* »

Une chose *tellement impure*, que Moïse prononce la mort contre l'homme qui s'approche d'elle à certain moment du mois.

Une personne *tellement responsable*, qu'il a suffi de sa faute pour fausser à jamais la volonté du genre humain.

Le christianisme suit Moïse. Toute la série des Pères la condamne et la fait servante de l'homme, qui est l'être supérieur, et pur relativement. Le dernier et le plus terrible est le métaphysicien qui formule leur pensée, saint Thomas ; il va jusqu'à dire que, la femme étant un être *accidentel et manqué*, elle ne dut pas entrer dans la création primitive.

Énorme proposition ! Dieu se trompa, *manqua* son œuvre !

Mais enfin, en quoi *manqué ?* Pour la beauté, non, sans doute. On n'a rien à alléguer que l'idée enfantine de la physique barbare : « *Elle est impure.* » — Le pape Innocent III l'exprime avec violence : « *La puanteur* et *l'immondice* l'accompagnent toujours. »

Cette doctrine n'est pas abandonnée. Un médecin de Lyon, défenseur opiniâtre de toute erreur du Moyen-âge, enseigne et imprime, en 1858, « que le sang des règles est impur ».

Maintenant posons les faits :

1° *La femme est aussi pure que l'homme.* Nos premiers chimistes, MM. Bouchardat, Denis et autres, ont analysé ce sang, et l'ont trouvé tel qu'il est dans toute l'organisation ;

2° *La femme est-elle responsable ?* Sans doute, elle est une personne ; mais c'est une personne *malade*, ou, pour parler plus exactement encore, une personne *blessée* chaque mois, qui souffre presque constamment et de la blessure et de la cicatrisation. Voilà ce que l'ovologie (Baër, Négrier, Pouchet, Coste) a admirablement établi, de 1826 à 1847.

Quand il s'agit d'une malade, si la loi veut être juste, elle doit constamment tenir compte, en tout acte punissable, de cette circonstance atténuante. Imposer à la malade les mêmes peines qu'au bien portant (je veux dire à l'homme), ce n'est pas une égalité de justice, mais une inégalité et une injustice.

La loi se modifiera, je n'en fais nul doute. Mais la première modification doit avoir lieu dans la jurisprudence et la pratique légale. Nos magistrats sentiront, comme je l'ai dit (à la page 228), que, pour juger et punir ce qu'il y a de *libre* dans les actes de la femme, il faut tenir compte de la part de *fatalité* qu'y mêle la maladie. L'assistance *permanente* d'un jury médical est indispensable aux tribunaux. — J'ai établi ailleurs que la peine de mort était absolument inapplicable aux femmes. Mais il n'y a presque aucun article du Code qu'on puisse leur appliquer sans modifications, surtout quand elles sont grosses. Une femme prend un objet. Que faire ? elle en a eu une insurmontable *envie*. Oserez-vous l'arrêter ? mais vous lui ferez du mal. Allez-vous l'emprisonner ? mais vous la ferez mourir. « La propriété est sacrée. » Je le sais bien, parce qu'elle est un fruit du travail. Mais il y a ici un *travail* supérieur qu'il faut respecter, et le fruit qu'elle a dans son sein, c'est la propriété de l'espèce humaine. Voici que, pour ravoir la vôtre, qui peut-être vaut deux sous, vous allez risquer deux assassinats !... Je voudrais, surtout quand l'objet est une bagatelle, qu'on se laissât voler de bonne grâce et qu'on s'abstînt de l'arrêter. Les anciennes lois allemandes lui permettent expressément de pouvoir prendre quelques fruits.

A ces pensées d'humanité se rattache très bien ce que j'ai dit (à la page 73) de l'union des deux branches de la science, *science de la justice, science de la nature.* Ce qui leur manque le plus, c'est de sentir leurs rapports. Par bien des points, elles sont une. *Il faut que la justice devienne une médecine*, s'éclairant des sciences physiologiques, appréciant la part de la fatalité qui se mêle aux actes libres, enfin, ne voulant pas punir seulement, mais guérir. *Il faut que la médecine devienne une justice* et une morale. C'est-à-dire que le médecin, juge intelligent de la vie intime, entre dans l'examen des causes morales qui amènent le mal physique, et ose aller à la source, la réforme des habitudes d'où procèdent les maladies. Nulle maladie qui ne dérive de la vie entière. Toute médication est aveugle, si elle ne s'appuie sur la connaissance absolue de la personne et sa confession complète.

IV. — DES SOURCES DU LIVRE DE L'AMOUR ET DE L'APPUI QUE LA PHYSIOLOGIE DONNE ICI A LA MORALE.

La source la plus riche où j'ai puisé, c'est, je l'ai dit, la confiance avec laquelle mes amis, et beaucoup d'autres personnes, m'ont révélé leur vie intime. Ils étaient si sûrs de ma sympathie qu'ils m'ont souvent fait connaître plus d'un détail délicat qu'ils cachaient même à leur famille. J'ai profité de toute chose, bien entendu sans désigner personne par des signes trop précis. Mais ici, en général, je puis avertir le lecteur que le terrain où il marche est solide et porte sur des réalités. Tel mot que l'on pourrait prendre pour une forme littéraire, est, au fond, une anecdote, un fait de la vie d'aujourd'hui.

Toutefois, ces riches matériaux, si précieux pour l'étude de la moralité humaine, m'auraient peu servi, si je n'avais eu par devers moi ce qui précède et éclaire cette étude, le ferme point de départ que nous ont récemment donné les sciences physiologiques. J'ai largement puisé dans les livres des médecins et dans leurs communications verbales, infiniment instructives.

N'ayant pas cette lumière, les littérateurs qui ont traité le même sujet avant moi ont flotté un peu au hasard et dit beaucoup de choses vagues et souvent contradictoires.

On comprendra aisément pourquoi je n'examine pas les plus récents, malgré mon affectueux respect pour le génie de leurs auteurs. Quant aux anciens, deux ouvrages ont occupé le public, le livre sérieux de Senancour (voir les 1re et 2e éditions, et non la 3e); et la plaisanterie de Balzac. Ces deux livres sont précisément opposés. L'homme de 1800 porte la condamnation la plus forte contre l'adultère. Et l'homme de 1830 commence et finit son livre par le mot connu : « L'adultère est une affaire de canapé. » Balzac avoue qu'il a voulu faire une œuvre sérieuse, qu'il n'a pu y arriver. Du reste, il n'y a dans son livre exactement *rien*, ni comique, ni sérieux. — Celui d Senancour, au contraire, si l'on ôte deux ou trois pages inspirées de ce temps-là, est très beau, très fort, plein d'idées. Son âpre tristesse est bien éloquente. Il y a des choses sublimes : « O femme que j'aurais aimée ! » etc. Je lui ai volé cette ligne, c'est la dernière de mon livre.

Pour revenir aux médecins, on peut dire que, de nos jours, ils se sont, par leurs formes, calomniés eux-mêmes. A coup sûr, on ne peut du moins les taxer d'hypocrisie. Avec une ostentation de brutalité qu'ils gardent de l'École et du maniement du scalpel, ils n'en ont pas moins établi des doctrines vraiment humaines. Durs, cyniques d'apparence, ils ont fondé réellement ce qu'on peut appeler ici le *dogme de la pitié*.

Ils se croient matérialistes. On ne l'est pas autant qu'on veut. Leurs découvertes dans les choses de la matière ont donné à la voix du cœur une confirmation admirable. L'histoire naturelle a parlé comme la morale elle-même. La nature a dit comme l'âme.

Rien de plus pur, de plus haut, que cette révolution. C'est la victoire de l'esprit.

Trois résultats capitaux :

1° Les basses et matérielles idées qu'on se faisait de la crise périodique de la femme se sont trouvées relevées, épurées, spiritualisées ;

2° Le jugement matériel, brutal, si souvent injuste que l'on portait sur la vierge, réduit à néant, et le mariage ramené à la confiance, à l'accord de deux cœurs ;

3° Mais en même temps il reçoit une consécration grave de la nature elle-même. Si fort et si définitif est le premier mariage, que ses effets physiques continuent sous le second.

Au chapitre de la Noce, fort court, j'ai résumé, sous forme simple et dans la mesure des convenances, les faits nombreux que je dois à la confiance des médecins. J'y ai énoncé, d'après eux, l'insignifiance d'une preuve qui ne prouve rien, aujourd'hui surtout, dans les classes affinées, nerveuses, souvent maladives, et si peu sanguines. La barbarie antique, continuée dans les âges soi-disant spiritualistes, commençait l'union par la défiance, exigeait de la douleur, et souvent frappait pour toujours de chagrin, d'humiliation, une pauvre fille innocente. Bas, cruel matérialisme. Celle que vous estimez assez pour lui confier votre vie entière et votre avenir, il faut vous fier à elle tout d'abord pour son passé. Que serait-ce si elle osait vous interroger sur le vôtre ?... Eh ! quand elle aurait eu un malheur, une faiblesse même, vous êtes sûr qu'elle aimera celui qui l'adopte bien plus que le cruel, l'ingrat, dont l'amour ne fut qu'un outrage.

La médecine a ici subordonné la matière, posé que ce hasard du corps est tout à fait secondaire. Le droit de l'âme est rétabli. Le mariage dès lors n'est qu'amour. Loin d'exiger que ce jour qui est une fête pour l'un fût un jour de larmes pour l'autre, on a conseillé à la mère, au mari, les ménagements préparatoires qui diminuent la douleur. (Fabre 1, 3, 19 ; Menville, II, 403 ; Raciborski, 133, etc.)

Sur le point si grave de la prétendue impureté de la femme, sa souffrance périodique, même barbarie matérielle chez les prétendus spiritualistes. Au contraire, les médecins, purifiant ce phénomène, en ont établi le caractère si touchant, si élevé.

Ce que vous appelez une purgation, imbéciles, c'est la blessure sacrée d'amour dont vos mères vous ont conçus.

Ce n'est pas moins qu'un accouchement continuel, l'ovaire toujours déchiré et toujours guéri. Dès 1821 et 1826, les Anglais Power et Girwood avaient, dit-on, soupçonné cette loi. Mais leurs travaux restèrent inconnus en Angleterre même. C'est sur des observations toutes nouvelles et personnelles que l'Allemand Baër, en 1827, établit l'existence de l'œuf de la femme, et que le Français Négrier, en 1831 et 1838, montra que chaque mois l'œuf mûrit, déchire son enveloppe et se fraye sa route de l'ovaire à la matrice.

Le grand livre de Pouchet (*Ovulation spontanée*, 1842, 1847) établit sur une base systématique la loi de génération, montrant par les faits analogues, observés dans toutes les classes d'êtres, non seulement que cette loi était telle dans l'espèce humaine, mais qu'elle ne pouvait être autre.

La loi, posée par Pouchet, en y joignant les modifications qu'y font Négrier et Raciborski (mémoire couronné par l'*Académie des Sciences*) et les observations inédites de M. Coste, établit que la conception a lieu au moment où l'hémorragie annonce l'apparition de l'œuf, c'est-à-dire qu'elle a lieu pendant les règles, et aussi un peu avant ou un peu après. Donc il y aurait stérilité pendant une partie du mois?

Les vérités consacrées par le jugement de l'*Académie des Sciences* et l'enseignement du *Collège de France* ont apparu en tout leur jour par les travaux de MM. Coste et Gerbe. En dix années d'observation sur les femmes suicidées, ils ont, par un livre positif, d'une lumière admirable, par un atlas (qui reste comme un chef-d'œuvre immortel), posé solidement cette loi.

L'histoire de l'ovologie humaine est résumée de la manière la plus satisfaisante dans un ouvrage excellent, plein de choses neuves et originales, la *Physiologie* de MM. Robin et Béraud. Déjà ce grand anatomiste, notre premier micrographe, Robin, avait éclairé les secrets de la génération de vives lueurs, et par sa description de la muqueuse utérine et par son mémoire sur l'œuf mâle, qui, de la femelle ou mâle, des animaux aux végétaux, fait entrevoir le procédé de la nature.

En 1847, l'année même où M. Coste publiait les résultats de ses nombreuses dissections et fixait l'ovologie de la femme, le docteur Lucas publia un livre sur l'*Hérédité physique*, 2 vol.

in-8°. Livre important, capital, qui, malgré certains nuages d'abstractions, n'en signalait pas moins, dans l'auteur, alors inconnu, un grand et excellent esprit. La presse s'en occupa peu. Qu'est devenu l'auteur? je l'ignore. Je l'ai recherché en vain. S'il vit encore, je le prie de recevoir ici le témoignage de ma reconnaissance et de mon admiration.

Au tome II, ch. IV, 53-65, M. Lucas réunit un assez grand nombre de faits qui prouvent que, du plus bas au plus haut de l'échelle vivante, des derniers insectes aux oiseaux, aux mammifères et jusqu'à l'espèce humaine, la fécondation s'étend bien au delà du présent immédiat, que l'acte générateur ne donne pas un résultat unique, mais qu'il a des effets multiples, durables, et souvent continués longtemps dans l'avenir.

Le puceron est fécondé en une fois pour quarante générations ultérieures (Bonnet); d'autres réduisent ce nombre, mais sans nier le fait. La chenille est fécondée pour trois ou quatre générations (Bernouilli). L'abeille pour une année (Réaumur). La poule pour la couvée suivante (Harvey).

Quant aux mammifères, les observations les plus précises sont dues aux habiles et persévérants éleveurs anglais. Le blason des chevaux de course, leurs mariages, leurs mésalliances, notées depuis deux cents ans dans le livre d'or (*Studbook*) avec autant de soin qu'aucune généalogie royale, ont mis la science sur la voie. On a appris à voir, observer, expérimenter. On a vu que la jument arabe qui eut (seulement une fois), un caprice pour un âne, ne donne plus que des ânes aux illustres amants qu'elle peut avoir plus tard (Ed. Home); du moins des enfants mêlés qui rappellent tristement, par le poil ou par la forme, que leur mère a dérogé. Nos éleveurs du Poitou savent cela parfaitement et y prennent garde (Magne). Mais, en Afrique, où les mères sont peu surveillées, les chevaux barbes qu'elles ont même du plus pur arabe rappellent souvent, par des formes pauvres et bizarres, l'infériorité du premier amour.

Il en est de même pour le chien; le premier occupant influe plus que vingt qui peuvent suivre; il marque leurs enfants de sa ressemblance (Starck, Burdach) : observation d'ailleurs proverbiale chez nos paysans du Midi. La laie que le sanglier a surprise reste ensauvagée et donne à ses paisibles successeurs des fils hérissés (Meckel). Cette loi, qui visiblement adjuge la femelle au premier amour et proteste contre ceux qui suivent, paraît être générale chez les animaux supérieurs.

En est-il de même dans l'espèce humaine? Analogue aux autres mammifères pour le progrès de l'œuf et la crise périodique (*Journal des vétérinaires*, 1846), le serait-elle aussi pour le caractère durable de la fécondation? Le premier amour, le premier enfant détermineraient-ils l'avenir, et le père de cet enfant étend-il sa paternité à ceux que la femme aura d'un amant, d'un second mari?

Nul doute que chez nous, où l'âme, la volonté intervient si puissamment dans les actes de la vie physique, la fatalité des lois générales n'ait à combattre des réactions de liberté, de passion individuelle, qu'on ne peut pas calculer.

Cependant les faits semblent témoigner que la nature communément résiste et donne un caractère durable à la fécondation première (Lucas, t. II, 60). Les anciens médecins, Fienus, Adolvrande, avaient remarqué que la femme adultère avait souvent, de l'amant, des enfants qui ressemblaient au mari. C'était, de leur temps, un adage : « Le fils de l'adultère excuse sa mère. » On supposait que la femme, dans cet acte furtif, avait pensé à celui dont elle avait peur, et que cette peur marquait son fruit des traits du mari. Mais on ne peut donner cette explication pour les femelles des animaux; ce n'est pas la peur qui fait qu'elles reproduisent l'image du premier mâle dans les petits qu'elles ont du second et de ses successeurs.

Du reste, nous avons vu des veuves fécondes au premier mariage, avoir ensuite du second, et d'un mari très aimé, des enfants qui ressemblaient au premier mari, mort depuis longtemps et peu regretté. Ici, ni la crainte, ni l'amour, n'influait. C'était le résultat physique d'une modification de l'organisme. La première fécondation avait influé sur l'avenir à plusieurs années de distance et peut-être pour la vie.

S'il en était toujours ainsi, si la première fécondation modifiait la femme infailliblement pour toujours, l'adultère serait impossible (au moins pour les résultats). La possession du mari devenant ineffaçable, le seul trompé serait l'amant.

Cette transformation de la femme n'apparaît pas seulement dans les résultats de la génération, mais véritablement en toute chose. La femme, même très jeune, au bout d'un an ou deux de mariage, prend à la lèvre un léger duvet, imperceptible chez les blondes, mais très frappant chez les brunes. La voix, la démarche, moins féminines, accusent aussi un état nouveau. Mais ce qui est surprenant, et ce que j'ai observé très souvent, l'écriture change. Celle de la femme se rapproche peu à peu de celle du mari.

D'anciens médecins (Bartholin, Perrault, Sturm), et récemment Grasmeyer, ont pensé que, même sans fécondation, les rapports du mariage suffisent à la longue pour masculiniser la femme. Mon ami, le docteur Robin, si profond observateur du monde microscopique, sans admettre les théories hasardées de ces auteurs, pour des raisons différentes, croit à cette transformation.

Le principe de la fécondation durable, élancée dans l'avenir, attriste au premier coup d'œil comme une fatalité. Mais d'autre part, il éclaire à une grande profondeur morale la crise obscure de l'amour et il la spiritualise. Il y révèle, en tous les êtres à ce moment, plus clair pour l'homme, comme un essor vers l'infini, un élan dans l'éternité.

Ce qui se passe alors chez tous, les plus grands et les plus petits, ressemble si peu aux phénomènes ordinaires de la matière, qu'on serait tenté de dire, en regardant même au plus bas : Rien n'est matière, tout est esprit.

Un mot sonne, toujours le même, dans toute l'échelle vivante, soit qu'on monte ou qu'on descende, un seul mot (l'Amour n'en sait qu'un) : « Je veux par delà moi-même... Je veux trop... Je veux tout !... toujours ! »

Le vœu confus du désir dans les tribus inférieures, c'est l'infini grossier de force, qui faisant celui de nombre, garantit l'infini de durée. Le vœu supérieur, en montant, c'est l'infini du beau, du bon, un infini de qualité. Le désir crée alors des êtres concentrés, puissants, capables, sinon de palper, du moins de penser l'infini.

Ainsi l'Amour monte, et toujours montera sans arriver. Il ne veut rien que d'absolu, sans fin, sans borne, sans limite. D'instinct profond, il se désire lui-même comme Amour éternel. Il se perçoit tel par éclairs, se sent Dieu, mais s'éblouit... La nuit se referme... L'infini a apparu, disparu...

« Hélas ! dit-il, j'avais tant de choses à lui dire ! »

FIN DE L'AMOUR.

LA FEMME

INTRODUCTION

I

POURQUOI L'ON NE SE MARIE PAS

Il n'est personne qui ne voie le fait capital du temps. Par un concours singulier de circonstances sociales, religieuses, économiques, *l'homme vit séparé de la femme.*

Et cela de plus en plus. Ils ne sont pas seulement dans des voies différentes et parallèles, ils semblent deux voyageurs partis de la même station, l'un à toute vapeur, l'autre à petite vitesse, mais sur des rails divergents.

L'homme, quelque faible qu'il puisse être moralement, n'en est pas moins dans un chemin d'idées, d'inventions et de découvertes si rapide, que le *rail* brûlant en lance des étincelles.

La femme, fatalement laissée en arrière, reste au sillon d'un passé qu'elle connaît peu elle-même.

Elle est distancée, pour notre malheur, mais ne veut ou ne peut aller plus vite.

Le pis, c'est qu'ils ne semblent pas pressés de se rapprocher. Il semble qu'ils n'aient rien à se dire. Le foyer est froid, la table muette, et le lit glacé.

On n'est pas tenu, disent-ils, de se mettre en frais pour les siens. Mais ils n'en font pas davantage dans une société étrangère où la politesse commande. Tout le monde voit chaque soir comme un salon se sépare en deux salons, un des hommes et un des femmes. Ce qu'on n'a pas assez vu, ce qu'on peut expérimenter, c'est que dans une petite réunion amicale d'une douzaine de personnes, si la maîtresse de maison exige par une douce violence que les deux cercles se fondent, que les hommes causent avec les femmes, le silence s'établit, il n'y a plus de conversation.

Il faut dire nettement la chose comme elle est. Ils n'ont plus d'idées communes, ni de langage commun, et même sur ce qui pourrait intéresser les deux parties, on ne sait comment parler. Ils se sont trop perdus de vue. Bientôt, si l'on n'y prenait garde, malgré les rencontres fortuites, ce ne serait plus deux sexes, mais deux peuples.

Rien d'étonnant si le livre qui combattait ces tendances, un petit livre de cœur, sans prétention littéraire, a été de toutes parts amèrement critiqué.

L'*Amour* venait naïvement se jeter dans le divorce,

invoquait la bonne nature et disait : « Aimez encore. »

A ce mot, d'aigres cris s'élèvent, on avait touché la fibre malade. « Non, nous ne voulons pas aimer ! nous ne voulons pas être heureux !... Il y a là-dessous quelque chose. Sous cette forme religieuse qui divinise la femme, il a beau fortifier, émanciper son esprit ; il veut une idole esclave, et la lier sur l'autel. »

Ainsi, au mot d'union, éclata le mal du temps, division, dissolution, les tristes goûts solitaires, les besoins de la vie sauvage, qui couvent au fond de leur esprit.

Des femmes lurent et pleurèrent. Leur directeurs (religieux ou philosophes, n'importe) dictèrent leur langage. A peine osèrent-elles faiblement défendre leur défenseur. Elles firent mieux, elles relurent, dévorèrent le coupable livre ; elles le gardent pour les heures libres et l'ont caché sous l'oreiller.

Cela le console fort, ce livre si malmené, et des injures de l'ennemi, et des censures de l'ami. Ni les hommes du Moyen-âge, ni ceux de la femme libre, n'y trouvaient leur compte. L'*Amour* voulait retirer la femme au foyer. Ils préfèrent pour elle le trottoir ou le couvent.

.

« Un livre pour le mariage, pour la famille ? Scandale ! Faites-nous plutôt, je vous prie, trente romans pour l'adultère. A force d'imagination, rendez-le un peu amusant. Vous serez bien mieux reçu. »

Pourquoi fortifier la famille? dit un journal religieux. N'est-elle pas parfaite aujourd'hui? *Il y a bien eu autrefois ce qu'on appelait l'adultère, mais cela ne se voit plus.* — Pardon, répond un grand journal politique dans un feuilleton spirituel qui a extrêmement réussi, pardon, cela se voit encore, et même on le voit partout, mais *cela fait si peu de bruit, on y met si peu de passion, qu'on n'en vit pas moins doucement*, c'est chose inhérente au mariage français et presque une institution. Chaque nation a ses mœurs, et nous ne sommes point Anglais.

Doucement! oui, voilà le mal. Ni le mari ni l'amant n'en sont troublés; elle non plus; elle voudrait se désennuyer, voilà tout. Mais dans cette vie tiède et pâle, où l'on met si peu de cœur, où l'on dépense si peu d'art, où pas un des trois ne daigne faire effort de manière ou d'autre, tous baissent, tous bâillent, s'affadissent d'une nauséabonde douceur.

Chacun est bien averti, et personne n'a envie de ce mariage. Si nos lois de succession ne faisaient la femme riche, on ne se marierait plus, du moins dans les grandes villes.

J'entendais à la campagne un monsieur marié et père de famille, bien posé, qui endoctrinait un jeune homme de son voisinage : « Si vous devez rester ici, disait-il, il faudra bien vous marier, mais si vous vivez à Paris, cela n'en vaut pas la peine. Il est trop aisé de faire autrement. »

On sait le mot qui marqua la fin du peuple le plus spirituel de la terre, du peuple d'Athènes : « Ah!

si nous pouvions, sans femmes, avoir des enfants! »
— Ce fut bien pis dans l'Empire. Toutes les pénalités légales, ces lois Julia qui croyaient marier l'homme à coups de bâton, ne parvinrent plus à le rapprocher de la femme, et il semble même que le désir physique, cette belle fatalité qui aiguillonne le monde et centuple ses énergies, se fût éteint ici-bas. Pour ne plus voir une femme, on fuyait jusqu'en Thébaïde.

Les motifs qui, aujourd'hui, non seulement font craindre le mariage, mais éloignent de la société des femmes, sont divers et compliqués.

Le premier, incontestablement, c'est la misère croissante des filles pauvres qui les met à discrétion, la facilité de posséder ces victimes de la faim. De là la satiété et l'énervation, de là l'inaccoutumance d'un amour plus élevé, l'ennui mortel qu'on trouverait à solliciter longuement ce que si facilement on peut avoir chaque soir.

Celui même qui aurait d'autres besoins et des goûts de fidélité, qui voudrait aimer *la même*, préfère infiniment une personne dépendante, douce, obéissante, qui, ne se croyant aucun droit, pouvant être quittée demain, ne s'écarte d'un pas et veut plaire.

La forte et brillante personnalité de nos demoiselles qui, trop souvent, prend l'essor le lendemain du mariage, effraye le célibataire. Il n'y a pas à plaisanter, *la Française est une personne*. C'est la chance d'un bonheur immense, mais parfois d'un malheur aussi.

Nos excellentes lois civiles (qui sont celles de l'avenir, et vers qui gravite le monde) n'en ont pas moins ajouté à cette difficulté inhérente du caractère national. La Française hérite et le sait, elle a une dot et le sait. Ce n'est pas comme en certains pays voisins où la fille, si elle est dotée, ne l'est qu'en argent (fluide qui file aux affaires du mari). Ici elle a des immeubles, et même quand ses frères veulent lui en donner la valeur, la jurisprudence s'y oppose et la maintient riche en immeubles, garantis par le régime dotal, ou certaines stipulations. Cette fortune le plus souvent est là qui subsiste. Cette terre ne s'envole pas, cette maison ne s'écroule pas; elles restent pour lui donner voix au chapitre, lui maintenir une personnalité que n'ont guère l'Anglaise ou l'Allemande.

Celles-ci, pour ainsi parler, s'absorbent dans leur mari; elles s'y prêtent corps et biens (si elles ont quelque bien). Aussi, elles sont, je crois, plus déracinées que les nôtres de leur famille natale, qui ne les reprendrait pas. La mariée compte comme morte pour les siens, qui se réjouissent d'avoir placé une fille dont ils n'auront jamais la charge désormais. Quoi qu'il arrive, et quelque part que la mène son mari, elle ira et restera. A de pareilles conditions, on craint moins le mariage.

Une chose curieuse en France, contradictoire en apparence et qui ne l'est pas, c'est que le *mariage est très faible, et très fort l'esprit de famille.* Il arrive (surtout en province, dans la bourgeoisie de campagne) que la femme, mariée quelque temps, une fois qu'elle a des enfants, fait de son âme deux parts, l'une aux enfants, l'autre aux parents, à ses premières affections qui se réveillent. — Que garde le mari? Rien. C'est ici l'esprit de famille qui annule le mariage.

On ne peut pas se figurer comme cette femme est ennuyeuse, se renfonçant dans un passé rétrograde, se remettant au niveau d'une mère d'esprit suranné, tout imbu de vieilles choses. Le mari *vit doucement*, mais baisse vite, découragé, lourd, propre à rien. Il perd ce que, dans ses études, dans une jeune société, il avait gagné d'idées pour aller un peu en avant. Il est bientôt amorti par la *dame propriétaire*, par le pesant étouffement du vieux foyer de famille.

Avec une dot de cent mille francs on enterre ainsi un homme qui peut-être chaque année aurait gagné cent mille francs.

Le jeune homme se le dit, à l'âge *du long espoir* et de la confiance. D'ailleurs qu'il ait plus, qu'il ait moins, n'importe, il veut courir sa chance, savoir de quoi il est capable; il envoie au diable la dot. Pour peu qu'il ait quelque chose qui batte sous la mamelle gauche, il n'ira pas, pour cent mille francs, se faire le mari de la reine.

Voilà ce que m'ont dit souvent les célibataires. Ils m'ont encore dit ceci, un soir que j'en avais chez moi cinq ou six, et de grand mérite, et que je les tourmentais sur leur prétendu célibat.

Un d'eux, savant distingué, me dit très sérieusement ces propres paroles : « Monsieur, ne croyez nullement, quelques distractions qu'on puisse trouver au dehors, qu'on ne soit pas malheureux de n'avoir pas de foyer, je veux dire, une femme à soi, qui vraiment vous appartienne. Nous le savons, nous le sentons. Nul autre repos pour le cœur. Et ne l'avoir pas, monsieur, sachez que c'est une vie sombre, cruelle et amère. »

Amère. Sur ce mot-là, les autres insistèrent et dirent comme lui.

« Mais, dit-il en continuant, une chose nous en empêche. Tous les travailleurs sont pauvres en France. On vit de ses appointements : on vit de sa clientèle, etc. On vit juste. Moi, je gagne six mille francs, mais telle femme à laquelle je pourrais songer, dépense autant pour sa toilette. Les mères les élèvent ainsi. En supposant qu'on me la donne, cette belle, que deviendrai-je le lendemain, quand, sortie d'une maison riche, elle va me trouver si pauvre? Si je l'aime (et j'en suis capable), imaginez les misères, les lâchetés dont je puis être tenté pour devenir un peu riche, et lui déplaire un peu moins.

« Je me souviendrai toujours que me trouvant dans une petite ville du Midi, où l'on envoie les malades à la mode, je vis passer sur une place où les mulets se roulaient dans une épaisse poussière, une surprenante apparition. C'était une fort belle dame ; courtisanesquement vêtue (une dame pourtant, non une fille), vingt-cinq ans, gonflée, ballonnée, dans une fraîche et délicieuse robe de soie bleu de ciel, nuée de blanc (chef-d'œuvre de Lyon), qu'elle traînait outrageusement par les endroits les plus sales. La terre ne la portait pas. Sa tête blonde et jolie, le nez au vent, son petit chapeau d'amazone qui lui donnait l'air d'un petit page équivoque, toute sa personne disait : « Je me moque de tout. » Je sentais que cette idole, monstrueusement amoureuse d'elle-même, avec toute sa fierté, n'appartenait pas moins d'avance à ceux qui la flatteraient, qu'on s'en jouerait avec des mots et qu'elle n'en était pas même à savoir ce que c'est qu'un scrupule. Je me souvins de Salomon : *Et tergens os suum dixit : Non sum operata malum.* Cette vision m'est restée. Ce n'est pas une personne, ce n'est pas un accident; c'est la mode, ce sont les mœurs du temps que j'ai vues passer; et j'en garderai toujours la terreur du mariage. »

« Pour moi, dit un autre plus jeune, l'obstacle, l'empêchement dirimant, ce n'est pas la crinoline, monsieur, c'est la religion. »

On rit; mais lui, s'animant : « Oui, la religion. Les femmes sont élevées dans un dogme qui n'est point le nôtre. Les mères qui veulent tant marier leurs filles, leur donnent l'éducation propre à créer le divorce.

« Quel est le dogme de la France? Si elle ne le sait elle-même, l'Europe le sait très bien; sa haine le lui dit à merveille. Pour moi, c'est un ennemi, un étranger très rétrograde qui me 'a un jour formulé : « Ce qui nous rend votre France haïssable, disait-il, « c'est que, sous un mouvement apparent, elle ne

« change pas. C'est comme un phare à éclipse, à
« feux tournants ; elle montre, elle cache la flamme,
« mais le foyer est le même. — Quel foyer ? L'esprit
« voltairien (bien antérieur à Voltaire) ; — en second
« lieu, 89, les grandes lois de la Révolution ; — troi-
« sièmement, les canons de votre pape scientifique,
« l'Académie des sciences. »

« Je disputai. Il insista, et je vois qu'il avait raison. Oui, quelles que soient les questions nouvelles,
89 est la foi de ceux mêmes qui ajournent 89 et le
renvoient à l'avenir. C'est la foi de toute la France,
c'est la raison pour laquelle l'étranger nous condamne en masse et sans distinction de partis.

« Eh bien, les filles de France sont élevées justement à haïr et dédaigner ce que tout Français aime
et croit. Par deux fois elles ont embrassé, haché,
tué la Révolution : premièrement au seizième siècle,
quand il s'agissait de la liberté de conscience ; puis
à la fin du dix-huitième, pour les libertés politiques.
Elles sont vouées au passé, sans trop savoir ce que
c'est. Elles écoutent volontiers ceux qui disent avec
Pascal : « Rien n'est sûr ; donc, croyons l'absurde. »
Les femmes sont riches en France, elles ont beaucoup d'esprit, et tous les moyens d'apprendre. Mais
elles ne veulent rien apprendre, ni se créer une foi.
Qu'elles rencontrent l'homme de foi sérieuse, l'homme
de cœur, qui croit et aime toutes les vérités cons-
tatées, elles disent en souriant : « Ce monsieur ne
« croit à rien. »

Il y eut un moment de silence. Cette sortie, un

peu violente, avait pourtant, je le vis, enlevé l'assentiment de tous ceux qui étaient là. Je leur dis : Si l'on admettait ce que vous venez d'avancer, je crois qu'il faudrait dire aussi qu'il en a été de même bien souvent dans d'autres âges, et qu'on se mariait pourtant. Les femmes aimaient la toilette, le luxe, étaient rétrogrades. Mais les hommes de ces temps-là sans doute étaient plus hasardeux. Ils affrontaient ces périls, espérant que leur ascendant, leur énergie, l'amour surtout, le maître, le vainqueur des vainqueurs, opéreraient en leur faveur d'heureuses métamorphoses. Intrépides Curtius, ils se lançaient hardiment dans ce gouffre, d'incertitudes. Et fort heureusement pour nous. Car, messieurs, sans cette audace de nos pères, nous ne naissions pas.

Maintenant, permettez-vous à un ami plus âgé de vous parler avec franchise?... Eh bien, j'oserai vous dire que si vous étiez vraiment seuls, si vous supportiez, sans consolations, cette vie que vous trouvez amère, vous vous presseriez d'en sortir. Vous diriez : L'amour est fort et il peut tout ce qu'il veut. Plus grande sera la gloire de convertir à la raison ces beautés absurdes et charmantes. Avec une grande volonté, déterminée, persévérante, un milieu choisi, un entourage habilement calculé, on peut tout. Mais il faut aimer, aimer fortement, et la même. Point de froideur. La femme cultivée et désirée, infailliblement appartient à l'homme. Si l'homme de ce temps-ci se plaint de n'aller pas à l'âme, c'est qu'il n'a pas ce qui la dompte, la force fixe du désir.

Maintenant, pour parler seulement du premier obstacle allégué, de l'orgueil effréné des femmes, de leur furie de toilette, etc., il me semble que ceci s'adresse surtout aux classes supérieures, aux dames riches, ou à celles qui ont occasion de se mêler au monde riche. C'est deux cents ou trois cent mille dames. Mais savez-vous combien de femmes il y a en France? Dix-huit millions, dix-huit cent mille à marier.

Il y aurait bien de l'injustice à les accuser en masse des torts et des ridicules de la haute société. Si elles l'imitent de loin, ce n'est pas toujours librement. Les dames, par leur exemple, et souvent par leurs mépris, leurs risées, à l'étourdie, font en ce sens de grands malheurs. Elles imposent un luxe impossible à de pauvres créatures qui parfois ne l'aimeraient pas, mais qui par position, pour des intérêts sérieux, sont forcées d'être brillantes, et, pour l'être, se précipitent dans les plus tristes hasards.

Les femmes, qui ont entre elles une destinée à part et tant de secrets communs, devraient bien s'aimer un peu et se soutenir, au lieu de se faire la guerre. Elles se nuisent dans mille choses, indirectement. La dame riche, dont le luxe change la toilette des classes pauvres, fait grand tort à la jeune fille. Elle empêche son mariage; nul ouvrier ne se soucie d'épouser une poupée si coûteuse à habiller. — Restée fille, elle est, je suppose, demoiselle de comptoir, de magasin; mais, là même, la dame lui nuit encore. Elle aime mieux avoir affaire à un commis en habit noir, flatteur, plus femme que les femmes. Les maîtres de magasin ont été ainsi conduits à substituer à grands frais le commis à la demoiselle, qui coûtait bien moins. — Celle-ci, que deviendra-t-elle? Si elle est jolie, à vingt ans elle sera entretenue, et passera de main en main. Flétrie bientôt avant trente, elle deviendra *couseuse*, et fera des confections à raison de dix sous par jour. Nul moyen de vivre sans demander chaque soir son pain à la honte. Ainsi la femme au rabais, par une terrible revanche, va rendant de plus en plus le célibat économique, le mariage inutile. Et la fille de la dame ne pourra pas se marier.

Voulez-vous, messieurs, qu'en deux mots je vous esquisse le sort de la femme en France? Personne ne l'a fait encore avec simplicité. Ce tableau, si je ne me trompe, doit toucher votre cœur, et vous éclairer peut-être, vous empêcher de mêler des classes fort différentes dans un même anathème.

II

L'OUVRIÈRE

Quand les fabricants anglais, énormément enrichis par les machines récentes, vinrent se plaindre à M. Pitt et dirent : « Nous n'en pouvons plus, nous ne gagnons pas assez ! » il dit un mot effroyable qui pèse sur sa mémoire : « Prenez les enfants. »

Combien plus coupables encore ceux qui prirent les femmes, ceux qui ouvrirent à la misère de la fille des villes, à l'aveuglement de la paysanne, la ressource funeste d'un travail exterminateur et la promiscuité des manufactures ! Qui dit la femme, dit l'enfant ; en chacune d'elles qu'on détruit, une famille est détruite, plusieurs enfants, et l'espoir des générations à venir.

Barbarie de notre Occident ! la femme n'a plus été comptée pour l'amour, le bonheur de l'homme, encore moins comme maternité et comme puissance de race ;

Mais comme *ouvrière !*

L'*ouvrière !* mot impie, sordide, qu'aucune langue

n'eut jamais, qu'aucun temps n'aurait compris avant cet âge de fer, et qui balancerait à lui seul tous nos prétendus progrès.

Ici arrive la bande serrée des économistes, des docteurs du produit net. « Mais, monsieur, les hautes nécessités économiques, sociales! L'industrie, gênée, s'arrêterait... Au nom même des classes pauvres! etc., etc. »

La haute nécessité, c'est d'être. Et visiblement, l'on périt. La population n'augmente plus, et elle baisse en qualité. La paysanne meurt de travail, l'ouvrière de faim. Quels enfants faut-il en attendre? Des avortons, de plus en plus.

« Mais un peuple ne périt pas! » Plusieurs peuples, de ceux même qui figurent encore sur la carte, n'existent plus. La haute Écosse a disparu. L'Irlande n'est plus comme race. La riche, l'absorbante Angleterre, ce suceur prodigieux qui suce le globe, ne parvient pas à se refaire par la plus énorme alimentation. La race y change, y faiblit, fait appel aux alcools, et elle faiblit encore plus. Ceux qui la virent en 1815 ne la reconnurent plus en 1830. Et combien moins depuis!

Que peut l'État à cela? Bien moins là-bas, en Angleterre, où la vie industrielle engloutit tout, la terre même n'étant qu'une fabrique. Mais infiniment en France, où nous comptons encore si peu d'ouvriers (relativement).

Que de choses *ne se pouvaient pas*, qui se sont faites pourtant! *On ne pouvait* abolir la loterie ; Louis-Philippe l'a abolie. On eût juré *qu'il était impossible* de démolir Paris pour le refaire ; cela s'exécute aisément aujourd'hui par une petite ligne du Code. (Expropriation pour cause d'utilité publique.)

Je vois deux peuples dans nos villes :

L'un, vêtu de drap, c'est l'homme ; — l'autre, de misérable indienne. — Et cela, même l'hiver!

L'un, je parle du dernier ouvrier, du moins payé, du gâcheux, du serviteur des ouvriers ; il arrive pourtant, cet homme, à manger de la viande le matin (un cervelas sur le pain ou quelque autre chose). Le soir, il entre à la gargote et il mange un plat de viande et même boit de mauvais vin.

La femme du même étage prend un sou de lait le matin, du pain à midi et du pain le soir, à peine un sou de fromage. — Vous niez?... Cela est certain : je le prouverai tout à l'heure. Sa journée est de dix sous, et *elle ne peut être de onze*, pour une raison que je dirai.

Pourquoi en est-il ainsi? L'homme ne veut plus se marier, il ne veut plus protéger la femme. Il vit gloutonnement seul.

Est-ce à dire qu'il mène une vie abstinente? Il ne se prive de rien. Ivre le dimanche soir, il trouvera, sans chercher, une ombre affamée, et outragera cette morte.

On rougit d'être homme.

« Je gagne trop peu », dit-il. Quatre ou cinq fois plus que la femme, dans les métiers les plus nombreux. Lui quarante ou cinquante sous, et elle dix, comme on va le voir.

La pauvreté de l'ouvrier serait pour l'ouvrière richesse, abondance et luxe.

Le premier se plaint bien plus. Et, dés qu'il manque en effet, il manque de bien plus de choses. On peut dire d'eux ce qu'on a dit de l'Anglais et de l'Irlandais : « L'Irlandais a faim de pommes de terre. L'Anglais a faim de viande, de sucre, de thé, de bière, de spiritueux, etc., etc. »

Dans le budget de l'ouvrier nécessiteux, je passais deux choses qu'il se donne à tout prix, et auxquelles elle ne songe pas : le tabac et la barrière. Pour la plupart, ces deux articles absorbent plus qu'un ménage.

Les salaires de l'homme ont reçu, je le sais, une rude secousse, principalement par l'effet de la crise métallique qui change la valeur de l'argent. Ils remontent, mais lentement. Il faut du temps pour l'équilibre. Mais, en tenant compte de cela, la différence subsiste. La femme est encore plus frappée. C'est la viande, c'est le vin, qui sont diminués pour lui; pour elle, c'est le pain même. Elle ne peut reculer ni tomber davantage : un pas de plus, elle meurt.

« C'est leur faute, dit l'économiste. Pourquoi ont-elles la fureur de quitter les campagnes, de venir mourir de faim dans les villes? Si ce n'est l'ouvrière même, c'est sa mère qui est venue, qui, de paysanne, se fit domestique. Elle ne manque pas, hors mariage, d'avoir un enfant, qui est l'ouvrière. »

Mon cher monsieur, savez-vous ce que c'est que la campagne de France? combien le travail y est terrible, excessif et rigoureux? Point de femmes qui cultivent en Angleterre. Elles sont bien misérables, mais enfin vivent en chapeau, gardées du vent et de la pluie. L'Allemagne, avec ses forêts, ses prairies, etc., avec un travail très lent et la douceur nationale, n'écrase pas la femme, comme on fait de celle-ci. Le *durus arator* du poète n'a guère son idéal qu'ici. Pourquoi? Il est propriétaire. Propriétaire de peu, de rien, et propriétaire obéré. Par un travail furieux, aveugle, de très mauvaise agriculture, il lutte avec le vautour. Cette terre va lui échapper. Plutôt que cela n'arrive, il s'y enterrera, s'il le faut; mais d'abord surtout sa femme. C'est pour cela qu'il se marie, pour avoir un ouvrier. Aux Antilles, on achète un nègre; en France, on épouse une femme.

On la prend de faible appétit, de taille mesquine et petite, dans l'idée qu'elle mangera moins (historique).

Elle a grand cœur, cette pauvre Française, fait autant et plus qu'on ne veut. Elle s'attelle avec un âne (dans les terres légères) et l'homme pousse la charrue. En tout, elle a le plus dur. Il taille la vigne à son aise. Elle, la tête en bas, gratte et pioche. Il a des répits, elle non. Il a des fêtes et des amis. Il va seul au cabaret. Elle va un moment à l'église et elle y tombe de sommeil. Le soir, s'il rentre ivre, battue! et souvent, qui pis est, enceinte! La voilà, pour une année, traînant sa double souffrance, au chaud, au froid, glacée du vent, recevant la pluie tout le jour.

La plupart meurent de phtisie, surtout dans le

Nord (voir les statistiques). Nulle constitution ne résiste à cette vie. Pardonnons-lui à cette mère, si elle a envie que sa fille souffre moins, si elle l'envoie à la manufacture (du moins elle aura un toit sur la tête), ou bien, domestique à la ville, où elle participera aux douceurs de la vie bourgeoise. L'enfant n'y est que trop portée. Toute femme a dans l'esprit des petits besoins d'élégance, de finesse et d'aristocratie.

Elle en est tout d'abord punie. Elle ne voit plus le soleil. La bourgeoise est souvent très dure, surtout si la fille est jolie. Elle est immolée aux enfants gâtés, singes malins, cruels petits chats, qui font d'elle leur jouet. Sinon grondée, vexée, malmenée. Alors elle voudrait mourir. Le regret du pays lui vient; mais elle sait que son père ne voudra jamais la reprendre. Elle pâlit, elle dépérit.

Le maître seul est bon pour elle. Il la consolerait, s'il l'osait. Il voit bien qu'en cet état désolé, où la petite n'a jamais un mot de douceur, elle est d'avance à celui qui lui montrerait un peu d'amitié. L'occasion en vient bientôt, madame étant à la campagne. La résistance n'est pas grande. C'est son maître, et il est fort. La voilà enceinte. Grand orage. Le mari honteux baisse les épaules. Elle est chassée, et sans pain, sur le pavé, en attendant qu'elle puisse accoucher à l'hôpital. (Histoire presque invariable, voyez les confessions recueillies par les médecins.)

Quelle sera sa vie, grand Dieu! que de combats! que de peines, si elle a tant de bon cœur, de courage, qu'elle veuille élever son enfant!

Voyons la condition de la femme ainsi chargée, et encore dans des circonstances relativement favorables.

Une jeune veuve protestante, de mœurs très austères, laborieuse, économe, sobre, exemplaire en tout sens, encore agréable, malgré tout ce qu'elle a souffert, demeure derrière l'Hôtel-Dieu, dans une rue malsaine, plus bas que le quai. Elle a un enfant maladif, qui va toujours à l'école, retombe toujours au lit, et qui ne peut avancer. Son loyer, de cent vingt francs, moins enchéri que bien d'autres, est porté à cent soixante. Elle disait à deux dames excellentes : « Quand je puis aller en journée, on veut bien me donner vingt sous, même vingt-cinq ; mais cela ne me vient guère que deux ou trois fois la semaine. Si vous n'aviez eu la bonté de m'aider pour mon loyer en me donnant cinq francs par mois, il eût fallu, pour nourrir mon enfant, que je fisse *comme les autres*, que je descendisse le soir dans la rue.

La pauvre femme qui descend tremblante, hélas! pour s'offrir, est à cent lieues de l'homme grossier à qui il lui faut s'adresser. Nos ouvrières qui ont tant d'esprit, de goût, de dextérité, sont la plupart distinguées physiquement, fines et délicates. Quelle différence entre elles et les dames des plus hautes classes? Le pied? Non. La taille? Non. La main seule fait la différence, parce que la pauvre ouvrière, forcée de laver souvent, passant l'hiver sous le toit avec une simple chaufferette, a ses mains, son unique instrument de travail et de vie, gonflées douloureusement, crevées d'engelures. A cela près, la même femme, pour peu qu'on l'habille, c'est madame la comtesse, autant qu'aucune du grand faubourg. Elle n'a pas le jargon du monde. Elle est bien plus romanesque, plus vive. Qu'un éclair de bonheur lui passe, elle éclipsera tout.

On ne sait pas assez combien les femmes sont une aristocratie. Il n'y a pas de peuple chez elles.

Quand je passai le détroit, un doux visage de femme, épuisé, mais fin, joli, distingué, suivait la voiture, me parlant, inutilement, car je n'entendais pas l'anglais. Ses beaux yeux bleus, suppliants, paraissaient souffrants, profonds, sous un petit chapeau de paille.

— Monsieur, dis-je à mon voisin, qui entendait le français, pourriez-vous m'expliquer ce que me dit cette charmante personne, qui a l'air d'une duchesse, et qui, je ne sais pourquoi, s'obstine à suivre la voiture ?

— Monsieur, me dit-il poliment, je suis porté à croire que c'est une ouvrière sans ouvrage, qui se fait mendiante, au mépris des lois.

Deux événements immenses ont changé le sort de la femme en Europe dans ces dernières années.

Elle n'a que deux grands métiers, *filer* et *coudre*. Les autres (broderie, fleurs, etc.) méritent à peine d'être comptés. La femme est une *fileuse*, la femme est une *couseuse*. C'est son travail, en tous les temps, c'est son histoire universelle.

Eh bien, il n'en est plus ainsi. Cela vient d'être changé.

La machine à lin a d'abord supprimé la fileuse. Ce n'est pas un gain seulement, c'est tout un monde d'habitudes qui a été perdu. La paysanne filait, en surveillant ses enfants, son foyer, etc. Elle filait aux veillées. Elle filait en marchant, menant sa vache ou ses moutons.

La couseuse était l'ouvrière des villes. Elle travaillait chez elle, ou continûment tout le jour, ou en coupant ce travail des soins du ménage. Pour tout labeur important, cela n'existera plus. D'abord, les couvents, les prisons, faisaient terrible concurrence à l'ouvrière isolée. Mais voici la machine à coudre qui l'anéantit.

Le progrès de deux machines, le bon marché, la perfection de leur travail, feront, malgré toute barrière, arriver partout leurs produits. Il n'y a rien à dire contre les machines, rien à faire. Ces grandes inventions sont, à la fin, au total, des bienfaits pour l'espèce humaine. Mais leurs effets sont cruels aux moments de transition.

Combien de femmes en Europe (et ailleurs) seront frappées par ces deux terribles fées, par la fileuse d'airain et la couseuse de fer? Des millions? Mais jamais on ne pourrait le calculer.

L'ouvrière de l'aiguille s'est trouvée, en Angleterre, si subitement affamée, que nombre de sociétés d'émigration s'occupent de favoriser son passage en Australie. L'avance est de sept cent vingt francs, mais la personne émigrée peut dès la première année en rendre moitié (Blosseville). Dans ce pays où les mâles sont infiniment plus nombreux, elle se marie sans peine, fortifiant de familles nouvelles cette puissante colonie, plus solide que l'empire indien.

Les nôtres, que deviennent-elles ? Elles ne font pas grand bruit. On ne les verra pas, comme l'ouvrier coalisé et robuste, le maçon, le charpentier, faire une grève menaçante et dicter des conditions. Elles meurent de faim, et voilà tout. La grande mortalité de 1854 est surtout tombée sur elles.

Depuis ce temps cependant, leur sort s'est bien aggravé. Les bottines de femmes ont été cousues à la mécanique. Les fleuristes sont moins payées, etc.

Pour m'éclairer sur ce triste sujet, j'en parlais à plusieurs personnes, spécialement à mon vénérable ami et confrère, M. le docteur Villermé, à M. Guerry, dont les beaux travaux sont si estimés, enfin à un jeune statisticien dont j'avais fort admiré la méthode rigoureuse, M. le docteur Bertillon. Il eut l'obligeance extrême de faire, à cette occasion, un travail sérieux, où il réunit aux données que le monde ouvrier peut fournir celles que des personnes de l'administration lui communiquèrent. Je voudrais qu'il le complétât et le publiât.

Je n'en donnerai qu'une ligne : « Dans le grand métier général qui occupe toutes les femmes (moins un petit nombre), le travail de l'aiguille, elles ne peuvent gagner que dix sous. »

Pourquoi ? « Parce que la machine, qui est encore assez chère, fait le travail à dix sous. Si la femme en demandait onze, on lui préférerait la machine. »

Et comment y supplée-t-elle ? « Elle descend le soir dans la rue. »

Voilà pourquoi le nombre des filles publiques, enregistrées, numérotées, n'augmente pas à Paris, et je crois, diminue un peu.

L'homme ne se contente pas d'inventer les machines qui suppriment les deux grands métiers de la femme, il s'empare directement des industries secondaires dont elle vivait, descend aux métiers du faible. La femme peut-elle, à volonté, monter aux métiers qui exigent de la force, prendre ceux des hommes? Nullement.

Les dames nonchalantes et oisives, enfoncées dans leur divan, peuvent dire tant qu'elles voudront : « La femme n'est point une malade. » — Ce qui n'est rien quand on peut, deux jours, trois jours, se dorloter, est souvent accablant pour celle qui n'a point de repos. Elle devient tout à fait malade.

En réalité, la femme ne peut travailler longtemps ni debout, ni assise. Si elle est toujours assise, le sang lui remonte, la poitrine est irritée, l'estomac embarrassé, la tête injectée. Si on la tient longtemps debout, comme la repasseuse, comme celle qui compose en imprimerie, elle a d'autres accidents sanguins. Elle peut travailler beaucoup, mais en variant l'attitude, comme elle fait dans son ménage, allant et venant.

Il faut qu'elle ait un ménage, il faut qu'elle soit mariée.

III

LA FEMME LETTRÉE

La demoiselle *bien élevée*, comme on dit, qui peut enseigner, devenir gouvernante dans une famille, professeur de certains arts, se tire-t-elle mieux d'affaire ? Je voudrais pouvoir dire : Oui. Ces situations plus douces n'entraînent pas moins pour elle une infinité de chances scabreuses, au total une vie trouble, une destinée avortée, parfois tragique. Tout est difficulté pour la femme seule, tout impasse ou précipice.

Il y a quinze ans, je reçus la visite d'une jeune et aimable demoiselle que ses parents envoyaient de la province à Paris. On l'adressait à un ami de la famille qui pouvait l'aider à gagner sa vie en lui procurant des leçons. J'exprimai l'étonnement que me donnait leur imprudence. Alors elle me dit tout. On l'envoyait dans ce péril pour en éviter un autre. Elle avait dans son pays un amant plein de mérite, et qui voulait l'épouser ; c'était le plus honnête homme, c'était un homme de talent. Mais, hélas ! il était pauvre. « Mes parents l'aiment, l'estiment, dit-elle, mais craignent que nous ne mourions de faim. »

Je lui dis sans hésiter : « Il vaut mieux mourir de faim que de courir le cachet sur le pavé de Paris. Je vous engage, mademoiselle, à retourner, non pas demain, mais aujourd'hui, chez vos parents. Chaque heure que vous restez ici vous fera perdre cent pour cent. Seule, inexpérimentée, que deviendrez-vous ? »

Elle suivit mon conseil. Ses parents consentirent. Elle épousa. Sa vie fut très difficile, pleine des plus dures épreuves, exemplaire et honorable. Partagée péniblement entre le soin de ses enfants et l'aide très intelligente qu'elle donnait aux travaux de son mari, je la vois encore l'hiver courant aux bibliothèques où elle faisait des recherches pour lui. Avec toutes ces misères, et la douleur qu'on avait de ne pouvoir secourir leur fière pauvreté, jamais je n'ai regretté le conseil que je lui donnai. Elle jouit beaucoup par le cœur, ne souffrit que de la fortune. Il n'y eut jamais meilleur ménage. Elle arriva à la mort aimée, pure et honorée.

La pire destinée pour la femme, c'est de vivre seule.

Seule ! le mot même est triste à dire... Et comment se fait-il sur la terre qu'il y ait *une femme seule !*

Eh quoi ! il n'est donc plus d'hommes ? Sommes-nous aux derniers jours du monde ? la fin, l'approche du Jugement dernier nous rend-elle si égoïstes, qu'on se resserre dans l'effroi de l'avenir et dans la honte des plaisirs solitaires ?

On reconnaît la *femme seule* au premier coup d'œil. Prenez-la dans son voisinage, partout où elle est regardée, elle a l'attitude dégagée, libre, élégamment légère, qui est propre aux femmes de France. Mais dans un quartier où elle se croit moins observée, elle se laisse aller ; quelle tristesse ! quel abattement visible ! J'en rencontrai l'hiver dernier, jeunes encore, mais en décadence, tombées du chapeau au bonnet, un peu maigries, un peu pâlies (d'ennui, d'anxiété ? de faible et de mauvaise nourriture?). Pour les refaire belles et charmantes, il eût suffi de peu de chose : quelque espoir, trois mois de bonheur.

Que de gênes pour une femme seule ! Elle ne peut guère sortir le soir ; on la prendrait pour une fille. Il est mille endroits où l'on ne voit que des hommes, et si une affaire l'y mène, on s'étonne, on rit sottement. Par exemple, qu'elle se trouve attardée au bout de Paris, qu'elle ait faim, elle n'osera pas entrer chez un restaurateur. Elle y ferait événement, elle y serait un spectacle. Elle aurait constamment tous les yeux fixés sur elle, entendrait des conjectures hasardées, désobligeantes. Il faut qu'elle retourne à une lieue, qu'arrivée tard elle allume du feu, prépare son petit repas. Elle évite de faire du bruit, car un voisin curieux (un étourdi d'étudiant, un jeune employé, que sais-je ?) mettrait l'œil à la serrure, ou indiscrètement, pour entrer, offrirait quelque service. Les communautés gênantes, disons mieux, les servitudes de nos grandes vilaines casernes, qu'on appelle des maisons, la rendent craintive en mille choses, hésitante à chaque pas. Tout est embarras pour elle, et tout liberté pour l'homme. Combien, par exemple, elle s'enferme, si, le dimanche, ses jeunes et bruyants voisins font entre eux, comme il arrive, ce qu'on appelle un *repas de garçons!*

Examinons cette maison.

Elle demeure au quatrième, et elle fait si peu de bruit que le locataire du troisième avait cru quelque temps n'avoir personne au-dessus de lui. Il n'est guère moins malheureux qu'elle. C'est un monsieur que sa santé délicate, et un peu d'aisance, ont dispensé de rien faire. Sans être vieux, il a déjà les habitudes prudentes d'un homme toujours occupé de se conserver lui-même. Un piano qui l'éveille un peu plus tôt qu'il ne voudrait a révélé la solitaire. Puis, une fois, il a entrevu sur l'escalier une aimable figure de femme un peu pâle, de svelte élégance, il est devenu curieux. Rien de plus aisé. Les concierges ne sont pas muets, et sa vie est si transparente! Moins les moments où elle donne ses leçons, elle est toujours chez elle, toujours à étudier. Elle prépare des examens, aimant mieux être gouvernante, avoir l'abri d'une famille. Enfin, on en dit tant de bien que le monsieur devient rêveur. « Ah! si je n'étais pas pauvre! dit-il. Il est bien agréable d'avoir la société d'une jolie femme à vous, qui comprend tout, vous dispense de traîner vos soirées au spectacle ou au café. Mais quand on n'a, comme moi, que dix mille livres de rente, on ne peut pas se marier. »

Il calcule alors, suppute son budget, mais en faisant le double compte qu'ils font en pareil cas, réunissant les dépenses probables de l'homme marié et celles du célibataire qui continuerait le café, le spectacle, etc. C'est ainsi qu'un de mes amis, un des plus spirituels journalistes de Paris, trouvait que pour vivre deux, sans domestique, dans une maisonnette de banlieue, il faut trente mille livres de rente.

Cette lamentable vie, d'*honorable solitude* et d'ennui désespéré, c'est celle que mènent les ombres errantes qu'on appelle en Angleterre les membres de clubs. Cela commence aussi en France. Fort bien nourris, fort bien chauffés, dans ces établissements splendides, trouvant là tous les journaux et de riches bibliothèques, vivant ensemble comme des morts bien élevés et polis, ils progressent dans le spleen et se préparent au suicide. Tout est si bien organisé que la parole est inutile ; il n'est même besoin de signes. A tels jours de l'année, le tailleur se présente et prend mesure, sans qu'on ait besoin de parler. Point de femme. Et encore moins irait-on chez une fille. Mais, une fois par semaine, une demoiselle apportera des gants, ou tel objet payé d'avance, et sortira sans bruit au bout de cinq minutes.

J'ai parfois, en omnibus, rencontré une jeune fille modestement mise, mais en chapeau toutefois, qui avait les yeux sur un livre et ne s'en détachait pas. Si près assis, sans regarder, je voyais. Le plus souvent, le livre était quelque grammaire ou un de ces manuels pour préparer les examens. Petits livres, épais et compacts, où toute science est concentrée sous forme sèche, indigeste, comme à l'état de caillou. Elle se mettait pourtant tout cela sur l'estomac, la jeune victime. Visiblement, elle s'acharnait à absorber le plus possible. Elle y employait les jours et les nuits, même les moments de repos que l'omnibus lui offrait entre ses courses et ses leçons données aux deux bouts de Paris. Cette pensée inexorable la suivait. Elle n'avait garde de lever les yeux, la terreur de l'examen pesait trop. On ne sait pas combien elles sont peureuses. J'en ai vu qui, plusieurs semaines d'avance, ne se couchaient plus, ne respiraient plus, ne faisaient plus que pleurer.

Il faut avoir compassion.

Notez que, dans l'état actuel de nos mœurs, je suis très grand partisan de ces examens qui facilitent une existence un peu plus libre, au total honorable. Je ne demande pas qu'on les simplifie, qu'on resserre le champ des études qui sont demandées. J'y voudrais pourtant une autre méthode; en histoire par exemple, *un petit nombre de grands faits capitaux, mais circonstanciés, détaillés* et non des tables de matières. Je soumets cette réflexion à mes savants collègues et amis, qui sont juges de ces examens.

Je voudrais encore qu'on ménageât davantage la timidité, que les examens fussent publics, mais pour les dames seulement, qu'on n'admît d'hommes tout au plus que les parents des demoiselles. Il est dur de leur faire subir cette épreuve devant un public curieux (comme cela arrive dans certaines villes). Il faudrait aussi laisser à chacune le choix du jour de l'examen. Pour plusieurs, l'épreuve est terrible, et, sans cette précaution, peut les mettre en danger de mort.

Eugène Sue, dans un roman faible d'exécution, mais d'observation excellente (*la Gouvernante*), donne le tableau très vrai de la vie d'une demoiselle transportée tout à coup dans une maison étrangère, dont elle doit élever les enfants. Égale ou supérieure par l'éducation, modeste de position, le plus souvent de caractère, elle n'intéresse que trop. Le père en est fort touché, le fils se déclare amoureux; les domestiques sont jaloux des égards dont elle est l'objet, la calomnient, etc. Mais que de choses à ajouter? Combien, chez Sue, est incomplète la triste iliade de ce qu'elle a à souffrir, même à craindre de dangers? On pourrait citer des faits étonnants, incroyables. Ici c'est la passion du père portée jusqu'au crime, entreprenant d'effrayer une gouvernante vertueuse, lui coupant son linge, ses robes, même brûlant un jour ses rideaux! Là, c'est une mère corrompue qui, voulant gagner du temps et marier son fils le plus tard possible, trouve très bon qu'en attendant il trompe une pauvre demoiselle *sans conséquence*, qui n'a ni parents ni protecteur. Elle flatte, caresse la fille crédule, et, sans qu'il y paraisse, arrange des occasions, des hasards calculés. Au contraire, j'ai vu ailleurs la maîtresse de maison, si violente et si jalouse, rendant la vie si amère à la triste créature, que, par l'excès des souffrances, elle prenait justement son abri sous la protection du mari.

La tentation est naturelle pour une jeune âme, fière et pure, courageuse contre le sort, de sortir de la dépendance individuelle, et de s'adresser à tous, de prendre un seul protecteur, le public, et de croire qu'elle pourra vivre du fruit de sa pensée. Que les femmes pourraient ici nous faire de révélations ! Une seule a conté cette histoire dans un roman très fort, dont le défaut est d'être court, de sorte que les situations n'arrivent pas à tout leur effet. Ce livre, *une Fausse position*, a paru il y a quinze ans et disparu aussitôt. C'est l'itinéraire exact, le livre de route d'une pauvre femme de lettres, le relevé des péages, octrois, taxes de barrières, droits d'entrée, etc., qu'on exige d'elle pour lui permettre quelques pas; l'aigreur, l'irritation que sa résistance lui crée tout autour, de sorte que tous l'environnent d'obstacles, que dis-je ? d'obstacles meurtriers.

Avez-vous vu en Provence des enfants ameutés contre un insecte qu'ils croient dangereux? Ils disposent autour de lui des pailles ou des brins secs, puis allument... De quelque côté que la pauvre créature s'élance, elle trouve la flamme, se brûle cruellement, retombe ; et cela plusieurs fois ; elle essaye toujours d'un courage obstiné, toujours en vain. Elle ne peut passer le cercle de feu.

C'est la même chose au théâtre. La femme énergique et belle, qui se sent de la force au cœur, se dit : « Par la littérature, il me faut subir les intermédiaires qui disposent de l'opinion. Sur la scène, je suis en personne par-devant mon juge, le public, je plaide moi-même pour moi. Je n'ai pas besoin

qu'on dise : « Elle a du talent ! » — Mais je dis :
« Voyez ! »

Quelle erreur ! la foule décide bien moins par ce qu'elle voit que par ce qu'on lui dit être le jugement de la foule. On est touché de cette actrice, mais chacun hésite à le dire. Chacun attendra, craindra le ridicule d'un entraînement passionné. Il faudra que les censeurs autorisés, les moqueurs de profession, aient donné le signal de l'admiration. Alors le public éclate, ose admirer, dépasse même tout ce que lui aurait dicté son émotion personnelle.

Mais, seulement pour arriver à ce jour du jugement où elle aura tout à craindre, que de fâcheux préalables ! que d'hommes intéressés, suspects, indélicats, disposent souverainement de son sort !

Par quelles filières, quelles épreuves, ont réussi les débuts ? comment s'est-elle concilié ceux qui la présentent et la recommandent ? puis, le directeur auquel elle est présentée ? plus tard, l'auteur à la mode qui ferait pour elle un rôle ? les critiques en dernier lieu ? Et je ne parle pas ici des grands organes de la presse qui se respectent un peu, mais des plus obscurs, des plus inconnus. Il suffit qu'un jeune employé, qui passe sa vie dans tel ministère à tailler des plumes, ait griffonné à son bureau quelques lignes satiriques, qu'une petite feuille les reçoive, les répande dans l'entr'acte. Animée, encouragée des premiers applaudissements, elle rentre en scène belle d'espoir... mais ne reconnaît plus la salle. Tout est brisé, le public glacé. On se regarde en riant.

J'étais jeune quand je vis une scène bien forte,

dont je suis resté indigné. J'aime à croire que de nos jours les choses ne sont plus ainsi.

Chez un de ces terribles juges que je connaissais, je vois arriver une petite personne, fort simplement mise, d'une figure douce et bonne, fatiguée déjà et un peu fanée. Elle lui dit, sans préface, qu'elle venait lui demander grâce, qu'elle le priait du moins de lui dire pourquoi il ne passait pas un jour sans la cribler, l'accabler. Il répondit hardiment, non pas qu'elle jouait mal, mais qu'elle était impolie, qu'à un premier article assez favorable elle eût dû répondre par un signe de reconnaissance, une marque *solide* de souvenir. « Hélas! monsieur, je suis si pauvre! je ne gagne presque rien, et je dois soutenir ma mère. — Peu m'importe! ayez un amant... — Mais je ne suis pas jolie. Et d'ailleurs je suis si triste!... On n'aime que les femmes gaies... — Non, vous ne m'en ferez pas accroire. Vous êtes jolie, mademoiselle, et c'est mauvaise volonté. Vous êtes fière, cela ne vaut rien. Il faut faire comme les autres, il faut avoir un amant. » Il ne sortit pas de là.

Je n'ai jamais compris comment on avait la force de siffler une femme. Chacun d'eux est peut-être bon, et ils sont cruels en masse. Cela arrive parfois dans telle ville de province. Pour forcer le directeur à dépenser plus qu'il ne peut, et à faire venir les premiers talents, on exécute chaque soir une infortunée qui elle-même aurait du talent, mais qui, sous cet acharnement, ce honteux supplice, perd la tête, chancelle, bégaye, ne sait plus ce qu'elle dit. Elle pleure, reste muette, implore des yeux... On rit, on siffle. Elle s'irrite, se révolte contre une si grande barbarie. Mais alors, c'est une tempête si horrible et si féroce qu'elle tombe, demande pardon...

Maudit qui brise une femme, qui lui ôte ce qu'elle avait de fierté, de courage, d'âme! Dans *une Fausse position*, ce moment est marqué d'une manière si tragique et si vraie, qu'on sent que c'est la nature même; cela est pris sur le vif. Camille, la femme de lettres, habilement entourée *du cercle de feu*, n'ayant plus d'issue, veut mourir. Elle n'en est empêchée que par un hasard imprévu, une occasion inévitable, impérieuse, de faire quelque bien encore. Attendrie par la charité, amollie, elle perd les forces que l'orgueil prêtait à son désespoir. *Un sauveur* lui vient, elle cède. La voilà *humble*, désarmée par le grand dilemme qui corrompit tant les mystiques : « Si le vice est un péché, l'orgueil est un plus grand péché. » Elle est devenue tout à coup, celle qui portait la tête si haut, bonne, docile, obéissante. Elle fait l'aveu de la femme : « *J'ai besoin d'un maître*. Commandez, dirigez... Je ferai ce qu'on voudra. »

Ah! dès qu'elle est une femme, dès qu'elle est douce, pas fière, tout est ami, tout s'aplanit. Les saints lui savent gré d'être humble. Les mondains en ont bon espoir. Les portes se rouvrent devant elle, et littérature et théâtre. On travaille, on conspire pour elle. Plus elle est morte de cœur, mieux elle est posée dans la vie. Les apparences redeviennent excellentes. Tout ce qui fit guerre à l'artiste, à la femme laborieuse et indépendante, est bon pour la femme soumise (désormais entretenue).

L'auteur du roman, à la fin, torture, mais sauve l'héroïne. Il lui met un fer brûlant au cœur, celui d'un véritable amour. Elle succombe, perd l'esprit avant sa dégradation. Peu ont ce bonheur; la plupart ont déjà trop souffert, trop baissé pour sentir si vivement; elles subissent leur sort, sont esclaves, — esclaves grasses et florissantes.

Esclaves de qui? direz-vous. De cet être incertain et inconnu qui d'autant moins est responsable, et d'autant plus est léger, sans égard et sans pitié. Son nom? C'est *Nemo*, le nom sous lequel Ulysse s'affranchit du cyclope. Ici, c'est le cyclope même, le minotaure dévorant. C'est *Personne*, et c'est *Tout le monde*.

J'ai dit qu'elle était *esclave*. Plus misérablement esclave que le nègre du planteur, plus que la fille publique numérotée du ruisseau. Comment? Parce que ces misérables, du moins, n'ont pas d'inquiétude, ne craignent pas le chômage, sont nourries par leurs tyrans. La pauvre *camellia*, au contraire, n'est sûre de rien. On peut la quitter tous les jours, et la laisser mourir de faim. Elle semble gaie, insouciante. Son métier est de sourire. Elle sourit, et dit cependant : « Peut-être affamée demain !... Et pour retraite, une borne ! »

Même dans son for intérieur, elle tâche aussi d'être gaie, ayant peur d'être malade, de maigrir. Cela est atroce de ne pouvoir être triste. Elles savent bien qu'au milieu des demi-égards, un peu ironiques, que l'on a pour elles, on ne leur pardonnera pas un jour de langueur, ni la moindre altération. Certaine ombre de souffrance, un peu de pâleur maladive qui parerait la grande dame et peut-être rendrait fou d'amour, c'est la ruine de la dame au camellia. Elle est tenue d'être brillante de fraîcheur, luisante plutôt. Point de grâce. Un médecin très honnête qu'une d'elles avait appelé, huit jours après, de lui-même, sans autre intérêt que la pitié, passant dans la rue, monta, demanda comment elle allait. Elle fut extrêmement touchée et ouvrit son cœur. « Vous me voyez toujours seule, dit-elle. Il vient à peine un jour par semaine. Si je souffre ce jour-là, il dit : « Bonsoir, je vais au bal » (c'est-à-dire chercher une femme), me faisant sèchement entendre que je ne suis bonne à rien, que je ne gagne pas mon pain. »

La façon dont on s'en défait est la chose la plus cruelle. M. Bouilhet, dans son beau drame d'*Hélène Peyron*, a mis en scène ce qui se voit tous les jours. On n'aime pas à rompre en face, mais on s'arrange si bien que la créature délaissée, demain sans ressources peut-être, accueille trop crédulement l'amour d'un ami perfide. Libre à l'infidèle, au traître, de dire qu'elle l'a trahi.

Dans un poème immortel, d'une inexprimable tendresse, Virgile a exprimé l'amertume, l'insondable mer de douleurs, où se noie l'amant de Lycoris. Ces courtisanes esclaves, qu'un maître avare louait, vendait, ont tiré des vers déchirants de la muse infortunée des Properce et des Tibulle. Elles étaient lettrées, gracieuses et de véritables *dames*, plus semblables à la dame au camellia actuelle qu'aux Manon Lescaut de l'ancien régime, si naïvement corrompues, simple élément de plaisir, qui ne sentaient, ne savaient rien.

Le danger est très grand ici. Le plus sûr est de rester loin. Un jour, un de mes amis, penseur distingué, charitable, mais qui a les mœurs du temps, me disait que c'était par ses relations légères, sans conséquence, en évitant tout engagement sérieux, qu'il avait su se réserver pour l'étude et l'exercice solitaire de l'intelligence. Je lui dis : « Quoi! vous trouvez que cela est sans conséquence? Mais n'est-ce pas un grand péril?... Par quel effort philosophique d'oubli et d'abstraction peut-on voir une infortunée jetée là par la misère, par la trahison peut-être, sans que son horrible sort ne déchire le cœur? Et si la pauvre créature, jouet de la fatalité, allait le prendre, ce cœur, vous seriez perdu! — Moi! dit-il en souriant (mais d'un si triste sourire!), cela ne peut pas arriver. Mes parents y ont pourvu; ils ont fermé cette porte qui mène aux grandes folies. Avant que j'aie senti mon cœur, on m'en a débarrassé. On a tué l'amour en moi. »

Cette parole funéraire me fit frémir. Je pensai au mot qu'un empereur sophiste dit au dernier jour de l'empire romain : « L'amour est une convulsion. » Le lendemain, tout s'écroula, non par l'invasion des barbares, mais par celle du célibat et de la mort préventive.

IV

LA FEMME NE VIT PAS SANS L'HOMME

Une vie toujours laborieuse nous enrichit, en avançant, de sens nouveaux qui nous manquaient. Bien tard, seulement l'hiver dernier (1858-1859), je me suis trouvé au cœur le sens des petits enfants. Je les avais toujours aimés, mais je ne les comprenais pas. Je dirai plus loin l'aimable révélation qui m'en vint par une dame allemande. C'est à elle certainement qu'on devra ce qui pourrait se trouver de meilleur dans les premiers chapitres sur l'éducation qu'on lira tout à l'heure.

Pour pénétrer dans cette étude, je crus devoir connaître mieux l'anatomie de l'enfant. Mon ami, M. le docteur Béraud, chirurgien des hôpitaux, ex-prosecteur de Clamart, jeune encore, mais si connu par le beau traité de physiologie qu'il a fait avec notre illustre Robin, voulut bien, dans le cabinet qu'il a à Clamart, disséquer plusieurs enfants sous mes yeux. Il m'avertit sagement que l'étude de l'enfant est utilement éclairée par celle de l'adulte. Me voilà donc, sous ses auspices, lancé dans l'anatomie que je ne connaissais jusque-là que par les planches.

Admirable étude, qui, indépendamment de tant d'utilités pratiques, est au fond toute une morale. Elle trempe le caractère. On n'est homme que par le ferme regard dont on envisage la vie et la mort. Et, ce qui n'est pas moins vrai, quoique moins connu, elle humanise le cœur, non d'un attendrissement de femme, mais en nous éclairant sur une foule de ménagements naturels qu'on doit à l'humanité. Un éminent anatomiste me disait : « C'est un supplice pour moi de voir une porteuse d'eau sous le poids de seaux qui l'accablent et qui lui scient les épaules. Si l'on savait combien chez la femme ces muscles sont délicats, combien les nerfs du mouvement sont faibles, et au contraire si développés ceux de la sensibilité ! »

Mon impression fut analogue, lorsque, ayant vu l'organisme qui fait de l'enfant un être fatalement mobile, à qui la nature impose un changement continuel, je pensai à l'enfer d'immobilité que lui inflige l'école. D'autant plus je me rattachai à la bonne méthode allemande (*ateliers et jardins d'enfants*), où on leur demande justement ce que veut la nature, le mouvement, en développant chez eux l'activité créatrice qui est le vrai génie de l'homme.

Tant qu'on n'a pas vu, touché les réalités, on hésite sur tout cela, on discute, on perd le temps à écouter les bavards. Disséquez. En un moment vous comprendrez, sentirez tout. C'est la mort surtout qui apprend à respecter la vie, à ménager, à ne pas surmener l'espèce humaine.

Si je pouvais avoir quelque doute sur l'influence morale de l'anatomie, il m'eût suffit de me rappeler que les meilleurs hommes que j'ai connus étaient de grands médecins. Au moment même où j'étudiais à Clamart, j'y vis un célèbre chirurgien anglais qui, dans son grand âge de quatre-vingts ans, passe tous les ans la mer pour visiter cette capitale des sciences, et connaître les nouveautés heureuses que son génie inventif trouve incessamment pour le soulagement de l'humanité.

Il s'agissait pour moi surtout de l'anatomie du cerveau. J'en étudiai un grand nombre de l'un et de l'autre sexe, de tout âge, et fus frappé de voir combien naïvement la face inférieure du cerveau répond, dans sa physionomie, à l'expression du visage. Je dis la face inférieure et nullement la partie supérieure, et toute *veineuse*, à laquelle évidemment Gall attachait trop d'importance. C'est loin de la boîte osseuse, aux larges bases du cerveau, *pleines d'artères*, accidentées de volutes plus ou moins riches, selon que l'intelligence fut développée; c'est là que se révèle énergiquement la personne, autant qu'au visage même. Celui-ci, face grossière, exposé à l'air, à mille chocs, déformé par des grimaces, s'il n'avait les yeux, parlerait bien moins que cette face inférieure, si bien gardée, si délicate, si merveilleusement nuancée.

Chez les femmes vulgaires, qui visiblement avaient eu des métiers grossiers, le cerveau était fort simple de forme, comme à l'état rudimentaire. Elles m'auraient exposé à la grave erreur de croire que la femme en général est, dans ce centre essentiel de l'organisme, inférieure à l'homme. Heureusement d'autres cerveaux féminins me détrompèrent, spécialement celui d'une femme qui, sous un rapport pathologique offrant un cas singulier, obligea M. Béraud à connaître et sa maladie et ses précédents. J'eus donc ici ce qui me manquait pour ces autres morts, l'histoire de la vie, de la destinée.

Cette singularité infiniment rare, c'était un calcul considérable trouvé dans la matrice. Cet organe généralement si altéré aujourd'hui, mais peut-être jamais à ce point, révélait là un état bien extraordinaire. Qu'au sanctuaire de la vie génératrice et de la fécondité on trouvât ce cruel desséchement, cette atrophie désespérée, une Arabie, si j'ose dire, un caillou..., que l'infortunée se fût comme changée en pierre... cela me jeta dans une mer de sombres pensées.

Cependant les autres organes n'en étaient pas altérés autant qu'on aurait pu croire. La tête était fort expressive. Si le cerveau n'était pas large, fort, puissant, comme celui de quelques hommes que j'avais pu observer, il était aussi varié, aussi riche de volutes. Petites volutes accidentées, historiées d'un détail infini, — naguère meublées, on le sentait, d'une foule d'idées, de nuances délicates, d'un monde de rêves de femme. Tout cela parlait. Et, comme j'avais eu sous les yeux, le moment d'auparavant, des cerveaux peu expressifs, j'allais dire silencieux, celui-ci, au premier aspect, me fit entendre un langage. En l'approchant, je croyais par les yeux ouïr encore un écho de ses soupirs.

Les mains, douces et assez fines, n'étaient pas cependant élégamment allongées, comme celles de la dame oisive. Elles étaient moyennement courtes, faites pour la préhension. Elle avait sans doute tenu de petits objets, qui ne déforment pas la main, mais la courbent et la concentrent. Ce devait être une ouvrière, — en linge peut-être? fleuriste? Telles étaient les conjectures naturelles. Elle pouvait avoir vingt-huit ans. Ses yeux d'un gris bleu, surmontés de sourcils noirs assez forts, une certaine qualité du teint, révélaient la femme de l'Ouest, ni Normande, ni Bretonne, d'une zone intermédiaire et pas encore du Midi.

La figure était sévère, fière plutôt. Les sourcils, arqués fortement, mais non surbaissés, témoignaient d'une personne honnête, nullement avilie, qui avait gardé son âme et jusqu'à la mort lutté.

Le corps, déjà ouvert à l'hôpital, montrait assez au côté gauche qu'une fluxion de poitrine l'avait enlevée. Elle était morte le 21 mars. En retranchant douze jours, nous remontions au mardi gras, au 9 mars. On était tenté de croire qu'elle était une des victimes si nombreuses des bals de cette époque. Cruel moment qui tout à coup comble les hôpitaux et bientôt les cimetières! On peut justement l'appeler la *Fête du Minotaure*. Que de femmes dévorées vivantes!

Quand on songe à l'ennui mortel, à la monotonie

profonde, à la vie déshéritée, sèche et vide, que mène l'ouvrière, surtout l'ouvrière de l'aiguille avec son pain sec éternel, et seule dans son froid grenier, on s'étonne peu si elle cède à la jeune folle d'à côté, ou à une amie plus mûre, intéressée, qui l'entraîne. Mais ce qui me donne toujours un étonnement douloureux, c'est que celui qui en profite ait si peu de cœur, qu'il protége si peu la pauvre étourdie, ne veille pas un peu sur elle, ne s'inquiète pas (lui chaudement couvert de manteaux, de paletots!) de savoir si elle revient vêtue, de savoir si elle a du feu, si elle a le nécessaire, de quoi manger pour demain. Hélas! cette infortunée dont vous eûtes tout à l'heure les dernières caresses, la jeter dans la nuit glacée!... Barbares! vous faites semblant d'être *légers* dans tout ceci. Point du tout. Vous êtes habiles, vous êtes cruels et avares, vous craignez d'en savoir trop, vous aimez mieux ignorer ce qui suit, — la vie, la mort...

Pour revenir, malgré l'époque, je doutai fort, sur la vue du visage de cette femme que ce fût une *étudiante*, une habituée de ces bals. On connaît aisément ce monde-là. Elle n'y eût pas réussi. Un nez sévèrement arrêté, un menton ferme, une bouche à lèvres fines et précises, un certain air de réserve, l'auraient fait trop respecter.

L'enquête ultérieure prouva que j'avais très bien jugé. C'était une demoiselle de province, de petite bourgeoisie marchande, qui, dans une ville peuplée en majeure partie de célibataires, employés, etc., n'avait pu, malgré son honnêteté naturelle, se défendre seule contre des assauts infinis, une poursuite de toutes les heures. Sur promesse de mariage, elle avait aimé et eu un enfant. Trompée, sans autre ressource que ses doigts et son aiguille, elle avait quitté cette ville, celle de France où les femmes sont le moins embarrassées. Elle y gagnent tout ce qu'elles veulent. Celle-ci aima mieux aller se cacher à Paris, et mourir de faim. Elle traînait un enfant; grand obstacle à toute chose. Elle ne pouvait être ni femme de chambre ni demoiselle de boutique. La couture ne produisait rien. Elle essaya de repasser; mais dans son état maladif, aggravé par le chagrin, elle ne pouvait le faire sans que le charbon lui donnât de cruelles migraines, et elle ne restait debout tout un jour qu'avec de grandes douleurs. Les ouvrières n'en savaient rien et la croyaient paresseuse. Les Parisiennes sont rieuses, elles n'épargnaient pas les risées à la pauvre provinciale. Toutefois, elles avaient bon cœur, et, dans ses embarras, lui prêtaient de leur argent.

Ses tristes robes d'indienne déteinte, que j'ai vues, témoignaient assez que, dans cette extrême misère, elle n'eut aucun recours à ce qui lui restait de beauté. Un tel vêtement vieillit. Il ne laissait nullement deviner combien cette personne était jeune encore, entière. La douleur et les misères maigrissent, mais ne fanent pas comme les excès et les jouissances. Et celle-ci, très visiblement, avait peu usé des joies de la vie.

La maîtresse qui l'employait à repasser avait eu la charité de lui permettre de coucher dans une grande soupente qui servait d'atelier, lieu fortement imprégné des vapeurs du charbon, et qui d'ailleurs devait le matin être libre pour le travail. Quelque souffrante qu'elle fût, elle ne pouvait rester au lit, même un jour. De bonne heure, les ouvrières arrivaient, se moquaient « de la paresseuse, fainéante et propre à rien ».

Au 1ᵉʳ mars, elle fut plus mal, eut un peu de fièvre, un peu de toux. Ce n'eût été rien si elle avait eu un *chez soi*. Mais, ne l'ayant pas, il lui fallut laisser sa petite fille à la bonté de la maîtresse et aller à l'hôpital.

Elle entra dans un de nos grands vieux hôpitaux où il y avait en ce moment beaucoup de fièvres typhoïdes. Le très habile médecin qui l'y reçut prévit sans peine que sa petite fièvre prendrait ce caractère. Mais il espéra l'atténuer. On lui demanda si sa santé, en général, était bonne. Elle dit modestement : *Oui*, dissimulant la grave lésion intérieure, et redoutant un pénible examen.

Dans l'immensité de ces salles qui réunissent tant de souffrances, où l'on voit agoniser, mourir à côté de soi, la tristesse ajoute souvent à la maladie. Les parents sont admis à certains jours. Mais combien n'ont pas de parents! combien meurent seuls! Celle-ci fut visitée par la charitable maîtresse, qui, pourtant, voyant plusieurs malades de la fièvre typhoïde, prit peur, et ne revint plus.

L'aération nécessaire se fait encore, comme autrefois, par de vastes fenêtres, de grands courants d'air. On s'occupe sérieusement d'établir un meilleur système. Ces courants frappent des malades peu défendus par leurs rideaux. La petite toux qu'elle avait devint une forte bronchite, puis une fluxion de poitrine. Épuisée depuis longtemps par une très faible nourriture, elle n'avait pas la force de réagir. Elle fut très bien soignée, mais mourut en trois semaines.

Sa petite fille (enfant charmante et déjà raisonnable) fut mise aux Enfants-Trouvés.

Son corps, n'étant réclamé de personne, fut envoyé à Clamart, et, j'ose dire, très utilement, puisqu'il a éclairé la science par un fait dont elle tirera de fécondes inductions. D'autre part, ce simple récit aura aussi été utile, s'il avertit fortement l'attention des bons esprits. *La femme meurt, si elle n'a foyer et protection.* Si celle-ci avait eu seulement un abri, un lit pour huit jours, son indisposition eût passé, selon toute apparence, et elle eût encore vécu.

Il lui aurait fallu un moment l'hospitalité d'une femme. Qu'il serait souvent aisé, pour une dame intelligente, à certains jours décisifs, de sauver celle que le malheur engloutit! Je suppose que cette dame, traversant un jardin public qui est près de l'hôpital, l'ait vu assise sur un banc, avec son petit paquet, se reposant un moment de sa longue course, avant d'entrer. Cette dame la voyant si pâle, frappée de sa figure honnête, distinguée, malgré l'extrême pauvreté du vêtement, se fût assise à côté d'elle, et, de manière ou d'autre, l'aurait fait un peu parler.

« Qu'avez-vous, mademoiselle? — J'ai la fièvre, madame. Je me sens tout à fait mal. — Voyons... Je m'y connais un peu. Oh! c'est peu de chose. Dans ce moment, l'épidémie régnante est forte aux hôpitaux. Vous pourriez bien la gagner. Un peu de quinquina peut-être vous mettra sur pied en deux jours. J'aurais beaucoup à repasser. Pour ces deux jours, venez chez moi. Guérie, vous ferez mon ouvrage. » — Cela lui eût sauvé la vie.

Deux jours n'eussent pas suffi. Avec une semaine, elle eût été remise. La dame, appréciant ce caractère honnête et sûr qu'elle portait sur son visage, l'eût sans doute gardée davantage. Un peu ouvrière, un peu demoiselle, mieux vêtue, redevenue belle par quelques mois d'une vie douce, elle eût touché plus d'un cœur de sa grâce sérieuse. Le malheur d'avoir été trompée et d'avoir ce joli enfant, bien compensé par sa sage tenue, sa vie économe et laborieuse, n'aurait guère arrêté l'amour. J'ai eu occasion de voir plusieurs fois la magnanimité tendre et généreuse des bons travailleurs dans ce genre d'adoption. J'ai vu un de ces ménages admirables. La femme aimait, j'ose dire, adorait son mari, et l'enfant, par je ne sais quel instinct, s'était attaché à lui plus qu'on ne fait à un père ; il ne le quittait qu'en pleurant, et, s'il tardait, pleurait pour le revoir.

On se figure trop aisément qu'une destinée est gâtée sans retour. Notre bonne vieille France ne pensait pas ainsi. Toute femme qui émigrait, par exemple, au Canada, passait pour purifiée de toute faute et de tout malheur, par le baptême de la mer. Ce n'était pas une vaine opinion. Elles prouvaient parfaitement qu'en effet il en était ainsi, devenaient d'admirables épouses, d'excellentes mères de famille.

Mais l'émigration la meilleure, pour celles qui,

presque enfants, se sont trouvées jetées par le hasard dans une vie légère, c'est de remonter courageusement par le travail et les privations. Un de nos premiers penseurs a soutenu cette thèse dans une lettre sévère à une de nos pauvres amazones, si brillantes et si malheureuses, qui lui demandait comment on peut sortir de ce gouffre. La lettre, très dure de forme, mais bonne au fond et très bonne, lui dit comment elle peut expier par la misère, se laver par le travail et la souffrance voulue, redevenir digne et pure. Il a tout à fait raison. L'âme de femme, bien plus mobile, plus fluide que l'âme d'homme, n'est jamais si profondément corrompue. Quand elle a voulu sérieusement revenir au bien, qu'elle a vécu d'efforts, de sacrifices, de réflexion, elle est vraiment renouvelée. C'est un peu comme la rivière, qui à tels jours fut gâtée, mais d'autres eaux sont venues, et elle est claire aujourd'hui. Si la femme ainsi changée, oubliant le mauvais rêve de ses fautes involontaires où le cœur n'était pour rien, parvient à le trouver, ce cœur, si elle aime... tout est sauvé. Le plus honnête homme du monde peut avoir son bonheur en elle, et s'honorer d'elle encore.

Je ne voulus rien ajouter à ce lugubre récit. Mes amis émus se levèrent. D'un seul mot, je leur rappelai ce qui l'avait précédé.

Mes chers messieurs, la raison pour laquelle vous vous marierez, la plus forte pour vos cœurs, c'est celle que je vous disais :

La femme ne vit pas sans l'homme.

Pas plus que l'enfant sans la femme. Tous les enfants trouvés meurent.

Et l'homme vit-il sans eux? Vous-même le disiez tout à l'heure : Votre vie est *sombre et amère*. Au milieu des amusements et des vaines ombres féminines, vous ne possédez pas la femme, ni le bonheur, ni le repos. Vous n'avez pas la forte assiette, l'équilibre harmonique, qui sert tant la production.

La nature a formé la vie d'un nœud triple et absolu : l'homme, la femme et l'enfant. On est sûr de périr à part, et on ne se sauve qu'ensemble.

Toutes les disputes des deux sexes, leurs fiertés, ne servent à rien. Il faut en finir sur ce point. Il ne faut pas faire comme l'Italie, comme la Pologne, l'Irlande, l'Espagne, où l'affaiblissement de la famille, et l'égoïsme solitaire, ont tant contribué à perdre l'État. Dans l'unique livre du siècle où il y ait une grande conception poétique (le poème du *Dernier Homme*), l'auteur croit le monde épuisé, et la Terre près de finir. Mais il y a un sublime obstacle : *La Terre ne peut pas finir, si un seul homme aime encore.*

Ayez pitié de la Terre fatiguée, qui sans l'amour n'aurait plus de raison d'être. Aimez, pour le salut du monde.

Si je vous ai bien compris, vous en auriez assez envie, mais la crainte vous arrête. Franchement, vous avez peur des femmes. Si la femme restait une chose, comme jadis, vous vous marieriez. Mais alors, mes chers amis, il n'y aurait pas mariage. C'est l'union de deux personnes. Voici que le mariage commence à devenir possible, justement parce qu'aujourd'hui elle est une personne et une âme.

Sérieusement, êtes-vous des hommes ? Cette puissance que vous prenez maintenant sur la nature par votre irrésistible génie d'invention, est-ce qu'elle vous manquera ici ? Un seul être, celui qui résume la nature et qui est tout le bonheur, sera hors de votre portée ! Par la science, vous atteignez les scintillantes beautés de la voie lactée; est-ce que celles de la terre, plus indépendantes de vous, vont vous renvoyer (comme la Vénitienne renvoya Rousseau) *aux mathématiques ?*

Votre grosse objection sur l'opposition de la foi, la difficulté d'amener la femme à la vôtre, elle ne me semble pas bien forte pour qui envisage froidement, pratiquement, la difficulté.

La fusion ne s'opérera complètement qu'en deux mariages, deux générations successives.

La femme qu'il faut épouser, c'est celle que j'ai donnée dans le livre de *l'Amour*, celle qui, simple et aimante, n'ayant pas encore reçu une empreinte définitive, repoussera le moins la pensée moderne, celle qui n'arrive pas d'avance ennemie de la science et de la vérité. Je l'aime mieux pauvre, isolée, peu entourée de famille. La condition, l'éducation est chose fort secondaire. Toute Française naît reine ou près de le devenir.

Comme épouse, la *femme simple* que l'on peut élever un peu. Et, comme fille, la *femme croyante*, qu'un père élèvera tout à fait. Ainsi se trouvera rompu ce misérable cercle où nous tournons, où la femme empêche de créer la femme.

Avec cette bonne épouse, associée, de cœur au moins, à la foi de son mari, celui-ci, suivant la voie fort aisée de la nature, exercera sur son enfant un incroyable ascendant d'autorité et de tendresse. La fille est si croyante au père! A lui d'en faire tout ce qu'il veut. La force de ce second amour, si haut, si pur, doit faire en elle *la Femme*, l'adorable idéal de grâce dans la sagesse, par lequel seul la famille et la société elle-même vont être recommencées.

LIVRE PREMIER

DE L'ÉDUCATION

I

LE SOLEIL, L'AIR ET LA LUMIÈRE

Un illustre observateur affirme que nombre d'êtres microscopiques qui, tenus à l'ombre, restent végétaux, s'animalisent au soleil, et deviennent de vrais animaux. Ce qui est sûr, incontesté, accepté de tout le monde, c'est que, loin de la lumière, tout animal végète; que le végétal n'arrive guère à la floraison, et que la fleur reste pâle, languissante, avorte et meurt.

La fleur humaine est, de toutes, celle qui veut le plus de soleil. Il est pour elle le premier et le suprême initiateur de la vie. Comparez l'enfant d'un jour, qui n'a connu que les ténèbres, avec l'enfant d'une année; la différence est énorme entre ce fils de la nuit et ce fils de la lumière. Le cerveau de ce dernier, mis en face de celui de l'autre, offre le miracle palpable d'une transfiguration complète. On ne s'en étonne pas, quand on voit que dans le cerveau l'appareil de la vision tient à lui seul plus de place que tous les organes des sens réunis. La lumière inonde la tête, la traverse de part en part jusqu'aux nerfs, profonds, reculés, d'où sort la moelle épinière de tout le système nerveux, tout l'appareil de la sensibilité et du mouvement. Même au-dessus des conduits optiques où la lumière circule, la masse centrale du cerveau (*la couronne rayonnante*) semble encore en être pénétrée et sans doute en tient ses *rayons*.

Le premier devoir de l'amour, c'est de donner à l'enfant, et aussi à la jeune mère, hier enfant, chancelante, ébranlée par l'accouchement, fatiguée par l'allaitement, beaucoup, beaucoup de lumière, la salubrité, la joie d'une bonne exposition, que le soleil égaye de ses premiers regards, qu'il aime et regarde longtemps, tournant autour à midi, même à deux heures, s'il se peut, l'échauffant, l'illuminant encore, ne la quittant qu'à regret.

A ceux qui vivent du monde, de la vie artificielle, laissez la splendeur des appartements tournés vers le soir. Les rois, les grands, les oisifs, ont cherché, dans leurs Versailles, l'exposition du couchant, qui glorifiait leurs fêtes. Mais celui qui sanctifie sa vie par le travail, celui qui aime et met sa fête dans l'enfant et la femme aimés, celui-là vit le matin. A lui-même il assure la fraîcheur des premières heures où la vie, tout entière encore, est énergique et productive. A eux il donne la joie, la prime fleur de gaieté qui enchante toute la nature dans le bonheur de son réveil.

Que comparer à la grâce innocente et délicieuse de ces scènes du matin, lorsque le bon travailleur, ayant prévenu le soleil, le voit qui, sous les rideaux, vient admirer la jeune mère et l'enfant dans le berceau ? Elle est surprise, elle s'étend : « Quoi ! si tard ! » — Elle sourit : « Oh ! que je suis paresseuse ! » — « Ma chère, il n'est que cinq heures. L'enfant t'a souvent réveillée ; je te prie, dors une heure encore. » Elle ne se fait pas trop prier, et les voilà rendormis.

Fermons, doublons les rideaux, et baissons la jalousie. Mais, le jour, dans sa triomphante et rapide ascension, ne se laisse pas exclure. Un charmant combat s'établit entre la lumière et l'ombre. Et ce serait bien dommage si l'on refaisait la nuit. Quel tableau on y perdrait ! Elle, penchée vers l'enfant, elle arrondit sur sa tête la courbe d'un bras amoureux... Un doux rayon cependant parvient à s'insinuer. Souffre-le, laisse autour d'eux cette touchante auréole de la bénédiction de Dieu.

J'ai parlé dans un de mes livres d'un arbre fort et robuste (c'était un châtaignier, je crois) que j'ai vu vivre sans terre, et de l'air uniquement. Nous suspendons dans des vases certaines plantes élégantes qui végètent également sans autre aliment que l'atmosphère. Nos pauvres cultivateurs ne leur ressemblent que trop, leur très faible nourriture, qui la supplée ? qui leur permet de faire, si peu nourris, des travaux si longs, si rudes ? la perfection de l'air où ils vivent et la puissance qu'il leur donne de tirer de cette alimentation tout ce qu'elle a de nutritif.

Eh bien, toi qui as le bonheur d'élever et de nourrir ces deux arbres du paradis, la jeune femme qui vit en toi, et son enfant, qui est toi, — songe bien que, pour qu'elle vive, qu'elle fleurisse et alimente le cher petit de bon lait, il faut lui assurer d'abord l'aliment des aliments, l'air vital. Quel malheur serait-ce, quelle triste contradiction, de la mettre, ta pure, ta chaste et charmante femme, dans la dangereuse atmosphère qui flétrirait son corps, son âme? Non, ce n'est pas impunément qu'une personne délicate, impressionnable et pénétrable recevra le fâcheux mélange de cent choses viciées, vicieuses, qui montent de la rue à elle, le souffle des esprits immondes, le pêle-mêle de fumées, d'émanations mauvaises et de mauvais rêves qui plane sur nos sombres cités !

Il faut faire un sacrifice, mon ami, et à tout prix, les mettre où ils puissent vivre. S'il se peut, sors de la ville. — Tu verras moins tes amis ? Ils feront bien un pas de plus, si ce sont de vrais amis. — Tu iras peu au théâtre? On en désire moins les plaisirs (agitants et énervants), quand on a à son foyer l'amour, ses joies rajeunissantes, sa *Divine Comédie*. — Tu perdras moins de temps le soir, à traîner dans les salons, à jaser. En récompense, le matin, frais, reposé, tout ce que tu n'auras pas dépensé en vaines paroles, tu le mettras en travail, en œuvres solides de résultats durables qui ne s'envoleront pas.

Je veux un jardin, non un parc : un petit jardin. L'homme ne croît pas aisément hors de ses harmonies végétales. Toutes les légendes d'Orient commencent la vie dans un jardin. Le peuple des forts, des purs, la Perse, met le monde d'abord dans un jardin de lumière.

Si tu ne peux quitter la ville, loge aux étages les plus hauts. Plus heureux que le premier, le cinquième et le sixième se font des jardins sur les toits. Tout au moins la lumière abonde. J'aime que ta jeune femme enceinte ait une vaste et noble vue, dans les rêveries de l'attente, pendant les longues heures d'absence. J'aime que les premiers regards de l'enfant, lorsqu'on le tiendra au balcon, tombent sur les monuments, sur les effets majestueux du soleil qui tourne autour et leur donne aux heures différentes des aspects si divers. Quand on n'a pas sous les yeux les montagnes, les hauts ombrages, les belles forêts, on reçoit des grands édifices (où est la vie nationale, l'histoire en pierres de la Patrie) des émotions précoces dont la trace subsiste toujours. Les petits enfants ne savent le dire, mais, de bonne heure, leur âme vibre aux effets de l'architecture, ainsi transfigurée. Tel rayon, tel coup de lumière qui, à telle heure, frappe un temple, leur reste à jamais présent.

Pour moi, je puis affirmer que rien dans ma première enfance ne me fit plus d'impression que d'avoir vu une fois le Panthéon, entre moi et le soleil. C'était le matin. L'intérieur, révélé par ses vitraux, rayonnait, comme d'une gloire mystérieuse. Entre les colonnes légères du charmant temple ionique, si énormément élevé sur les grands murs austères et sombres, l'azur circulait, mais rosé d'une inexprimable lueur. Je fus saisi, ravi, atteint, et plus que je ne l'ai été de très grands événements. Ils ont passé; cette lueur me reste et m'illumine encore.

II

DE L'ÉCHANGE DU PREMIER REGARD
ET DU COMMENCEMENT DE LA FOI

Le divin ravissement du premier regard maternel, l'extase de la jeune mère, son innocente surprise d'avoir enfanté un dieu, sa religieuse émotion devant ce merveilleux rêve, qui est si réel pourtant, c'est ce qu'on voit tous les jours, mais ce qui semblait impossible à peindre. Corrège a pu le saisir inspiré de la nature, libre de la tradition, dont jusqu'à lui l'air était contenu et refroidi.

Il y a des spectateurs autour du berceau, et cependant la scène est solitaire, toute entre *elle* et *lui* qui sont la même personne. Elle le regarde frémissante. D'elle à lui, de lui à elle, un rayonnement électrique se fait, un éblouissement, qui les confond l'un avec l'autre. Mère, enfant, c'est même chose dans cette vivante lumière qui rétablit leur primitive, leur si naturelle unité!

Si elle n'a plus le bonheur de le contenir palpitant

au fond de son sein, en récompense elle a cet enchantement, cette féerie, de l'avoir en face d'elle, sous son avide regard. Penchée sur lui, elle tressaille. Jeune et innocente qu'elle est, par les signes les plus naïfs elle révèle sa jouissance de s'assimiler par l'amour ce fruit divin d'elle-même. Naguère, il s'est nourri d'elle; maintenant elle se nourrit de lui, l'absorbe, *le boit et le mange*. Échange délicieux de la vie ; l'enfant la donne et la reçoit, absorbant sa mère à son tour, comme lait, comme chaleur et lumière.

Grande, très grande révélation. Ce n'est pas ici un vain spectacle d'art et de sensibilité, simple volupté du cœur et des yeux. Non, c'est un acte de foi, un mystère, mais non absurde, la base sérieuse et solide de religion, d'éducation, sur lequel va s'élever tout le développement de la vie humaine. Quel est ce mystère? Le voici :

Si l'enfant n'était pas Dieu, si le rapport de la mère à lui n'était pas un culte, il ne vivrait pas. — C'est un être si fragile, qu'on ne l'eût jamais élevé s'il n'eût eu dans cette mère la merveilleuse idolâtrie qui le divinise, qui lui rend doux et désirable, à elle, de s'immoler pour lui. Elle le voit beau, bon et parfait. Et ce serait peu dire encore, elle le voit comme idéal, comme absolu de beauté et de bonté, la fin de la perfection.

Dans quel étonnement douloureux tomberait-elle si quelque esprit chagrin, quelque malencontreux sophiste, se hasardait à lui dire que « l'enfant est né méchant, que l'homme est dépravé avant de naître », et tant de belles inventions philosophiques ou légendaires ! Les femmes sont douces et patientes. Elles font la sourde oreille. Si elles avaient cru cela, si un seul moment elles avaient pris ces idées au sérieux, tout eût été bientôt fini. Incertaines et découragées, elles n'auraient pas mis leur vie toute dans ce berceau ; l'enfant négligé eût péri. Il n'y eût pas eu d'humanité ; l'histoire eût été finie dès ses premiers commencements.

Dès que l'enfant voit la lumière et se voit dans l'œil maternel, il reflète, instinctivement il renvoie le regard d'amour, et dès lors, le plus profond et le plus doux mystère de vie vient de s'accomplir entre eux.

Le temps y ajoutera-t-il ? Peut-elle croître, la béatitude d'un si parfait mariage? Par une seule chose peut-être, c'est que tous deux l'aient compris ; que lui il se dégage de l'immobilité divine, agisse et veuille correspondre, aille à elle de tout son petit cœur, qu'il ait l'élan de se donner.

Ce second moment de l'amour et de la foi mutuelle est saisi dans une œuvre unique, que la France possède au Louvre. L'auteur, Solari (de Milan), se survit par ce seul tableau; tous les autres ont péri. Il avait vécu longues années chez nous, et il eut le double sens, l'âme des deux nations sœurs. Autrement eût-il trouvé l'exquis de la vie nerveuse, son délicat frémissement?

Ici, point d'effet magique, point de mystérieux combat entre la lumière et la nuit. Au grand jour, sans artifice, sous un arbre, dans un paysage agréable et médiocre, une mère et son enfant, rien de plus. Même çà et là la crudité de tel ton (effet

.des restaurations?) blesse les yeux. Et comment le cœur est-il si troublé?

La jeune mère, fine et jolie, singulièrement délicate, veut bien plus qu'elle ne peut. Non que son sein manque de lait; il est beau de sa plénitude, beau de tendresse visible et d'un doux désir d'allaiter. Mais si frêle est cette personne charmante! On se demande comment elle nourrira la belle source, sinon de sa propre vie.

Qui est-elle? Une fleur italienne, chancelante, un peu épuisée? ou une nerveuse Française (je le croirais bien tout autant). La nation du reste paraît ici bien moins que l'époque. C'est le temps cruel des guerres, des misères, où l'art sentit, exprima l'attrait pénétrant que la douleur donne à la grâce, ces sourires de femmes souffrantes qui s'excusent de souffrir et voudraient ne pas pleurer.

Le bel et puissant enfant, la magnifique créature, sur qui celle-ci se penche, repose sur un coussin. A peine elle pourrait le porter. Frappante disproportion, qui n'a ici nul sens mystique. Mais l'enfant est de grande race, d'un père qui sans doute appartint aux temps héroïques encore. Et elle, la toute jeune mère, elle est de l'âge souffrant, affaibli et affiné de l'Italie du Corrège. Dernière goutte d'élixir divin, sous le pressoir de la douleur.

Notez aussi qu'aux mauvais temps, la mère, quoique mal nourrie, allaite longtemps son enfant. Et plus il a de conaissance, plus il trouve cela très doux, et moins il veut y renoncer. Elle, elle n'a pas la force de ce grand détachement. Elle s'épuise, elle le sent : mais elle ira tout de même, tant qu'elle en aura une goutte. Elle s'épuise, elle mourra pour ne pas faire pleurer l'enfant.

Celle de Solari dit trois choses.

Faible qu'elle est, ne donnant pas son superflu, mais plutôt son nécessaire, sa substance, elle n'en sourit pas moins, et dit avec passion : « Bois, mon enfant! bois, c'est ma vie! »

Mais soit que le charmant enfant, d'une innocente avidité, ait un peu blessé ce beau sein, soit que la succion puissante retentisse à la poitrine et tire ses fibres intérieures, elle a souffert, elle souffre. N'importe, elle dit encore : « Jouis, bois... C'est ma douleur. »

Et cependant le lait qui monte, qui gonfle et qui tend le sein, sort et se plaît à couler. La douleur, se taisant, fait place à un doux engourdissement qui n'est pas sans quelque charme, comme celui du blessé qui se plaît à voir écouler sa vie. Mais ici c'est un bonheur; si elle diminue en elle, elle se sent augmenter en lui. Elle en éprouve un étrange et profond ébranlement jusqu'aux sources de son être, et dit : « Bois, c'est mon plaisir! »

Lui, son invincible puissance qui fait que, quoi qu'il advienne, elle ne peut plus s'en détacher.

Amour qui peut sembler calme, dans l'innocence de cet âge, et qui n'est pas comme celui de sa mère, aiguisé de toutes les flèches de délices et de douleurs, mais fort de sa grande unité. S'il pouvait dire, il dirait : « Toi seule est mon infini, mon monde absolu et complet ; rien en moi qui ne soit de toi, et qui ne veuille aller à toi... Je ne sais si je vis, mais j'aime ! »

L'Inde symbolise le cercle de la vie parfaite et divine par l'attitude d'un Dieu qui de la main se prend le pied, se concentre et se forme en arc. Ainsi font souvent les petits enfants, ainsi fait celui-ci, doucement soulevé au sein. Elle l'aide à aller à elle. Mais lui, il le veut tout autant, y fait ce qu'il peut. Par ce mouvement gracieux, charmant, d'instinct naturel où l'on sent poindre pourtant l'élan voulu de la tendresse, il ramasse tout son corps, bande en arc toute sa personne, aussi grande qu'elle puisse être et sans en réserver rien. Il se fait un, pour s'offrir et se donner tout entier.

III

LE JEU. — L'ENFANT ENSEIGNE LA MÈRE

Rien de plus joli, rien de plus touchant que l'embarras d'une jeune mère, toute neuve à la maternité, pour manier son enfant, l'amuser, le faire jouer, entrer en communication avec lui. Elle ne sait pas trop bien par où prendre le bijou, l'être adoré, mystérieux, la vivante énigme, qui gît là et semble attendre qu'on le remue, qu'on devine ses désirs, ses volontés. Elle l'admire, elle tourne autour, elle tremble de le toucher trop fort. Elle le fait prendre par sa mère. Son admirable gaucherie fait sourire le témoin discret qui les observe en silence, et se dit que la jeune dame, pour avoir eu un enfant, n'est pas moins une demoiselle. Les vierges sont maladroites; la grâce et la facilité n'arrivent guère qu'à celle qui est vraiment la femme, déjà assouplie par l'amour.

Eh bien, madame, puisque enfin vous êtes madame déjà, y a-t-il donc tant d'années que vous n'êtes plus petite fille? A quinze ans, s'il m'en souvient, sous prétexte d'essayer des modes, vous jouiez encore aux poupées. Même, quand vous étiez bien seule (convenez-en), il vous arrivait de les baiser, de les bercer. — La voici, la poupée vivante, qui ne demande qu'à jouer... Eh! jouez donc, pauvre petite! on ne vous regardera pas.

« Mais je n'ose... Avec celle-ci, j'ai peur. Elle est si délicate! Si je la touche, elle crie. Et, si je la laisse, elle crie... Je tremble de la casser! »

Il est des mères tellement idolâtres, tellement perdues dans l'extase de cette contemplation, qu'elles resteraient tout le jour à genoux devant leur enfant. Par le lait, par le regard, quelque petit chant de nourrice, elles se sentent unies avec lui, et n'en demandent pas plus. Ce n'est pas assez; l'union est bien plus encore dans la volonté agissante, dans le concours d'action. S'il n'agit avec toi, sauras-tu s'il t'aime? C'est le jeu qui va créer entre vous ce rapprochement plus intime que l'allaitement même, et qui aura tous les effets d'un allaitement de l'esprit.

Éveille, en jouant, sa jeune âme, sa pensée et sa volonté. En lui repose une personne, évoque-la. Et tu auras ce bonheur que cette âme et cette personne, ce désir et ce vouloir, n'auront d'abord d'autre but que toi-même. Sa liberté, aidée de toi, n'aura son premier élan que pour retourner à toi... Ah! qu'il a raison! et que tous, après avoir traversé les faux bonheurs de ce monde, nous retournerions volontiers vers le paradis maternel! Sortis du sein de la femme, notre ciel d'ici-bas n'est autre que de revenir à son sein.

« Mais que ferais-je?... Sans doute, je me trouverais bienheureuse de devenir son amie et son petit camarade. Que faire? » — Peu ou rien, ma chère, surtout ce qu'il fera lui-même. — Observons-le, — posons-le doucement dans l'herbe soleillée et sur ce tapis de fleurs. Tu n'as qu'à le regarder; ses premiers mouvements te guideront. Il va t'enseigner. »

Ces mouvements, ces cris, ces essais d'abord impuissants d'action, les petits jeux qui les suivent, ne sont point du tout arbitraires. Ce n'est pas ton nourrisson tout seul que tu vois ici, c'est l'humanité enfant, comme elle fut. — « Cette première activité, dit Frœbel, nous raconte et nous renouvelle les penchants, les idées, les besoins, que notre espèce eut d'abord. Il peut s'y mêler sans doute quelque élément trouble, dans nos races altérées par une société factice. Mais ce n'en est pas moins, au total, la révélation très grave du passé lointain de l'humanité et de ses instincts d'avenir. Le jeu est un miroir magique où tu n'as qu'à regarder pour apprendre ce que fut l'homme, et ce qu'il sera, ce qu'il faut faire pour le mener à son but. »

Tirons de là sans hésiter le premier principe de l'éducation qui déjà contient tous les autres : *La mère n'enseigne à l'enfant que ce que l'enfant d'abord doit lui avoir enseigné.* Cela veut dire que, de lui, elle tire les premiers germes de ce qu'elle développe en lui. Cela veut dire qu'en cet enfant elle a vu d'abord passer par lueur, ce qui à la longue, elle aidant, deviendra lumière.

« Ainsi, ces germes sont bons, dit-elle, et ces lueurs sont saintes?... Merci... Oh! je l'avais pensé. On m'avait dit durement que l'enfant ne naît pas bon. Jamais je n'en voulus rien croire. Je sentais si bien Dieu en lui!

« Aimable, charmant conseil! qu'il va à mon cœur! Tenir bien mes regards sur lui, et de lui faire en tout ma règle, ne vouloir rien que ce qu'il veut! »

Doucement, chère petite, doucement. Observons d'abord s'il est sûr qu'il veuille et sache bien ce qu'il veut. Voyons plutôt si, accablé d'un chaos de choses confuses qui lui arrivent à la fois, il n'attend pas ton secours pour lui choisir, lui éclaircir les objets de sa volonté.

C'est ici le coup de génie du bon Frœbel, et c'est ici que vraiment, à force de simplicité, il a trouvé ce que les sages avaient cherché vainement, le mystère de l'éducation.

Tel fut l'homme, telle fut la doctrine. Ce paysan d'Allemagne eut beau devenir un habile, il retint un don singulier d'enfance, et la faculté unique de retrouver nettement les impressions de son berceau. « J'étais, dit-il, enveloppé d'un obscur et profond brouillard. Ne rien voir, ne rien entendre, c'est d'abord une liberté; mais, à mesure que nos sens nous transmettent tant d'images, tant de sons, la réalité nous opprime. Un monde de choses incomprises, sans ordre et sans suite, nous arrivent à la fois et sans consulter nos forces; nous sommes étonnés, inquiets, obsédés, trop excités. De tant d'impressions éphémères la fatigue nous reste seule. C'est un secours, un bonheur, si une providence amie, de la foule de ces objets, en choisit, en ramène fréquemment tels et tels, qui, devenant familiers, n'occupent qu'en délassant, et nous délivrent de cette Babel. »

Ainsi, cette première éducation, loin d'être une gêne pour l'enfant, lui est un secours, *une délivrance du chaos* des impressions trop diverses qui l'accablaient. La mère en lui amenant les choses par ordre, une à une, pour considérer à l'aise, observer et manier tel petit objet qui lui plaît, lui crée la vraie liberté que demande alors son âge.

Pour se faire, dans cette voie, une méthode bonne et sûre, il suffit de bien comprendre ses tendances. Chose facile pour celle qui, nuit et jour, penchée sur lui, le regarde, s'informe uniquement de ce qu'il est, de ce qu'il veut, du bien qu'elle peut lui faire.

Premièrement, il veut être aimé, que tu t'occupes de lui et lui témoignes de l'amour... — Oh! que cela est facile!

Deuxièmement, il veut vivre, vivre beaucoup, toujours davantage, agrandir le cercle de sa petite action, remuer, varier sa vie, la transporter ici et là, être libre. Ne t'effraye pas; libre autour de toi, chérie; au plus près de toi, toujours à portée de toucher ta robe, libre surtout de t'embrasser.

Troisièmement, déjà lancé aux voyages de découvertes, il n'est pas peu préoccupé de tant d'objets nouveaux. Il veut connaître, — par toi, et toujours il va à toi, — non par un instinct seulement de faiblesse et d'ignorance, mais par je ne sais quel sens qui lui dit que par toi tout arrive, doux, aimable et bon, que tu es le lait de la vie et le miel de la nature.

Quatrièmement, si petit, parlant à peine, à peine marchant, il est déjà comme nous; son cœur, ses yeux jugent de même, et il te trouve très belle. Chaque chose est belle pour lui selon qu'elle te ressemble. Tout ce qui de près ou de loin rappelle les formes suaves de sa mère, il dit nettement : « C'est joli! » Quand ce sont des choses inertes, il en saisit moins le rapport avec ta beauté vivante. Mais même en ces choses elle influe puissamment sur son jugement. La symétrie des organes et des formes doubles, de tes mains, de tes yeux, fait son idée d'harmonie.

Du reste, ce qui est en lui magnifique et vraiment divin, c'est qu'il est si riche de vie, qu'il en prête libéralement à tous les objets. Les plus simples lui vont le mieux. Des êtres organisés, vivants, pourraient l'amuser, mais leur action indépendante le gênerait : il les briserait sans malice, pour les connaître uniquement et par simple curiosité.

Donne-lui plutôt des choses de formes élémentaires (il est encore un élément), et de figure régulière, qu'il puisse grouper en jouant. La nature, au premier essai d'association, donne des cristaux. Fais comme elle, donne à l'enfant des formes analogues aux cristaux. Tu es sûre qu'il s'en servira, comme d'autant de matériaux, les juxtaposant, les superposant. Son instinct est tel. Si on ne lui donne rien, il s'essaye avec du sable, qui fuit, s'écroule toujours.

Surtout, jamais de modèle sous ses yeux qui l'assujettisse. N'en fais pas un imitateur. Sois sûre que dans son esprit, tout au moins dans son souvenir, il trouvera les jolis types de sa petite architecture. Un matin, émerveillée, tu reconnaîtras ta maison.

« Miracle ! t'écrieras-tu. C'est lui qui a fait cela... Mon fils est un *créateur !* »

C'est le nom propre de l'homme que tu viens de trouver là.

Ajoutez qu'en créant quelque chose, il va se créer lui-même. Il est son vrai Prométhée.

Et c'est pour cela, jeune mère, que du pur instinct de ton cœur, sans oser le dire, tout d'abord tu sentis bien qu'il était Dieu.

Mais voilà qu'elle a déjà peur : « S'il en est ainsi, dit-elle, il est déjà indépendant, tout à l'heure il va m'échapper ! »

Non, ne crains rien : bien longtemps, il reste dépendant de l'amour, il t'appartient, c'est son bonheur. S'il crée, c'est toujours pour toi. « Regarde, maman, regarde (rien ne serait beau pour lui sans la caresse de ton regard, la bénédiction de tes yeux). Vois ce que j'ai fait pour toi... Si cela n'est pas joli, je le ferai autrement. » — Il met pierre sur pierre, bois sur bois... « Voilà une petite chaise où maman pourra s'asseoir... Deux montants et une traverse, c'est un toit, c'est la maison où maman pourra demeurer avec son petit enfant. »

Donc, tu es son cercle complet. Il part de toi et y retourne. L'essai, le premier effort de sa jeune invention, c'est de te loger dans son œuvre, de t'avoir à son tour chez lui.

Vie enfantine et bienheureuse, tout entière dans l'amour encore !... Qui s'en souviendra sans regret?

IV

COMBIEN L'ENFANT EST FRAGILE ET SACRÉ

Quand on pense que les enfants vivent si peu généralement, on éprouve un vif désir de les rendre heureux à tout prix.

Un quart meurt avant un an, — disons, avant d'avoir vécu, avant d'avoir reçu le baptême divin de lumière qui transfigure le cerveau dans cette première année.

Un tiers meurt avant deux ans, avant presque d'avoir connu les douces caresses de la femme, et goûté dans une mère le meilleur des biens d'ici-bas.

La moitié (dans plusieurs pays) n'atteint pas la puberté, la première aurore d'amour. Accablés de travaux précoces, d'études sèches et de rigueurs, ils ne peuvent pas arriver à cette seconde naissance, ce bonheur, cet enchantement.

On peut dire que les meilleurs hospices d'enfants trouvés sont des cimetières. Celui de Moscou, sur trente-sept mille, en vingt ans, en sauve mille. Celui de Dublin deux cents sur douze mille, c'est-à-dire un soixantième. Que dire de celui de Paris? Je l'ai vu et admiré, mais les résultats n'en sont pas bien positivement connus. On y trouve réunies deux classes d'enfants très différentes : 1° des *orphelins* qu'on amène tout élevés, et ceux-là ont chance de vivre; 2° les *enfants trouvés* proprement dits, les nouveau-nés apportés à la naissance; on les envoie en nourrice, et l'on prolonge ainsi leur vie pendant quelques mois.

Ne parlons que des *heureux*, de ceux qui ont une mère, de ceux qu'on entoure de tendresse, de soins, d'avenir. Regardons-les : tous sont jolis à quatre ans, et laids à huit. Dès que nous commençons à vouloir les cultiver, ils changent, ils se vulgarisent, se déforment. Nous en accusons la nature, nous appelons cela l'âge *ingrat*. Ce qui est ingrat, stérile, desséchant, c'est la maladresse avec laquelle on fait passer l'enfant d'une vie toute mobile à une fixité barbare, passer une petite tête, toute sensible, toute imaginative, à des choses aussi abstraites que la lecture ou le calcul. Il faudrait plusieurs années de transitions bien ménagées, de petits travaux fort courts, très faciles, mêlés de mouvements et d'action (mais non pas automatique). Nos *asiles* sont encore loin de remplir ces conditions.

Ce problème de l'éducation, qui n'est pas seulement celui du développement futur, mais qui est pour la plupart une question de vie ou de mort, m'a souvent attristé l'esprit. J'ai vu défaillir à la fois les deux systèmes contraires d'éducation qui se partageaient le monde.

L'éducation d'enseignement, de tradition et d'autorité, telle qu'elle est dans les écoles, collèges (ou petits séminaires, tous suivent les mêmes méthodes), est partout affaiblie en Europe. A cette impuissance trop bien constatée, les récents essais d'amélioration ont ajouté le chaos.

D'autre part, les libres écoles qui s'occupaient de former l'homme plus encore que de l'instruire, celles qui, inspirées de Rousseau, de Pestalozzi, faisaient appel à sa spontanéité, n'ont brillé un moment en Suisse, en Allemagne, que pour être abandonnées.

Celles-ci allaient au cœur des mères. L'enfant, quoi qu'il arrivât, en attendant était heureux. Les pères trouvent que ces écoles, dans leurs méthodes très lentes, enseignent trop peu, instruisent trop peu. Donc, malgré les pleurs des mères, tous les enfants vont au collège (laïque ou ecclésiastique). Beaucoup s'y flétrissent et meurent. Peu, très peu apprennent, et par de mortels efforts. Un enseignement si varié, où chaque étude arrive à part, sans qu'on donne jamais leurs rapports, use et énerve l'esprit.

Les filles, dont je parlerai tout à l'heure plus spécialement, ne sont pas plus élevées qu'aux temps où Fénelon a fait son aimable livre, qu'aux temps où l'auteur d'*Émile* a esquissé sa Sophie. Rien qui les prépare à la vie. Parfois, des talents pour briller, parfois (dans les classes moins riches), quelques études viriles qui les mènent à l'enseignement. Mais nulle culture propre à la femme, à l'épouse et à la mère, nulle éducation spéciale à leur sexe.

J'ai tant lu sur ces matières, tant de choses médiocres et vaines, que j'étais lassé des livres. D'autre part, la vie des écoles, ma propre pratique de l'enseignement, me laissaient bien des choses obscures. Je résolus, cette année, de remonter au plus haut, d'étudier la première organisation physique de l'homme, de toucher des réalités, de retremper mon esprit par l'observation matérielle. Le corps en dit beaucoup sur l'âme. C'est beaucoup de voir, de palper l'instrument sacré dont la jeune âme s'essaye à jouer, instrument qui peut révéler ses tendances, nous donner des signes de la mesure de ses forces.

C'était au printemps. Les travaux anatomiques finissaient à Clamart, et il y avait déjà, dans ce lieu si peuplé l'hiver, de la solitude. Les arbres étaient pleins d'oiseaux, le parterre qui embellit ces funèbres galeries était tout en fleurs. Mais nulle n'était comparable à la fleur hiéroglyphique que j'allais étudier. Ce mot n'est nullement ici une vague comparaison — mon impression fut telle. — Nul dégoût. Tout au contraire, un sentiment d'admiration, de tendresse et de pitié. Le cerveau d'un enfant d'un an, vu la première fois, par sa base (la face inférieure qu'il présente en le renversant), a tout l'effet d'un large et puissant camellia, avec des nervures d'ivoire, veiné d'un rose délicat, et ailleurs d'un pâle azur. J'ai dit ivoire faute de mieux. C'est un blanc immaculé, et pourtant d'une molle douceur, unique et attendrissante, dont rien ne donne l'idée et qui, à mon sens, laisse bien loin tout autre objet de la terre.

Je ne me trompe pas ici. Les premières émotions, fortes sans doute, cependant ne m'ont pas fait illusion. M. le docteur Béraud et un artiste fort habile, qui peint tout le jour des planches anatomiques, quelque habitués qu'ils fussent à voir ces objets, jugeaient comme moi. C'est très réellement la fleur des fleurs, l'objet délicat, innocent, charmant entre tous, la plus touchante beauté qu'ait réalisée la Nature.

Le vaste établissement où j'étudiais me permettait de suivre une méthode prudente, de renouveler et vérifier mes observations, d'établir des comparaisons entre des enfants d'âge et de sexe différents, et d'autre part de considérer les enfants et les adultes, jusqu'à la vieillesse même. En peu de jours j'eus sous les yeux des cerveaux de tous les âges, qui me permirent de suivre, d'année en année le progrès du temps.

Les plus jeunes, c'était une fille qui avait vécu peu de jours ; des garçons d'un an au plus. Elle n'avait pas vu la lumière, et eux ils avaient eu le temps d'en être imprégnés. Elle avait le cerveau flottant, à l'état rudimentaire ; eux, au contraire, ils l'avaient aussi fort, aussi fixé, presque aussi riche déjà que les enfants plus âgés et même les grandes personnes.

Passé cette grande révolution de la première année, le développement de l'esprit (d'ailleurs visible sur la face) modifiait bien plus que l'âge la physionomie du cerveau. Une petite fille de quatre ou cinq ans, de figure intelligente, l'avait plus accidenté de volutes et de replis, plus nettement dessiné, plus finement découpé que celui de plusieurs femmes vulgaires de vingt-cinq ans, trente-cinq ans. Les mystérieux dessins qu'offre le cervelet dans son épaisseur, et qu'on appelle *arbres de vie*, étaient bien mieux arborisés dans cette enfant encore si jeune, plus jolis, plus arrêtés.

Ce n'était pas cependant une chose exceptionnelle. Sur plusieurs enfants d'âge analogue, je retrouvai à peu près le même caractère. J'en vins à cette conclusion qu'à quatre ans, non seulement le cerveau, mais la moelle épinière et tout le système nerveux ont leur plus grand développement. Si longtemps avant que les muscles aient le leur, et quand l'être est si faible encore, il est, pour les nerfs de la sensibilité et du mouvement, ce qu'il sera un jour ; c'est déjà, dans sa plus charmante harmonie, la personne humaine.

Mais, quoique déjà si élevée, elle est encore excessivement dépendante et toute à notre merci. Le cerveau, pure et table rase, de cette enfant de quatre ans, comme une tablette d'ivoire, de sensibilité visible, avait l'air d'attendre qu'on gravât dessus, de dire : « Écrivez ici ce que vous voulez... Je croirai, j'obéirai. Je suis là pour obéir. Je dépends tellement encore et j'appartiens tellement ! »

Incapacité absolue d'éviter aucune souffrance, incapacité de pourvoir à ce qui lui est nécessaire, voilà l'enfant à cet âge. Celle-ci surtout très avancée, capable d'aimer et de comprendre, semblait implorer l'assistance. On eût dit la prière même. Morte, elle priait encore.

Je fus fortement ému, mais éclairé en même temps. Les nerfs de la pauvre petite me donnèrent la révélation et l'intuition très nette de la contradiction réelle qui fait le destin de l'enfant.

D'une part, c'est la *créature mobile* entre toutes, qui remue fatalement. Les nerfs de la motilité sont développés et actifs avant les forces d'équilibre qui y feraient contrepoids. Cette agitation constante nous gêne et souvent nous irrite ; nous ne songeons pas qu'à cet âge, elle est la vie elle-même.

D'autre part, *les nerfs de la sensibilité sont complets*, par conséquent la capacité de souffrir, celle même d'aimer bien plus qu'on ne le croit communément. On le voit aux Enfants-Trouvés : beaucoup de ceux qu'on apporte à quatre ou cinq ans sont inconsolables et meurent.

Chose plus étonnante, à cet âge si tendre, la sensibilité amoureuse est exprimée dans les nerfs plus fortement chez lui que chez l'adulte. J'en fus effrayé. L'amour, endormi encore dans les organes sexuels, semble déjà tout éveillé aux points de la moelle épinière qui agissent sur le sexe. Nul doute qu'aux moindres appels ils n'en donnent les pressentiments. Il ne faut donc pas s'étonner de ces coquetteries innocentes, de ces timidités subites, de ces furtifs mouvements de pudeur sans sujet.

Voilà le nœud de la pitié et ce qui doit faire trembler. Cet être infiniment mobile, n'oubliez pas qu'en même temps il est infiniment sensible. Grâce ! patience ! je vous prie.

Nous les brisons par la rudesse, souvent par la tendresse aussi. Les mères, passionnées, variables, mûrissent, énervent l'enfant par la fougue de leurs transports. Je leur voudrais l'impression douloureuse et salutaire que donne la vue d'un organisme si tendre. Il a besoin d'être entouré d'un amour calme et doux, sérieux, d'un monde d'harmonie pure. La petite créature, d'elle-même déjà toute amoureuse, a à craindre les vives caresses presque autant que les rigueurs. Épargnez-la, et qu'elle vive !

V

L'AMOUR À CINQ ANS. — LA POUPÉE

On s'étonne de voir l'excellente madame Necker de Saussure penser que, jusqu'à dix ans, les filles et les garçons sont à peu près la même chose, et que ce qu'on dit pour les uns servira pour les autres.

Quiconque observe, sait bien que cet *à peu près* est une différence énorme, infinie.

Les petites filles, dans la légèreté même de leur âge, sont déjà bien plus posées. Elles sont aussi plus tendres. Vous ne les verrez guère faire mal à un petit chien, étouffer, plumer un oiseau. Elles ont de charmants élans de bonté et de pitié.

Une fois, indisposé, j'étais couché sur un divan, à demi couvert d'un manteau. Une charmante petite fille que sa mère avait amenée chez nous en visite, accourt et se met à vouloir me couvrir mieux et me border *dans mon lit*. Comment défendre son cœur de ces délicieuses créatures ? Cependant on doit se garder de le leur témoigner trop, et de trop les attendrir.

Le petit garçon est tout autre. Ils ne jouent pas longtemps ensemble. S'ils ont commencé d'abord à faire une maison, le garçon voudra bientôt qu'elle devienne une voiture ; il lui faut un cheval de bois qu'il frappe et qu'il dompte. Alors elle jouera à part. Il a beau être son frère, ou bien son petit mari. Quand même il serait plus jeune, elle désespère de lui, se résigne à sa solitude, et voici ce qui arrive.

C'est surtout l'hiver, au foyer, que vous observerez la chose, quand on est plus renfermé, qu'on ne court pas et qu'il y a moins de mouvement extérieur. Un jour qu'on l'a un peu grondée, vous la voyez dans un coin envelopper tout doucement le moindre objet, un petit bâton peut-être, de quelques linges, d'un morceau d'une des robes de sa mère, le serrer d'un fil au milieu, et d'un autre un peu plus haut, pour marquer la taille et la tête, puis l'embrasser tendrement et le bercer. « Toi, tu m'aimes, dit-elle à voix basse ; tu ne me grondes jamais. »

Voici un jeu, mais sérieux, et bien plus sérieux qu'on ne pense. Quelle est cette nouvelle personne, cette enfant de notre enfant ? Examinons tous les rôles que joue cette créature mystérieuse.

Vous croyez que c'est simplement une *imitation de maternité*, que, pour être déjà grande, aussi grande que sa mère, elle veut avoir aussi une petite fille à elle, qu'elle régente et gouverne, qu'elle embrasse ou qu'elle gronde. Il y a cela, mais ce n'est pas tout : à cet instinct d'imitation il faut en ajouter un autre, que l'organisme précoce donne à toutes, à celles même qui n'auraient pas eu de mère pour modèle.

Disons la chose comme elle est : *c'est ici le premier*

amour. L'idéal en est, non un frère (il est trop brusque, trop bruyant), mais une jeune sœur, douce, aimable, à son image, qui la caresse et la console.

Autre point de vue, non moins vrai. C'est ici *un premier essai d'indépendance*, l'essai timide de l'individualité.

Sous cette forme toute gracieuse, il y a, à son insu, une velléité de poser à part, quelque peu d'opposition, de contradiction féminine. Elle commence son rôle de femme ; toujours sous l'autorité, elle gémit un peu de sa mère, comme plus tard de son mari. Il lui faut une petite, toute petite confidente, avec qui elle soupire. De quoi? De rien aujourd'hui peut-être, mais de je ne sais quoi qui viendra dans l'avenir. Eh! que tu as raison! ma fille. Hélas! que tes petits bonheurs seront mêlés de douleurs! Nous autres qui vous adorons, combien nous vous faisons pleurer!

-

Il ne faut pas plaisanter, c'est une passion sérieuse. La mère doit s'y associer, accueillir avec bonté l'enfant de sa fille. Loin de mépriser la poupée, elle insistera pour que l'enfant capricieuse lui soit toujours bonne mère, la tienne proprement habillée, qu'elle ne soit gâtée, ni battue, mais tenue raisonnablement comme elle l'est elle-même.

Grands enfants qui lisez ceci, père, frères, parents, je vous prie, ne riez pas de votre enfant. Examinez-vous vous-mêmes, ne lui ressemblez-vous pas? Que de fois, dans les affaires que vous croyez les plus graves, une lueur de réflexion vous vient, et vous souriez... vous avouant à demi que vous jouiez à la poupée.

Notez bien que plus la poupée de la petite fille est son œuvre, plus elle est sa fabrication simple, élémentaire, mais aussi personnelle, plus elle y a mis son cœur, et plus il y a danger de la contrister.

Dans une campagne du Nord de la France, pays pauvre et de travail dur, j'ai vu une petite fille fort sage, raisonnable avant le temps. Elle n'avait que des frères qui étaient tous plus âgés. Elle était venue fort tard, et ses parents, qui alors ne comptaient plus avoir d'enfants, semblaient ne pas lui savoir bon gré d'être née. Sa mère, laborieuse, austère, la tenait toujours près d'elle au travail, pendant que les autres jouaient. D'ailleurs les garçons plus âgés, avec la légèreté sèche que leur sexe a dans l'enfance, ne se seraient guère prêtés aux jeux de la jeune sœur. Elle aurait voulu d'elle-même faire un peu de jardinage, mais on riait de ses essais, on marchait dessus. Elle en vint naturellement à se faire, avec quelques chiffons de coton, une petite consolatrice à qui elle racontait les espiègleries de ses frères, ou les gronderies maternelles. Vives, extrêmes étaient les tendresses. La poupée était sensible, elle répondait à merveille et de la plus jolie voix. Aux épanchements trop tendres, aux récits émus, elle s'attendrissait aussi, et toutes deux s'embrassant, elles finissaient par pleurer.

On s'en aperçut un dimanche. On rit fort, et les garçons, la lui arrachant des bras, trouvèrent plaisant de la lancer sur les plus hautes branches d'un arbre, et si haut qu'elle y resta. Les pleurs, les cris, n'y firent rien. La petite lui fut fidèle, et, dans sa douleur, refusa d'en refaire jamais une autre. Pendant la mauvaise saison, elle y pensait, attristée de la sentir là à la neige, aux gelées. Lorsqu'au printemps on tailla l'arbre, elle pria le jardinier de la chercher. Inutile de dire que dès longtemps la pauvre sœur s'était envolée au souffle du vent du nord.

Deux ans après, la mère achetant des habits pour les aînés, la marchande, qui vendait aussi des jouets, remarqua la petite qui les regardait. Par un mouvement de bon cœur, elle voulut donner quelque chose à celle pour qui on n'achetait rien, et lui mit entre les bras une petite poupée d'Allemagne. Sa surprise fut si forte, et tel le ravissement que, chancelante sur ses jambes, à peine elle put la rapporter. Celle-ci, mobile, obéissante, suivait toute volonté. Elle se prêtait à la toilette. Sa maîtresse ne pensait plus qu'à la faire belle et brillante. Et c'est ce qui la perdit. Les garçons la firent danser à mort; ses bras s'arrachèrent; elle devint impotente; on la soigna, on la coucha. Nouveaux sujets de douleur, — la petite fille en maigrit.

Cependant une demoiselle, la voyant si triste, si triste, s'émut et chercha, retrouva dans ses rebuts une superbe poupée qui avait été la sienne. Quoique maltraitée par le temps, elle faisait illusion bien plus que celle de bois. Elle avait des formes complètes; même nue, elle paraissait vivante. Les amies la caressaient fort, et déjà dans ses amitiés elle avait des préférences, les lueurs, les premiers signes d'une vie précoce de passion. Pendant une courte maladie que fit l'enfant, je ne sais qui, peut-être par jalousie, brisa cruellement la poupée. Sa maîtresse, relevée du lit, la trouva décapitée. Cette troisième tragédie était trop, elle tomba dans un tel découragement qu'on ne la vit plus jamais rire, jamais jouer. Toujours trompée dans ses rêves, elle désespéra de la vie, qu'elle avait à peine effleurée, et rien ne put la sauver. Elle mourut, laissant un vrai deuil à tous ceux qui avaient vu cette douce, cette suave et innocente créature, qui n'avait guère été heureuse, et qui pourtant était déjà si tendre et le cœur plein d'amour.

VI

LA FEMME EST UNE RELIGION

Le père, dans l'éducation, est beaucoup trop dominé par l'idée de l'avenir, c'est-à-dire de l'incertain. La mère veut surtout le présent, que l'enfant soit heureux, qu'il vive. Je suis du parti de la mère.

Qu'il vive ! C'est en réalité le plus difficile. Les hommes ne s'en doutent pas. Même quand ils ont sous les yeux le spectacle des efforts, des veilles, des soins inquiets, qui chaque jour sauvent, prolongent la fragile créature, ils raisonnent avec sang-froid sur ce qu'elle fera dans dix ans. Qu'ils comprennent donc au moins les chiffres incontestés, officiels, de la mortalité effroyable des enfants. Celui qui naît est longtemps un mort probable ; sans la mère un mort certain. Le berceau est pour la plupart un petit moment de lumière entre la nuit et la nuit.

Les femmes qui écrivent, impriment, ont fait des livres éloquents sur le malheur de leur sexe. Mais si les enfants écrivaient, que de choses ils auraient à dire! Ils diraient : « Ménagez-nous, épargnez-nous, dans ce peu de mois et de jours que nous donne généralement la sévérité de la nature. Nous sommes si dépendants de vous! vous nous tenez tellement par la supériorité de force, de raison, d'expérience!... Pour peu que vous y mettiez d'art et de bons ménagements, nous serons bien obéissants, nous ferons ce que vous voudrez. Mais n'abrégez pas l'heure unique où nous sommes sous la tiède lumière du soleil et dans la robe de nos mères... Demain nous serons dans la terre. Et de tous les biens d'ici-bas nous n'emporterons que leurs larmes. »

Les esprits impatients vont conclure de là que je désire pour l'enfant la liberté illimitée qui serait pour nous une servitude, que je m'en remets uniquement à ses tendances instinctives, que je veux qu'on lui obéisse.

Au contraire, mon point de départ a été, comme on l'a vu, l'idée profonde, originale, que Frœbel posa le premier. « L'enfant, laissé au chaos des premières impressions, en serait très malheureux. C'est pour lui une délivrance qu'à cette confusion fatigante la mère substitue un petit nombre d'objets harmoniques, qu'elle en ait l'initiative et les lui amène par ordre. L'ordre est un besoin de l'esprit, un bonheur pour l'homme enfant.

Les mouvements déréglés, l'agitation effrénée ne sont pas plus nécessaires au bonheur de l'enfant grandi que le chaos des sensations confuses ne l'a été au nourrisson. J'ai bien souvent observé les petits malheureux qu'on laisse au hasard de leur fantaisie, et j'ai été frappé de voir combien la vaine exaltation, le dévergondage, les fatiguaient bientôt eux-mêmes. Au défaut de contrainte humaine, ils rencontraient à chaque instant la contrainte des choses, l'obstacle muet, mais fixe, des réalités; ils se dépitaient en vain. Au contraire, l'enfant dirigé par une providence amie et dans l'ordre naturel, ne rencontrant que rarement la tyrannie de l'impossible, vit dans la vraie liberté.

L'usage habituel de la liberté dans l'ordre a cela d'admirable, que tôt ou tard il donnera à la nature la noble tentation de subordonner la nature même, de dompter la liberté par une liberté plus haute, *de vouloir l'effort* et le sacrifice.

L'effort même est dans la nature, et il en est le meilleur. J'entends l'effort libre et voulu.

J'ai donné cette explication avant l'heure, et pour répondre à ceux qui critiquent avant d'avoir lu. Je suis fort loin maintenant d'imposer l'effort à la petite créature que j'ai dans les mains. Elle est intelligente, aimante. Mais c'est encore un élément. Dieu me garde, ah! pauvre petite! de te parler de tout cela. Ton devoir aujourd'hui, c'est vivre, grandir, manger bien, dormir mieux, courir dans les blés, dans les fleurs. Mais on ne peut courir toujours, et tu seras bien heureuse si ta mère, ta sœur aînée, jouent avec toi, te rendent habile à ces travaux qui sont des jeux.

Le *devoir*, c'est l'âme intérieure, c'est la vie de

l'éducation. L'enfant le sent de très bonne heure; nous avons tous, presque en naissant, inscrite au cœur l'idée du juste. Je pourrais lui faire appel. Mais je ne le veux pas encore. Il faut que la vie au complet soit déjà bien constituée, avant qu'on lui crée sa carrière et qu'on limite son action. Ceux qui font grand bruit de morale, d'obligation, avec l'enfant qui n'est pas sûr de vivre encore, qui travaillent à resserrer, circonscrire ce qui, au contraire, aurait besoin de s'étendre, ne sont que des insensés. Eh! malheureux, laissez donc là vos ciseaux; pour retrancher, couper, tailler, attendez au moins que l'étoffe existe.

L'appui de l'éducation, son âme et sa vie constante, c'est ce qui de très bonne heure apparaît dans la conscience, le *bon*, le *juste*. Le grand art, c'est que, par l'amour, la douceur, l'ordre et l'harmonie, l'âme enfantine, obtenant sa vraie vie saine et complète, de plus en plus *aperçoive la justice*, qui est en elle, inscrite au fond de l'amour.

Des exemples, et point de préceptes (du moins dans les commencements). L'enfant, de lui-même, ira aisément de l'un à l'autre. Il trouvera, sans chercher, ceci : « *Je dois* bien aimer ma mère qui m'aime tant. » — Voilà le *devoir*. Et rien de plus naturel.

Je ne fais pas ici un livre sur l'éducation, et je ne dois pas m'arrêter sur les points de vue généraux, mais insister sur mon sujet spécial, l'*éducation de la fille*. Abrégeons ce qui est commun entre la fille et le garçon. Insistons sur la différence.

Elle est profonde. La voici :

L'éducation du garçon, dans l'idée moderne, *c'est d'organiser une force*, force efficace et productive, de créer un *créateur*. L'homme moderne n'est pas autre chose.

L'éducation de la fille est de faire une harmonie, d'*harmoniser une religion*.

La femme est une religion.

. Sa destinée est telle que, plus elle restera haut comme poésie religieuse, plus elle sera efficace dans la vie commune et pratique.

Dans l'homme, l'utilité peut se trouver séparée de l'idéal ; l'art qui donne de nobles produits, peut avoir parfois cet effet que l'artiste se vulgarise et ne garde que fort peu du beau qu'il met dans ses œuvres.

Jamais rien de tel pour la femme.

La femme au cœur prosaïque, celle qui n'est pas une poésie vivante, une harmonie pour relever l'homme, élever l'enfant, sanctifier constamment et ennoblir la famille, a manqué sa mission, et n'aura aucune action, même en ce qui semble vulgaire.

La mère, assise au berceau de sa fille, doit se dire : « Je tiens ici la guerre ou la paix du monde, ce qui troublera les cœurs ou leur donnera la paix et la haute harmonie de Dieu.

« C'est elle qui, si je meurs, sur mon tombeau, à douze ans, relèvera son père de ses petites ailes, le reportera au ciel. (Voy. *la Vie de Manin*.)

« C'est elle qui, à seize ans, d'un mot de fière exigence, met l'homme au-dessus de lui-même, lui fait dire : « Je serai grand ! » .

« C'est elle qui, à vingt ans, à trente et toute la vie, chaque soir ravive son mari, amorti par le métier, et dans l'aridité des intérêts, des soucis, lui fait surgir une fleur.

« Elle qui, dans les mauvais jours où l'horizon se ferme, où tout se désenchante, lui rend Dieu, le lui fait toucher et retrouver sur son sein. »

Élever une fille, c'est élever la société elle-même. La société procède de la famille, dont l'harmonie est la femme. Élever une fille, c'est une œuvre sublime et désintéressée. Car tu ne la crées, ô mère, que pour qu'elle puisse te quitter et te faire saigner le cœur. Elle est destinée *à un autre*. Elle vivra *pour les autres*, non pour toi, et non pour elle. C'est ce caractère relatif qui la met plus haut que l'homme, et en fait une religion. Elle est la flamme d'amour et la flamme du foyer. Elle est le berceau d'avenir, elle est l'école, autre berceau. D'un seul mot : *Elle est l'autel.*

Grâce à Dieu, tous les systèmes débattus pour l'éducation du garçon finissent ici. Ici cessent les disputes. La grande lutte des méthodes, des théories, expire dans la culture paisible de cette fleur bénie. Les discordes désarmées se sont embrassées dans la Grâce.

Celle-ci n'est pas condamnée à l'action forte et violente. Elle ne doit pas subir le monde effrayant du détail, qui va croissant, au delà de toutes les forces de l'homme.

Ira-t-elle jusqu'aux sommets de la haute spéculation? Pourquoi pas? Mais nullement en passant par nos filières. Nous lui trouverons des voies pour qu'elle arrive à l'idée, sans que son âme charmante passe par la torture préalable où se perd l'esprit de vie.

Que doit-elle être? Une harmonie. D'après quel miroir, ô mère! sur qui se réglera-t-elle?

Chaque matin et chaque soir, tu feras cette prière : « Mon Dieu, faites-moi très belle!... Et que ma fille, pour l'être, n'ait besoin que de regarder. »

Le but de la femme, ici-bas, sa vocation évidente, c'est l'amour. Il faut être bien tristement né, bien ennemi de la nature, bien aveugle et d'esprit tortu, pour prononcer, contre Dieu même, que ce charmant organisme et cette tendresse de cœur ne la vouent qu'à l'isolement. « Élevons-la, disent-ils, pour être seule, c'est le plus sûr. L'amour est l'exception, mais l'indifférence est la règle. Qu'elle sache se suffire à elle-même, travailler, prier, mourir et faire son salut dans un coin. »

Et moi, je réponds que l'amour ne lui manquera jamais. Je soutiens que, comme femme, elle ne fait son salut qu'en faisant le bonheur de l'homme. Elle doit aimer et enfanter, c'est là son devoir sacré. Mais entendons-nous sur ce mot. Si elle n'est pas épouse et mère, elle sera éducatrice, donc, n'en sera pas moins mère, et elle enfantera de l'esprit.

Oui, si le malheur voulait qu'elle fût née dans un temps maudit où la plus aimable ne fût pas aimée, d'autant plus ouvrira-t-elle ses bras, son cœur, au grand amour. Pour un enfant qu'elle aurait eu, elle en aura mille, et les serrant contre elle-même, elle dira : « Je n'ai rien perdu. »

Que les hommes sachent bien une chose, un mystère noble et charmant que la nature a caché au sein de la femme, c'est la divine équivoque où chez elle flotte l'amour. Pour eux, c'est toujours le désir. Mais pour elle, à son insu même, dans ses plus aveugles élans, l'instinct de la maternité domine encore tout le reste. Et quand un orgueil égoïste dit à l'amant qu'il a vaincu, il pourrait voir le plus souvent qu'elle ne cède qu'à son propre rêve, l'espoir et l'amour de l'enfant, que, presque dès sa naissance, elle avait conçu de son cœur.

Haute poésie de pureté. A chaque âge de l'amour où les sens ont un mot à dire, les instincts de maternité les éludent et portent l'amour dans une région supérieure.

Élever la femme, c'est seconder sa transformation, — c'est, à chaque degré de la vie, en lui donnant l'amour à la mesure de son cœur, l'aider à l'étendre ainsi et l'élever à cette forme si pure, et pourtant plus vive.

Pour dire d'un mot cette sublime et délicieuse poésie : dès le berceau, la femme est mère, folle de maternité. Pour elle, toute chose de nature, vivante et même non vivante, se transforme en petits enfants.

On sentira de plus en plus combien cela est heureux. Seule, elle peut élever l'homme, surtout dans les années décisives où il faut, avec une tendresse prudente, ménager, en l'harmonisant, sa jeune liberté. Pour briser brutalement et casser la plante humaine, comme on l'a fait jusqu'ici, il n'était besoin des femmes. Mais elles seront reconnues comme les seules éducatrices possibles, à mesure que l'on voudra cultiver dans chaque enfant le génie propre et natif qui varie infiniment. Nul que la femme n'est assez fin, assez doux, assez patient, pour sentir tant de nuances et pour en tirer parti.

Le monde vit de la femme. Elle y met deux éléments qui font toute civilisation : sa *grâce*, sa délicatesse, — mais celle-ci est surtout un reflet de sa *pureté*.

Que serait-ce du monde de l'homme, si ces deux choses manquaient? Ceux qui semblent y tenir le moins ignorent que, sans cette grâce, ces formes au moins de pureté, l'amour s'éteindrait ici-bas, l'amour, l'aiguillon tout-puissant de nos activités humaines. Heureux tourments! trouble fécond! sans vous, qui voudra de la vie?

Il faut, il faut absolument que la femme soit gracieuse. Elle n'est pas tenue d'être belle. Mais la grâce lui est propre. Elle la doit à la nature, qui la fait pour s'y mirer. Elle la doit à l'humanité. La grâce charme les arts virils et donne un sourire divin à la société tout entière.

Que faut-il pour qu'elle soit gracieuse, cette enfant? Qu'elle sente toujours qu'elle est aimée. Qu'elle soit menée également. Point d'alternative violente de rigueur et de tendresse. Rien de brusque, de précipité, un progrès très gradué; nul saut et nul grand effort. Il ne faut pas l'embellir d'ornements surajoutés; mais, par une douce imbibition, faire que peu à peu du dedans fleurisse une beauté nouvelle.

La grâce est un reflet d'amour sur un fond de pureté. *La pureté, c'est la femme même.*

Telle doit être la constante pensée de la mère, dès que lui est née sa fille.

La pureté de l'enfant est d'abord celle de la mère. Il faut que l'enfant y trouve à toute heure une candeur, une lumière, une absolue transparence, comme d'une glace accomplie que nul souffle ne ternit jamais.

L'une et l'autre, le matin, le soir, font d'abondantes ablutions, tièdes, ou plutôt un peu froides. Tout se tient. Plus la petite verra sa mère attentive à se tenir nette, plus elle voudra l'être elle-même de corps, et bientôt de cœur.

Pureté d'air et de milieu. Pureté, unité d'influences. Point de bonne qui gâte en dessous tout ce qu'on fait en dessus, flattant la petite et lui faisant trouver la maman sévère.

Pureté surtout de régime et de nourriture. Que doit-on entendre par là?

J'entends que la petite fille ait une nourriture d'enfant, qu'elle continue le régime lacté, doux, calme, peu excitant; que, si elle mange à votre table, elle soit habituée à ne point toucher à vos aliments, qui sont des poisons pour elle. Une révolution s'est faite; nous avons quitté le sobre régime français, adopté de plus en plus la cuisine lourde et sanglante de nos voisins, appropriée à leur climat bien plus qu'au nôtre. Le pis, c'est que nous infligeons ce régime à nos enfants. Spectacle étrange de voir une mère donner à sa fille, qu'hier encore elle allaitait, cette grossière alimentation de viandes sanglantes, et les dangereux excitants, le vin, l'exaltation même, le café ! Elle s'étonne de la voir violente, fantasque, passionnée. C'est elle qu'elle en doit accuser.

Ce qu'elle ne voit pas encore, et ce qui est bien autrement grave, c'est que, chez cette race française, si précoce (où j'ai vu des nourrissons amoureux dans le berceau), l'éveil des sens est provoqué directement par ce régime. Loin de fortifier, il agite, il affaiblit et énerve. La mère trouve plaisant, joli, d'avoir une enfant si vive, qui déjà a des reparties, et une enfant si sensible qui, au moindre mot, s'attendrit. Tout cela vient d'elle. Surexcitée elle-même, elle veut que l'enfant soit telle, et elle est, sans le savoir, la corruptrice de sa fille.

Tout cela ne vaut rien pour elle, madame, et guère mieux pour vous. Vous n'avez pas le courage, dites-vous, de manger rien sans qu'elle ait sa part. Eh bien, vous-même abstenez-vous, ou du moins modérez-vous dans l'usage de ce régime, bon pour l'homme fatigué peut-être, mais funeste à la femme oisive, régime qui la vulgarise, la trouble, la rend violente ou somnolente, alourdie.

Pour la femme et pour l'enfant, c'est une grâce, une grâce d'amour, d'être surtout frugivore, d'éviter la fétidité des viandes et de vivre plutôt des aliments innocents qui ne coûtent la mort à personne, des suaves nourritures qui flattent l'odorat autant que le goût. La raison fort raisonnable qui fait que ces chères créatures n'inspirent répugnance en nulle chose, mais nous semblent éthérées, en comparaison de l'homme, c'est surtout leur préférence pour les herbes et pour les fruits, cette pureté du régime qui ne contribue pas peu à celle de l'âme et vraiment les assimile à l'innocence des fleurs.

VII

L'AMOUR À DIX ANS. — LES FLEURS

Dès le temps où le bon Frœbel avait mis dans la jolie main, un peu gauche, de ma chère petite, les formes élémentaires par où commence la nature (les cristaux, etc.), il l'avait appelée aussi à l'amour de la vie végétale. Bâtir une maison, c'est beau. Mais plus beau de faire venir une plante, de créer une vie nouvelle, une fleur qui va s'épanouir, vous récompenser de vos soins!

Un superbe haricot rouge, admiration de l'enfance, avait été mis en terre, non sans quelque solennité. Mais, attendre! c'est l'impossible à cinq ans. Comment attendre inactif ce que Nature fait d'elle-même? Dès le lendemain, on alla le visiter, ce haricot. Remis soigneusement en terre, il ne s'en porta pas mieux. Les tendres inquiétudes de sa jeune nourrice ne le laissèrent pas reposer; elle remuait au moins la superficie du sol; d'un arrosoir infatigable elle sollicitait la paresse du nonchalant végétal. La terre buvait à merveille, semblait toujours avoir soif. Si bien soigné, abreuvé, le haricot succomba.

C'est une œuvre de vertu, de patience, que de jardiner. Cela prépare très bien le caractère de l'enfant. Mais à quel âge peut-on commencer réellement? Les petits Allemands de Frœbel doivent commencer à quatre ans, les nôtres un peu plus tard sans doute. Je crois que nos petites filles peuvent (bien plus que les garçons), par bon cœur et par tendresse pour la plante favorite, prendre sur elles d'attendre, de la ménager, de l'épargner. Dès qu'un essai a réussi, dès qu'elles ont vu, admiré, touché, baisé le petit être, tout est fait. Elles désirent tant renouveler le miracle, qu'elles deviennent patientes.

La vraie vie de l'enfant est celle des champs. Même à la ville, il faut, tant qu'on peut, l'associer au monde végétal.

Et, pour cela, un grand jardin, un parc, n'est pas nécessaire. Celle qui a peu, aime plus. Elle n'a sur son balcon, sur un prolongement de toit, qu'une giroflée de muraille. Eh bien, elle profitera par son unique giroflée plus que l'enfant gâtée des riches, lancée dans de grands parterres qu'elle ne sait que dévaster. Le soin, la contemplation assidue de cette fleur, les rapports qu'on lui montrera entre sa plante et telle influence d'atmosphère ou de saison, avec cela seul on ferait une éducation tout entière. Observation, expérience, réflexion, raisonnement, tout peut y venir. Qui ne sait le parti admirable que Bernardin de Saint-Pierre a tiré de ce fraisier né par hasard sur une fenêtre dans un pot de terre? Il y a vu un infini, et pris là le point de départ de ses harmonies végétales, simples, populaires, enfantines, parfois non moins scientifiques. (Voy. Alex. de Humboldt.)

Cette fleur est tout un monde, pur, innocent, pacifiant. La petite fleur humaine s'y harmonise d'autant mieux qu'elle ne lui est pas semblable dans le point essentiel. La femme, surtout la femme enfant, est toute dans la vie nerveuse; la plante qui n'a pas de nerfs, lui est un doux complément, un calmant, un rafraîchissant, une innocence relative.

Il est vrai que cette plante, à l'état de fleur surexcitée au-dessus d'elle-même, paraît animalisée, et dans certaines espèces (petites et vues au microscope), elle affecte, pour l'organe d'amour, une surprenante identité avec les vies supérieures. Mais l'enfant n'est guère avertie de ce charmant délire des plantes que par leur enivrante odeur. Sa mobilité la préserve de s'en imprégner longtemps.

La petite fille, qui de bonne heure est un être si complet, bien plus fine que le garçon, plus susceptible de recevoir des impressions délicates, a un sens de plus, celui des parfums, des aromes. Elle en serait pénétrée, et par moments y trouverait un épanouissement sensuel, mais cette fleur n'est pas pour elle un objet d'amour oisif, de jouissance paresseuse; elle est une occasion de travail et d'activité, d'inquiétude, de succès, de joie, une occupation de cœur et d'esprit. Enfin, pour dire d'un mot la chose: ici encore, *la maternité balance et guérit l'amour*. La fleur n'est pas son amant; pourquoi? C'est qu'elle est sa fille.

Mauvaise et dangereuse ivresse pour la petite

demoiselle, tenue assise, privée du grand air et du mouvement, que d'aspirer dans un salon l'émanation concentrée d'un amoureux bouquet de fleurs. Et ce n'est pas la tête seule qui chancelle. Un de nos romanciers s'est plu à montrer la vertu incertaine d'une jeune femme qui cède à ces influences. Elles ne seraient pas moins puissantes pour troubler la petite fille, pour hâter en elle la crise des sens, précipiter la floraison, qu'il vaut bien mieux retarder.

Le dirai-je? (mais quel paradoxe! que les dames vont être choquées!) il est trois choses que j'aime peu : les babels de peinture qu'on appelle des musées, où les tableaux se tuent l'un l'autre; — les babels de ramages qu'on appelle des volières, où le rossignol, mêlé aux chanteurs vulgaires, risque de tomber au patois; — en troisième lieu, les bouquets mêlés de couleurs, de parfums, qui se combattent et s'annulent.

Quiconque a le sentiment vif et délicat de la vie ne souffre pas volontiers ces confusions, ces chaos, quelque brillants qu'ils puissent être. Chaque odeur est suave à part, dit un mystère, parle un langage. Toutes ensemble, ou frappent la tête, ou donnent un trouble sensuel dont les nerfs souffrent comme de certaines vibrations de l'harmonica. C'est voluptueux et affadissant. On sourit et le cœur tourne. Les odeurs discrètes y périssent barbarement asphyxiées. « Hélas! dit la marjolaine, étouffée des puissantes roses, vous ne voulez donc pas savoir la divine senteur d'amertume qui se mêle au parfum d'amour? »

Certaine femme que je sais bien n'a jamais coupé une fleur qu'à regret et malgré elle, en lui demandant pardon. Chacune a sa gentillesse à elle, si elle est à part. Elle a son harmonie propre, un charme qui lui vient de la terre sa mère et qu'elle n'aura plus arrachée. Que saura-t-on maintenant du port, de la désinvolture, de l'air aimable et dégagé dont elle portait sa tête? Les fleurs simples, qui sont les fleurs amoureuses, dans leurs grâces modestes et légères, pâlissent ou plutôt disparaissent entre les grosses corolles de ces vierges luxueuses que nos jardiniers amplifient par leur art de stérilité.

Replaçons, pour notre enfant, dans sa vérité naïve et sainte, le monde végétal. Que de bonne heure elle sente, aime et comprenne la plante dans la légitimité de sa vie complète. Qu'elle ne connaisse point la fleur comme luxe et coquetterie, mais comme un moment de la plante, comme la plante à l'état de fleur. C'est une grande injustice d'y prendre le plaisir passager d'une vaine décoration, comme d'une fleur de papier, tandis qu'on oublie la merveille réelle, le miracle progressif caché au petit sanctuaire, la sublime opération d'avenir et d'immortalité par laquelle la vie chaque année échappe et rit de la mort.

Dans une promenade d'hiver, en février, la petite, regardant aux arbres les bourgeons rougeâtres, soupirait et demandait : « Serait-ce bientôt le printemps! » Tout à coup elle s'écrie... Elle l'avait à ses pieds... Une petite clochette d'argent, marquée d'un point vert au bord, le perce-neige, disait le réveil de l'année.

Le soleil reprend bientôt force. Dès mars, à ses

premiers rayons, variables et capricieux, tout un petit monde éclôt, les jeunettes, les pressées, primevères et pâquerettes, fleurs enfants qui cependant, par leur petit disque d'or, se disent enfants du soleil. Elles n'ont pas grand parfum, sauf, je crois, la seule violette. La terre est trop mouillée encore. Narcisses, jacinthes et muguets apparaissent aux prés humides, dans l'ombre humide des bois.

Quelle joie! et que de surprises!... Cette végétation innocente semble faite pour celle-ci. Chaque jour, elle en fait la conquête, recueille, amasse, lie, rapporte des bottes de petites fleurs qu'il faudra jeter demain. Elle va saluer une à une toutes les nouvelles venues, leur donner le baiser de sœur. Gardons-nous de la troubler dans cette fête du printemps. Mais, lorsque, un mois, deux mois passés, elle se sera satisfaite, je lui dirai : « Pendant que tu jouais, enfant, le grand jeu de la nature, la superbe et splendide transformation de la terre s'est accomplie. La voilà vêtue de sa robe verte aux plis immenses qu'on appelle des montagnes et des coteaux. Crois-tu que ce soit seulement pour te donner des marguerites qu'elle a versé de son sein cet océan d'herbe et de fleurs? Non, amie; la grande nourrice, la maman universelle, a d'abord servi ce banquet à nos humbles frères et sœurs par lesquels elle nous nourrit. La bonne vache, la douce brebis, la sobre chèvre qui vit de si peu et fait vivre le plus pauvre, c'est pour elles que sont préparées ces belles prairies... Du lait virginal de la terre elles vont combler leurs mamelles, te donner le lait, le beurre... Reçois-les, et remercie.

A ces aliments frais et doux va se joindre la fraîcheur des premières plantes potagères, des premiers fruits. Avec la chaleur apparaît à point nommé la groseille, la petite fraise des bois, qu'une autre, petite gourmande, découvre à son exquise odeur. L'aigrelet de la première, le fondant de la seconde, et la douceur de la cerise, ce sont les prévoyants remèdes qui nous viennent aux jours brûlants où l'idée s'exalte, s'enivre, où commencent sous un soleil accablant les grands travaux de récolte.

Cette ivresse a apparu d'abord aux parfums de la rose, suaves mais trop pénétrants, dont la tête est alourdie. La coquette reine des fleurs amène triomphalement la légion plus sérieuse de ses sœurs, fleurs médicinales et plantes de pharmacie, utiles et salutaires poisons.

Mais voici l'œuvre souveraine de la grande maternité. Elles arrivent celles qui doivent nourrir les populations entières, les *vénérables tribus des légumineuses* (E. Noël). Elles arrivent les graminées, les pauvres du règne végétal, qui en sont aussi, dit Linné, la vaillance, la force héroïque; qu'on les maltraite et qu'on les foule, elles multiplieront davantage!

« Leurs deux feuilles nourricières (ou cotylédons) sont des mamelles. Cinq ou six pauvres graminées, du trop-plein de leurs mamelles nourrissent l'espèce humaine. » (E. Noël.)

Ma fille, n'imite pas l'enfant léger, étourdi, qui, voyant flotter au vent cette mouvante mer d'or, que le coquelicot et le bluet égayent de leur éclat stérile, va au travers chercher ses fleurs. Que ton petit pied suive bien la ligne étroite du sentier. Respecte notre père nourricier, ce bon blé, qui, de faible tige, soutient avec peine sa tête pesante où est notre pain de demain. Chaque épi que tu détruirais ôterait la vie aux pauvres, au méritant travailleur, qui, toute l'année, a pâti pour le faire venir. Le sort de ce blé lui-même mérite ton plus tendre respect. Tout l'hiver, enclos dans la terre, il a patienté sous la neige; puis, aux froides pluies du printemps, sa petite tige verte a lutté, blessée parfois d'un retour de gelée, parfois de la dent du mouton; il n'a grandi qu'en supportant les cuisants rayons du soleil. Demain, tranché de la faucille, battu, rebattu des fléaux, froissé, écrasé de la pierre, *Grain d'orge*, le pauvre martyr, réduit en poudre impalpable, cuit comme pain, ira sous la dent, ou, distillé comme bière, sera bu. De toute façon sa mort fera vivre l'homme.

Toutes les nations ont chanté dans de joyeuses complaintes ce martyre et celui de la vigne sa sœur. Dans le blé déjà résidait avec la plus haute puissance nutritive de nos climats, quelque chose de la force sucrée, enivrante, que sa sœur va nous donner. La vertu de faire du sucre, qui est un trait singulier de l'organisation humaine, existe dans ces végétaux, qu'on dirait humanisés. C'est l'effort dernier de l'année. A mesure que l'homme fatigue, faiblit, se fond en sueur, la mère Nature lui a donné une plus vivante nourriture.

A l'âge printanier des prairies et du lait a succédé l'âge substantiel et fort du froment, et celui-ci est à peine coupé et battu, que l'humble petite vigne (traînante et rampante ici, d'autant plus fine et plus exquise) prépare son breuvage divin. Que de travaux ici, ma fille! Que ce modeste végétal, ce mauvais petit bois tortu que tu méprisais au printemps, exerce les forces de l'homme! Dès mars, si tu parcourais l'immensité de la Champagne, de la Bourgogne et du Midi, une si grande partie de la France, tu verrais des millions d'hommes replantant les échalas, relevant, liant, coupant la vigne, puis buttant la terre autour, et toute l'année sur pied pour mener à bien cette délicate personne. Pour la tuer, un brouillard suffit.

C'est la sévère alternative de la vie et de la mort. Chaque plante meurt et nourrit les autres. N'as-tu pas vu, en automne, vers la fin, quand la saison avait pâli, comme tombaient doucement les feuilles, sans même attendre le vent? Chacune, en tournant un peu, descendait toute résignée, sans bruit, sans réclamation. La plante (si elle ne le sait) sent au moins qu'elle a charge de nourrir sa sœur, et qu'il faut mourir pour cela. Donc, elle meurt de bien bonne grâce, se pose, et de son débris alimentant l'air qui l'emporte ou la terre qui s'en pénètre, elle prépare la vie des amies qui viennent la renouveler. Elle s'en va consolée, et qui sait, peut-être joyeuse. de reposer, son devoir fait, et de suivre la loi de Dieu.

Ainsi, chère, si tu m'as compris, tu as vu que, sous ce cercle brillant de l'évolution annuelle où chacune a un moment pour se montrer au soleil, un cercle muet, plus sombre, se fait dans l'intime intérieur par l'échange des douces sœurs, chacune se retirant sans jalousie et passant la vie aux autres.

Monde de paix et d'innocence, de résignation. Mais les êtres supérieurs, soumis à la même loi, ont peine à s'y prêter de même. — « Cependant, dit la Nature, qu'y faire? ce n'est pas ma faute. Je n'ai que cela de substance à partager entre vous tous, mais pas plus ; je ne puis pas augmenter à volonté. Il est juste que chacun en ait un peu à son tour.

« Donc, dit-elle aux animaux, vous, favoris de la vie, tellement privilégiés d'organisme supérieur, vous n'êtes pas pour cela exempts de nourrir vos sœurs les plantes, qui, reconnaissantes, gracieuses, en revanche vous nourrissent chaque jour. A vous de payer un tribut (seulement ce qui ne vous profite). Vos mues, à certaines saisons, seront un tribut encore. Vos débris enfin, à la mort... Ce sera le plus tard possible. Je vous ai donné des moyens d'aviser à le retarder. Mais il faudra bien y venir, car je ne puis faire mieux. »

Voilà qui est raisonnable, n'est-ce pas, ma fille? Et le père de la nature, Dieu qui t'a faite et douée, qui t'a donné des mains adroites (ou propres à le devenir), qui t'a donné une tête légère encore, mais peu à peu susceptible de penser, te permet l'honneur insigne de participer au travail. Tu pourras couver, élever des nourrissons végétaux, et de petites filles-fleurs. Tu susciteras la vie, en t'unissant de tout cœur aux grandes opérations de Dieu. Plus tard, femme, et peut-être mère, quand il sera temps, volontiers tu passeras la vie aux autres, tu sauras de bonne grâce vivifier ta bonne nourrice, la Nature, et la nourrir à ton tour.

VIII

LE PETIT MÉNAGE. — LE PETIT JARDIN

Si on donne à la petite fille le choix entre les jouets, elle choisira certainement des miniatures d'ustensiles de cuisine et de ménage. C'est un instinct naturel, le pressentiment d'un devoir que la femme aura à remplir. La femme doit nourrir l'homme.

Haut devoir, devoir sacré! Il l'est surtout dans nos climats où le soleil, moins puissant que celui de l'équateur, n'achève pas la maturité de beaucoup de végétaux, ne les mûrit pas au point où l'homme puisse les assimiler. La femme continue le soleil, elle sait à quel degré l'aliment, cuit et adouci, peut être approprié à lui, passer dans sa circulation, refaire son sang et ses forces.

C'est comme un autre allaitement. Si elle pouvait suivre son cœur, elle nourrirait son mari, ses enfants, d'elle-même, du lait de ses mamelles. Ne le pouvant, elle emprunte l'aliment à la nature, mais elle le leur donne bien autre, mêlé d'elle et par la tendresse devenu délicieux. Du pur froment, solide et fort, elle fait le gâteau sacré où la famille communie de son amour. Le lait prend cent formes par elle, elle y met sa fine douceur, ses parfums, et il devient crème légère et éthérée, un aliment de volupté. Les fruits éphémères que l'automne verse à torrents pour les perdre, elle les fixe, les enchante. Dans un an encore, ses enfants émerveillés verront sortir du trésor de sa prévoyance les fugitives délices qu'ils croyaient fondues bien avant les premières neiges d'hiver. Les voici, à son image, inaltérablement fidèles, purs et limpides comme sa vie, transparents comme son cœur.

O la belle et douce puissance! Véritable enfantement. Création de chaque jour, lente, partielle, mais continue. — Elle les fait et les refait corps et âme, humeur, énergie. Elle augmente, diminue leur activité, tend le nerf et le détend. Les changements sont insensibles, et les résultats profonds. — Que ne peut-elle? L'enfant léger, joueur et rebelle change, est disciplinable et doux. L'homme, entamé par le travail et l'excès de volonté, peu à peu rajeunit par elle. Un matin, le cœur plein d'amour, il dit: « Je revis tout en toi. »

Au reste, quand cette grande puissance est sagement exercée, elle n'a pas besoin de refaire, de guérir. Elle n'a que faire de médecine. Elle est la suprême médecine, créant la santé jour par jour, l'équilibre harmonique, et fermant la porte à la maladie. Quel cœur de femme, de mère, pourrait, en songeant à cela, marchander avec la nature, alléguer quelques dégoûts!

L'amour est spiritualiste, et dans tout ce que demande la vie de l'objet aimé, il ne voit rien que l'esprit. Les nobles et hauts résultats que ces humbles soins obtiennent, les élèvent, les ennoblissent et les rendent chers et doux.

Une jeune dame distinguée, délicate et maladive, n'aurait cependant laissé à personne la cuisine de son rossignol. Cet artiste ailé est comme l'homme ; pour refaire son foyer brûlant, il voudrait la moelle des lions. Il lui faut la viande et le sang. La domestique de cette dame y aurait eu répugnance. Elle, aucune ; elle n'y voyait que le chant, l'âme amoureuse à qui elle allait rendre force. Il recevait de sa main le banquet de l'inspiration (le sang, le chanvre et le pavot), la vie, l'ivresse et l'oubli.

Fourier a très bien remarqué que les enfants ont le goût de la cuisine et y aident volontiers. Est-ce singerie ? gourmandise ?

Mais je ne suis pas d'avis d'encourager la singerie, comme il le conseille. Je n'aime pas non plus lorsqu'il s'agit d'une chose qui sera si grave, qu'on habitue cette enfant à s'en faire un jeu, à perdre le temps en petits gâchis pour le repas de sa poupée. J'aime mieux qu'on attende un peu plus, et que, quand elle est devenue adroite, et déjà sérieuse par ses essais de jardinage, sa mère l'initie à une fonction où la vie de son père est intéressée, où celui qui les nourrit est nourri par elles, où pour la première fois l'enfant peut le servir, heureuse de l'entendre dire au repas : « Merci, ma fille ! »

Chaque art développe en nous quelques qualités nouvelles. Le ménage et la cuisine exigent la propreté la plus exquise, et passablement de dextérité. L'égalité d'humeur et de caractère y fait beaucoup plus qu'on ne croit. Nulle personne brusque, variable, n'y peut mener à bien les choses. Un sens juste de mesure précise y est nécessaire. Ajoutez, au plus haut degré, l'à-propos, la décision, pour finir où il faut finir et savoir s'arrêter à point.

Mettez en face les dons, plus graves encore, qu'exige la culture du jardin. Il n'était qu'un amusement; mais, dès qu'il est compris, soigné, dans son rapport avec la vie, la santé de ceux qu'on aime, quand le jardin est l'auxiliaire du ménage, il devient chose importante, et on le cultive bien mieux. Observer et tenir compte de nombre de circonstances variables; respecter le temps et dompter ses impatiences puériles, soumettre sa jeune volonté à la loi générale; employer son activité, mais savoir qu'elle n'est pas tout, et reconnaître le concours de la nature ; finalement, manquer souvent, ne se décourager jamais ; — c'est la culture, c'est le travail mêlé de tous les travaux ; — c'est au complet, la vie humaine.

Cuisine et jardin sont deux pièces du même laboratoire : travaillant pour le même but. La première achève au foyer la maturation que l'autre commença par le soleil. Ils échangent entre eux leurs puissances. Le jardin nourrit la cuisine, la cuisine nourrit le jardin. Les simples eaux de ménage, qu'on jette au loin avec dégoût, sont acceptées (si j'en crois un horticulteur distingué), comme un excellent aliment par les pures et nobles fleurs. Ne méprisez rien. Le dernier rebut, le moindre débris du café, est avidement saisi par les végétaux, comme une flamme, un esprit de vie ; au bout de trois années entières, ils en sentent encore la chaleur.

Il faut dire à votre enfant ces lois nécessaires de la vie. Ce serait une sotte réserve de lui laisser ignorer l'alternation de la substance, sa circulation naturelle. Nos dédaigneuses demoiselles, qui ne connaissent les plantes que pour les couper, ne savent pas que la fleur mange aussi bien que l'animal. Comment vivent-elles, elles-mêmes ? Elles se gardent de le deviner. Elles ont un bon appétit, absorbent, mais sans reconnaissance, sans songer au devoir de restituer. Il le faut pourtant, par la mort surtout ; et il le faut constamment par la série de sueurs, de mues, de diminutions de nous-mêmes, de pertes et petites morts quotidiennes que nous impose la nature, au profit des vies inférieures.

Ce *circulus* fatal n'est pas certes sans grandeur. Il a un côté fort grave, qui touchera le cœur de l'enfant d'une salutaire émotion, c'est que notre affaiblissement de chaque jour nous condamne à chercher la force où elle est accumulée, chez les animaux, nos frères, et à vivre de leur vie.

Double leçon. Nullement inutile à la jeune fille, au premier élan d'orgueil que donneront l'âge et la beauté, l'intensité de la vie, qui leur font penser par moments : « Je suis ; le reste est peu de chose. La fleur et le charme du monde, c'est moi, et le reste un rebut. »

Fleur ? beauté ? jeunesse ? d'accord. Oui, mais n'oublie pas à quel prix. Sois modeste, souviens-toi des conditions humbles, sévères, auxquelles la nature vend la vie. Mourir un peu chaque jour, avant de mourir tout à fait ; et chaque jour, à cette table riante et parée, renaître, hélas ! par la mort d'innocentes créatures.

Que du moins ils soient heureux, ces animaux, tant qu'ils vivent. Enseignons bien à l'enfant leur droit d'exister, le regret et la pitié qu'on leur doit, même lorsque le besoin de notre organisation nous force de les détruire. Il faut lui apprendre avec soin les utilités qu'ils ont, ou eurent tous, même ceux qui aujourd'hui peuvent nous nuire. L'enfant est très poétique, mais peu poète. Cependant elle sentira, ma petite, par l'instinct de son cœur charmant, ce qui toucherait moins son esprit. La maternité héroïque de l'oiseau, construisant son nid avec tant de peine, subissant pour ses enfants tant d'épreuves si pénibles, la frappera à coup sûr. Et ce n'est pas sans respect, une sorte de religion, qu'elle verra chez la fourmi, chez l'abeille, un génie bien autrement artiste encore, que la maternité inspire. L'immense travail de la fourmi, remontant, descendant ses œufs par l'échelle bien calculée de ses trente ou quarante étages, selon l'air et le soleil et toutes les variations de température, la remplira d'admiration. Dans ces infiniment petits elle verra la première lueur, le ravissant premier rayon du haut mystère qu'on lui ajourne, le grand, l'universel Amour.

Comme je sais qu'il n'y a ici-bas de bonheur qu'un

seul, *créer* et créer toujours, j'ai tâché à tout âge qu'elle fût heureuse, c'est-à-dire qu'elle créât.

A quatre ans, dans ses jolies mains, j'ai mis des matériaux, formes régulières (analogues aux premiers essais d'association que fait la nature, aux cristaux), et avec ces cristaux de bois, associés à sa manière, elle fit de petites maisons et autres œuvres enfantines.

Plus tard, on lui a montré comment Nature, associant la sympathie des opposés, fait de véritables cristaux, brillants, colorés et si beaux ! elle en a fait elle-même.

Dès lors, de sa jeune main elle semait, faisait des plantes, et par les soins, l'arrosement, elle les amenait à l'amour, à la floraison.

Les vers à soie, innocemment, elle en cueille la petite graine (semence de papillon), la soigne, la garde sur elle, la mûrit de sa chaleur, la tient jour et nuit dans l'abri de son sein, qui n'est pas encore. Un matin, elle a le bonheur de voir un monde nouveau, éclos d'elle, de son jeune amour.

Ainsi, elle va toujours heureuse et créant. Continue, aime, enfante, ma fille. Associe-toi, chère petite, à la grande maternité. Il n'en coûte rien encore à ton tendre cœur. Tu crées, et dans la paix profonde. Demain, il t'en coûtera davantage, ton cœur saignera... Ah ! le mien aussi, crois-le bien. Mais pour aujourd'hui, jouissons. Je n'aurai rien de plus doux que de voir, en si grand repos, dans l'attendrissante innocence, ta petite fécondité. Cela me rassure pour toi. Quoi qu'il arrive, tu auras eu ta part en ce monde. Cette part, c'est, dans l'œuvre divine, de concourir et de créer.

IX

MATERNITÉ DE QUATORZE ANS. — LA MÉTAMORPHOSE

Je n'ai craint pour cette enfant qu'une chose, c'est la rêverie. J'en vois qui rêvent à quatre ans. Mais heureusement, celle-ci en a été préservée : 1° par sa vie active ; 2° parce qu'en naissant elle eut une confidente pour penser tout haut, sa mère.

La femme a toute sa vie un besoin d'épanchement.

Donc, toute petite encore, sa mère la prenait sur elle chaque soir, et, cœur contre cœur, la faisait parler.

Oh! quel bonheur de s'épancher, s'alléger, et s'accuser même!... « Dis, mon enfant, dis toujours! Si c'est bien, je t'embrasserai. Et, si cela n'est pas bien, demain, toutes deux ensemble, nous tâcherons de faire mieux. »

Elle dit tout. Eh! que risque-t-elle? — « Beaucoup, car maman souffrira si je fais mal... — Non, ma chère, dis-le tout de même. Et, quand j'en devrais pleurer, laisse en moi couler ton cœur. »

La confession filiale est tout le mystère de l'enfance. Celle-ci, par *sa confession de chaque soir, a dicté elle-même son éducation.*

Avec un si doux chevet, elle a profondément dormi. Mais, qu'est-ce donc? elle s'éveille. Treize ans et demi sont dépassés, et la voilà languissante. Que te faut-il, chère petite? Jusqu'ici, rien ne te manque pour jouer et t'amuser. — Quand ta poupée n'a plus suffi, je t'en ai donné de vivantes; tu as joué à la poupée avec toute la nature. Tu as bien aimé les fleurs, et tu en as été aimée. Tes oiseaux libres te suivent, jusqu'à oublier leur nid, et l'autre jour le bouvreuil (ceci n'est pas inventé) a quitté sa femme pour toi.

Je devine, il lui faudrait quelque ami, — non pas oiseau, ni fleur, ni papillon, ni chien, — un ami de son espèce. A quatre ans, cinq ans, sa mère la menait jouer aux *Jardins d'enfants*. Mais maintenant, à la campagne, elle n'a plus de petites filles. Elle avait bien encore son frère, plus jeune, qu'elle aimait tant, et qui ne la quittait pas. Mais elle en eût fait une fille, ou il eût fait d'elle un garçon. On l'a placé de bonne heure, loin des gâteries excessives de la mère et de la sœur, dans une maison plus virile, chez un ami, en attendant qu'il aille aux écoles publiques. La compagnie de garçons qu'il amenait rendait d'ailleurs la maison inhabitable. La petite en a conservé une grande antipathie pour cette gent tapageuse; leurs cris, leurs coups, leurs batteries, la faisaient fuir. Toute semblable à sa douce et discrète mère, elle aime l'ordre, la paix, le silence, les jolis jeux à demi voix.

Je la vois cependant là-bas qui se promène seulette dans une allée du jardin. Je l'appelle. Obéissante, elle vient un peu lentement, mais le cœur gonflé, les yeux humides. Pourquoi? sa mère a beau la baiser, la caresser, elle est muette. Elle ne peut pas répondre, car elle ne sait ce que c'est. Nous qui le savons bien mieux, nous devons y trouver remède, faire encore ce qui, à chaque âge, lui a réussi déjà, lui donner un amour nouveau.

Sa mère, qui en a pitié, veut dès ce jour la tirer de cet état trouble, inquiet, lui mettre, non pas quelque chose, mais plutôt quelqu'un dans les bras.

Elle la mènera tout droit aux écoles du village, et lui montrera les petits enfants. La grande fille d'abord, la jeune rêveuse, trouverait ces petits un peu insipides. Mais on lui fait remarquer qu'ils n'ont pas tout ce qu'il leur faut. Celle-ci est bien peu vêtue; il lui faudrait une robe. Celle-là est venue à l'école sans apporter son déjeuner, car sa mère n'avait pas de pain. Cette autre n'a pas de mère, et son père est mort aussi. La voilà seule à quatre ans. On la nourrit comme on peut... Là s'éveille le jeune cœur... Sans rien dire, elle la prend et se met à l'arranger. Elle n'est pas maladroite. On dirait qu'elle a tenu des enfants toute sa vie. Elle la lave, elle la baise, elle va lui chercher du pain, du beurre, des fruits, tout ce qu'elle a... Werther aima en voyant Charlotte donner une tartine aux petits. Il m'en fût arrivé autant.

L'orpheline l'intéresse aux autres. L'une est jolie, l'autre si sage! en voici une de malade, une autre a été battue, et il faut la consoler. Toutes lui plaisent, toutes l'amusent. Quel bonheur d'avoir en main ces délicieuses poupées, qui parlent, celles-ci, rient et mangent, qui ont déjà des volontés, qui sont presque des personnes! quel plaisir de les faire jouer! Et, sous ce prétexte, voilà qu'elle se remet elle-même à jouer, la grande innocente. — Même à la maison, elle y pense; plus de rêveries, elle est vive, elle est gaie et sérieuse à la fois, comme on le devient lorsqu'on a tout à coup un vif intérêt dans la vie. Elle ne va plus seule maintenant, elle cherche sa mère, lui parle, elle a besoin d'elle, désire obtenir ceci, négocie cela. Chaque jour, tout le temps qu'elle a de libre, elle va le passer avec les enfants. Elle vit toute dans ce petit monde, très varié lorsqu'on le voit de près et qu'on s'y mêle. Elle a là des amitiés, des demi-adoptions, des préférences, des tendresses avivées par la charité, de légers soucis parfois, puis des gaietés, puis des transports, et que sais-je? même des larmes. — Mais elle sait pourquoi elle pleure. Le pis, pour les jeunes filles, c'est de pleurer sans savoir pourquoi.

. . . .

Elle venait d'avoir quatorze ans en mai. C'étaient les premières roses. La saison, après quelques pluies, désormais belle et fixée, étalait toutes ses pompes. Elle aussi, elle avait eu un petit moment d'orage, de la fièvre et quelques souffrances. Elle sortait pour la première fois, un peu faible encore, un peu pâle. Une imperceptible nuance d'un bleu finement teinté (d'un faible lilas peut-être?) marquait sous ses yeux. Elle n'était pas bien grande; mais sa taille avait changé, s'était gracieusement élancée. Couchée enfant, en peu de jours, elle s'était levée demoiselle. Plus légère et pourtant moins vive, elle ne méritait plus le nom que lui donnait sa mère : « Mon oiseau! mon papillon! »

Son premier soin, en revoyant son jardin, changé comme elle, et tellement embelli, ce fut d'y prendre quelques fleurs pour son père et pour sa mère, qui l'avaient soignée, gâtée, encore plus qu'à l'ordinaire. Elle les rejoignit souriante, avec son petit hommage. Elle les trouva tout attendris, ne se disant rien l'un à l'autre, muets d'une même pensée.

Pour la première fois peut-être depuis bien longtemps ils la mirent entre eux. Quand elle était toute petite et apprenait à marcher sans être tenue, elle avait besoin de les voir ainsi à portée de droite et de gauche. Mais ici, devenue grande, et presque autant que sa mère, elle sentit bien doucement que c'étaient eux maintenant qui avaient besoin de l'avoir entre eux, ils l'enveloppaient de leur cœur, et d'un amour si ému que sa mère avait quelque peine à s'empêcher de pleurer.

« Chère maman! qu'avez-vous donc? » Et elle se pendit à son cou. Sa mère l'accablait de caresses, mais ne lui répondait pas, craignant que son cœur n'échappât. Enfin, un peu affermie, quoiqu'une larme charmante lui noyât encore les yeux, la mère dit en souriant : « Je racontais à ton père ce que j'ai rêvé cette nuit. Tu étais seule au jardin, tu t'étais piquée au rosier. Je voulais soigner ta blessure, et je ne le pouvais pas : tu restais blessée pour la vie... J'étais morte et je voyais tout. — O maman, ne mourez jamais! » Et elle se jeta, rougissante, dans les bras de sa mère.

Ces trois personnes, à ce moment, étaient bien unies de cœur. Et que j'ai tort de dire trois! Non, c'était une personne. Ils vivaient d'amour dans leur fille, elle en eux. Ce n'était la peine de rien dire, s'entendant si bien. On ne se voyait guère non plus, car c'était déjà le soir. Ils allaient obscurs, indistincts, le père l'appuyant de son bras, la mère enlaçant la petite, s'appuyant sur elle.

On n'entendait plus de chants, mais quelques légers bruits d'oiseaux, leurs dernières causeries intimes en se serrant dans le nid. Cela très charmant, très divers. Les uns bruyants et pressés, tout joyeux de se retrouver. D'autres plus mélancoliques, inquiets des ombres de la nuit, semblaient se dire : « Qui est sûr de se réveiller demain? » Le rossignol, confiant, regagna son nid presque à terre, croisa l'allée, presque à leurs pieds, et la mère émue lui dit ce bonsoir : « Dieu te garde, mon pauvre petit! »

Rien de plus simple que la révélation du sexe à l'enfant préparée ainsi. Pour celle qu'on laisse ignorante des lois générales, qui apprend tout en une fois, c'est une chose grande et dangereuse. Que penser de l'imprudence des parents qui s'en remettent au hasard? Car, qu'est-ce que le hasard? C'est souvent une compagne nullement innocente, nullement pure d'imagination. Le hasard, c'est encore (et plus souvent qu'on ne croit) un mot léger, sensuel, du jeune, du plus proche parent. Les mères diront non, et s'indigneront; tous leurs enfants sont parfaits. Elles sont trop assoties de leurs fils, pour croire l'évidence même.

Quoi qu'il en soit, cette révélation, si elle n'est donnée par la mère, est saisissante et foudroyante; elle tue la volonté; à cette heure la pauvre petite, avant de revenir à elle, est comme à discrétion.

Quant à celle-ci, qui, de bonne heure, a très froidement appris la génération des plantes, la génération des insectes, elle qui sait qu'en toute espèce la vie se refait par l'œuf, et que la nature entière est dans le travail éternel de l'ovulation, elle n'est point du tout étonnée d'être dans la règle commune. La mue pénible qui chaque mois accompagne ce phénomène semble aussi fort naturelle quand on a vu des mues si laborieuses dans les espèces inférieures.

Tout cela apparaît noble, grand, pur, dans la généralité de la loi du monde, plus grande encore quand on y voit la constante réparation de ce que détruit la mort. « La mort nous pousse, elle nous presse, ma chère fille, lui dit sa mère. Le remède, c'est le mariage. Ton père et moi, nous mourrons, et, pour compenser cela, il faudra bien probablement que, même avant, tu nous quittes et que tu sois mariée. Comme moi, tu accoucheras avec de vives douleurs, et tu amèneras à la vie des enfants qui ne vivront pas, ou, s'ils vivent, ils te quitteront... Voilà ce que je vois d'avance, et ce qui me fait pleurer... J'ai tort; c'est notre sort à toutes, et Dieu veut qu'il en soit ainsi. »

X

L'HISTOIRE COMME BASE DE FOI

Rousseau, qui, chez les modernes, a posé le premier avec force le problème des méthodes en éducation, ne me semble pas voir assez que la méthode n'est pas tout. Il cherche seulement *comment* on doit diriger l'élève, ou plutôt comment l'élève, aidé dans sa libre action, pourra se former lui-même et devenir capable d'apprendre toute chose. — Je n'examine pas son livre. Je remarque seulement qu'il ne dit pas un seul mot du second problème de l'éducation : *quel sera l'objet* principal de l'étude? qu'apprendra-t-il, cet élève? En supposant que Rousseau ait réussi à former un esprit énergique, actif, indépendant des routines ordinaires, à quoi s'appliquera-t-il? n'est-il pas quelque connaissance où il trouve son développement, sa gymnastique naturelle? Ce n'est pas assez de créer le *sujet;* il faut déterminer l'*objet* sur lequel il s'exercera avec le plus d'avantage. J'appellerai cet objet : la *substance de l'éducation*.

Selon moi, elle doit être tout autre pour le garçon et pour la fille.

Si l'on veut mieux réussir dans l'éducation qu'on ne l'a fait jusqu'ici, il faut marquer sérieusement les différences profondes qui non seulement séparent les deux sexes, mais les opposent même, les constituent symétriquement opposés.

Autres sont leurs vocations et leurs tendances naturelles. Autre aussi leur éducation, — *différente dans la méthode*, harmonisante pour la fille, pour le garçon fortifiante, — *différente en son objet*, pour l'étude principale où s'exercera leur esprit.

Pour l'homme qui est appelé au travail, au combat du monde, la grande étude, c'est l'*Histoire*, le récit de ce combat. L'Histoire, aidée par les langues, dont chacune donne le génie d'un peuple. L'Histoire dominée par le Droit, écrivant sous lui et pour lui, constamment éclairée, corrigée et rectifiée par la justice éternelle.

Pour la femme, doux médiateur entre la nature et l'homme, entre le père et l'enfant, son étude toute pratique, rajeunissante, embellissante, c'est celle de la *Nature*.

Lui, il marche de drame en drame, dont pas un ne ressemble à l'autre, d'expérience en expérience, et de bataille en bataille. L'*Histoire* va, s'allonge toujours... et lui dit toujours... « En avant! »

Elle, au contraire, elle suit la noble et sereine épopée que la *Nature* accomplit dans ses cycles harmoniques, revenant sur elle-même, avec une grâce touchante de constance et de fidélité. Ces retours, dans son mouvement, mettent la paix, et si j'osais dire, une immobilité relative. Voilà pourquoi les études naturelles ne lassent, ne flétrissent jamais. La femme peut s'y livrer en confiance ; car Nature est une femme. L'Histoire que nous mettons très sottement au féminin, est un rude et sauvage mâle, un voyageur hâlé, poudreux. Dieu me garde d'associer trop cette enfant aux pieds délicats à ce rude pèlerinage ! elle se fanerait bientôt, halèterait, et, défaillante, s'assoirait sur le chemin.

L'histoire ! ma fille, l'histoire ! il faut bien que je t'en donne. Et je te la donnerai, franche et forte, simple, vraie, amère, comme elle est ; ne crains pas que, par tendresse, je l'édulcore d'un miel faux. Mais il ne m'est pas imposé, pauvre enfant, de te faire boire tout, de te prodiguer à flots ce terrible fortifiant où dominent les poisons, de te donner jusqu'à la lie la coupe de Mithridate.

Ce que je te dois de l'histoire, c'est la tienne d'abord, ce que j'ai dû te révéler de ton berceau, et ce qui appuie la base même de ta vie morale. Je t'ai dit d'abord comment tu naquis, les douleurs, les soins infinis de ta mère, et toutes ses veilles, combien de fois elle souffrit, pleura, mourut presque pour toi. Cette histoire, mon enfant, que ce soit ta chère légende, ton souvenir religieux et ton premier culte ici-bas.

Puis, je t'ai sommairement dit ce qu'est et fut ta seconde mère, la grande mère, la Patrie. — Dieu t'a fait cette noblesse de naître en ce pays de France, dont toute la terre, mon enfant, enrage et raffole, —

personne n'est froid pour elle, tous en disent du bien et du mal, — à tort ? à raison ? qui le sait. Nous, nous n'en disons qu'un mot : « On ne souffre gaiement qu'en France. — C'est le peuple qui sait mourir. »

De la longue vie de tes pères, tu sauras la grande chose, si tu sais qu'au moment sacré où la Patrie fut sur l'autel, Paris vint dire à la France le vœu, la volonté de tous : « Se perdre dans le grand tout. »

C'est de cet effort d'unité que la France fut une personne. Elle sentit son cœur qui battait, l'interrogea, trouva dans ce premier battement la sainte fraternité du monde, le vœu de délivrer la terre.

Voilà tes origines, ô fille ! Soutiens-les, et puisses-tu n'aimer jamais que les héros !

De la France, tu iras au monde. Nous préparerons ensemble, tout comme dans ton jardinage, des terrains appropriés pour y planter les nations. Agréable et vivante étude du sol, des climats, des formes du globe, qui de tant de façons ont déterminé l'action des hommes, souvent fait l'histoire d'avance. Ici la terre a commandé, l'homme a obéi ; et parfois, tel végétal, tel régime, a fait telle civilisation. Parfois la force intérieure de l'homme a pu réagir, lutter contre. En ces combats, ta bonne amie d'enfance, la nature, et les sciences naturelles, vont se liant, se rencontrant avec les sciences morales où la vie doit t'initier.

L'enseignement de l'histoire est-il le même pour les garçons et pour les filles ?

Oui, sans doute, comme base de foi. Aux uns, aux autres, elle donne son grand fruit moral, le soutien du cœur et l'aliment de la vie, à savoir, la magnifique *identité de l'âme humaine sur la question du juste*, la concordance historique des croyances du genre humain sur le devoir et sur Dieu.

Mais qu'il soit entendu de plus que l'homme étant appelé aux affaires, au combat du monde, l'histoire doit spécialement l'y préparer. Elle est pour lui le trésor de l'expérience, l'arsenal des armes de tout genre dont il se servira demain. Pour la fille, l'histoire est surtout une base religieuse et morale.

La femme qui semble si mobile, et qui physiquement mois par mois se renouvelle sans doute, doit cependant ici-bas remplir, bien plus que l'homme, deux conditions de fixité. *Toute femme est un autel*, la chose pure, la chose sainte, où l'homme, ébranlé par la vie, peut à chaque heure trouver la foi, retrouver sa propre conscience, conservée plus pure qu'en lui. *Toute femme est une école*, et c'est d'elle que les générations reçoivent vraiment leur croyance. Longtemps avant que le père songe à l'éducation, la mère a donné la sienne, qui ne s'effacera plus.

Il faut qu'elle ait une foi.

Les embûches vont bientôt venir. Les plus dangereuses viennent par l'ébranlement des croyances. Elle n'aura pas vingt ans, peut-être deux ans de mariage, un enfant, — qu'on commencera à examiner le terrain. Les agréables viendront en causer, rire de toute chose, railler tout ce que son père put lui enseigner de bon, la simple foi de sa mère, le sérieux de son mari, lui faire croire qu'il faut rire de tout et que rien n'est sûr ici-bas.

Il faut qu'elle ait une foi, — et que ces légèretés perfides et intéressées ne trouvent en elle que le dégoût, qu'elle leur oppose le sérieux, la douce fermeté d'une âme qui a par devers soi une base fixe de croyances enracinée dans la raison, dans la simplicité du cœur, dans la voie concordante, unanime du cœur des nations.

Il faut que, de très bonne heure, le père et la mère soient d'accord, et que, sous les formes successives où l'histoire, selon son âge, lui sera administrée, elle en sente toujours l'accord moral et l'unité sainte.

Sa mère, sous forme lactée, je veux dire par le doux milieu d'un langage approprié à sa faiblesse, lui en aura conté d'abord quelques grands faits capitaux qu'elle écrira à sa manière. — Son père, dans l'âge intermédiaire (dix ans? douze ans?), lui aura fait quelques bonnes lectures choisies d'écrivains originaux, tel et tel récit d'Hérodote, la *Retraite des Dix-Mille*, la *Vie d'Alexandre-le-Grand*, quelques beaux récits de la *Bible*, ajoutez-y l'*Odyssée*, et nos odyssées modernes, nos bons voyageurs. Tout cela lu fort lentement ; toujours dans le même esprit, c'est-à-dire en lui montrant sous ces différences extérieures de mœurs, d'usages, de cultes, combien peu l'homme a changé. La plupart des discordances ne sont qu'apparentes, ou parfois nécessitées par des singularités de races ou de climats. Le bon sens éclaire tout cela.

Pour la famille, par exemple, on sent bien qu'elle ne peut être la même sous la fatalité physique de cette fournaise de l'Inde, où la femme est une enfant qu'on épouse à huit ou dix ans. Mais, dès qu'on se place dans un monde libre et naturel, l'idéal de la famille est absolument identique. Tel il est dans Zoroastre, dans Homère, tel pour Socrate (voir l'admirable passage des *Économiques* de Xénophon), tel enfin à Rome et chez nous. On voit dans Aristophane que les femmes grecques, nullement dépendantes, régnaient chez elles, et souvent influaient puissamment dans l'État. On le voit dans Thucydide, où, les hommes ayant voté le massacre de Lesbos, mais se retrouvant chez eux le soir en face de leurs femmes, se déjugèrent, rétractèrent cet arrêt.

Les lois nous trompent beaucoup. On croit par exemple que, partout où le gendre paye le père, il y a achat de la femme, et qu'elle est esclave. Il n'en est rien. Cette forme de mariage existe encore en Afrique, et c'est justement chez des tribus où la femme, libre et reine, gouverne, et non l'homme (Livingstone). Ce prix n'est point un achat de la femme, mais une indemnité qui dédommage la famille du père pour les enfants futurs qui ne profiteront pas à cette famille, mais à celle où la femme va entrer.

Il est curieux de voir comment les sceptiques s'y prennent pour créer des discordances, des exceptions à la règle, et dire qu'il n'est point de règle. Les ennemis du sens moral et de la raison humaine n'ont d'autre moyen que de chercher, dans les sources les plus suspectes, des faits mal compris.

« Mais, dit le père, où prendrai-je assez de pénétration pour m'orienter moi-même et pour guider mon enfant parmi tant de choses obscures? »

La forte et simple critique se prend dans le cœur plus que dans l'esprit. Elle se prend dans la loyauté, dans la sympathie impartiale que nous devons à nos frères du présent et du passé. Avec cela vous aurez beaucoup de facilité à distinguer dans l'histoire le grand courant identique de la moralité humaine.

Voulez-vous en croire quelqu'un qui a fait plus d'une fois cette grande navigation? Voici ce qu'on y éprouve : exactement la même chose qui arrive au voyageur qui sort de la mer des Antilles ; l'infini des eaux au premier coup d'œil; au second sur le vert immense, une grande rue bleue se dessine ; c'est l'énorme fleuve d'eaux chaudes qui traverse l'Atlantique, arrive encore tiède à l'Irlande, et qui, même à la pointe de Brest, n'est pas tout à fait refroidi. On le voit parfaitement, et mieux encore sur la route on en ressent la chaleur.

Tel vous apparaîtra le grand courant de la tradition morale, si vous portez sur l'histoire un regard un peu attentif.

Mais bien avant qu'on arrive à cette haute simplification où l'histoire devient identique avec la morale elle-même, je voudrais que ma jeune vierge eût été doucement nourrie de lectures saines et virginales, empruntées surtout à l'Antiquité, même au primitif Orient. Comment se fait-il qu'on ne mette aux mains des enfants que les livres des peuples vieux, tandis qu'on leur laisse ignorer l'enfance, la jeunesse du monde? Si l'on recueillait quelques hymnes vraiment éthérés des Védas, telles prières, telles lois de la Perse, si pures et si héroïques, en y joignant plusieurs des touchantes pastorales bibliques (Jacob, Ruth, Tobie, etc.), on donnerait à la jeune fille un merveilleux bouquet de fleurs, dont le parfum, de bonne heure respiré et lentement, imprégnerait son âme innocente et lui resterait toujours.

Point de choses compliquées de longtemps. Loin, loin les Dante et les Shakespeare, les sophistes et les magiciens de la vieillesse du monde! Plus loin, les romans historiques, funeste littérature, qu'on ne peut plus désapprendre et qui fait solidement ignorer l'histoire à jamais!

Je veux des chants de nourrice, comme l'*Iliade* et l'*Odyssée*. Celle-ci est le livre de tous, le meilleur pour un jeune esprit. Livre jeune aussi, mais si sage!

Du reste, pour savoir les livres qui lui vont, il faut les classer par le degré de lumière qui les éclaire et les colore. Chaque littérature semble répondre à quelque moment du jour. Hérodote, Homère, ont partout comme un reflet du matin, et il en reste dans tous les souvenirs de la Grèce. L'aurore semble toujours luire sur ses monuments. C'est toujours une transparence, une sérénité merveilleuse, une gaieté héroïque qui gagne et fait rire l'esprit.

Dans les poèmes et drames indiens, modernes relativement en comparaison des Védas, il y a mille choses qui raviraient l'imagination de l'enfant, charmeraient son cœur de fille!... Mais je ne suis pas pressé. Tout cela a la chaleur languissante de l'heure de midi. Ce monde de ravissants mensonges a été rêvé sous l'ombre des forêts fascinatrices. A son amant bienheureux je laisse la volupté de lui lire Sakontala sous quelque berceau de fleurs.

C'est le soir, c'est dans la nuit, que semblent avoir été écrits la plupart des livres bibliques. Toutes les questions terribles qui troublent l'esprit humain y sont posées âprement, avec une crudité sauvage. Le divorce de l'homme avec Dieu, et du fils avec son père, le redoutable problème de l'origine du mal, toutes ces anxiétés du peuple dernier-né de l'Asie, je me garderai d'en troubler trop tôt un jeune cœur. Que serait-ce, grand Dieu! de lui lire les rugissements que David poussait dans l'ombre, en battant son cœur déchiré des souvenirs du meurtre d'Urie?

Le vin fort est pour les hommes et le lait pour les enfants. Je suis vieux et ne vaux guère. Ce livre me va. L'homme y tombe, se relève, et c'est pour tomber encore. Que de chutes! comment ferai-je pour expliquer tout cela à ma chère innocente? Puisse-t-elle ignorer longtemps le combat de l'*homo duplex!* Ce n'est pas que ce livre-ci ait l'énervante mollesse des mystiques du Moyen-âge. Mais il est trop orageux, il est trouble, il est inquiet.

Une des causes encore qui me feront hésiter de faire trop tôt cette lecture, c'est la haine de la nature qu'expriment partout les Juifs. Ils y craignent visiblement les séductions de l'Égypte ou de Babylone. N'importe. Cela donne à leurs livres un caractère négatif, critique, de sombre austérité, qui pourtant n'est pas toujours pure. Dispositions toutes contraires à celles que je veux chez l'enfant, qui ne doit être qu'innocence, gaieté et sérénité, sympathie pour la nature, spécialement pour les animaux que les Juifs fort cruellement nomment d'un vilain nom : les *velus*. Puisse ma petite avoir plutôt le doux sentiment du haut Orient qui bénit toute vie !

Ma fille, lisons ensemble, dans la *Bible* de la lumière, le *Zend-Avesta*, la plainte antique et sacrée de la vache à l'homme pour lui rappeler ses bienfaits. Lisons les fortes paroles, toujours vraies et subsistantes, où l'homme reconnaît ce qu'il doit à ses compagnons de travail, le fort taureau, le vaillant chien, la bonne terre nourricière. Elle n'est pas insensible, cette terre, et ce qu'elle dit au laboureur restera éternellement. (*Zend*, II, 284.)

Être pur pour être fort, — *être fort pour être fécond,* c'est tout le sens de cette loi, l'une des plus *humaines*, des plus harmoniques que Dieu ait données à la terre.

Chaque matin avant l'aurore, et quand rôde encore le tigre, partent les deux camarades, je veux dire l'homme et le chien. Il s'agit du chien primitif, de ce dogue colossal sans lequel la terre alors eût été inhabitable, être secourable et terrible qui, seul, vint à bout des monstres. On en montra encore un à Alexandre, et il étrangla un lion devant lui.

L'homme n'avait d'armes alors que la grosse et courte épée qui est sur les monuments, et dont, face à face, poitrine contre poitrine, on le voit poignarder le lion.

Tout le jour, il dompte la terre, sous la garde du chien fidèle; il lui donne la bonne essence; il lui donne la bonne semence; il lui distribue les eaux salutaires, il la pénètre par le soc, la réjouit par les fontaines; et lui-même réjouit son cœur de la bonne œuvre de la Loi : il en revient sanctifié.

Compagne de cette grande vie de travail et de danger, la femme, sa puissante épouse, la maîtresse de maison, le reçoit au seuil, le refait des aliments de sa main : il mange ce qu'elle lui donne, se laisse nourrir comme un enfant. C'est elle qui sait toute chose, les vertus de toutes plantes, celles qui font fleurir la santé, celles qui relèvent le cœur.

La femme est mage, elle est reine. Elle domptera le vainqueur des lions.

Ce monde de l'ancienne Perse est un monde de fraîcheur : c'est comme la rosée d'avant l'aube; j'y sens circuler partout ces quarante mille canaux souterrains dont parle Hérodote, veines cachées qui, par-dessous, ranimaient la terre, et dérobaient les eaux vives à la soif du brûlant soleil.

XI

LA PALLAS. — LE RAISONNEMENT

Chère enfant, tu n'as guère été encore aux galeries de sculpture. Ta mère les trouve trop froides, et toujours nous montons plutôt à l'étage supérieur du Louvre, au monde chaud, vivant, des tableaux. Cependant, l'été surtout, c'est un lieu de noble repos, de silence, où l'on pourrait méditer, étudier, mieux que dans le musée d'en haut. Aujourd'hui que certaine affaire retient ta mère à la maison, faisons ensemble ce voyage au grave pays des morts.

Les peuples, les écoles, ne sont pas classés ici comme au musée des peintures. La haute et pure antiquité s'y trouve trop souvent rapprochée des œuvres de la décadence. Et rien ne se confond pourtant. Si fiers, si nobles, si simples, sont les vrais enfants de la Grèce, qu'au milieu même des Romains, empereurs et sénateurs, ils éclatent, dominent, et ce sont les Grecs qui semblent les maitres du monde. Les basses passions qui marquent les bustes de l'Empire (les Agrippa, les Vitellius, etc.) n'apparaissent pas encore chez leurs nobles devanciers. Une sérénité sublime est l'attribut de ces fils de l'idéal. Leur front a encore le reflet dont l'aurore illuminait le faîte de l'Acropole d'Athènes, tandis que leurs yeux profonds indiquent, non la molle rêverie, mais la perçante intuition et le mâle raisonnement.

Tu as lu les *Vies* de Plutarque ; tu cherches ici tes grands morts, objets de ta prédilection. Ces biographies de la décadence, intéressantes et romanesques, nous donnent une idée très contraire au génie de l'Antiquité. Elles proclament le héros, l'intronisent et le divinisent. Or la beauté de la Cité grecque, c'est d'être un monde héroïque où l'on ne voit point de héros. Nul ne l'est et tous le sont. Par la gymnastique du corps et par celle de l'esprit, tout citoyen doit obtenir l'apogée de sa beauté, atteindre la hauteur héroïque, ressembler de très près aux dieux. D'une incessante activité, par les combats, ou les disputes de la place et de l'école, par le théâtre, par les fêtes qui sont des jeux et des combats, l'homme évoque de sa nature tout ce qu'elle a de beau, de fort, se sculpte infatigablement à l'image d'Apollon, d'Hercule, emprunte l'énergie du second, la svelte élégance de l'autre, sa haute harmonie, ou les puissances méditatives de la Minerve d'Athènes.

Les Grecs naissaient-ils tous beaux ? On serait bien fou de le croire. Mais ils savaient se faire beaux. « Socrate naquit un vrai satyre. Mais, du dedans au dehors, il se transforma tellement, par cette sculpture de raison, de vertu, de dévouement, il refit si bien son visage, qu'au dernier jour un dieu s'y vit, dont s'illumina le *Phédon*. »

Entrons dans cette grande salle où l'on voit au fond le colosse de la Melpomène, et, sans aller jusqu'à elle, arrêtons-nous un moment devant celui de la Pallas. C'est une sculpture des temps romains, mais copiée d'une Pallas grecque, de celle de Phidias peut-être. On y trouve précisément l'expression des figures connues de Périclès, de Thémistocle. Pour la nommer de son vrai nom, c'est la pensée, c'est la sagesse, ou plutôt la *réflexion*.

Réfléchir, c'est retourner sa pensée vers elle-même, la prendre pour son propre objet, la regarder comme en un miroir. Il faut fictivement qu'elle se double, et que la pensée regardante fixe la pensée regardée, l'étende, la développe par l'analyse du langage, ou par le langage intérieur du raisonnement muet.

Le haut génie de la Grèce, ce ne fut pas l'habileté des Ulysse et des Thémistocle qui les fit vainqueurs de l'Asie, ce fut cette invention des méthodes de la raison qui fit d'eux les suprêmes initiateurs de l'humanité à venir.

L'intuition poétique et prophétique, ce procédé de l'Orient, si sublime dans les livres juifs, n'en suivait pas moins une voie scabreuse, pleine de brouillards et de mirages. Elle était fatale d'ailleurs, dépendant du hasard tout involontaire de l'inspiration.

A ce procédé obscur la Grèce substitue un art viril de chercher et de trouver, d'arriver avec certitude en pleine lumière par des voies connues de tous, où l'on peut passer, repasser, et faire toute vérification. L'homme devient son fabricateur et l'artisan même de sa destinée. Quel homme? Un homme quelconque, non l'élu, non le prophète, non le rare favori de Dieu. Avec les arts de la raison, Athènes donne à toute la terre les moyens de l'égalité.

Jusque-là, rien de lié. L'aveugle élan du sentiment, les essais de réflexion, mais qui avortaient bientôt. Tout décousu, tout fortuit, rien de régulier.

Jusque-là tout le progrès par secousses et par saccades. Point d'histoire possible du mouvement du genre humain. L'Asie est peu historique. Ses rares annales donnent des faits isolés, dont on ne peut tirer de conclusion. Que conclure de choses fatales et que la sagesse ne sait diriger?

Mais du jour où la raison devient un art, une méthode; du jour où la vierge Pallas enfante, dans sa forme pure, la puissance de déduction et de calcul, une génération régulière non interrompue existe pour les œuvres humaines. Le fleuve coule, ne s'arrête plus, et de Solon à Papinien, et de Socrate à Descartes, et d'Archimède à Newton.

Elle est en toi, comme en nous tous, enfant, cette grande puissance. Il ne faut que la cultiver. Je ne demande pas que tu l'appliques aux sujets les plus abstraits, que tu traduises Newton, comme une femme célèbre de l'autre siècle. Je ne demande pas qu'au milieu d'un cercle d'hommes attentifs et d'élèves respectueux tu enseignes les hautes mathématiques, comme j'ai vu une dame le faire à Granville en 1859. Mais je serais bien heureux si, dans les traverses qui peuvent affliger ta vie, tu trouvais un refuge vers ces hautes et pures régions. L'amour du beau est chose tellement propre au cœur de la femme, que se sentir devenir belle, c'est pour se consoler de tout. La pureté, la noblesse, l'élévation d'une vie tournée tout entière vers le vrai, voilà un dédommagement de tous les bonheurs de la terre. Qui sait? s'en souvient-on encore?

Nous avons eu ce spectacle dans une admirable enfant, la jeune Émilia, fille de Manin. Elle avait été de bonne heure frappée des coups les plus cruels, et de la perte de sa mère, et de la ruine de son père, du drame terrible de Venise, dont elle eut les contre-coups. L'exil et la pauvreté, la vie sombre des villes du Nord, devaient achever. Mais le plus terrible, c'est que cette souffrante image du martyre de l'Italie, qui en eut tous les tressaillements, subissait les accès meurtriers d'une cruelle maladie nerveuse. Eh bien, à travers tout cela, la jeune vierge de douleur gardait sa pensée haute et libre, aimant le pur entre le pur, l'algèbre et la géométrie. C'est elle qui soutenait son père de sa noble sérénité. Il consultait cette enfant, et, même après qu'il l'eut perdue, se réglait sur son jugement. « Il me semble, nous disait-il sur une affaire patriotique, que ma fille doit m'approuver. »

Entre Dieu et la Raison est-il une différence? Il serait impie de le croire. Et de toutes les formes de l'Amour éternel (beauté, fécondité, puissance), nul doute que la Raison ne soit la première, la plus haute. C'est par elle qu'il est l'harmonie, l'ordre qui fait prospérer tout, l'ordre bienfaisant, bienveillant. Dans la raison, qui paraît froide, il n'est pas moins l'Amour encore.

Nous ne vivrons pas toujours pour t'aimer et te protéger. Peut-être, comme bien d'autres femmes, seras-tu seule sur la terre. Eh bien, que le cœur paternel te donne une protectrice, une patronne sérieuse et fidèle qui ne te manquera pas. Je te voue et te dédie, ô chère! à la Vierge d'Athènes, je veux dire à la Raison.

XII

LA « CHARITÉ » D'ANDRÉ DEL SARTE

Les esprits attentifs, je pense, ont pu saisir le double fil des méthodes que j'ai suivies dans ces trois derniers chapitres, méthodes également austères, quoique l'une semblât ménager et caresser la nature, et l'autre la contrarier. Du jour où ma jeune enfant, au pas délicat des deux âges, se trouve à son tour atteinte de cette maladie charmante qui n'est autre que l'amour, j'ai employé concurremment deux médecins, non pour guérir, mais pour modifier, transformer. Je ne veux pas frauder l'amour, pour qui j'ai le tendre respect qu'on doit aux bonnes choses de Dieu, mais l'étendre et le satisfaire mieux qu'il ne ferait lui-même, l'ennoblir et le grandir vers les plus dignes objets.

On a vu qu'au moment de la crise (vers quatorze ans), ou plutôt un peu avant, lorsque je la sentais venir, j'ai employé des moyens qu'on peut dire *homœopathiques*, balançant et détournant le semblable par le semblable. A l'émotion du sexe j'ai donné pour contrepoids l'émotion maternelle et le soin des petits enfants.

Mais dans les années qui suivent, par un art *allopathique*, j'ai occupé son esprit d'études nouvelles, de lectures pures et sereines. Dans la variété amusante des voyages et des histoires, je lui ai fait trouver elle-même la sérieuse base morale où sa vie va s'appuyer : *l'unité de la foi humaine* sur le devoir et sur Dieu.

Elle a vu Dieu dans la nature, elle le voit dans l'histoire. Elle sent dans l'amour éternel le lien de ces deux mondes qu'elle étudiait séparés. Quelle vive et tendre émotion !... Mais n'ai-je pas créé ici moi-même mon propre danger? Ce jeune cœur amoureux ne va-t-il pas délirer, et sous ombre de pureté, dans une sphère supérieure, suivre un tourbillon d'orages non moins dangereux?

Tout dépend ici de sa mère. Aux premiers frémissements de la nature, l'enfant, troublée, amollie, était toute dans les bras maternels; elle a trouvé là non seulement les vives caresses, mais les rêves aussi. La femme est si attendrie quand son enfant devient femme, qu'elle-même en redevient enfant. Elle craint pour l'objet adoré, alors chancelant, fragile, prie et pleure, retourne aisément aux faiblesses du mysticisme, dont toutes deux peuvent être énervées.

Et moi, alors, que deviendrais-je? que me servirait d'avoir donné à cette fleur l'eau saine et fortifiante, si une faible mère devait la tenir attiédie de lait et de larmes, et, ce qui est pis, languissante des breuvages des empiriques?

De tous les romans corrupteurs, les pires sont les livres mystiques, où l'âme dialogue avec l'âme, aux heures dangereuses d'un faux crépuscule. Elle croit se sanctifier, et elle va s'attendrissant, s'amollissant, se préparant à toute faiblesse humaine. Ce débat, rude et sauvage, violent, dans les livres juifs, devient malsain, fiévreux dans ceux du Moyen-âge. Combien plus dans les copies, si tristement équivoques! Ma jeune fille, qui, d'âge en âge, par une tout autre voie, a monté vers l'idée de Dieu (du Dieu fort, vivant, créateur), a moins à craindre qu'une autre. Cependant, c'est à ce moment que j'ai cru devoir l'armer, abriter sa jeune tête de ce qui fait fuir les songes, le lumineux casque d'acier de la vraie vierge Pallas. Le dialogue intérieur que je veux commencer en elle, ce n'est point du tout celui d'une dangereuse rêverie, c'est l'austère conversation de la pensée, bien éveillée, avec la pensée elle-même. Là, plus haut que le raisonnement, elle a aperçu la Raison. Au-dessus des sphères de vie qu'elle a traversées, elle a vu la sphère de cristal où l'Idée, en pleine lumière, est pénétrée de part en part. Et cela, si beau, si pur, qu'elle en a aimé, adoré la Pureté pour elle-même.

Voilà l'amour qui chez elle a transfiguré l'amour, et comment j'ai gardé son cœur.

Cela servira-t-il toujours? Je ne dois pas m'en flatter. Chère enfant! ce n'est pas sa faute. C'est celle de la nature, qui chaque jour l'enrichit de forces, l'embellit d'un luxe de sève, et fait d'elle un enchantement. Vierge, pure et haute de cœur, de digne et sage volonté, par cette pureté même il semble qu'elle donne une prise plus forte à ces puissances impérieuses. L'œil et la pensée sont au ciel, son cœur est aux grandes choses, et son esprit vertueux, qui sait se dompter lui-même, ne fuit point l'abstraction. Mais voilà que bien souvent, au sein de ces nobles études, quelqu'un (et qui donc?) l'agite; sa joue tout à coup se colore, ses beaux yeux errent et se troublent, un flot de vie a monté, et comble son jeune sein.

Elle est femme... Que faire à cela? Elle rayonne tout autour d'une électricité charmante. Sous les forêts de l'Équateur, l'amour, chez des myriades d'êtres, éclate par la flamme même, par la magie des feux ailés dont sont transfigurées les nuits. Naïves révélations, mais non plus naïves que le charme innocent, timide de la vierge qui croit cacher tout. Une adorable lueur émane d'elle à son insu, une voluptueuse auréole, et justement quand elle a honte et qu'elle rougit d'être si belle, elle répand autour d'elle le vertige du parfum d'amour.

O chère enfant, je ne veux pas, je ne peux te laisser ainsi! Tu passerais comme une lampe. A cette dangereuse fièvre où tu te consumerais, il faut en mêler une autre qui fera diversion. Une dévorante puissance est en toi, mais je m'en vais lui donner un aliment. J'aime mieux tout, fille chérie, que te voir brûler solitaire. Reçois de moi un cordial, une flamme qui guérit la flamme. Reçois (c'est ton père qui verse) l'amertume et la douleur...

Abritée de notre amour, enfermée de ta pensée, de ton travail, tu ne sais guère ce qu'est le travail du monde, l'immensité de ses misères. Sauf un regard sur l'enfant qui pleure et sitôt se console, tu n'as pu soupçonner encore l'infini des maux d'ici-bas. Tu étais faible et délicate. Nous n'osions, ta mère et moi, te mettre aux prises avec tant d'émotions navrantes, mais aujourd'hui nous serions coupables de ne pas te dire tout.

Alors, je la prends avec moi, et je la mène hardiment à travers cette mer de pleurs qui coule à côté de nous, sans que nous y prenions garde. Je lui déchire le rideau, sans égard au dégoût physique, aux fausses délicatesses. Regarde, regarde, ma fille, voilà la réalité!... En présence de telles choses, il faudrait être doué d'une merveilleuse puissance d'abstraction égoïste pour mener tout seul ses rêves et son idylle personnelle, une navigation paresseuse sur le fleuve de Tendre et ses bords semés de fleurs.

. . . .

Elle rougit d'avoir ignoré, elle se trouble et elle pleure. Puis, la force lui revenant, elle rougit de pleurer et de n'agir pas; la flamme de Dieu lui monte. Et dès lors, elle ne nous laisse plus reposer. Toutes les forces de l'amour, la chaleur de son jeune sang, tournée vers la charité, lui donne une activité, un élan, une impatience, une tristesse de faire si peu. Comment la calmer, maintenant? A sa mère de la diriger, de la suivre, de la contenir. Car, de cet aveugle élan, elle pourrait se jeter dans des dangers inconnus.

L'ivresse de la charité et sa chaleur héroïque, cette ravissante passion des vierges pleines d'amour, elle n'a jamais été dite. Elle a été peinte une fois.

Un exilé italien, reconnaissant, ému au cœur de la charité de la France, nous fit ce don inestimable, la plus chaude peinture, je crois, qui soit dans le Musée du Louvre. Hélas! comment laisser là, parmi tant de vulgaires chefs-d'œuvre, cette chose de haute sainteté! Et comment l'avoir altérée! Barbares! impies! grâce à vous, cette merveille adorable, elle a presque péri sur la toile. Mais, dans mon ardent souvenir, elle est toujours flamboyante, et jusqu'à mon dernier jour, plus qu'aucune image pieuse elle me gardera la chaleur.

Voici, sans y changer rien, la note grossière, informe, que j'écrivais le 21 mai dernier, quand je l'ai vue la dernière fois :

« Œuvre infiniment hardie. Ni convenance, ni ménagement. On y sent ce temps terrible de la catastrophe de l'Italie. C'est quand on est mort plusieurs fois qu'on peut dire ou peindre ainsi.

« Avec cette belle mamelle pleine, c'est une vierge, et non une femme. Les femmes sont plus timides. Celle-ci n'a pas été domptée; elle n'a rien de sinueux, ne flotte à droite ni à gauche. Elle n'a ni peur ni doute. Voilà de pauvres affamés... C'est tout... Elle les nourrit.

« Il faut savoir qu'à cette époque un homme, traversant les Alpes, trouva un troupeau immense de milliers d'enfants, dont les parents étaient morts, et qui broutaient à quatre pattes, conduits par une vieille femme.

« Devant cette masse horrible de misère, de saleté, une autre eût pleuré, mais eût fui. Celle-ci, jeune, héroïque, qui n'a peur ni dégoût de rien, en ramasse à pleines mains, et les met à sa mamelle.

« Un est à ses pieds, fort maigre, et les côtes toutes marquées; il est recru, épuisé, n'en peut plus de fatigue et de sommeil, il est tombé sur une pierre. Comme elle n'a que deux bras, elle n'a pris que deux enfants. Elle en a mis un à son sein, son riche sein, gonflé de lait : il est en pleine jouissance; sa bouche avide et gloutonne (il y a si longtemps qu'il pâtit!) presse le beau jeune mamelon, rouge de vie, rouge d'amour, de sang pur et généreux.

« Qu'elle verse ce lait d'un grand cœur, d'une superbe volonté! Un trait naïf témoigne bien la précipitation charmante avec laquelle elle a pris à elle l'enfant affamé. Ce n'est pas là une nourrice. Elle se l'est appliqué, tout comme il s'est présenté. Elle le tient soulevé de la main gauche, qu'elle lui a passée dessous, avec une force délicate, sans songer à la convenance. Mais qui donc oserait rire?... On ne rit pas davantage de la négligence hardie avec laquelle la jeune sainte, tout entière à la passion, a mis son bonnet de travers.

« L'enfant qu'elle tient de la droite près de la mamelle vêtue, et qui attend impatiemment que l'autre ait fait place, est plus grand, plus fort, plus décent, j'allais dire plus corrompu; il a une ceinture aux reins et ne montre pas son sexe; il a l'air craintif et flatteur déjà d'un petit mendiant; sa bouche aiguë, frémissante, semble faire entendre une stridente et âpre prière, qui lui fait serrer les dents. Il tient à la main, je crois, quelques grains de mauvais raisin, d'aigre verjus; il a hâte d'oublier dans les douceurs du bon lait sucré de la femme l'agaçante nourriture. Il n'en est pas loin; le premier qui tette en a tant pris, que son corps est enflé comme une sangsue.

« Près d'elle, à terre, un réchaud, un feu rouge de charbon, de braise, — mais si froid en comparaison du feu qui lui brûle le cœur!...

« Elle brûle, et elle a un grand calme de force, une ferme assiette héroïque, un trône dans la grâce de Dieu. »

XIII

RÉVÉLATION DE L'HÉROÏSME

Frœbel a dans l'éducation des enfants une bien heureuse exigence. Il lui faut pour les élever, indépendamment de l'institutrice, une adorable demoiselle, accomplie, et justement la femme désirable à l'homme... Qu'on remerciera les enfants!

Il veut que la jeune fille aille beaucoup aux écoles, seconde l'institutrice, et en prenne les qualités. — Celle-ci doit être soigneuse, aimable, intelligente, d'une patience infinie que donne seule la tendresse. Les demoiselles qui l'aideront seront telles, ou peu à peu le deviendront par la grâce de ce qui rend la femme capable de tout, l'amour des enfants, l'instinct maternel. Faut-il qu'elles soient parfaites? Dans ce but elles le deviendront... Heureux enfants qui seront dans ces douces mains! et combien plus heureux encore l'amant qui va recevoir le plus divin des dons du ciel!

Madame Necker est du même avis. Elle sent que

cette maternité prépare admirablement la jeune fille au mariage.

Ces pauvres petits qui n'ont rien, que de choses ils peuvent donner à la demoiselle! ils lui donneront d'abord la connaissance de la vie, des réalités, des misères, lui feront voir le monde au vrai. Ils lui affermiront le caractère, lui feront perdre les mauvaises délicatesses. Elle ne sera pas la bégueule, la dégoûtée, la renchérie, qu'on rencontre à chaque instant. Elle deviendra adroite, courageuse, sentira l'humanité sainte et la dignité de la charité, n'aura pas les sottes pudeurs de celles qui n'en valent pas mieux : on la verra calme et noble faire les choses les plus vulgaires, nourrir, laver, habiller, déshabiller, au besoin, ces innocents.

Une demoiselle sérieuse qui a ainsi tout à la fois et l'idéal de l'étude et le réel de la vie, s'affermit par l'un et par l'autre et prend un bon jugement. Plus tard elle n'estimera pas un monsieur sur ses gants jaunes, ou sur ses chevaux, ses voitures. Elle l'estimera par ses actes, par le cœur et la bonté. Elle n'aimera qu'à bon escient, s'arrêtant moins au dehors, mais voulant savoir le fond : ce qu'on fait et ce qu'on peut.

...

Supposé que par hasard il entre là un jeune homme, qu'il la surprenne avec sa mère dans ces saintes fonctions. Les enfants, un peu effarés de l'entrée du beau monsieur, se serrent, se groupent autour d'elle, derrière sa chaise, à ses genoux et jusque dans ses vêtements, d'où, rassurés, ils regardent et montrent leurs têtes charmantes. Elle, surprise et souriante, quoiqu'elle rougisse un peu, croyez-vous qu'elle va aller se réfugier sous sa mère? Non, elle est mère elle-même, occupée de les rassurer, plus occupée d'eux que de l'étranger. C'est lui qui se trouble, il voudrait se mettre à genoux, voudrait leur baiser les mains. Il n'ose aborder la fille. Il va à la mère : « Ah! madame, quelle douce vue! Charmante scène! Comment vous dire combien mon cœur vous bénit!... »

Puis il dit à la jeune fille : « Heureux, heureux, mademoiselle, qui pourrait vous seconder!... Mon Dieu, que pourrais-je faire? »

Mais elle, tout à fait remise et nullement déconcertée : « Monsieur, cela est facile... La plupart sont orphelins; trouvez quelques bonnes gens, sans enfants, qui veuillent bien recueillir celui-ci. Il a cinq ans. Je ne puis le consoler... Il lui faut une mère, mais qui le soit tout à fait. J'ai beau faire, je suis trop jeune, trop loin de l'âge qu'avait sa mère quand il l'a perdue... »

Il y a beaucoup d'hommes du monde, pour sentir cela un instant, pour admirer en artistes la grâce d'expression ou de pose que peut avoir la demoiselle. Mais il n'y en a pas beaucoup pour s'y associer de cœur, et en garder la durable et solide impression. La vie est variée, mobile; elle les emporte bien loin! Tout au plus diront-ils le soir : « J'ai vu une chose charmante ce matin... C'était mademoiselle***, un vrai tableau d'André del Sarte. Rien de plus joli... »

Elle sait très bien elle-même ce que valent ces admirateurs, le peu de compte qu'on doit faire de leurs légères émotions. D'autant plus elle se rejette au saint des saints de la famille, d'autant mieux elle s'y trouve bien et désire peu d'en sortir. Chaque fois qu'elle entrevoit le monde, elle sent plus profondément la douceur de ce nid.

Petit, bien petit! et pourtant complète y est la vie humaine, dans ce charmant équilibre d'une mère qui ennoblit par le cœur les plus humbles soins, et d'un père sérieux dont la tendresse contenue se trahit souvent malgré lui. A ces éclairs passionnés, elle vibre, la jeune fille, et plus profondément encore, elle est touchée de sa constance à lui transmettre, chaque jour, ce qu'il y a de bon et de grand.

Elle est femme; elle est heureuse d'avoir si près trouvé un homme. Elle ne connaissait pas son père, du moins autant qu'aujourd'hui. Elle le voyait tous les jours, écoutait ses instructions, ses fortes et brèves paroles. Mais elle n'en connaissait pas le profond et le meilleur. Chacun de nous est devenu ce qu'ont voulu les circonstances, l'exigence des précédents, de l'éducation, la fatalité du métier. Il a fallu sacrifier beaucoup à la position, aux nécessités de famille. Et ainsi l'homme intérieur, souvent tout autre et bien plus grand, reste au fond presque étouffé. Dans la monotonie de la vie vulgaire où tout cela dort, une vague tristesse accuse la sourde réclamation de cet *autre*, de ce meilleur moi. Quel doux réveil est-ce donc, plein de charme, quand cette jeune âme, qui n'a rien su de nos misères, fait appel à ces puissances contenues, à cette poésie captive, et lui demande secours, quand, tout entière à la famille, et toute craintive du monde, elle se tourne uniquement vers son père et semble lui dire :

« Je t'écoute... Je n'ai foi qu'en toi !... »

C'est sans nul doute le moment sublime de la paternité, le plus haut et le plus doux. Enfant par la docilité, elle est femme par la chaleur et par la tendresse avide dont elle reçoit toute chose. Comme elle comprend vivement tout ce qui est noble et bon ! Lui-même la reconnaît à peine : Quoi ! dit-il, c'est là ma petite qui n'allait pas à mon genou, et qui me disait : Porte-moi ! »

Voilà un cœur bien attendri... Qu'il parle, qu'il parle en ce moment... Il sera éloquent ! Je suis bien tranquille là-dessus et n'ai pas le moindre doute.

Profitons de ces belles heures, et de ces tête-à-tête uniques. Je les vois qui se promènent entre deux charmilles sombres qui ferment le petit jardin. Ils marchent d'un pas vif et ferme, plus vite qu'on ne l'attendrait de cette chaude saison de juillet; mais ils suivent le mouvement de leurs cœurs et de leur pensée. Elle qui sait le goût de son père, elle a mis dans ses cheveux noirs quelques épis, quelques bleuets. Écoutons. Le sujet est grave, il s'agit du droit et de la justice.

Dès longtemps la jeune fille est préparée à le comprendre; de bonne heure elle a suivi dans l'histoire l'unanimité des nations sur l'idée du juste. Son père, dans la grande Rome, lui montra le monde du droit. Mais ici il ne s'agit plus d'étude, d'histoire, de science. Il s'agit de la vie même. Il veut, dans la crise imminente, dans l'amour qui va venir (violent peut-être, aveugle), qu'elle garde une lumière de justice, de sagesse et de raison. Au fond la femme est notre juge; son charme, sa séduction, si elle est injuste et fantasque, ne sont pour nous que désespoir. Elle jugera demain, cette belle fille. Dans la forme la plus modeste, d'un petit mot à sa mère, prononcé à demi voix, elle arrachera des larmes à tel qui ne pleura jamais, — et tel peut-être en mourra.

Celle-ci est si bien préparée et par l'exemple de sa mère, et par les leçons de son père, par l'atmosphère de raison où elle a vécu, qu'elle se livrera moins qu'une autre aux caprices de son sexe. Mais, pour la généralité, on peut dire le mot de Proudhon : « La femme est la désolation du juste. »

Dites-lui, en effet, si elle aime : « Sans doute, ce préféré, vous l'avez cru le plus digne? Vous aurez découvert en lui quelque chose de bon, de grand? »

Elle dira naïvement : « Je l'ai pris, *parce qu'il m'a plu.* »

En religion, elle est la même. Elle fait Dieu à son image, un Dieu de préférence et de caprice, qui sauve *celui qui lui a plu.* L'amour lui semble plus libre quand il tombe sur l'indigne, celui qui n'a pas de mérite pour forcer de l'aimer. En théologie féminine, Dieu dirait : « Je t'aime, car tu es pécheur, car tu n'as pas de mérite ; je n'ai nulle raison de t'aimer, mais il m'est doux de faire grâce. »

Que je remercie le père de lui enseigner la justice, à celle-ci ! c'est lui enseigner l'amour vrai. Je le remercie au nom de tous les cœurs aimants qui bientôt seront troublés d'elle, dépendront de sa jeune sagesse, attendront l'arrêt de sa bouche. Qu'ils sachent bien qu'éclairée ainsi, elle n'appartient qu'au plus digne, au méritant et au juste, à l'homme surtout des œuvres fortes, où son père lui apprend à voir la haute beauté, je veux dire la *justice héroïque*.

Qu'est-ce que c'est, cette justice ? — C'est le droit par-dessus le droit, et qui lui semble contraire, l'injustice de Décius, qui découvrit *qu'il était juste que le meilleur mourût pour tous*, c'est le mystère supérieur du dévouement, du sacrifice.

Jamais jusqu'à ce jour son père ne lui parlait de son temps, du grand dix-neuvième siècle, le plus grand pour l'invention, mais l'un des plus riches aussi en dévouements héroïques. Aujourd'hui, il lui révèle ce côté sanglant, vénérable, du monde où elle a vécu tout en l'ignorant. Il lui dit *la Légende d'Or*, les martyrs et morts et vivants. Grand jour pour un jeune cœur ! comme elle en est transfigurée ! comme elle rayonne, cette vierge ! Et qui alors ne la prendrait pour la figure de l'avenir ?

Non ! elle est femme. Elle a pâli... et son effort sur elle-même n'a pu retenir une larme... Cette perle orientale a roulé de ses beaux yeux.

Vous êtes payés, héros, qui en mourant, en donnant à la patrie tous vos rêves, aviez dit : « Dans l'avenir, les vierges en pleureront. »

Mais assez, assez pour un jour. Une douce personne avance, lentement, en souriant, et les interrompt. Elle est heureuse, cette mère, de voir le père et la fille dans une si étroite union. Elle les contemple, les bénit. Elle dit : « O la pauvre petite !... ce sera son meilleur amour. »

Mais voudra-t-elle aimer ailleurs? Il a une prise bien forte, ce père, ce maître, ce pontife, qui a révélé l'héroïsme à un jeune cœur héroïque et se trouve avoir pénétré à ce qu'elle a de plus profond. On ne parle bien des héros qu'en l'étant soi-même un moment. Tel il apparaît, en effet, à cette enfant qui lui est comme suspendue. Il veut former son idéal, mais elle n'en voit d'autre que lui.

On sait l'amour enthousiaste que madame de Staël eut pour son père, et je ne doute nullement que cette jeune fille, alors toute nature, toute passion, puissante, éloquente, adorable, ne l'ait mis au-dessus de lui. Elle le vit grand, et le fit tel, ou du moins y contribua. Médiocre avant et après, mais dans cette heure solennelle, jeune, hardi et transfiguré, il s'éleva à l'idée généreuse de 89, l'espoir infini de l'égalité. Il put changer, il put baisser; elle aussi, par telle influence. N'importe, le rêve de l'enfant, un moment réalisé, parcourut toute la terre.

Ce lien est bien fort alors, si fort que tout autre

paraît faible, triste, insuffisant. J'ai vu d'autres demoiselles, moins connues, non moins éminentes, pour qui ce premier sentiment semblait avoir fermé le cœur. La suavité, la délicatesse, la profonde intimité qu'on y goûtait, ne semblait plus pouvoir se retrouver jamais. L'une avait son père presque aveugle, et elle était sa lumière ; il voyait par elle, elle aimait par lui. Pour l'autre, le monde avait péri, et son père seul existait. Elle assurait qu'avec lui elle eût accepté au pôle la plus profonde solitude. « Ne me parlez pas, disait-elle, du divorce qu'on appelle mariage. »

Pour la nôtre dont il s'agit, c'est un sérieux devoir de l'avertir de la destinée commune. Hélas! cette pure et tendre union ne peut être que passagère ; la nature nous pousse en avant et ne permet pas à l'amour de revenir vers lui-même.

Opération douloureuse, de séparer le cœur du cœur, de calmer, d'harmoniser ce naïf élan de l'enfant, de l'amener à la sagesse :

« Chère enfant, dans ce bel âge de vie puissante et rayonnante qui te vivifie toute chose, une t'échappe qu'il faut bien te rappeler parfois, la mort!

« Notre amour immortel pour toi n'y peut rien, ta mère et moi, bientôt nous t'échapperons... Que serait-ce, si, m'aimant trop, tu épousais en moi... le deuil?...

« Ces derniers temps, l'intimité de l'initiation morale, le bonheur profond que j'eus de te révéler ce qui fait la grandeur de l'homme, ont trop ravi ton cœur, enfant, et le voilà mêlé au mien. Tu m'as vu, tout à la fois, par ton illusion filiale, jeune de l'éternelle jeunesse des héros que je racontais, en même temps mûr, calme et sage, avec le don que tu appelles la suavité de l'automne. Tout cela, jeune fille, n'est pas ce que Dieu veut pour toi. Il te faut ce qui commence, non ce qui finit. Il te faut la sève âpre et forte de ceux qui ont beaucoup à faire, en qui l'âge peut travailler, diminuer, améliorer. Leurs défauts d'aujourd'hui, souvent, sont des qualités d'avenir. Ta douceur n'est que trop portée à chérir la douceur d'un père... Je veux, je demande à Dieu pour toi l'énergie d'un époux.

« Tu es encore jusqu'ici le commencement d'une femme; une autre initiation t'attend, et d'autres devoirs. Épouse et mère, et sage amie, consolatrice universelle, tu es née pour le bonheur et le salut de plusieurs.

« Prends donc un cœur ferme, ma fille, et cette gaieté courageuse qu'on a quand on marche au devoir... Si mon cœur souffre à t'enseigner ces sérieuses lois de la vie, il se porte haut cependant...

« Existe-t-il cet amant que nous voudrions pour toi? Je ne sais. Mais quoi qu'il arrive, l'amour ne te manquera pas. Être mère, c'est le meilleur de l'amour, et tu le seras pour tous. Tous reconnaîtront en toi le plus doux reflet de la Providence. »

LIVRE II

LA FEMME DANS LE MARIAGE

I

QUELLE FEMME AIMERA LE PLUS ? CELLE DE RACE DIFFÉRENTE

Avant de reprendre le fil de la jeune destinée qu'a préparée le premier livre, jetons un coup d'œil général sur le mariage, sur les questions physiologiques de races et de croisements.

L'amour est le médiateur du monde et le rédempteur de toutes les races humaines. Qui dit l'amour, dit la paix, la concorde et l'unité. C'est le grand pacificateur. Hostilités politiques, discordances, intérêts contraires, tout cela n'est rien pour lui. Il les efface et les surmonte, ou passe outre, et rit, s'en moque. La diversité justement, c'est le moyen dont il se sert; le contraste est un attrait, l'inconnu un charme, un mystère, qu'on veut percer; l'étrangeté, qui semblait devoir éloigner, enfonce l'aiguillon du désir.

Tous ceux qui ont été à Berne y ont vu le rude portrait de Magdalena Nageli avec ses gros gants de chamois. Forte femme et féconde mère, qui fut aimée pour sa force. Fille d'un patricien de Berne, elle faisait à la fontaine la lessive de sa famille avec ses suivantes. Passe un jeune noble d'une maison toujours ennemie à la sienne, d'une hostilité séculaire, comme celle des Montaigus et des Capulets dans *Roméo et Juliette*. Ce jeune homme s'arrêta, en voyant cette belle fille battre le linge d'une main de fer et le tordre d'un bras d'acier. Il comprit qu'il sortirait d'elle une race d'hommes forts comme des ours. Il courut sans s'arrêter à l'hôtel de son ennemi, lui dit qu'il lui demandait son amitié et sa fille, n'espérant pas en trouver une aussi fortement trempée.

Les races les plus énergiques qui ont paru sur la terre sont sorties du mélange d'*éléments opposés* (qui semblaient opposés?) : exemple, le mélange du blanc et de la femme noire, qui donne le produit mulâtre, de vigueur extraordinaire; — ou, tout au contraire d'*éléments identiques* : exemples, les Perses, les Grecs, etc., qui épousaient leurs très proches parentes. C'est justement le procédé par lequel on fortifie les chevaux de course; ne leur permettant d'autres épouses que leurs nobles sœurs on exalte en eux la sève héroïque.

Dans le premier cas, la puissance tient à ce que les *éléments opposés* sont d'autant plus avides. La négresse adore le blanc.

Dans le second cas, elle vient de la parfaite harmonie des *semblables* qui coopèrent. La spécialité native s'accumule et augmente de mariage en mariage.

Les races qu'on croit inférieures ne paraissent telles que parce qu'elles ont besoin d'une culture contraire à la nôtre, et surtout besoin d'amour. Qu'elles sont touchantes en cela, et combien elles méritent le retour des races aimées qui trouvent en elles une source infinie de régénération physique et de rajeunissement!

Le fleuve a soif des nuées, le désert a soif du fleuve, la femme noire de l'homme blanc. Elle est de toutes la plus amoureuse et la plus génératrice, et cela ne tient pas seulement à la jeunesse de son sang, mais il faut aussi le dire, à la richesse de son cœur. Elle est tendre entre les tendres, bonne entre les bonnes (demandez aux voyageurs qu'elle a sauvés si souvent). Bonté, c'est création; bonté, c'est fécondité, c'est la bénédiction même de l'acte sacré. Si cette femme est si féconde, je l'attribue surtout à ces trésors de tendresse, à cet océan de bonté qui s'épanche de son sein.

Africa est une femme. Ses races sont des races femmes, dit très bien Gustave d'Eichtal. La révélation de l'Afrique par la race rouge d'Égypte, c'est le règne de la grande Isis. (Osiris est secondaire.) Chez beaucoup de tribus noires de l'Afrique centrale ce sont les femmes qui règnent. Elles sont intelligentes autant qu'aimables et douces. On le voit bien en Haïti, où, non seulement elles improvisent aux fêtes de charmantes petites chansons, inspirées de leur bon cœur, mais font de tête, pour leurs affaires de commerce, des calculs fort compliqués.

Ce fut un bonheur pour moi d'apprendre qu'en Haïti, par la liberté, le bien-être, la culture intelligente, la négresse disparaît, sans mélange même. Elle devient la vraie femme noire, au nez fin, aux lèvres minces; même les cheveux se modifient.

Les traits gros et boursouflés du nègre des côtes d'Afrique sont (comme la boursouflure de l'hippopotame) l'effet de ce climat brûlant, qui, par saisons, est noyé de torrents d'eaux chaudes. Ces déluges comblent les vallées de débris qui s'y putréfient. La fermentation y fait gonfler, *lever* toute chose, comme la pâte *lève* au four. Rien de tout cela dans les climats plus secs de l'Afrique centrale. L'affreuse anarchie de petites guerres et la traite qui désolent les côtes ne contribuent pas peu à cette laideur, et elle est la même dans les colonies d'Amérique avec l'abrutissement de l'esclavage.

Là même où elle reste négresse et ne peut affiner ses traits, la noire est très belle de corps. Elle a un charme de jeunesse suave que n'eut pas la beauté grecque, créée par la gymnastique, et toujours un peu masculinisée. Elle pourrait mépriser non seulement l'odieuse Hermaphrodite, mais la musculeuse beauté de la *Vénus accroupie* (voy. au jardin des Tuileries). La noire est bien autrement femme que les fières citoyennes grecques; elle est essentiellement jeune de sang, de cœur et de corps, douce d'humilité enfantine, jamais sûre de plaire, prête à tout faire pour déplaire moins. Nulle exigence pénible ne lasse son obéissance. Inquiète de son visage, elle n'est nullement rassurée par ses formes accomplies de morbidesse touchante et de fraîcheur élastique. Elle prosterne à vos pieds ce qu'on allait adorer. Elle tremble et demande grâce ; elle est si reconnaissante des voluptés qu'elle donne !... Elle aime, et, dans sa vive étreinte, son amour a passé tout entier.

Qu'on l'aime, et elle fera tout, elle apprendra tout. C'est la femme d'abord qu'il faut élever dans cette race, et, par la force de l'amour, elle élèvera l'homme et l'enfant. Bien entendu, une éducation tout opposée à la nôtre. Cultivez d'abord en elle ce qu'elles ont tellement, le sens du rythme (danse, musique, etc.), et par les arts du dessin, menez-les à la lecture, aux sciences et aux arts agricoles. Elles raffoleront de la nature dès qu'on la leur enseignera. Quand elles connaîtront vraiment la Terre (si belle, si bonne, si femme), elles en tomberont amoureuses, et, bien plus énergiquement qu'on ne l'attend du climat, elles s'entremettront du mariage entre la Terre et l'Homme. L'Afrique n'eut que l'Isis rouge ; l'Amérique aura l'Isis noire, un brûlant génie femelle, et pour féconder la nature, et pour raviver les races épuisées.

Telle est la vertu du sang noir : où il en tombe une goutte, tout refleurit. Plus de vieillesse, une jeune et puissante énergie, c'est la fontaine de Jouvence. Dans l'Amérique du Sud et ailleurs, je vois plus d'une noble race qui languit, faiblit, s'éteint ; comment cela se fait-il, quand ils ont la vie à côté ? Les républicains espagnols, vrais nobles et parfaits gentilshommes, avaient été de meilleurs maîtres que tous les autres colons; des premiers, ils ont généreusement aboli l'esclavage. Eh bien, en retour, cette bonne Afrique peut leur rendre la sève et la vie. En présence du torrent trouble des nations confondues qui se précipitent sous le faux drapeau des États-Unis, il faut créer pour barrière un puissant monde mulâtre. Ce Nord, répudié du Nord même, émigrant, marchand, pirate, ne vous apporterait rien que violence et stérilité.

Nous aimons les États-Unis; ce serait avec douleur que nous les verrions avorter. Peu importent leurs conquêtes, si les mélanges étrangers, l'esclavage, l'alcool, l'argent, anéantissent ce qui fut leur vie, leur âme. Ce n'est pas l'argent, c'est l'amour qui fait et refait le monde; qui doue l'homme et qui l'ingénie.

Voyez-vous la race africaine, si gaie, si bonne et si aimante? Du jour de la résurrection, à ce premier contact d'amour qu'elle eut avec la race blanche, elle fournit à celle-ci un accord extraordinaire des facultés qui font la force, un homme d'intarissable sève, un homme? non, un élément, comme un volcan inextinguible ou un grand fleuve d'Amérique. Jusqu'où n'eût-il pas été sans l'orgie d'improvisation qu'il fait depuis cinquante ans? N'importe! il n'en reste pas moins et le plus puissant machiniste et le plus *vivant* dramaturge qui ait été depuis Shakespeare.

Une source inconnue de beauté nous vient par la race noire. La rose rose, que jadis on admirait seule, est peu variée pourtant, il faut l'avouer. Grâce aux mélanges, nous avons les nuances si multiples des innombrables roses thé, des roses plus délicates encore qui se veinent ou se teintent de bleu léger. Notre grand peintre Prudhon n'a rien peint avec plus d'amour que la belle dame de couleur qui est au Salon du Louvre. Elle est dans le sombre encore, comme un mystère qui se débrouille. Sa beauté sort du nuage. Ses beaux yeux ne sont pas bien grands, mais profonds et pleins de promesses. Le spectateur, qui peut-être y voit ce qu'il a au cœur, se figure que cette nuit est enténébrée de désirs.

Profonde et brûlante peinture. Mais, à un degré plus clair, j'ai vu plus joli encore. L'hiver dernier, visitant un Haïtien éminent, qui a marqué dans les lettres autant que dans les affaires, je fus reçu en son absence par une demoiselle aussi modeste que charmante, dont la rare beauté m'interdit. Une imperceptible nuance d'un délicieux lilas mettait dans ses roses un mystère, une magie, qu'on ne peut dire. Dans un moment, elle rougit, et la flamme de ses yeux aurait ébloui les deux mondes.

Mille vœux pour la France noire! j'appelle ainsi Haïti, puisque ce bon peuple aime tant celui qui fit souffrir ses pères. Reçois tous mes vœux, jeune État! Et puissions-nous te protéger, en expiation du passé! Puisses-tu développer ton libre génie, celui de cette grande race, si cruellement calomniée, et dont tu es l'unique représentant civilisé sur la terre! — Tu n'es pas à moindre titre celui du génie de la femme. C'est par tes charmantes femmes, si bonnes et si intelligentes, que tu dois te cultiver, organiser tes écoles. Elles sont de si tendres mères, qu'elles deviendront, j'en suis sûr, d'admirables éducatrices. Une forte école normale pour former des institutrices et des maîtresses d'école (par les méthodes surtout, si aimables, de Frœbel) est la première institution que je voudrais en Haïti.

Que la France a été bien aimée! Et que je regrette encore l'accueil d'amour et d'amitié que nous trouvions chez les tribus de l'Amérique du Nord. Race haute et fière, s'il en fut. C'est une vraie gloire pour nous que ces hommes, d'un regard perçant et d'une seconde vue de chasseur, nous aient préférés pour leurs filles, et compris ce qui est réel, c'est que le Français est un mâle supérieur. Comme soldat, il vit partout, et, comme amant, il crée partout.

L'Anglais et l'Allemand, qui semblent forts, bien nés, sont et moins robustes et bien moins générateurs. Ils ne peuvent rien avec l'étrangère. Si la femme anglaise, allemande, n'est pas là toujours derrière, pour les suivre dans leurs voyages, leur race finit. Il ne restera rien bientôt de l'Anglais dans l'Inde, pas plus qu'il ne reste chez nous des Francs de Clovis, ni des Lombards en Lombardie.

L'amour de la femme noire pour les nôtres est tout naturel. Celui de la femme rouge, de l'Indienne américaine, étonne davantage. Elle est sérieuse, fière et sombre. Le Français, avec sa gaieté, quelquefois un peu légère, pouvait l'effaroucher. Ses hautes facultés sibylliques ne semblaient guère s'arranger avec nos joyeux danseurs, qui, jusque dans le désert, avec un hiver de huit mois, dansaient aux chansons de Paris. Mais elles les savaient très braves ; elles les voyaient très sobres, bons, aimables et serviables, devenant frères tout à coup de ces tragiques guerriers. Cela leur faisait trouver grâce devant elles. A l'audace de nos étourdis, qui parfois abusaient de la solitude, si elles opposaient des refus, c'était par des mots délicats, nobles et nullement blessants. On connaît celui d'une fille déjà engagée : « L'ami que j'ai devant les yeux m'empêche de te voir. »

Elles nous prenaient un peu comme des enfants trop vifs, dont la mère, la sœur, peuvent parfois souffrir un peu; mais elles ne nous aimaient pas moins.

De ces amours, il reste encore des métis, franco-indiens, mais dispersés, peu nombreux, qui se fondront peu à peu. Elle périt, cette noble race. Qu'en restera-t-il dans cent ans? Peut-être un buste de Préault.

Image amère (oh! si amère) que ce grand sculpteur des tombeaux a saisie d'instinct, avec une ignorance de génie, et qui reste pour conserver à l'avenir la pauvre femme, la noble femme de ces races caricaturées par M. de Chateaubriand.

Il y a une dizaine d'années, un spéculateur américain imagina d'exiber en Europe une nombreuse famille d'Iovays. Les hommes étaient magnifiques, d'une beauté superbe et royale, dans leurs colliers de griffes d'ours qui constatent leurs combats. Très forts, non avec de gros muscles de forgerons ou de boxeurs, mais avec d'admirables bras qui semblaient des bras de femmes. Un enfant de dix ans aussi semblait une jolie statue d'Égypte, accomplie, de marbre rouge, mais d'un terrible sérieux. On ne pouvait pas le voir sans dire : « C'est le fils d'un héros. »

Ce qui consolait ces rois d'être montrés sur l'estrade comme des singes, c'était, je crois, leur mépris intérieur pour la riche populace de beaux messieurs qui étaient là à lorgner, légers, mobiles gesticulateurs, vrais singes d'Europe.

La seule personne de la bande qui parût triste était une femme, la femme d'un renommé guerrier, le Loup, la mère de l'enfant. Elle avait bien souffert là-bas! combien plus ici! Elle languit. Elle mourut. Qu'est-ce que la France pouvait pour l'une des dernières, hélas! de ces femmes infortunées qui ont tant aimé la France? Rien, qu'un tombeau qui conservât la flamme de ce génie éteint.

L'antiquité (même juive) n'a jamais eu, ni connu, ni rêvé, rien de si sombre. On sent un être supérieur qui non seulement a rencontré tout malheur, toute douleur individuelle, mais souffert aussi de n'avoir pas eu l'expansion légitime de sa race. Douleur souterraine, immense, de ce monde américain. Flottant dans la guerre éternelle du désert et les guerres atroces (chasse à l'ours et chasse à l'homme), il n'a pas pu arriver à se révéler tout à fait. Puis s'est dressée devant lui la force prosaïque de la vieille Europe, avec le fusil, l'alcool, toute machine de surprise ou de combat.

Elle est en face de tout cela cette femme, comme un sphinx âpre et amer... Et pourtant, sous cette amertume, oh! quel cœur de mère et de femme! Combien aisément celle-ci, dans les longues famines d'hiver, eût, pour nourrir sa couvée, coupé sur son corps des morceaux sanglants! Avec quelle joie, pour la sauver, elle se fût fait brûler vive par la tribu ennemie! Et quel insondable amour aurait pu trouver en elle le héros qu'elle eût préféré!

On sent bien, en la regardant, l'infini mystérieux qu'elle a caché de fierté, de silence. Sa vie fut aussi muette que sa mort. Toutes les tortures du monde, pas plus que l'aiguillon d'amour, n'en auraient tiré un soupir. Elle n'a pas perdu la parole. Elle parle, comme elle parlait, par l'expression saisissante de l'étrange monde énigmatique et ténébreux qu'elle contient.

Étrange, mais nul plus grand peut-être dans la région des Esprits.

II

QUELLE FEMME AIMERA LE PLUS? CELLE DE MÊME RACE

L'Amour a son plan pour la terre. Son but serait d'en mêler, d'en fondre toutes les races dans un immense mariage. Ainsi de la Chine à l'Irlande, du pôle nord au pôle sud, tous seraient frères, beaux-frères, neveux. On connaît les parentés écossaises, par exemple les six mille Campbell, tous cousins. Il en serait de même pour l'humanité. Nous ne ferions plus qu'un seul clan.

Beau rêve! mais nous ne devons pas y céder trop facilement. Dans une telle unité, où le sang de toutes les races se trouverait mêlé ensemble, en supposant, chose difficile, qu'il s'en fît une harmonie, je crois qu'elle serait très pâle. Un certain élément neutre, incolore, blafard, en résulterait.

Un nombre immense de dons spéciaux, très exquis, auraient péri. Et la victoire définitive de l'amour, dans cette fusion totale, serait fatale à l'amour même.

Un livre fort et raisonné sur l'art des croisements humains nous serait bien nécessaire. Il ne faut pas croire qu'on puisse faire impunément ces mélanges. Faits d'une manière indiscrète, ils abaissent les races, ou avortent. Ceux qui réussissent n'ont guère lieu qu'entre des races sympathiques, qui peuvent sembler opposées, mais ne le sont pas au fond. Du nègre au blanc, nulle opposition anatomique qui soit d'importance. Les métis vivent et sont très forts. Au contraire, entre le Français et l'Anglais, qui semblent si proches parents, il y a, dans le squelette même, une différence profonde. Leurs métis ou sont peu viables, ou sont nains, ou, dans l'ensemble, offrent une discordance visible.

Entre le Français et l'Allemande, les résultats varient beaucoup. Lui, il trouve un grand attrait dans ce mariage. Sec, aduste, ardent d'esprit, il jouit fort par contraste de cette fraîcheur morale. La musique, le sens de la nature, une grande débonnaireté, lui rendent la vie fort douce, quoique peut-être un peu monotone. L'enfant (s'il y a enfant) ne vit pas toujours. Le plus souvent il est faible, agréable. Rarement il conserve l'étincelle paternelle. Ni Français, ni Allemand, il devient *européen*.

Je demandai un jour à un très habile homme qui dressait des oiseaux savants à lire et à calculer, si ses petits héros n'étaient pas ainsi surélevés au-dessus de leurs espèces par des croisements habiles, s'ils n'étaient point des métis. « Au contraire, disait-il, ils sont de race très pure, non mêlés, non mésalliés. »

Ceci me fit réfléchir sur la tendance actuelle que nous avons aux croisements, et sur la croyance souvent inexacte, que le métis, cumulant les dons des deux éléments simples, est nécessairement supérieur.

Entre ceux de nos grands écrivains que j'ai pu connaître, trois seulement sont des métis. Six sont de très purs Français. Et encore les trois métis n'étant pas étrangers de père, mais seulement de grands-pères, ont trois quarts d'éléments français, une très forte prédominance de la sève nationale.

Une chose fort à considérer, qui semblera un paradoxe, c'est que les femmes étrangères, de races très éloignées de nous, sont plus faciles à connaître que les Européennes, surtout plus que les Françaises.

Si j'épouse une Orientale, je devine assez aisément ce que sera mon mariage. Là, on peut juger, prévoir, par grandes classes (race, peuple, tribu) ce que sera la femme d'Asie. Même en Europe, celui qui épouse une Allemande, qui se l'approprie, la transplante, est à peu près sûr d'avoir la vie douce. L'ascendant de l'esprit français met toutes les chances pour lui.

Mais les races où la personnalité est très forte ne peuvent pas rassurer ainsi. On dit que les Circassiennes désirent elles-mêmes être vendues, sûres de régner où qu'elles aillent, et de mettre leur maître à leurs pieds. Il en est à peu près ainsi de la Polonaise, de la Hongroise, de la Française, énergies supérieures de l'Europe. Elles ont souvent l'esprit viril, souvent épousent leurs maris, bien plus qu'elles n'en sont épousées.

Donc, il faut les bien connaître, les étudier d'avance, savoir si elles sont femmes.

La personnalité française est la plus vive, la plus individuelle de l'Europe. Donc, aussi, la plus multiple, la plus difficile à connaître. Je parle surtout des filles. Les hommes diffèrent bien moins, moulés qu'ils sont par l'armée, par la centralisation, par un cadre d'éducation quasi identique.

D'une Française à une Française, la différence est infinie, et de la fille française à la même devenue femme, grande encore est la différence. Donc, la difficulté du choix n'est pas petite, — mais petite est la prévision de l'avenir.

En revanche, quand elles se donnent et quand elles persévèrent, elles permettent une communication plus réelle, je crois, et plus forte qu'aucune femme de l'Europe. L'Anglaise, une excellente épouse, obéit matériellement, mais reste toujours un peu têtue et ne change guère. L'Allemande, si bonne et si douce, veut appartenir, veut s'assimiler, mais elle est molle, elle rêve, et, malgré elle, elle échappe. La Française donne une prise, la Française réagit : et, quand elle reçoit en elle le plus fortement vos pensées, elle vous renvoie le charme, le parfum personnel, intime, de son libre cœur de femme.

Un jour que je revoyais, après vingt années d'absence, un Français établi en pays étranger et qui s'y était marié, je lui demandai en riant s'il n'avait pas épousé quelque superbe rose anglaise, ou une belle blonde Allemande. Il répondit sérieusement, non sans quelque vivacité : « Oui, monsieur, elles sont très belles, plus éclatantes que les nôtres. Je les compare à ces fruits splendides que les jardiniers amènent au plus grand développement, les magnifiques fraises ananas. La saveur n'y manque pas, et cela emplit la bouche; on n'y regrette que le parfum. J'ai préféré la Française, et celle du Midi encore; car c'est la fraise des bois. »

Quoi qu'il en soit de cette comparaison poétique d'un nouveau marié, il reste sûr et certain que la personnalité de la Française est très forte en bien et en mal. Donc, les mariages en France devraient être circonspects, préparés par une étude sérieuse. Et c'est le pays de l'Europe où l'on se marie le plus vite.

Cela ne vient pas uniquement des rapides calculs d'intérêt, qui, une fois arrangés, entraînent la conclusion du mariage; cela tient au grand défaut de la nation : l'impatience. Nous avons hâte en toute chose.

Je crois que le mal s'aggrave. A mesure que dans les affaires nous devenons plus sérieux, il semble que la précipitation augmente dans les choses du cœur. Notre langue a perdu nombre de mots élégants, gracieux, qui marquaient les degrés, les nuances de l'amour. Aujourd'hui, tout est bref et dur. Le fond du cœur n'a pas changé; mais ce peuple, surmené par les guerres, les révolutions, la violence des événements, est trop tenté de voir en tout une exécution, un coup de main. Le mariage de Romulus, par enlèvement, n'aurait que trop plu à ceux-ci. Il leur faut des razzias. C'est, je dirais presque, le viol par contrat. Les victimes en pleurent parfois, pas toujours : elles s'étonnent peu, en ce temps de loteries (loteries de bourse, de guerre, de plaisir, de charité, etc.), d'être aussi mises en loterie. Le lendemain, il n'est pas rare que ces mariages fortuits vous démasquent brusquement comme une batterie imprévue d'irréparables malheurs, de ruine et de ridicule, qui vous frappent en pleine poitrine.

Physiologiquement, de telles unions, souvent impossibles, créent des avortons, des monstres, qui meurent ou qui tuent leur mère, la rendent malade à jamais, enfin qui font un peuple laid. Moralement, c'est bien pis. Le père, en mariant ainsi sa fille, n'ignore pas la consolation qu'elle acceptera bientôt. Le mariage, dans ces conditions, constitue, régularise l'universalité de l'adultère, le divorce dans l'intimité, trente années souvent d'ennui, et dans la couche conjugale un froid à geler le mercure.

Nos paysans d'autrefois tenaient fort à épouser celle qu'ils connaissaient le mieux, la parente. Pendant tout le Moyen-âge, ils ont lutté contre l'Église, qui leur défendait la cousine. La défense, d'abord excessive (jusqu'au septième degré, plus tard jusqu'au quatrième), n'existe plus réellement; on a tant qu'on veut dispense pour épouser et sa cousine germaine, et sa nièce, et la sœur de sa première femme. Qu'arrive-t-il? c'est que maintenant qu'on en a la facilité, très peu de gens en profitent.

Les casuistes, esprits faux qui presque en tout ont eu l'art de trouver l'envers du bon sens, disent plaisamment ici : « Si l'amour du mariage s'ajoute à l'amour de la parenté, cela fera trop d'amour. » L'histoire dit précisément que c'était tout le contraire. Chez les Hébreux, qui d'abord avaient le mariage des sœurs, on voit que les jeunes gens, loin de s'en soucier, cherchaient hors de la famille, hors du peuple même, couraient les filles philistines. Chez les Grecs, où l'on pouvait épouser la demi-sœur, ces mariages étaient très froids, infiniment peu productifs. Solon se croit obligé d'écrire dans la loi que les maris sont tenus de se souvenir de leur femme, une fois seulement par décade. On renonça au mariage des sœurs. Les Romains n'épousèrent plus que leurs cousines.

En réalité, le mariage doit être une renaissance.

Le beau moment où la fiancée entre dans la maison de noces manquait avec la sœur. Cette noble citoyenne grecque, telle que nous la voyons encore aux marbres du Parthénon, elle n'entrait pas dans cette maison; elle y était dès sa naissance, assise au foyer paternel; elle représentait fidèlement l'esprit du père et de la mère, la vieille tradition connue, elle devait se prêter peu aux jeunes idées du frère époux, à la mobilité d'Athènes. Toute magnifique qu'elle fût, elle était un peu ennuyeuse. La race n'y perdait pas, ce fut la plus belle du monde, mais l'amour y perdait trop; il renouvelait peu la famille.

La Grèce ne s'en souciait guère. Elle craignait la fécondité. Elle ne voulait rien autre chose que fortifier le génie natif, en portant au plus haut degré la vigueur de chaque lignée et son originalité propre. Elle visait, — nullement au nombre, — mais simplement au héros. Elle l'obtint et par la concentration des races énergiques, et par un crescendo inouï d'activité, qui, il est vrai, en peu de temps, usa et tarit ces races.

Les éleveurs de chevaux de course n'ont pas d'autre art que celui-là. C'est par des mariages persévérants entre très proches parents qu'ils créent des spécialités étonnantes de bêtes héroïques. En les unissant entre eux, ils y accumulent la sève de race. Une persévérance d'un siècle dans cette voie finit (vers 89) par produire *Éclipse*, ce mâle des mâles, cette flamme qui courait plus vite que la voix et le regard, avec qui aucun cheval n'affronta plus le concours, et qui, par ses quatre cents fils, pendant vingt ans, emporta les prix de toute l'Europe.

J'ai lu tout ce qu'on a écrit, dans les derniers temps, sur cette matière. Ce qui paraît vraisemblable, c'est que les mariages entre parents qui peuvent affaiblir les faibles et les faire dégénérer, fortifient au contraire les forts. J'en juge, non pas seulement par l'ancienne Grèce, mais par la France de nos côtes. Nos marins, gens avisés, qui vont partout, connaissent tout, et ne se décident pas, comme les paysans, par les routines locales, épousent généralement leurs cousines, et n'en sont pas moins une élite de force, d'intelligence et de beauté.

Le vrai danger dans ces unions, c'est un danger moral. Il est réel pour tout autre que le marin, affranchi, par sa vie errante, des influences trop fortes du foyer. Ce n'est pas sans raison grave que, de moins en moins, en France, on épouse les parentes (voyez la statistique officielle). Par le charme des souvenirs communs, ce mariage risquait de retenir fortement l'homme dans les liens du passé.

La Française, particulièrement, qui influe par son énergie, par le bien qu'elle a apporté (car la loi la favorise plus qu'aucune femme d'Europe), si de plus elle est parente, et appuyée des parents, peut devenir au foyer un puissant instrument de réaction, un sérieux obstacle au progrès. Imaginez ce que peut être la double force de la tradition à la fois domestique et religieuse, pour entraver, arrêter tout. A chaque réclamation, discussion, tout au moins tristesse, force d'inertie. Dès lors, on ne peut rien faire, on ne peut plus avancer. — Un joli Véronèse, au Louvre, exprime cela parfaitement. La fille de Loth est si lente à quitter la vieille cité qui s'écroule sur sa tête, que l'ange la prend par le bras, la traîne, et avec tout cela elle trouve encore moyen de n'avancer point, disant : « Attendez seulement que j'aie remis mon soulier. »

Nous n'avons plus le temps, ma belle. — Reste-là en statue de sel, avec madame ta mère. Nous devons aller en avant. — Mais non, nous n'irons pas seuls. Laisse-toi porter seulement, si tu ne peux pas marcher. La vigueur de l'homme moderne qui entraîne avec lui des mondes, pour t'enlever, faible et légère, n'en sera pas bien retardée.

Si la parente n'a pas l'éducation spéciale qui l'associe au progrès, il faut préférer l'étrangère (je ne dis pas l'inconnue).

Il faut, dis-je, la préférer en deux cas où on la connaît mieux que la parente même.

Le premier cas est celui que j'ai posé au livre de

l'Amour, lorsqu'on se crée soi-même sa femme. C'est le plus sûr. On ne connaît bien que ce qu'on a fait. J'en ai sous les yeux des exemples.

Deux de mes amis, l'un artiste éminent, l'autre écrivain distingué, fécond, ont adopté, épousé deux jeunes personnes toutes neuves, sans parents, sans culture aucune. Simples, gaies, charmantes, uniquement occupées de leur ménage, mais associées peu à peu aux idées de leurs maris, elles ont, en dix ou douze ans, eu leur transformation complète. Même simplicité extérieure, mais ce sont intérieurement des dames de vive intelligence, qui comprennent parfaitement les choses les plus difficiles. Qu'a-t-on fait pour arriver là? Rien du tout. Ces hommes occupés et extrêmement productifs n'ont donné à leurs femmes aucune éducation expresse. Mais ils ont pensé tout haut, à toute heure, communiqué leurs sentiments, leurs projets, l'intention de leurs travaux. Et l'amour a fait le reste.

Le succès n'est pas toujours le même, je le sais. Un de mes parents échoua dans une semblable tentative. Il se choisit pour femme une enfant créole, d'une classe bourgeoise et mondaine, avec une belle-mère coquette, qui de bonne heure gâta tout. Il avait fort couru le monde, et alors il était devenu fonctionnaire, employé aux Finances. Il rentrait triste et fatigué. Il n'avait nullement l'entrain, l'ardeur de ces grands producteurs qui, étant toujours en travail, ont toujours beaucoup à dire et peuvent vivifier incessamment un jeune cœur. Je reviendrai sur tout cela.

L'autre cas est celui où, de deux hommes unis

de cœur, de foi, de principes, l'un donne sa fille à l'autre, une enfant élevée, formée dans ces principes et cette foi.

Cela supposerait un père tel qu'on l'a vu dans notre premier livre, sur l'éducation. Cela supposerait une mère. Deux phénix. Si on les trouvait, à la seconde génération, on pourrait réaliser une chose aujourd'hui impossible, et qui le sera moins dans l'avenir : l'hypothèse de deux enfants élevés l'un pour l'autre, non pas ensemble, mais dans une heureuse harmonie, se connaissant de bonne heure, se revoyant par moments, à de grands intervalles, de manière à devenir leur rêve mutuel.

Tout cela (bien entendu) libre pour les deux jeunes cœurs. Mais avec un peu d'adresse, on crée, on cultive l'amour. La nature est une si aimable conciliatrice! L'*éducation en partie double* semble, au fond, la seule logique pour l'homme et la femme dont chacun n'est qu'une moitié.

L'idéal oriental d'un même être divisé qui veut toujours se rejoindre, c'est le vrai. Il faut compatir, les aider, ces pauvres moitiés, à retrouver leur parente et refaire l'unité perdue.

III

QUEL HOMME AIMERA LE MIEUX?

S'il est dans la vie de la femme une époque redoutable, c'est le mariage de sa fille. Le meilleur, le plus doux mariage est pour elle le renversement de l'existence. La maison hier était pleine, et la voilà vide. On ne s'était pas aperçu de toute la place qu'occupait cette enfant, on était trop habitué à un bonheur si naturel; on ne s'aperçoit pas non plus de la vie, de la respiration. Mais qu'une minute seulement la respiration nous manque, on étouffe, on va périr.

Combien différente est la situation pour la mère qui dit : « Mon fils se marie », et pour celle qui dit : « Je marie ma fille. » L'une reçoit et l'autre donne. L'une enrichit sa famille d'une aimable adoption. L'autre, après le bruit de la noce, va rentrer chez elle si pauvre! Dirai-je sevrée de sa fille? dirai-je veuve de son enfant? non, on ne peut pas le dire. Il faut regretter toujours un mot qui manque à nos langues, ce mot grave, plein de deuil : *orba*.

Ce qu'elle livre, c'est elle-même. Et c'est elle qui va être bien ou mal traitée dans cette maison étrangère. Elle y vit d'imagination. Cet homme, amoureux aujourd'hui, comment sera-t-il demain?... Et encore, lui-même, le gendre, c'est le plus facile. Mais comment sera sa famille, sa mère qu'il aime, qui le gouverne, qui règne dans la maison? Que de moyens elle aurait de désoler la jeune femme, peut-être de la briser pour peu qu'elle lui déplût! Donc, la mère de celle-ci doit, pour protéger sa fille, la ménager, lui faire sa cour.

Je comprends bien l'inquiétude, la vive préoccupation de celle qui, la première fois, aperçoit son futur gendre, je veux dire du moins le jeune homme qui pourrait le devenir. Oh! que je suis de moitié dans ses sentiments intérieurs! Elle est souriante, gracieuse, mais au fond combien émue!... Vraiment, c'est sa vie ou sa mort. Ce jeune homme, quel est-il? son rival. Plus il sera aimable, aimé, et plus il fera oublier la mère.

Moment curieux à observer, jamais la femme n'est si intéressante. Ce combat d'émotions, contenu, mais transparent, lui donne un charme de nature dont on ne peut se défendre. Elle est belle de sa tendresse et de son abnégation, belle de tant de sacrifices. Que n'a-t-elle pas fait et souffert pour créer cette fleur accomplie? Une telle fille, c'est la vertu visible de sa mère, sa sagesse et sa pureté. Comme toute femme, elle a pu avoir ses ennuis, ses rêves; et elle a tout repoussé avec ce seul mot : « Ma fille! » Elle s'est tenue au foyer entre Dieu et son mari, donnant ses belles années au devoir, à la culture de cette douce espérance. Et, maintenant, comment s'étonner si le pauvre cœur bat si fort?... Il est, ce cœur, sur son visage, quoi qu'elle fasse, et par moment, il éclate, attendrissant, adorable, dans le rayonnement de ses beaux yeux humides. Grâce, madame, soyez moins belle! Ne voyez-vous pas qu'on se trouble et qu'on ne sait plus ce qu'on dit?

C'est une tentation bien forte pour elle d'user de ce pouvoir. Elle voit qu'il ne tient qu'à elle d'envelopper le jeune homme, d'en faire tout ce qu'elle voudra. Elle deviendrait maîtresse absolue du futur ménage, elle débarrasserait sa fille des influences tyranniques de sa nouvelle famille. Elle lui ferait, jour par jour (que ne peut une femme d'esprit?) un bon mari, doux, docile. Lui confier la chère idole, avant d'être sûre de lui, cela lui semble impossible. Il faut le conquérir, ce gendre. Et la voilà, jeune encore, qui, à l'étourdie, se lance dans d'imprudentes coquetteries. Elle croit pouvoir s'arrêter, se retirer à volonté. Qu'arrive-t-il? Il perd la tête, parfois veut des choses insensées, ou bien s'éloigne et se retire. Cependant le mariage est annoncé, déjà publié, la demoiselle compromise. Comment se tirer de là?

Est-ce un roman que je fais? Non, c'est ce que j'ai vu plus d'une fois, et ce que l'on voit fréquemment. La mère aime tant sa fille que, pour la bien marier, il lui arrivera de subir les plus étranges conditions. Déplorable arrangement qui bientôt les laisse tous trois pleins de tristesse et de dégoût.

Les plus sages, les plus raisonnables, ont presque toutes ce défaut de chercher, de choisir un gendre, comme pour elles et non pour leurs filles, de consulter leur fantaisie, un certain idéal, plus ou moins romanesque, que la plupart ont dans l'esprit.

Double idéal, mais toujours faux. Qu'on me permette de parler franchement.

Elles aiment l'énergie mâle, la force, et elles ont raison. Mais c'est beaucoup moins la force productive et créatrice que l'énergie destructive. Étrangères aux grands travaux, ignorant parfaitement ce qu'il y faut de force d'âme, elles ne comprennent de vaillance que les audaces éphémères qui suffisent aux champs de bataille, et croient, comme les enfants, que le beau, c'est de casser tout. Notez encore que les braves en paroles, près d'elles, ont tout l'avantage. Elles comptent peu le vrai brave qui se tait, hausse les épaules.

Elles ne jugent pas plus sainement dans le doux que dans le fort. Elles placent un grand attrait dans celui qui leur ressemble, la poupée qui n'est d'aucun sexe. Elles placent fort maladroitement un petit roman sensuel sur celui qui n'est bon à rien, un page fille, Chérubin, un berger d'opéra-comique, Némorin, plus femme qu'Estelle. Dans les romans qu'elles écrivent, dit très bien Proudhon, elles n'arrivent jamais à créer un homme, un vrai mâle; leur héros est un *homme-femme*.

Maintenant, dans la vie réelle, et dans cette grande affaire où la mère choisit pour la fille, elles font comme dans leurs romans. Leur préférence est souvent, presque toujours pour l'*homme-femme*, le bon sujet qui pense bien. D'abord, elles sont flattées de se sentir plus énergiques, vraiment plus hommes que lui. Elles croient qu'elles le gouverneront. En quoi souvent elles se trompent. Le fade et doucet personnage est le plus souvent un matois qui s'aplatit pour arriver, au dedans fort égoïste, et qui demain paraîtra ce qu'il est, dur, sec et faux.

Madame, en chose si grave, où il s'agit de votre vie, bien plus, de celle à qui cent fois vous sacrifieriez cette vie, me permettez-vous de laisser les précautions, les vains détours, de dire des paroles vraies?

Savez-vous bien ce qu'il faut à votre charmante fille, qui ne dit rien, ne peut rien dire... Mais son âge parle, et la nature. Respectez ces voix de Dieu!

Eh bien! il lui faut *un homme*.

Ne riez point. Cela n'est pas aussi commun que vous croyez.

Il faut un homme amoureux. — J'entends, qui reste amoureux, qui le doive être toujours.

Il faut un bras et un cœur, — un bras solide qui l'appuie et lui aplanisse la vie, — un cœur riche où elle puise, où elle n'ait qu'à toucher pour voir jaillir l'étincelle.

La femme est conservatrice. Elle désire la solidité. Et quoi de plus naturel? Il faut un sol ferme et sûr pour le foyer, pour le berceau.

Tout remue. Où trouverons-nous la fermeté que vous voulez?

Nulle place et nulle propriété, dans le temps où nous vivons, ne peut permettre cela. Regardez, non pas la France, non le continent, cette mer de sable, où tout va et vient. Non, regardez l'île sainte de la propriété, la vieille Angleterre. Si vous exceptez cinq ou six maisons, et fort peu anciennes, toute propriété a changé de main et souvent, depuis deux cents ans.

Une seule chose est solide, madame, et nulle autre : la foi.

Il vous faut un homme de *foi*.

Mais j'entends : de foi *active*.

« C'est-à-dire : un homme d'action ? » — Oui, mais d'action *productive*, — un producteur, un créateur.

Le seul homme qui ait quelque chance de stabilité en ce monde, c'est celui dont la forte main en fait le renouvellement, celui qui le crée, jour par jour; — et, détruit, pourrait le refaire.

Les hommes qui ont cette action, qui, dans l'art ou dans la science, dans l'industrie, dans les affaires, opèrent avec cette énergie, — peu importe qu'ils formulent leur *credo*, — ils en ont un.

Ils ne sont plus dans les brouillards du vieux fantastique, qui doutait des réalités et ne donnait foi qu'aux songes. Ils croient fortement que *ce qui est est.*

« Belle merveille! » direz-vous. Oui, madame, belle et très récente. C'est la foi aux choses prouvées, c'est la foi dans l'observation, dans le calcul, dans la raison.

Voulez-vous savoir le secret du crescendo de

l'activité moderne, qui fait que, depuis trois cents ans, chaque siècle agit, invente, infiniment plus que le siècle qui précède? Cela tient à ce que, sous nos pieds, s'affermit la certitude. La vigueur de notre action augmente par la sécurité que nous donne un sol plus solide. Au seizième, Montaigne doutait. Je l'excuse encore ; l'ignorant ne soupçonnait pas l'affermissement d'esprit que donnaient déjà les grands précurseurs. Pascal, au dix-septième, douta parce qu'il voulait douter ; par Galilée et tant d'autres, le terrain était solide. Aujourd'hui, trente sciences nouvelles, bâties de milliards de faits, observés et calculés, ont fait de ce terrain un roc. Frappez du pied fortement ; ne craignez rien, c'est le roc inébranlable du vrai.

L'homme moderne sait ce qu'il veut, ce qu'il fait et où il va.

Quels sont les sceptiques aujourd'hui? ceux qui ont intérêt à l'être, ceux qui ne veulent pas s'informer, ni savoir dans quel temps ils vivent ; ceux qui, se réservant toujours de varier, craignent d'avouer qu'il y a tant de choses invariables. Quand ils professent le doute, je dis : « Combien votre doute vous rapporte-t-il? »

Est-ce à dire que les hommes actifs et productifs de ce temps ont la connaissance complète de cette trentaine de sciences qui font notre sécurité? Non, ils en savent seulement les grands résultats, ils en ont l'esprit, ils les sentent sous eux, et solides et vivantes, ces sciences. A tout moment, s'ils se baissent, ils reprendront dans la terre maternelle de la vérité une incalculable force.

Et voilà la vraie différence entre nos pères et nous. Ils s'agitaient dans un marais, eau terreuse ou terre aqueuse, et, comme leur pied glissait, ils ne faisaient rien de leurs mains. Mais nous, comme nous ne glissons plus, nous faisons beaucoup de nos mains et beaucoup de notre esprit, beaucoup de notre invention. Nous inventons dix fois plus que le siècle de Voltaire, qui inventa dix fois plus que le siècle de Galilée, qui inventa dix fois plus que le siècle de Luther. Voilà ce qui nous rend gais, quoi qu'il arrive, voilà ce qui nous fait rire, et nous fait arpenter la vie d'un ferme pas de géants.

Quiconque se sent en *puissance*, c'est-à-dire plein, fort, productif, créateur et générateur, a un fonds inépuisable èt de gaieté sérieuse (c'est la vraie), et de courage, et d'amour aussi, madame.

Donnez cet homme à votre fille, un homme qui soit toujours *au-dessus de ses affaires*, qui la mêle à son action, qui l'entraîne en son tourbillon. J'ose répondre qu'il aimera, et qu'à toute heure de jour, de nuit (cet unique point contient tout), il aura beaucoup à lui dire.

IV

L'ÉPREUVE

Si Dieu m'avait fait naître fille, j'aurais bien su me faire aimer. Comment? En exigeant beaucoup, en commandant des choses difficiles, mais nobles et justes.

A quoi sert la royauté, si on ne l'emploie? Il est sans nul doute un moment où la femme peut beaucoup sur l'homme, où celle qui sent sa valeur le charme en lui en faisant de hautes conditions, en voulant qu'il prouve sérieusement qu'il est amoureux.

Quoi, monsieur! toute la nature à ce moment fait effort, tous les êtres montent d'un degré, le végétal dans la fleur montre la sensibilité, le charme de la vie animale, l'oiseau prend un chant divin, et dans l'insecte l'amour s'exalte jusqu'à la flamme!... et vous pourriez croire que l'homme n'est pas tenu de changer, d'être alors un peu plus qu'homme?... Des preuves! monsieur, des preuves!... Autrement je me soucie peu de vos fades déclarations ; je ne vous demande pas, comme ces princesses des romans de chevalerie, que vous m'apportiez la tête d'un géant ou la couronne de Trébizonde. Ce sont là des bagatelles. J'exige bien davantage. J'exige que, du jeune bourgeois, de l'étudiant vulgaire, vous me fassiez la créature noble, royale, héroïque, que j'ai toujours eue dans l'esprit ; et cela, non pas pour un jour, mais, pour une transformation définitive et radicale.

Quelle que soit votre carrière, portez-y un haut esprit et une grande volonté. Alors, je prendrai confiance, je pourrai vous croire sincère ; et, à mon tour, je verrai ce que je puis faire pour vous. Celui qui ne peut rien pour moi, que l'amour même ne peut soulever au-dessus de la prose, du terre à terre de ce temps, Dieu me garde de l'avoir pour mari ! — Si vous ne pouvez changer, c'est que vous n'êtes pas amoureux.

« Hélas ! disent ici les mères, qu'adviendrait-il si l'on osait tenir un aussi ferme langage ?... L'amour n'est pas à la mode, les jeunes gens sont si blasés, si froids, ils trouvent partout tant d'occasions de plaisir, désirent si peu se fixer !... Les temps de la chevalerie sont aujourd'hui bien loin de nous. »

Madame, dans tous les temps, l'homme ne désire vivement que le difficile. Dans ces temps chevaleresques, pensez-vous donc que le jeune écuyer n'eût pas à discrétion toutes les serves du voisinage ? Dans le singulier pêle-mêle et l'entassement confus de la maison féodale, le page avait à volonté force filles, force demoiselles. Eh bien, la seule qu'il voulût, c'est la plus fière, l'impossible, — celle qui lui faisait la vie dure. Pour celle-là, dont il n'avait rien, il voulait être un chevalier. Pour elle, il allait mourir à Jérusalem et lui léguait son cœur sanglant.

Aujourd'hui, la croisade est autre, elle est surtout dans le travail et l'étude, dans l'effort immense que le jeune homme doit faire et pour se creuser le sillon d'une spécialité forte, et pour éclairer cette spécialité par toute la science humaine. Tout se tient, et, désormais, celui qui ne saura pas tout ne peut savoir une chose.

Je vois d'ici, rue Saint-Jacques, par le hasard opportun de cette fenêtre entr'ouverte, un jeune homme matinal, qui n'a pas eu à se lever; il a veillé cette nuit, mais n'en est pas plus fatigué. Est-ce donc l'air du matin qui l'a si vivement remonté? Non. Je crois que c'est une lettre qu'il lit, relit, use et dévore. Jamais feu Champollion n'étudia l'écriture trilingue avec plus d'acharnement.

Lettre de femme, à coup sûr. Elle est courte, mais éloquente. Je me contente d'en donner ici une ligne : « Maman, qui a mal à la main, me charge de vous écrire, — de vous dire qu'on entend ici que vous avanciez vos vacances et que vous passiez au plus tôt votre dernier examen : Réussissez et venez. »

Il ne faut pas oublier ce que c'est qu'un pauvre jeune homme sur le pavé de Paris, n'en pas oublier les tristesses, la langueur et la nostalgie. La science est belle, à coup sûr, pour le maître, pour l'inventeur lancé au champ des découvertes, mais combien sèche et abstraite, comme la prend l'étudiant! Certes, les amis paresseux, légers, qui ne manquent pas d'arriver dans ces moments de tiédeur, auraient belle prise... Mais la lettre est là. Pendant la conversation de ces étourdis, il la voit du coin de l'œil. Elle le tient, elle le fixe, elle lui vaut fièvre, migraine, tout ce qui le dispenserait de sortir avec eux ce soir. Ils s'en vont, et mon jeune homme se met à relire sa lettre, à l'étudier sérieusement, dans la forme et dans le fond, tâchant de voir par l'écriture si la personne était émue, saisissant tel trait manqué ou telle virgule oubliée comme chose significative. Mais la même lettre, lue à telle heure, à tel moment, est tout autre; hier elle fut passionnée, aujourd'hui d'un froid parfait; orageuse un jour, l'autre jour on la croirait indifférente.

Je ne sais qui disait ne regretter rien de sa jeunesse « qu'un beau chagrin dans une belle prairie ». Ajoutons la peine charmante qu'on a à étudier, déchiffrer, interpréter de cent façons l'écriture de la bien-aimée.

« Quoi! une jeune demoiselle hasarde d'écrire à un jeune homme? » Oui, monsieur, sa mère le veut. Cette sage mère veut à tout prix soutenir et garder le jeune homme. Mais elle ne goûte nullement la méthode anglaise, qui croit orgueilleusement qu'on rapproche sans danger la flamme et la flamme. Les

Suisses, les hommes du Nord, allaient plus loin dans leur grossièreté; ils trouvaient bon que l'amant passât des nuits avec la fille, qui, donnant tout, moins une chose, ne manquait jamais, dit-on, de se lever vierge? Vierge, peut-être, mais non pure.

Chaque nation a ses vices. Les races germaniques, avant tout absorbantes et gloutonnes, sont d'autant moins inflammables. Cependant, aujourd'hui que le régime lacté des Pamélas anglaises s'est tellement chargé de viande, même de liqueurs alcooliques, ces vierges sanguines et surnourries doivent désirer elles-mêmes qu'on les garde mieux et qu'on les défende de leurs propres émotions.

Je ne dis pas que parfois il ne faille donner aux amants le bonheur de se rencontrer, de se parler, de s'entendre. Mais ces communications trop fréquentes, quelque pures qu'on les suppose, auraient un inconvénient, de précipiter leur amour, de les brûler à petit feu et de les martyriser. Prolongeons, s'il se peut, un si beau moment de la vie. Que les lettres y suppléent, celles de la mère d'abord, et, quand les choses avanceront, deviendront plus sûres, un mot parfois de la fille, écrit sous les yeux de la mère.

Mais j'ai oublié de dire comment l'amour a commencé.

Heureux ceux qui n'en savent rien! qui, nés au même berceau, nourris au même foyer, commencèrent ensemble l'amour et la vie! comme Isis et Osiris, les divins jumeaux, qui s'aimèrent au sein de leur mère, et s'aimèrent même après la mort.

Mais la Fable nous apprend qu'enfermés encore dans leur mère, encore dans les ténèbres de leur douce prison, ils mirent le temps à profit, que cet amour si précoce fut déjà fécond, et qu'ils créèrent même avant d'être. Nous ne voulons pas pour les nôtres que les choses aillent si vite que pour ces dieux brûlants d'Afrique. Il faut une initiation, il faut de la patience, il faut mériter d'être dieux, pour savourer profondément le moment divin dans sa plénitude.

Il est très bon, il est charmant, qu'ils aient vécu, joué ensemble, à trois ans, quatre ans, cinq au plus. Au delà, je crois très utile de séparer les deux sexes.

Qu'il l'ait vue petit, bien petit, qu'il ait joué avec elle, quelque part qu'il aille, il se souviendra de la jolie petite fille, — cousine, amie ? je ne sais (à quatre ans, on est tous parents), de la douce créature avec qui il était méchant, qu'il a souvent contrariée, — et il y aura regret, se rappelant sa complaisance, son bon cœur, sa jeune sagesse. Tout insouciant qu'il est, comme sont les petits garçons, il lui reviendra parfois, avec le joli souvenir des jeux, des goûters d'alors, quelque envie de la revoir.

Et, en effet, à la longue, quand elle aura douze ans peut-être, il la reverra, mais plus sérieuse, déjà n'osant plus tant jouer, dans le charme et la noblesse de cette première réserve que montre la jeune demoiselle, assise près de sa mère aux fêtes de famille. Béatrix des Portinari avait justement douze ans, et portait une robe de pourpre (c'est-à-dire d'un rouge violet), lorsque Dante la vit pour la première fois.

Elle lui resta au cœur avec cet âge et cette robe, et jusqu'à la mort il la vit comme une enfant reine, vêtue de lumière.

Que mon collégien emporte l'idée de sa petite Béatrix. Il est sauvé de bien des choses, de la vulgarité surtout. Si le plaisir s'offre à l'enfant (ce qui n'est que trop ordinaire) par quelque basse complaisance, il en aura la nausée. Plus haut déjà est son cœur.

Que deux ans, trois ans se passent, qu'il la voie enjouée, jolie. L'accomplissement de cette rose, la charmante vivacité de la Perdita de Shakespeare, qui va, vient, aide sa mère, est bergère, princesse à la fois, voilà un nouvel idéal qui gardera mon jeune homme. Si des dames peu délicates épient son premier sentiment, elles arriveront trop tard. En les comparant, il dira : « Ma cousine est bien autre chose ! »

Pétrarque, dans un très beau sonnet, de naïve confession, dit à sa Laure qu'elle est pour lui un sublime pèlerinage vers lequel, lui pèlerin, il marche toute la vie. Et il avoue cependant qu'aux chapelles qui marquent la route, il fait halte, et fait aux madones de courtes prières. — Moi, je ne veux point de chapelles, point de madones de passage. Je veux qu'à chaque point de la route notre homme voie au loin sa Laure et ne s'en détourne pas.

Je me trompe, Laure elle-même veut qu'il ait d'autres maîtresses. Elle n'en est pas jalouse et consent de partager. Elle sait bien que le cœur de l'homme a besoin de diversité. Elle sait qu'au Jardin des Plantes siège cette ravissante dame aux belles mamelles, la grande Isis ou la Nature, qui enivre les jeunes cœurs. Elle sait qu'aux écoles du Panthéon et partout, son amant poursuivra d'amour la vierge Justice. Bien plus, elle est de leur partie, elle s'intéresse pour elles. Elle le prie, par sa mère, de l'oublier, s'il se peut, pour ses sublimes rivales.

Beau moment, noble moment, où la femme garde la femme! où cette jeune fille absente donne courage à celui-ci dans l'étude, les privations! Grand et très grand avantage de prolonger les travaux si fructueux de cet âge, de conserver l'énergie au moment où elle est complète, de tenir la coupe pleine. La vie âpre, la sauvagerie d'étude qui fait les grandes choses, est bien autrement soutenue quand ce Robinson de Paris peut dire, dans un double alibi de toute vie basse et vulgaire : « J'ai ma maîtresse et ma pensée. »

« Mariage, c'est confession. » J'ai dit et répété ce mot; il est très vrai, très fécond.

Oh! quelle chose délicieuse, émouvante et sauvegardante, d'avoir pour confesseur une fille de dix-huit ans, à qui on est libre de dire, mais qui, elle, est libre aussi de ne pas comprendre encore tout à fait, et de ne pas trop diriger. La mère s'attendrit parfois, et dit : « N'est-il pas malade?... Je le croirais, il est triste... Ajoute une ligne pour lui. »

Il est bien permis du moins au jeune homme de conter à la demoiselle les aventures de son esprit, les hauts, les bas, les espoirs, les joies, les tristesses :

« Hier, j'ai appris cela... Cela m'ouvre un monde... il me semble que, dans cette voie, moi aussi, je trouverai... Aidez-moi, encouragez-moi! je serai un homme, peut-être. »

Savez-vous ce que je pense? Ce jeune homme est un habile et un profond séducteur. C'est une très vive jouissance pour un cœur de femme de créer un homme, de s'apercevoir, jour par jour, des progrès qu'on lui fait faire. Dans la tiède vie du foyer de famille, d'une mère infiniment tendre, d'un père âgé et très bon, grande est la nouveauté pour elle de s'associer peu à peu à la vie ardente d'un jeune homme d'aventure, qui l'embarque sur son vaisseau.

Elle se sent très engagée. Elle a peur. Elle se rejette émue vers le sein maternel...

Un beau jour, elle l'arrête, elle l'étonne, en lui écrivant : « Il y a toujours plaisir à converser, échanger des idées. Et tout ceci prouve suffisamment votre esprit... Mais votre cœur? »

V

COMMENT ELLE DONNE SON CŒUR

« Que de choses invraisemblables dans le récit qui précède! Un étudiant amoureux! un étudiant qui prend sa maîtresse pour confesseur! un étudiant qui ne s'en tient pas à préparer ses examens! un étudiant qui étudie!... Oh! cela est trop absurde! L'auteur ignore évidemment ce que c'est que les écoles. Il oublie ce temps si long qui doit passer encore pour arriver au métier, pour acheter une charge, se faire une clientèle », etc., etc.

Vous m'éclairez. J'oubliais que tous les jeunes Français doivent être tous notaires, avoués, fonctionnaires, plumitifs et paperassiers, s'entasser indéfiniment dans deux ou trois professions effroyablement encombrées, dont le long noviciat fait qu'ils se marient très tard, la plupart déjà usés.

Qui fait cela? C'est surtout la prudence des mères qui veulent un gendre bien posé. *Fonctionnaire* est pour elles synonyme de stabilité, — sur cette terre de révolutions ! — *Notaire!* comme ce mot-là sonne bien à leur oreille ! C'est pourtant le plus souvent l'homme d'avance obéré par l'acquisition de sa charge.

C'est ainsi que l'aveuglement de l'esprit de réaction, l'ignorance et la peur des femmes, font du peuple le plus aventureux de la terre le plus sottement, timide, le plus inerte, le mollusque sur son rocher. L'Anglais, l'Américain, le Russe, ont la terre entière pour théâtre de leur activité. L'Anglaise trouve naturel d'épouser un négociant de Calcutta, de Canton. Elle suit son époux, officier, dans les dernières îles de l'Océanie. La Hollandaise, également acceptera un mari de Java ou de Surinam. La Polonaise ne craint pas, pour consoler l'exilé, d'aller vivre en Sibérie ; la persévérance de ces dévouements a créé, par delà Tobolsk, une admirable Pologne, qui parle mieux que Varsovie. Mais prenons l'Allemagne même, qui chérit tant l'intérieur ; vous la voyez se répandre au loin dans les deux Amériques. Partout où la famille est forte, elle en est plus voyageuse, sûre de porter le bonheur avec elle. L'amour crée partout la Patrie ; il l'étend, la multiplie. Avec l'amour l'homme a des ailes.

Vous seuls en Europe ignorez que, si l'on ne vous habille en soldats, vous êtes le peuple sédentaire, le peuple *prudent.* Vous traînez où vous naquîtes ; mais on périt fort bien sur place, dans votre vie de loterie, dans vos tempêtes de bourse, et l'huître même y fait naufrage. Voilà votre *stabilité*, voilà les positions *sûres* pour lesquelles le mariage s'ajourne jusqu'à l'âge mûr, jusqu'à l'âge où la plupart, unis, n'ont plus que faire d'amour.

La Gaule et la vieille France furent le pays de l'espoir. On se fiait à l'avenir et on le faisait. On aimait, on épousait jeune. A l'âge où ceux-ci, éreintés, *font une fin* et prennent femme, on avait déjà depuis longtemps maison, famille et postérité.

Les enfants ne vivaient pas tous. Cependant ce peuple gai, amoureux et prolifique, a mis partout trace de soi. Nos Gaulois, aux temps anciens, avaient fait je ne sais combien de peuples en Europe et en Asie. Nos croisés du douzième siècle créèrent nombre de colonies. Nos Français du seizième et du dix-septième, par leur énergie, leur sociabilité facile, conquéraient le Nouveau-Monde, et francisaient les sauvages. Qui arrête cela? Uniquement Louis XIV, qui, attaquant la Hollande, la donna à l'Angleterre, dès lors maîtresse des mers. Sans lui, nous aurions les deux Indes. Et pourquoi? Nous étions aimés; nous avions des enfants partout. Et les Anglais n'en ont nulle part (sauf un point, les États-Unis, où se porta, en corps de peuple, toute la masse des puritains).

Songez à tout cela, jeune homme. Et, sur le pavé de Paris, où vous avez tant de ressources d'idées, d'arts et mille moyens de vous faire un homme, orientez-vous un peu, observez de tous côtés. Embrassez d'un regard hardi, sage, et l'ensemble de la science, et la totalité du globe, la généralité humaine. Aimez, et aimez la même, une femme aimante et dévouée, qui vous aime d'un grand cœur et dans l'incertain de la destinée, et dans l'audace inventive de vos courageuses pensées.

Mais, monsieur, dit le jeune homme, veuillez comprendre pourquoi nous devenons si prudents, et d'une prudence de femme. C'est que les femmes, les mères, nous font de telles conditions. Ces belles lois qui, dans les partages, les égalent à l'homme, les font riches et influentes, plus influentes que le père ; car celui-ci peut n'avoir qu'une fortune engagée, en jeu, et hypothétique, tandis que celle de sa femme, souvent gardée par un contrat, reste à part. Voilà pourquoi elle règne et fait ce qu'elle veut. Elle tire ses garçons du collège, pour les mettre je ne sais où. Elle donne sa fille à celui qui lui plaît. — « Moi, par exemple, qui suis-je? que serai-je? ou que ferai-je? Je ne le sais pas encore. Cela dépend d'une femme. Je suis favorisé de loin ; mais de près, si je vais montrer la moindre trace d'audace d'esprit, elle aura peur, cette mère, reculera, gardera sa fille pour un homme *posé* et *rangé.* »

Il a raison, ce jeune homme. Une grande responsabilité, en ce moment, est à la mère. Elle a une énorme puissance pour faire et défaire. Un mot d'elle peut opérer une profonde transformation. Le héros peut *se ranger*, devenir le *bon sujet*. D'autre part aussi, sur ce mot, s'il lui affermit le courage, un cœur jeune, amoureux, d'un seul bond peut devenir grand.

Vous êtes femme et jeune encore, madame, mais déjà dans cette seconde jeunesse où augmente la prudence, où bien des choses ont pâli, où l'on se défie de la vie. De grâce, n'imposez pas déjà tant de sagesse à ceux-ci. N'exigez pas que ce jeune homme commence par la vieillesse. Vous l'aimiez, vous preniez plaisir à ses lettres enthousiastes. Eh bien, acceptez-le lui-même, comme il est, jeune et chaleureux. Votre fille n'y perdra pas. Agissez un peu pour elle. Consultez-la. Je parie qu'elle n'a pas tant peur que vous. Et, au fond, elle a raison d'être courageuse. Ces âmes-là, au premier essor, peuvent paraître excentriques par l'excès de leurs qualités. Mais il faut qu'il y ait *trop* pour qu'un jour il en reste *assez*. Mûries, bientôt elles arrivent à la véritable force. Ce sont elles qui, ménagées, donneront l'idéal humain, de l'énergie dans la sagesse.

Voici nos jeunes gens rapprochés. J'aimerais à m'arrêter sur ce moment ravissant, agité, inquiet. Au reste, cela ne se dit guère. On est toujours trop au-dessous. On n'en saisit que la surface, le joli débat, ce doux semblant de dispute où se joue l'amour. Il tient un peu de la guerre, et dans une foule d'espèces on ne s'approche qu'en tremblant. Il en est ainsi de la nôtre. L'allure vive de la force étonne un peu la demoiselle. Et d'autre part, le jeune homme, pour peu qu'il aime vraiment, est dans une crainte extrême qu'on ne se moque de lui.

A tort. La femme, la vraie femme, est trop tendre pour être moqueuse. Notre demoiselle surtout, élevée comme on a vu, n'est nullement la bavarde, l'effrontée Rosalinde de Shakespeare; — pas davantage la rieuse étourdie, à tête vide, qu'on voit trop souvent ici. Sa censure badine est légère, une si douce petite guerre ne serait pas même sentie de nos jeunes gens à la mode. Mais celui-ci, moins blasé, s'émeut, frémit aux moindres choses. D'elle il ne supporte rien. Il se trouble, répond de travers. Il souffre. Et, au même instant, voilà qu'elle souffre aussi. Être sensible à ce point l'un pour l'autre, n'est-ce pas de l'amour?

L'amour, qu'est-ce? et comment vient-il?
Comme on a écrit là-dessus! et combien inutilement! Ni le récit, ni l'analyse n'y sert, ni la comparaison. L'amour est l'amour, une chose qui ne ressemble à aucune.
Une comparaison ingénieuse est celle que fait M. de Stendhal, celle du rameau qu'on jette aux sources salées de Saltzbourg. Deux mois après, on le retire changé, embelli d'une riche et fantastique cristallisation, girandoles, diamants, fleurs de givre. Tel est l'amour jeté aux sources profondes de l'imagination.
La comparaison allait à son joli livre, ironique et sensuel, sur l'Amour. Le fond pour lui est fort sec; c'est une pauvre branche de bois, un bâton; voilà le réel : et le reste serait le rêve, la broderie de vaine poésie, que nous y faisons à plaisir.
Excellente théorie pour stériliser à fond le plus fécond des sujets. Théorie banale, en réalité, malgré le piquant de la forme. C'est toujours la vieille thèse : « L'amour n'est qu'illusion. »
L'amour! je n'ai rien trouvé de plus réel en ce monde.
Réel, comme seconde vue. Seul il donne la puissance de voir cent vérités nouvelles, impossibles à voir autrement.

Réel, comme création. Ces choses vraies, qu'il voyait, il les faisait telles. Pour la femme, par exemple, il est si doux d'être aimée, que, quand elle s'en aperçoit, ravie et transfigurée, elle devient infiniment belle. Belle on la voit, mais elle l'est.

Réel, comme création double et réfléchie, où le créé crée à son tour. Ce rayonnement de la beauté que notre amour fait dans la femme, il agit et rayonne en nous par nos puissances toutes nouvelles de désir, de génie et d'invention.

Comment le nommerons-nous? Qu'importe?... C'est le maître, le puissant et le fécond... Qu'il nous reste, et nous sommes forts. Lui de moins, sur cette terre, nous n'aurions rien fait de grand.

La surprise aide à sa puissance. Heureux, bienheureux le jeune homme si le hasard montre en lui quelque beauté imprévue! cela avance bien ses affaires.

Exemple : On trouvait qu'à Paris notre homme dépensait trop. Il se laissait accuser. On découvre que sur sa pension, se réduisant au minimum des premiers besoins, il nourrissait une famille pauvre. La demoiselle est attendrie. Elle parle peu ce jour-là et n'ose le regarder.

De crime en crime, on découvre que ce coupable jeune homme, tandis qu'on le pressait le plus de *se poser* dans sa carrière par les premiers succès d'école, qui de loin devaient amener le grand succès d'établissement, s'est conduit comme l'ont fait le grand peintre Prudhon et notre illustre physiologiste, M. Serres. Tous deux, sans autre fortune que leurs talents, dans un concours, s'ôtèrent le prix à eux-mêmes, travaillèrent pour un concurrent. Prudhon envoya ainsi à Rome un rival qui, sans lui, n'eût pu continuer ses études. Serres, au concours de médecine, en 1813, ayant parmi ses camarades un pauvre Anglais interné, qui ne recevait rien de chez lui et mourait de faim, imagina de concourir pour lui, réussit contre lui-même, et le fit ainsi placer élève à l'Hôtel-Dieu.

Un acte d'intrépidité, accompli dans un but humain, c'est encore un joli bouquet à offrir à celle qu'on aime. On n'a pas toujours ces hasards. Mais ils viennent à ceux qui sont dignes. Un homme tombé à la rivière, un incendie, un naufrage, cent choses en donnent l'occasion.

De tels actes emportent l'amour. Là, la femme est faible et très tendre. Je confie cette recette à ceux qui ne sont pas aimés. Le seul moyen, c'est d'être beau. Du jour où luit cet éclair, elle reconnaît son maître, et elle se trouve sans force... A lui de n'en pas abuser.

Comment cela s'est-il fait? Je ne sais. Point de noce encore, mais il y a mariage.

Le père et la mère, amoureux de lui presque autant, l'ayant en si haute estime, respectent leurs tête-à-tête. Ils se fient... Ils ont raison.

Quelle sage conversation, quoique si tendre, si émue? Elle cause insatiablement de ménage et d'arrangement, des soins de la maison future; lui d'amour, des futurs enfants. Elle écoute, les yeux baissés, mais résignée, docilement. Elle n'a garde de l'arrêter et n'objecte pas un mot. Faut-il le dire? elle est si douce, elle paraît si soumise, que lui, il se trouble, est tenté de savoir au vrai ce qu'il peut. La pauvrette pâlit fort. Elle ne lutte pas, mais palpite, n'en peut plus, l'haleine lui manque. Comment insister? Elle chancelle, s'appuie sur lui, et enfin s'assoit vaincue d'émotion : « Épargne-moi, je t'en prie. C'est ta femme qui, pour quelques jours, te demande grâce ! » Elle met les deux mains dans sa main. « Après ce que tu as fait, je ne pourrais te résister. Mais tu me ferais du chagrin... Tu vois qu'ils se fient à toi... à toi seul. Ils m'ont vue si attendrie, qu'ils savent bien que je suis faible... Sauve-moi de moi, mon ami, défends-moi, protège moi. Je ne me garde plus moi-même. »

VI

TU QUITTERAS TON PÈRE ET TA MÈRE

Les adieux de Sakontala à la maison natale, à ses sœurs, à ses fleurs, aux oiseaux favoris, aux animaux chéris, ce n'est pas là une vaine comédie, c'est la nature humaine. On a désiré, et on pleure; on a compté les jours, et, le jour venu, c'est trop tôt.

Elle sent bien alors tout ce qu'il fut, ce nid qu'il faut quitter, combien suave et doux. Cette belle table de famille, cette couronne de jeunes frères et sœurs, qui l'adoraient, la faiblesse de son père, sévère pour tous et désarmé pour elle, une personne enfin, unique, attendrissante, la victime réelle en cette immolation, la pauvre mère, qui se contient si bien et ne pleure presque pas... Oh! c'est trop pour la jeune fille!

Nul rêve de bonheur, nul mirage d'imagination, ne peut balancer tout cela. La veille encore à table, les yeux sur son assiette, elle ose les regarder à peine, de peur de se troubler. On descend au jardin. Elle, non. Sous quelque prétexte, elle reste, elle traverse de chambre en chambre cette maison de sa jeunesse qu'elle va quitter pour toujours. Elle dit adieu à chaque meuble, à toute chose amie, au piano, aux livres, au fauteuil de son père... Mais le lit de sa mère l'arrête... elle éclate en sanglots.

« Quoi donc! elle n'aime pas? » — Ne le croyez point. Non, elle aime. Chose bizarre, pourtant naturelle : au moment de le suivre époux, elle le regrette amant. La chambre où elle le rêva, la table où elle lui écrivit, entrent dans ses regrets. Les alternatives orageuses de son amour de tant d'années lui reviennent au souvenir. De son bonheur nouveau, elle jette un regard à ce monde de soupirs, de songes, de vaines craintes, dont se repait la passion ; elle en regrette tout, jusqu'aux douceurs amères qu'elle trouva souvent dans les pleurs.

Rien ne la touche plus que de voir ses amis d'enfance, personnages muets à qui l'on n'a rien dit, le chien, le chat de la maison, parfaitement informés de tout. Le chien la suit de longs regards; le chat, morne, immobile, a cessé de manger et reste sur son lit, ce petit lit de fille qui sera vide demain.

Ils ont l'air de lui dire : « Tu pars, et nous restons. Tu pars pour l'inconnu... Tu quittes la maison de la douceur et de la grâce, où tout te fut permis. Quoi que tu fisses, c'était bien ; quoi que te disses, c'était beau. Ta mère, ton père et tous étaient suspendus à tes lèvres, recueillaient avidement tout ce qui t'échappait. Tes sœurs, comme raison suprême, alléguaient ta parole, tranchaient d'un mot : « Elle l'a dit. » Tes frères étaient tes chevaliers, t'admiraient sans mot dire, n'imaginaient rien au delà, n'aimaient dans les autres femmes que ce qui te ressemblait.

« Maîtresse ! protectrice ! douce nourrice ! qui tant de fois nous faisais manger dans ta main ! où vas-tu et que deviens-tu ?... Tu vas donc avoir un maître. Tu vas jurer obéissance. Tu vas vivre avec l'étranger, avec celui qui t'aime... oui, un jeune homme fier et rude... Son énergique activité, tournée au dehors, que lui laissera-t-elle bientôt pour sa femme et pour le foyer? L'effort du jour le ramènera souvent triste le soir, souvent amer. Les désappointements, les non-succès, te reviendront en injustes caprices... Cette maison d'amour où tu vas, oh! que de fois elle sera plus sombre que ta chère maison paternelle! Tout était si serein ici! Dès que tu riais, tout riait. Ta folâtre gaieté, ta fraîche jeune voix, ta bonté à faire tous heureux, cela faisait un paradis, une maison de béatitude. Tout était amour, indulgence; tous étaient enhardis de toi... Car ton père et ta mère n'avaient pas le courage de gronder les enfants, ni nous... Le chien le savait bien, à certaines heures, que tout était permis. Le chat le savait bien. A tels moments d'effusion, au dessert de famille, nous nous glissions, nous étions de la fête.. Et tes oiseaux venaient, battant des ailes, cueillir à ta lèvre un baiser. »

La femme est née pour la souffrance. Chacun des grands pas de la vie est pour elle une blessure. Elle croît pour le mariage, c'est son rêve légitime. Mais cette *vita nuova*, c'est l'arrachement de son passé. Pour donner à l'amour l'infini du plaisir, il faut qu'elle souffre en sa chair. Combien plus, grand Dieu! quand bientôt l'autre époux, l'autre amant, l'enfant, plus cruel, du fond de ses entrailles, reviendra déchirer son sein!... Est-ce tout? Nos aïeux eurent ce proverbe sombre : « Mal de *mère* dure longtemps! » *Mère* voulait dire matrice, et le sens du proverbe, c'est que la pauvre femme, après la torture et les cris de l'accouchement, n'en est pas quitte, que la maternité, de fatigue et d'inquiétude, de chagrins, de douleurs, la suit et la suivra; — bref, qu'elle accouche toute la vie.

Quel jour, a quel moment mène-t-on la victime à l'autel?

Que nous importe? dit le législateur. — Que nous importe? dit le prêtre.

L'astrologue du Moyen-âge disait : « Il importe beaucoup. »

Lui seul avait raison.

Mais ce jour, comment le choisir? Il mettait des lunettes, et regardait au ciel, ne voyait rien, puis décidait.

Ce qu'il faut regarder, c'est la femme elle-même, la chère créature qui quitte tout, qui souffre et se dévoue. Il faut aimer, vouloir qu'elle souffre moins de son sacrifice. S'il était un jour, une semaine, propice et doux, choisissons-les.

Qu'on me permette de m'arrêter ici, et de demander comment il se fait que les innombrables auteurs qui ont traité de l'amour et du mariage ne se soient jamais occupés de ces questions. Mais c'était justement le fond de leur sujet, tout au moins le point de départ nécessaire sans lequel ils ne pouvaient parler, raisonner qu'au hasard.

La nature, heureusement, ne se fie pas à nous pour les grandes fonctions de la vie qui la conservent. Elles s'accomplissent d'instinct et comme sous l'empire du sommeil. Notre chimie physiologique, si prodigieusement compliquée, va son chemin sans demander conseil. Il en a été ainsi de la perpétuité de l'espèce humaine, opérée par l'amour et le mariage, par la constitution de la famille. Tout cela n'a presque en rien changé, et l'homme est resté, pour ces grandes choses essentielles, dans la ligne raisonnable. La déraison ne s'est trouvée que dans les hauts esprits, les hommes de pensée et d'autorité, dans les guides de l'espèce humaine.

Exemple les économistes, les profonds politiques, qui se sont figuré pouvoir réglementer l'amour, retarder ou précipiter le cours de la fécondité. Pas un ne s'est informé de ce que c'est que fécondation. Ils ignorent que l'on a tranché la thèse Malthusienne, où ils vont toujours à tâtons.

Exemple les théologiens, qui ont si merveilleusement éclairci la conception sans connaître ce que c'est que conception. Exemple les casuistes, qui ont si parfaitement dirigé, purifié la vie conjugale, sans savoir ce que c'est que le mariage.

Ajoutons les littérateurs, ceux qui, dans tant de livres éloquents, ont discuté le droit et le fait, accusé ou la femme ou l'homme, pesé la question de la supériorité d'un sexe sur l'autre. Notre grand romancier, cette femme d'admirable puissance ; notre grand discuteur, cet homme de bras fort et terrible, qui, secouant le pour et le contre, fait partout jaillir l'étincelle, le monde les contemple en ce grand plaidoyer. N'est-il pas étonnant qu'aucun des deux n'ait descendu au fond du sujet même, à la base inférieure, d'où pourtant fleurit tout le reste?

Inférieure? Rien n'est inférieur. Laissons là ces vieilles idées d'échelle, et de haut et de bas. Dieu est sphérique, a dit un philosophe. Le ciel est sous nos pieds autant que sur nos têtes. Jadis, on méprisait l'estomac, pour relever le cerveau. On a trouvé (1848) que le cerveau digère; sans lui, du moins, on ne fait pas le sucre, qui seul permet de digérer.

Pour revenir, avant 1830, où l'on posa le fait de l'œuf, de la crise d'amour, la théorie ne disait que sottise. Avant 1840, où la loi fut posée, et les temps féconds indiqués, toute pratique fut aveugle. L'observation persévérante des grands anatomistes, l'autorité de l'Académie des Sciences (vrai pape en ces matières), enfin l'enseignement souverain du Collège de France, de 1840 à 1850, imposèrent à l'Europe ces découvertes, acceptées désormais comme article de la foi humaine.

Que la science est venue à temps! La médecine, en présence du fléau du siècle (l'universalité des maladies de la matrice); après avoir usé en vain des brutalités de la chirurgie, bégayait, tournoyait. L'ovologie vient au secours. C'est la profonde étude des fonctions qui doit ouvrir la voie pour comprendre les altérations. Et qui sait? les premières, doucement veillées par l'amour, peut-être préviendraient les secondes.

Pardonne-moi, jeune homme, ces discours sérieux à l'heure où, sans nul doute, ton cœur a bien d'autres pensées. Mais, mon ami, l'amour est inquiet. Pour toi, pour elle, je voudrais, de ton ciel poétique, te ramener au réel. Et le réel, c'est elle; donc c'est le ciel encore. Il s'agit d'elle, et de votre avenir. Quand la santé, la vie de ce cher objet est en jeu, ce n'est pas toi qui nous reprocheras un excès de sagesse et de tendres précautions.

N'est-ce pas un obstacle à faire songer que de voir tout autour de nous la femme, jeune et charmante, frappée dans l'amour même, condamnée aux refus, aux fuites involontaires, ou (contraste odieux) donnant le plaisir dans les pleurs? Désolante situation, qui de bonne heure assombrit le mariage, et bientôt le supprime; qui fait craindre la génération. On frémit d'engendrer, quand on sait qu'aux épreuves de la maternité le mal s'aigrit, s'aggrave. Aux épanchements les plus tendres des cœurs qui ne font qu'un, apparaît un tiers, la douleur, l'effroi de l'avenir (et la mort!) entre deux baisers.

Ce fléau marqua moins jadis, d'abord, parce qu'on mourait plus vite et qu'on comptait moins la douleur; mais aussi pour une autre cause. La femme, nullement affinée, vivant moins de vie cérébrale, pouvait réagir davantage physiquement contre les chagrins et contre les mauvais traitements. J'appelle ainsi surtout ce que doucereusement on nomme empressements amoureux, mais qu'il faut mieux nommer, les exigences de plaisir égoïste qui veut trop, qui veut mal et ne s'informe pas des temps ni des souffrances. — Celle-ci, faible et délicate, ressent tout et profondément. Il n'y a pas à rire ici. Il faut une sérieuse attention, c'est-à-dire un amour de tous les moments. Ce que je dirais à la mère, je le dis bien plus à l'amant.

Plus fragile au fond que l'enfant, la femme demande absolument qu'on l'aime *pour elle*, qu'on la ménage fort, et qu'on sente à toute heure qu'en serrant trop on n'est bien sûr de rien. Cet ange adoré, souriant, florissant de vie, souvent à la terre il ne tient que du bout de l'aile ; l'autre déjà l'emporte ailleurs.

Ne demandons pas à l'ignorance du passé ce que l'on peut faire dans ce grand intérêt, si cher! Il ne sait et ne dira rien. A la science seule de répondre, à l'amour seul d'exécuter.

La science dit d'abord une chose simple : qu'il faut aimer *à l'heure de celle qu'on aime*, sans rien précipiter, laisser les choses se faire, se succéder dans l'ordre naturel, n'en faire qu'une à la fois, craindre toute congestion et toute irritation durable.

Dès lors on sait le vrai moment légitime et sacré, où doit se faire le mariage. Dans un mémoire que l'Académie des Sciences a couronné, autorisé de sa haute approbation, il est dit *qu'on ne doit marier la jeune fille que dix jours après le travail de l'ovulation,* c'est-à-dire dans la semaine calme, sereine et stérile qu'elle a entre les deux époques. (Raciborski, 1844, page 133.)

Cette excellente observation, humaine autant que raisonnable, n'est point de pratique empirique. Elle est hautement scientifique. Elle dérive des faits établis, des lois formulées de l'ovologie. Elle en est la déduction naturelle. Elle aussi, elle restera invariable, comme loi naturelle et nécessaire du mariage.

Rien de plus sage en effet. Il faut prendre le moment stérile, dit l'auteur, parce qu'elle souffrirait trop d'être enceinte dès le premier mois. Quelle dureté ne serait-ce pas de faire coïncider pour elle trois malaises et trois douleurs : l'indisposition mensuelle, l'initiation du mariage, et l'ébranlement d'une première grossesse !

« La mère y pensait », dira-t-on. Point du tout. Elle laissait passer l'époque, mais la mariait souvent trois ou quatre jours après, c'est-à-dire précisément lorsque la femme est plus féconde. Tout d'abord elle était enceinte.

Les dix jours pleins qu'on surajoute lui seront un bienfait. La science se met ici entre elle et la passion impatiente, la garde dans les bras de sa mère, et mieux que celle-ci ne faisait. — Ainsi, toute grande découverte, toute grande vérité, qui d'abord n'est qu'une lumière et ne parle qu'à la raison, ne tarde pas à aboutir aux touchants résultats pratiques qui en font une chose de cœur.

A chaque jour suffit sa peine. Assez d'un travail à la fois. Dispensez, je vous prie, la mariée, dans une telle journée, de ces bruyants repas des noces de province, où les sots voudraient l'étouffer. Ils diront, si elle ne mange : « Voyez-vous! elle est triste... On la force... Elle n'aime pas beaucoup son mari. »

Je vois que le bon sens de nos aïeux voulait, tout au contraire, qu'elle ne vînt à cette époque de séparation et de larmes, de douleur morale et physique, que maternellement préparée, bien détendue, fraîche et légère, d'autant moins vulnérable.

Les rites et les symboles du mariage sont bien incomplets jusqu'ici. Ils s'occupent surabondamment d'enseigner au faible qu'il est faible, donc qu'il doit être dépendant. Il serait bien plus instructif, plus original, plus humain, d'enseigner au fort qu'il ne doit pas ici se montrer fort, lui inspirer, à ce moment, les ménagements et la compassion. « L'amour y pourvoira », dit-on. Mais c'est tout le contraire, il change étrangement, avouons-le. A certaines heures, une bête sauvage rugit d'impatience en l'homme, la férocité du désir.

Les médecins commencent à soupçonner que la précipitation, l'insistance aveugle (faut-il le dire? l'orgueil cruel) sont très souvent la première cause d'irritations durables, d'inguérissables congestions. — « Inguérissables? » belle demande! Comment guérirait-on, si chaque jour revient aggraver.

Qu'une seule chose te soit présente à ce moment si décisif, la chose pieuse, la chose religieuse, et le souverain exorcisme qui chassera le diable plus qu'aucune formule. C'est le mot des jurisconsultes : « Mariage, c'est *consentement.* »

Ce ne serait pas grand'chose de t'en souvenir à

midi, si tu ne t'en souviens pas le soir, à l'heure émue où ton trouble est si grand. C'est alors, c'est alors qu'il faut t'en souvenir : Mariage, c'est *consentement.* »

Je t'aimerais bien si, la veille, tu avais l'esprit d'y penser, si, mettant de côté l'orgueil et ses sottises, consultant l'amour et le cœur, pensant à ta pauvre petite, tu te fusses entendu avec la mère, qui, sans toi, n'ose rien vouloir. Il faut adoucir, assouplir ces épines, sinon les aplanir, Le rite compatissant de l'Inde parle ici comme nos médecins.

La fille de France est rieuse, moqueuse parfois à nos dépens, mais en même temps la plus nerveuse de toute la terre, si prenable d'imagination! Elle devrait ne pas craindre celui dont elle est maîtresse absolue. Et pourtant elle frémit. Cela va à ce point que, n'y eût-il presque aucune difficulté, il y en aurait encore par la constriction de l'esprit. Les hommes, si égoïstes et ne pensant qu'à eux, se sont plaints très souvent de la sorcellerie, qui, disent-ils, paralysait tout. Mais les frayeurs de femme, plus vraies, vous ne les comptez pas? Il faudrait remettre l'esprit, c'est le grand point. Il faudrait être patient, magnanime, et vouloir... non pas contre soi-même, mais pour deux... vouloir qu'elle aussi elle fût heureuse; la consulter, lui obéir, et désirer ce doux triomphe : que la douleur ne déplût pas.

Heureux qui sait préparer son bonheur! qui le veut libre et désiré, se fie à la tendresse, à la bonne nature! Adorateur sincère, de dévotion vraie, il honore les abords du temple, il en couvre l'accès d'une tendre et patiente insistance. D'elles-mêmes, pour lui, elles vibreront, les portes saintes. Du Dieu qu'on croit si loin, la vive étincelle est au seuil.

Dans un état plus haut, plus avancé, où nous arriverons, on comprendra pourtant que cette douce initiation vaut surtout par la voie nouvelle qu'elle donne pour aller au cœur, qu'elle n'est qu'un degré des progrès que l'amour fait dans la conquête successive de l'objet aimé. Ces progrès, en toute union sérieuse, ont précédé de loin la fête qui en est la proclamation. Le mariage d'âmes doit exister longtemps avant la noce, pour continuer après et augmenter de plus en plus.

Effaçons de la langue ce mot immoral et funeste : consommation du mariage. Celui-ci, état progressif, n'a sa consommation que dans l'ensemble de la vie.

La noce est le moment public de cette longue initiation. Utile, indispensable, comme garantie, elle a souvent, comme fête bruyante et éclatante, un très mauvais effet, de faire tort au mariage. Ce bruit fait croire qu'un jour a tout fini, et que l'amour a tout donné. Les lendemains sont ternes et froids. La fête a le tort de dater ce qui devrait être éternel.

Non, même à ce moment divin, sache bien qu'il n'est tel que parce qu'il ne consomme rien, ne finit rien ; il est divin, parce qu'il commence. La douce idole s'est donnée en ce qu'elle a pu ; donnée en t'acceptant d'amour ; donnée en disant qu'elle est tienne ; donnée en ouvrant à ton plaisir une des profondes portes de l'âme. Mais cette âme est tout un royaume de délices qu'il faut maintenant parcourir.

Le monde de découvertes à faire qui est en elle et qui t'attend, comment le saurais-tu d'avance? Elle ne le connaît pas elle-même. Elle veut seulement de passion que tu en sois maître et seigneur. Possédée, elle sent d'instinct qu'elle peut l'être bien davantage. Elle fera ce qu'elle pourra pour que cette mer insondée de sentiments vierges encore, de chastes et délicats désirs, tu la pénètres tout entière par l'infini des sens nouveaux que va créer en toi l'Amour.

VII

LA JEUNE ÉPOUSE. — SES PENSÉES SOLITAIRES

Au livre de *l'Amour*, j'ai marqué les grands traits extérieurs de la situation. Ici, je voudrais davantage : observer la femme elle-même, elle surtout qui eut de fortes racines de famille, et que le mariage le plus désiré déracine pourtant du sol où, par mille fibres, elle était engagée. Passage dramatique. Des parents regrettés à l'époux adoré, elle passe, non pas hésitante ni combattue, mais déchirée. Aime-t-elle moins? Infiniment plus, de toute l'étendue de son sacrifice. Elle se donne avec sa douleur, et, d'un amour immense, d'une foi sans réserve, lui met en main son cœur sanglant.

Je ne sais si cet homme éperdu de bonheur conserve assez de lucidité pour sentir tout cela. Mais, pour moi, je ne connais aucun spectacle plus touchant que cette fille émue (faut-il dire vierge ou femme?) qui tout à coup se trouve transplantée hors de ses habitudes et de tout son monde connu, dans une autre maison. — C'est, ce sera la sienne. Mais encore faut-il bien qu'elle en prenne connaissance. Jusque-là, tout est étranger. Elle ne sait où tout pose. Chaque meuble neuf lui rappelle le bon vieux meuble de famille qu'elle a laissé là-bas. Son mari, il est vrai, de sa vive personnalité, de sa jeune chaleur, de sa charmante ivresse, illumine et réchauffe tout. Mais, quoi qu'il fasse, il n'est pas toujours là. Qu'il s'absente un moment, tout change, tout paraît vide et solitaire.

L'autre maison, dans sa grande harmonie d'affections multiples, père, mère, frères, sœurs, serviteurs, animaux aimés, était un monde tout fait. Et ceci est un monde à faire. Heureusement, il est ici, l'ardent, le puissant créateur, le vivificateur : Amour.

Il est jaloux. « Si vous voulez, dit-il, créer, commencez avec moi ; si vous voulez que, de mon aile, je vous porte dans l'avenir, ne me liez pas de ce fil trop fort, trop chéri, du passé. La première loi du drame, l'*unité d'action*, c'est la première loi dans la vie. N'espérez rien de fort que ce qui sera simple.

« Bien fou qui croit le cœur immense, qui croit qu'en partageant, chaque part est toujours un entier ? Que sera-ce de toi si elle est toujours là, cette mère plaintive, je ne dis pas jalouse, avec qui ta femme vivra, à qui tout le jour elle se confiera ? qu'un nuage vous vienne, elle en parle et reparle ; elle se console par sa mère ; le nuage prend corps, subsiste à l'horizon. Autrement, c'est toi-même, c'est l'amour, c'est la nuit qui seul aurait tout dissipé...

« Et ses frères, crois-tu donc qu'ils ne soient pas un

peu jaloux de l'homme qui enlève celle qui fut la joie de la famille, son charme attendrissant? jeunes et pures émotions, non condamnables, certes. Mais cela même fait le lien plus fort, plus naturelle l'hostilité secrète. L'intime génie de la famille, un moment éclipsé, peut revenir plus tard. Avoir grandi ensemble! avoir tant de souvenirs communs! pouvoir se dire (entre eux) mille choses de rien, si précieuses pourtant et si chères, dont tu n'as pas eu connaissance, c'est un demi-mariage. Le passé a cela de fort, de dangereux, qu'embelli par le temps, par les pertes et les regrets, par les douces larmes qu'on lui donne, il est cent fois plus cher que quand il était le présent. La sainte lueur du foyer commun, du berceau où ensemble ils dormirent, s'éveillèrent ensemble, elle ramène toujours les regards en arrière. Le cœur est double et partagé. La tradition, l'antiquité, la pensée rétrograde combattront l'amour heure par heure...

« Nature dit : En avant!... Enlève donc ta femme! Sans rompre ses liens de famille, vis avec elle à part. Plus sa famille est loin, plus ta femme est à toi. Plus aussi tu as ce devoir, ce bonheur, d'être tout pour elle. Tu ne peux pas la négliger. Tu es son père, et jour par jour tu engendreras son esprit. Tu es son frère pour la soutenir de causerie amicale et de douce camaraderie. Tu es sa mère pour la soigner en ses petits besoins de femme, la caresser, la gâter, la coucher. Sous ta main maternelle, autant que conjugale, elle croira, souffrante, retrouver son berceau. Et, par toutes ces choses minimes, humbles, enfantines, enveloppant la chère enfant, tu l'élèveras d'autant plus avec toi aux aspirations de l'avenir. »

Cela est un peu dur, mais vrai, mais grave. C'est la loi même du mariage. Donc, elle aura des heures de solitude. Elle en a, dès le lendemain. Car, comme on se croyait dans la sécurité du plus doux tête-à-tête, voici le médecin, intime ami commun, qui force la consigne et voudrait emmener l'époux. Il prétexte cent choses vaines, certaine affaire à lui, pressée et importante, où le mari seul peut l'aider. Celui-ci le maudit, et il le suit pourtant. Elle est si raisonnable, que, même en un tel jour, elle ne voudrait pas que l'on manquât à l'amitié. En réalité, c'est pour elle qu'on agit en ceci. Un usage antique et fort sage, c'était de laisser respirer un peu la mariée. Plût au ciel qu'on pût obtenir les trois jours d'abstinence que jadis on leur imposait (sauf échappées furtives)! L'amour reprenait force et croissait de désir. Et elle, elle avait le temps de se remettre. La bonne nature répare vite, adoucit, raffermit. A quelle condition pourtant? Qu'il y ait un peu de repos.

L'amour n'y perdait pas. On le voit au *Cantique des Cantiques*. Car la vierge dolente, dès qu'elle n'était plus assiégée et persécutée, languissait d'être déjà veuve, voulait qu'il revînt à tout prix. Élan naïf et si touchant!... Elle était bien paisible jusque-là, cette chaste fille. Et pourquoi l'avez-vous troublée? Ne riez pas, méchant! mais aimez, adorez... La voilà éperdue (dans ce poème ardent de Syrie) qui se lève la nuit, court le chercher dans les rues sombres, au risque de mauvaises rencontres... Protégez-la, conduisez-la. Ramenons-le plutôt, cet époux... Ah! qu'il est heureux! On ne se plaindra plus. La douleur de l'absence rendrait douce toute autre douleur.

Pour revenir à celle-ci, qui ne court pas les rues la nuit, la voilà pour la première fois seule dans sa nouvelle maison, en présence de sa pensée. Elle se recueille religieusement. Elle couve ce prodigieux rêve, et s'en reproduit les détails. Elle revient à son mari, si tendre, si généreux, si bon, et ses yeux en sont moites. Elle repasse sa douceur, sa patience, son infinie délicatesse, telle mystérieuse circonstance, et elle rougit... Parfois il lui vient en esprit que tout cela est une illusion, un songe, et elle a peur de s'éveiller. Mais non, le doute est impossible. Un signe fort sensible le lui rappelle assez, un signe qui ne passera pas : « Tant mieux! c'est pour toujours, dit-elle (ce pénétrant bonheur, aiguillonné d'épines, lui parle de moment en moment)... Tant mieux! je suis sa chose, marquée de son amour... C'est fait... Dieu n'y pourrait plus rien. »

Si fière avant! et si digne toujours! Elle est femme pourtant, elle est tendre, elle s'attache parce qu'elle souffre, veut appartenir et dépendre; elle savoure solitairement les humilités de la passion. Si les épines durent, elle s'exalte encore plus par la difficulté et le devoir. C'est comme la mère blessée en allaitant, et qui veut allaiter. Un étrange combat se fait, où celui qui désire résiste au dévouement. S'il est fort, magnanime, s'il se prive, à force d'amour, oh! son cœur fond, à elle, et, dans son attendrissement, elle paye surabondamment de caresses, de baisers, de larmes, et le comble, et l'enivre. Elle ne compte plus avec lui, se donne en cent choses charmantes, bref, rend la sagesse impossible. Le vertige l'emporte. Il prend dans le remords la volupté amère. Mais n'ayant de l'amour que le côté sublime, elle, dans la douleur, elle goûte la divine unité.

Situation nullement rare, qu'une fatalité sensuelle ne prolonge que trop, parfois des semaines et des mois, au grand péril de la victime dévouée. L'un en est attristé, humilié, plein de regrets, et n'en pèche pas moins. L'autre est fière et pure, courageuse; mais elle exige qu'on ne consulte pas. Le seul remède qu'on n'ose dire serait, si le mari est militaire, marin, un ordre de départ, les arrêts pour un mois, que sais-je? Mais quel serait le désespoir! Au premier mot d'absence, elle éclate, elle pleure... « Que je meure! peu importe! C'est mourir que de te quitter. »

Elle est bien haut en tout ceci! avoue-le, mon ami. Mais de toi! je ne sais que dire. Je te plains, pauvre serf du corps, je plains notre nature esclave.

Elle, combien noble et poétique! C'est la poésie du ciel qui est tombée chez toi. Puisses-tu le sentir, et l'entourer d'un digne culte!... Cette frêle et ravissante émanation d'un meilleur monde, elle t'est remise, pourquoi? Pour te changer et te faire un autre homme. Tu en as grand besoin. Car, franchement, tu es un barbare. Civilise-toi un peu. A ce contact si doux, tu réformeras les dehors. A cet amour si pur, tu sanctifieras le dedans.

Hier encore, tu étais dans une société d'amis bruyants et de plaisirs sans gêne, et te voilà avec ta jeune sainte, ta vierge, ta charmante sibylle, qui sait, comprend, devine toute chose, entend l'herbe pousser sous la terre. Elle a toujours vécu à un foyer si harmonique, doux et réglé, silencieux. Ta force jeune, ta vivacité mâle lui plaisent fort, mais l'ébranlent. Ton pas résolu, ton allure un peu brusque en fermant portes et fenêtres, étonnent son oreille. Sa mère allait si doucement; son père parlait peu, à voix basse. Ton éclatante voix, de timbre militaire, bonne pour commander des soldats, au premier jour, la faisait tressaillir, je ne dis pas trembler; car elle souriait tout de suite.

Adoucis-toi pour ta douce compagne. Elle veut l'être en tout. Elle veut t'aider et te servir, être ton jeune ami, dit-elle. Elle est cela, mais autre chose encore de faible et de tendre qu'il faut d'autant plus ménager qu'elle ne veut pas de ménagement. « Moi délicate? nullement. Moi malade? jamais. » Elle dit à sa mère : « Tout va bien. » Un jour par mégarde, très pressé de sortir et retardé par elle, par le soin excessif qu'elle a de sa toilette, tu as parlé trop fort : voilà le pauvre cœur qui s'est gonflé, et, je ne sais comment, il est venu une larme... Justement, sa mère arrivait. Surprise, elle s'accuse : non, maman, ce n'est rien... Il m'a corrigée; j'avais tort. »

Le travailleur, forcé de s'absenter de longues heures, trouve à cette tristesse la belle et délicieuse compensation d'être tellement attendu, désiré. Qu'elle est touchante, ici, la tienne! et quel malheur qu'alors tu ne puisses revenir te cacher, assister à son agitation, surtout aux dernières heures. Comme alors tu lirais sur son visage candide, dans ses yeux si parlants, tout ce qu'elle a au cœur pour toi !... Elle n'a besoin de rien dire ! J'entends tout : « Que n'est-il là ; il y a si longtemps qu'il est parti !... Il va rapporter quelque chose ! des nouvelles, de quoi m'amuser !... Oh ! c'est lui que je veux ! l'entendre monter l'escalier, vite et fort, comme il va toujours !... En un moment tout va être changé, la maison pleine de rire et de gaieté.. Tout tremblera de joie. La table, le foyer, tout rira de lumière. Grand appétit, récits rapides ! Son couvert sera là... Non, mieux ici ! Voilà bien son mets favori, le nôtre, à nous deux seuls (Fido n'en aura pas), un baiser par bouchée... Si le feu m'endormait, ou si je faisais semblant, lui qui ne dort jamais saura bien m'éveiller... J'ai la coiffure qu'il trouvait si jolie... Mais j'ai tort. S'il est fatigué?... ou bien, s'il allait dire que je l'ai prise exprès pour la nuit?... Je serais si honteuse ! »

Voilà ses naïves pensées, que peut-être j'aurais dû taire... Il est quatre heures, et l'on t'attend pour six ; mais déjà elle ne tient plus en place. Elle va, vient, regarde le soleil, se met à la fenêtre : « Qu'est-ce ceci ? le jour baisse, et mes fleurs voudraient se fermer. Les fumées montent des toits... Ces gens-là sont heureux ; ils sont rentrés déjà, les familles réunies... Que fait-il donc et où est-il?... »

Par malheur, ce jour-là, un obstacle imprévu, invincible t'arrête... Sept heures sonnent... Oh ! que le flot monte ! quel torrent d'imagination, de tristesse et de songes !... Sa douceur naturelle en est même ébranlée. Une larme d'impatience lui vient, et (le croirai-je) elle a frappé du pied. Déjà dix fois, vingt fois, la table et le feu retouchés, améliorés, perfectionnés, ne font pas revenir le maître. L'inquiétude est au comble, et le pouls bat bien fort...

Mais l'escalier a retenti. De trois marches en trois marches, un jeune homme s'élance. Elle aussi... Comme un autre saurait se contenir, se faire valoir, attendre !... Mais la pauvre petite n'attend rien et se précipite, se noie dans ton baiser et s'évanouit dans tes bras.

VIII

ELLE VEUT S'ASSOCIER ET DÉPENDRE

J'ai entendu un jour un joli mot de paysan : « Voyez ! il n'y a que huit jours qu'ils sont mariés, ils sont *déjà* si amoureux ! »

Ce *déjà* est charmant, il exprime une chose bien vraie, profondément humaine : qu'on s'aime à mesure qu'on se connaît mieux, qu'on a vécu ensemble et beaucoup joui l'un de l'autre. Il étonnera les blasés, les malades et les fatigués. L'estomac dérangé s'imagine toujours devoir changer de nourriture ; il les trouve toutes insipides et n'en a pas plus d'appétit. Plus sain, il sentirait que le même n'est jamais le même ; quand le goût a sa rectitude naturelle, il perçoit à merveille de délicates nuances dont cette nourriture identique est incessamment diversifiée.

Si cela est vrai du goût, du plus grossier des sens, combien davantage du plus fin, et du plus multiple, l'amour ? Dans les espèces supérieures, tous sentent que l'on varie bien plus par les renouvellements, les métamorphoses d'une seule, que par l'essai brutal d'une infinité de femelles. Pour l'homme, l'amour est un voyage de découvertes, en un petit monde infini, et qui reste infini, étant toujours renouvelé. C'est (pour tout dire d'un mot), de mystère en mystère, l'éternel approfondissement de l'objet aimé — toujours nouveau et toujours insondé ; pourquoi ! Parce qu'on y crée toujours.

Les premiers temps sont de vertige, d'aveugle élan ; oserais-je le dire ? c'est un temps d'histoire naturelle. Dans ces premières morsures au fruit de vie, on n'en sait guère le goût. L'objet aimé serait bien humilié s'il gardait assez de sang-froid pour voir ce qui est vrai, malgré tant de belles paroles : combien le sexe compte dans cet éblouissement, combien peu la personne. C'est à mesure qu'on expérimente celle-ci davantage qu'on peut apprécier, savourer cette personnalité distincte, aimante, aimée, cette femme que sa préférence pour nous fait supérieure à toute femme. On l'aime en elle et pour le plaisir qu'elle donne et pour tous ceux qu'elle a donnés ; on l'aime comme son œuvre, sculptée de soi et imprégnée de soi ; on l'aime pour ce haut attribut de l'amour : qu'en sa brûlante crise il n'ait plus son vertige, ni son obscurité, mais sa clarté parfaite, sa révélation lumineuse.

« On aime, disent-ils, *parce qu'on ne se connaît pas encore. Dès qu'on connaît, on n'aime plus.* »

Qui donc connaît ? je ne vois dans le monde que des gens qui s'ignorent, qui dans la même chambre vivent étrangers l'un à l'autre : qui maladroits, ayant manqué d'abord le côté par où ils auraient pu se pénétrer, restent découragés, inertes, stupidement juxtaposés, comme une pierre contre une pierre. Qui sait? la pierre frappée eût donné l'étincelle, et peut-être l'or ou le diamant.

C'est encore un dicton : « Le mariage fait, adieu l'amour. »

Le mariage! et où est-il? Je ne le vois presque nulle part. Tous les époux que je connais ne sont presque pas mariés.

Ce mot de mariage est élastique. Il admet une immense latitude thermométrique. Tel est marié à vingt degrés, tel à dix, et tel à zéro. Spécifions toujours, et disons : *De combien* sont-ils mariés?

Tout dépend des commencements. Et il faut avouer qu'en général la faute n'est pas aux femmes. Les demoiselles vraiment neuves, que la confession, le roman et le monde n'ont pas trop mûries, avancées, apportent au mariage un luxe admirable de cœur, de docilité instinctive, de bonne volonté. Elles ont une attente immense de la vie où elles entrent. Celle qui, près de ses parents, a bien étudié, travaillé, et semble savoir tout, elle veut tout apprendre par son mari. Et elle a bien raison. Tout va lui revenir dans un degré nouveau de vie et de chaleur. Elle avait reçu tout cela passivement, comme chose inerte et froide, et elle va le saisir actif dans l'électricité brûlante, par cette aimantation unique où se mêlent le corps et le cœur.

Et notez que le père ne pouvait mieux faire. S'il eût donné une empreinte plus forte, il eût manqué son but.

La destinée inconnue, imprévue, de la fille, c'était justement ce futur mari. Il ne fallait donc pas que son éducation fût trop définitive, mais un peu élastique. Donc la famille est hésitante. La mère, souvent, d'ailleurs, traîne encore quelque peu dans les vieilles idées surannées qui ne seront plus celles d'aucun jeune homme. Le père, plus arrêté sans doute, n'a pu fixer sa fille sur bien des choses difficiles et scabreuses où le cœur, les sens, sont en jeu. Que de points de morale et que de faits d'histoire il lui a montrés de profil ! A l'époux seul d'expliquer tout.

Ce vague, cet incomplet des traditions de la famille. l'hésitation et le flottant qu'il y a dans cette vie et ces paroles de vieillards, c'est de cela justement que la jeune femme a besoin de sortir. Elle veut un homme qui décide, qui ne soit pas embarrassé, qui croie, agisse ferme et fort, qui, même aux choses obscures, pénibles, ait la sérénité, la bonne humeur d'un courage invariable. Elle trouvera plaisir, ayant un homme, à pouvoir être une femme, à avoir pour sa foi, sa vie, un bon chevet (je ne dis pas trop mou) où elle s'appuie en confiance. A ce prix-là, de bien bon cœur, elle dit : « C'est mon maître. » — Son sourire fait entendre : « Dont je serai la maîtresse. » Mais maîtresse en obéissant, jouissant de l'obéissance, qui, quand on aime, est volupté.

Je ne sais plus quel législateur indien défend à la jeune femme, amoureuse, étonnée, de regarder trop son mari.

Et que veut-on qu'elle regarde ? c'est son livre

vivant, lumineux, net, où elle veut lire couramment et ce qu'elle croira, et ce qu'elle a à faire.

Qu'elle en sera heureuse! quelle foi sans limite, quelle passion d'obéissance, elle apporte aux commencements! La fille t'éludait. On peut voir dans les chants de la Perse moderne, dans le chant provençal (Voy. *Mireille*), comme elle fuit par toute la nature, prend cent formes pour se faire poursuivre. Mais, une fois atteinte, blessée, devenue femme, loin de fuir, elle suit, veut suivre son vainqueur; elle veut être prise encore plus. Et cette fois elle ne ment pas. Dans cet effort naïf et si touchant, elle ne craint que d'être importune, va derrière, pas pour pas, et dit : « J'irai partout. » Invente, si tu peux, un monde difficile et nouveau; elle t'y suit. Elle se fera élément, air, mer, flamme, pour te suivre dans l'infini. Mieux encore, elle sera toute énergie de vie qui puisse se mêler à la tienne, si tu veux, une fleur, si tu veux, un héros. — Charmant bienfait de Dieu! Malheur à l'homme froid, inintelligent, orgueilleux, qui, croyant avoir tout, ne sait mettre à profit le dévouement immense, l'abandon délicieux de celle qui veut tant se donner et le faire jouir davantage!

Il faut songer que l'homme a cent pensées, cent affaires. Elle, une seule, son mari. Tu dois te dire en sortant le matin : « Que fera ma chère solitaire, la moitié de mon âme, qui va m'attendre bien des heures? Que lui rapporterai-je qui l'intéresse et la nourrisse? C'est de moi qu'elle attend sa vie. » Songe à cela, ne rapporte jamais, comme font beaucoup, la lie du jour, le résidu amer du non-succès. Toi, tu es soutenu par l'agitation du combat, la nécessité de l'effort, ou l'espoir de mieux faire demain; mais, elle, cette pauvre âme de femme, si tendre à ce qui vient de toi, elle recevrait bien autrement le coup, elle en garderait la blessure, en languirait longtemps. Sois jeune et fort pour deux; rentre sérieux si la situation est sérieuse, mais jamais triste. Épargne, épargne ton enfant.

Ce qui la soutiendra le plus, c'est que tout bonnement tu l'associes à ton métier. Cela est praticable dans beaucoup de carrières. On restreint beaucoup trop le cercle de celles où peut entrer la femme. Plusieurs sans doute lui sont plus difficiles. Il lui faut de l'effort, du temps et de la volonté. Nul temps mieux employé. Quel admirable compagnon, quel utile associé! Combien les choses y gagnent, combien le cœur, le bonheur domestique! Être un, c'est la vraie force, le repos et la liberté.

Elle veut travailler avec toi. Eh bien, prends-la au mot, n'y mets pas les ménagements de la petite galanterie, mais l'amour fort, profond. Sache qu'à ce premier moment, elle est très capable d'effort, d'application suivie, qu'elle fera tout pour être aimée. J'en citerai les plus nobles exemples, et les plus surprenants.

Chacun, selon son art, selon le génie de la femme, peut se communiquer, mais tous le doivent plus ou moins. L'artiste ne doit pas, absorbé du côté technique, du détail spécial, de l'effort minutieux de l'exécution, s'enfermer en lui-même, sevrer sa compagne de l'idée générale qui lui inspire cette œuvre, et qui l'aurait elle-même intéressée et soutenue. Le légiste, le politique, ne peut la laisser étrangère à ce qui fait sa vie. Rarement elle peut s'y associer utilement, mais elle ne peut l'ignorer. Elle s'harmonise encore mieux aux choses de la nature. Le médecin qui rentre fatigué et dans l'agitation morale de sa grande responsabilité, ne peut être homme du monde; ce n'est guère aux salons qu'il peut passer son moment de repos. Combien heureusement il respirerait au foyer dans les études pacifiques des sciences de la vie, qui indirectement le servent dans son combat contre la mort!

Infiniment variées sont les âmes des femmes. L'homme, je l'ai déjà remarqué, subit le même moule, est fait un par l'éducation, mais les femmes sont bien plus nature, plus diverses. Pas une ne ressemble. Rien de plus charmant.

Les navigateurs qui traversent certaines mers des tropiques voient parfois les eaux, sur des espaces immenses, semblables à de brillants parterres, diversifiées à l'infini de créations vivement colorées.

Sont-ce des plantes? des fleurs? Non pas, — des fleurs vivantes, une merveilleuse iris de vies gracieuses, comme fluides, mais organisées, mobiles, actives, ayant des volontés. Il en est tout ainsi du parterre social que le monde féminin présente. Sont-ce des fleurs? Non, ce sont des âmes.

Pour la plupart, les hommes sensuels et aveugles,

tout en louant et caressant, disent : « Ce sont des fleurs... Coupons-les. Jouissons, absorbons leurs parfums. Elles fleurissent pour nos voluptés! » — Oh! que ces voluptés auraient été plus grandes, en ménageant la pauvre fleur, la laissant sur sa tige et la cultivant selon sa nature! Quel charme de bonheur elle donnerait chaque jour à qui y verserait son âme?

Mais diverse est la fleur, diverse est la culture. L'une a besoin de greffe, et qu'on y mette une autre sève; elle est encore jeune et sauvage. Celle-ci, molle et douce, tout à fait perméable, n'a besoin que d'imbibition; rien à faire avec elle que d'infiltrer la vie. Elle est plus que fluide, elle est légère, ailée; sa poussière d'amour vole au vent; il faut bien l'abriter, la concentrer, surtout la féconder.

IX

DES ARTS ET DE LA LECTURE

Un chant d'oiseau de nos aïeux dit l'idéal léger d'alors :

> J'étais petite et simplette,
> Quand à l'école on me mit.
> J'étais petite et simplette,
> Quand à l'école on me mit.
> Et je n'y ai rien appris...
> Qu'un petit mot d'amourette !...
> Et toujours je le redis,
> Depuis qu'ai un bel ami !

Mais ce *petit mot* d'amour, toi, tu dois le développer. Que contient-il ? Les trois mondes, tout le réel, pas davantage.

Elle ne serait que trop portée à te laisser faire, agir, raisonner seul. Elle se contenterait aisément de n'être qu'une chose charmante qui te donnât du plaisir. Tu dois en faire une personne, l'associer de plus en plus à ta vie de réflexion. Plus elle deviendra une âme, et plus elle aura de moyens pour s'unir à toi davantage. Rends-la forte, aie confiance. Elle sera attendrie de se sentir par toi plus libre, heureuse d'avoir plus à donner, et d'être une volonté, afin de mieux se perdre en toi.

Apprends une chose nouvelle qui sera un des bonheurs de l'avenir dans un monde plus civilisé. C'est que chaque art, chaque science, nous offre une voie spéciale pour pénétrer davantage dans la personnalité. Il n'est pas aisé à deux âmes de s'atteindre au fond et de se mêler. Mais chacune de ces grandes méthodes qu'on appelle sciences ou arts est un médiateur qui touche une fibre nouvelle, ouvre un organe d'amour inconnu dans l'objet aimé.

Apprends encore une chose, trop peu observée, et qui rend la communion des idées délicieuse avec la femme. C'est qu'elle les reçoit par des sens qui ne sont point du tout les nôtres, et nous les renvoie sous des formes très charmantes et très émouvantes, que nous n'aurions pas attendues. Ce qui à l'homme est lumière, à la femme est surtout chaleur. L'idée s'y fait sentiment. Le sentiment, s'il est vif, vibre en émotion nerveuse. Telle pensée, telle invention, telle nouveauté utile, t'affectait agréablement au cerveau, te faisait sourire, comme d'une aimable surprise. Mais elle, elle a senti de suite le bien qui en résulterait, un bonheur nouveau pour l'humanité. Cela l'a touchée au sein, elle palpite, — à l'épine, elle a froid, est près de pleurer. Tu t'empresses de la raffermir, tu lui prends tendrement la main. L'émotion ne diminue pas; comme un cercle dans un milieu fluide fait des cercles toujours plus grands, de l'épine, elle rayonne à tous les organes, aux entrailles, aux bases de l'être, — se mêle avec sa tendresse, et, comme tout ce qui est en elle, se fond en amour pour toi... Elle se rejette sur toi et te serre entre ses bras.

Quel infini de bonheur tu vas trouver à traverser avec elle le monde des arts ! Ils sont tous des manières d'aimer. Tout art, surtout dans ses hauteurs, se confond avec l'amour, — ou avec la religion, qui est l'amour encore.

Quiconque enseigne une femme à ces degrés supérieurs est son prêtre et son amant. La légende d'Héloïse et de *la Nouvelle Héloïse* n'est pas chose du passé, mais du présent, de l'avenir, en un mot d'histoire éternelle.

Voilà pourquoi la vierge ne peut pénétrer dans l'art que jusqu'à un certain degré. Et voilà pourquoi le père est un précepteur incomplet. Il ne peut pas, ne veut pas qu'elle dépasse avec lui certaines régions sérieuses, froides encore. Il l'y conduit. Mais quand elle avance au delà dans sa chaleur jeune et pure, il s'arrête et se retire. Il s'arrête au seuil redoutable d'un nouveau monde, l'Amour.

Exemple : Pour les arts du dessin, il lui donne, dans sa noblesse, l'ancienne école florentine, telles madones de Raphaël et de sages tableaux du Poussin. Ce serait une impiété s'il lui enseignait le Corrège, ses frissons, son frémissement. Ce serait chose immorale de lui dire la profondeur maladive, la grâce fiévreuse, sinistre, de la mourante Italie dans le sourire de la Joconde.

Même la vie, la vie émue ne s'enseigne que par l'amour. Quand la superbe Néréide, la blonde potelée de Rubens, dans la bouillante écume, trépigne, murmure l'hyménée, et déjà conçoit l'avenir, tant pis pour la demoiselle qui sentirait ce mouvement, entendrait ce je ne sais quoi qui sort de sa bouche amoureuse! En conscience, elle en saurait trop.

Même le chef-d'œuvre de la Grèce, de noblesse pure et sublime, si loin, si loin des sensualités du peintre d'Anvers, les femmes évanouies, les mères défaillantes du temple de Thésée, quelle vierge osera les copier? Telle en est la palpitation, tel le battement du cœur, visible sous ces beaux plis, qu'elle en resterait troublée. Cette contagion d'amour, de maternité, la bouleverserait. Oh! mieux vaut qu'elle attende encore. C'est sous les yeux de son amant, c'est dans les bras de son mari qu'elle peut s'animer de ces choses et s'en approprier la vie, en recevoir les effluves et la chaude fécondation, y boire à longs traits la beauté, s'en embellir elle-même, en doter le fruit de son sein.

La musique est la vraie gloire, l'âme même du monde moderne. Je définis cet art-là : *l'art de la fusion des cœurs*, l'art de la pénétration mutuelle, et d'un si intime intérieur que, par elle, au sein de la femme aimée, possédée, fécondée, tu iras plus loin encore.

Ce que Alfred Dumesnil, Charles Alexandre, ont

dit des grandes symphonies, de la musique d'amitié, de la musique *de chambre*, je l'admire trop pour le redire. Je n'y ajoute qu'un mot. — C'est que de l'homme à la femme tout est musique d'amour, musique de foyer et d'alcôve. Un duo, c'est un mariage. On ne prête pas son cœur, mais on le donne un moment, *on se donne*, et plus qu'on ne veut. Que dire de celle qui chaque soir chante avec le premier venu ces choses émues, pathétiques, qui mêlent les existences autant que le baiser suprême? L'amant, le mari, viendront tard; d'elles ils n'auront rien de plus.

Heureux celui dont la femme refait tous les jours le cœur par la musique du soir! « Tout ce que j'ai, je te le donne, dit-elle... Mes idées? non, je suis encore si ignorante! mais je saurai tout avec toi... Ce que je puis te donner, c'est le souffle de mon cœur, c'est la vie de ma poitrine, âme flottante où mon amour nage comme une ombre indécise, un rêve. — Eh bien, prends mon rêve et prends-moi. »

« Ah! que le rythme m'a manqué! dit-il. Quelle vie sauvage j'ai vécue!... »

Elle veut, elle tâche, elle se livre... ne peut autant qu'elle voudrait. Car c'est si pur! car c'est si haut!...

Il plane sur des ailes d'or dans le ciel profond de l'amour. Il voudrait bien aussi la suivre un peu de la voix, n'ose d'abord et chante bas... Il modère sa force timide.

Puis, peu à peu, se lançant, il la fait vibrer à son

tour. Émue, elle essaye de suivre, palpite... Oh! qu'ils sont unis!

Mais l'émotion est trop forte, la voix manque, et le chant expire dans l'abîme d'harmonie profonde.

. . . .

La musique est le couronnement, la suprême fleur des arts. Mais la prendre pour base principale de l'éducation, comme on fait, c'est chose insensée, infiniment dangereuse.

Art moderne presque sans passé. Au contraire, les arts du dessin sont de tous les temps, et représentés à tout âge de l'histoire. Ils fournissent par cela seul une carrière riche et variée. A toute époque, la sculpture, la peinture, offrent non seulement des modèles à l'imitation, mais les textes les plus féconds à l'initiation intellectuelle. Ces textes se marient à merveille à ceux de la littérature, les suppléent. Ce que Rabelais, Shakespeare, ne peuvent exprimer de telle idée, de telle nuance, de tel aspect de leur siècle, est dit par Vinci, par Corrège, par Michel-Ange ou Jean Goujon.

Tous les livres trop ardents que le père a évités, dont il n'a osé tout au plus donner que des passages, ils te sont ouverts à toi. Et quel bonheur sera-ce donc de mettre entre toi et ta bien-aimée tous les trésors de la vie! Et les Bibles de l'histoire et les Bibles de la nature! Leur ravissante concordance lui fera un oreiller pour y reposer sa foi. Chaque soir, sans trop l'agiter et sans faire tort à sa nuit, une douce et nourrissante lecture, mêlée de paroles tendres, lui révélera quelque chose de l'amour universel, et quelque aspect nouveau de Dieu. Elle peut maintenant chastement savoir tout, car c'est une femme. Ce qui eût troublé la fille lui sanctifiera le cœur et lui donnera près de toi un doux somme et de nobles rêves.

C'est par l'amour que la femme reçoit toute chose. Là est sa culture d'esprit.

En prendras-tu l'aliment dans le petit, le médiocre ? Sous prétexte de facilité, c'est ce que l'on fait toujours. On ne sait pas qu'au contraire le grand, le fort, c'est le simple. La femme dit modestement : « Je laisse aux hommes ces grandes choses : je m'en tiens aux petits romans. » Mais ces romans, faibles et fades, ces pâles images d'amour, n'en sont pas moins laborieux d'incidents et d'imbroglios.

Non, visons toujours au plus haut. Là est la grande lumière, là aussi la force du cœur, même la vraie pureté.

L'amour, où le prendrons-nous ? Telle femme l'irait chercher dans Balzac. Mieux vaudrait madame Sand. Il y a là du moins toujours un élan vers l'idéal. Et mieux encore, pourquoi pas dans *le Cid* et dans *Roméo* ? pourquoi pas dans *Sakontala* et dans la Didon de Virgile ?...

Mais, à une énorme hauteur, par-dessus toutes œuvres humaines, les grandes légendes antiques dominent tout, humilient tout.

Nos idées sur le progrès ne peuvent faire illusion. L'Antiquité nous a laissé à creuser l'infini de l'analyse, et c'est le champ du progrès. Mais, dans sa force synthétique, dans la chaleur organique qui la poussait en avant, ce jeune géant, en deux pas, toucha les deux pôles, atteignit les bornes du monde. Elle a créé les grands types de simplicité divine. Ainsi, le mariage héroïque a son type si haut dans la Perse, que celui de Rome même en est un amoindrissement, prosaïsé, vulgarisé. Ainsi, la bonté, la chaleur, l'adorable force de vie et de tendresse instinctive, l'amour (si vous le voulez) physique, mais s'épanchant en torrents de bienfaisance universelle, c'est la légende d'Égypte. Rien n'y ajouta jamais, et l'on n'a pu qu'adorer.

X

LA GRANDE LÉGENDE D'AFRIQUE. — LA FEMME COMME DIEU DE BONTÉ

(Fragment de l'*Histoire de l'Amour*.)

Le chef-d'œuvre de l'art égyptien, le Ramsès, que l'on voit à Isamboul, à Memphis et au musée de Turin, offre un caractère unique de bonté dans la puissance, et de placidité sublime. Cette expression, qu'on pourrait croire particulière à cette figure, j'en ai retrouvé quelque chose dans une belle momie de Leyde, qui est aussi un jeune homme. C'est un caractère de race, fort contraire à la sécheresse du maigre profil arabe, qui semble taillé au rasoir. Ici une douceur extrême, une plénitude qui n'a rien de lourd, mais semble l'épanouissement pacifique de toutes les qualités morales. Le cœur est sur le visage, sanctifiant, béatifiant la forme matérielle par le rayon intérieur.

Cette extraordinaire bonté est plus qu'individuelle; c'est la révélation d'un monde. On y sent que la grande Égypte fut comme la fête morale, la joie et le divin sourire de ce profond monde africain, fermé de tout autre côté.

La forme supérieure de l'Afrique, au-dessus du nègre, au-dessus du noir, paraît être l'Égyptien. Si malheureux, si constamment déprimé, depuis le temps de Joseph jusqu'à Méhémet-Ali, jusqu'à nous, le pauvre fellah d'Égypte est un homme d'une intelligence, d'une adresse peu communes. Un mécanicien, employé au service du pacha, nous disait que les indigènes qu'il admit dans ses ateliers lui prêtaient une attention extraordinaire, l'imitaient parfaitement, et devenaient, en quinze jours, d'aussi excellents ouvriers qu'un Européen en deux ans.

Cela tient à leur douceur, à leur grande docilité, au besoin qu'ils ont de plaire et de satisfaire. Cette race excellente d'hommes ne veut qu'aimer et être aimée. Dans l'immolation cruelle que le pouvoir a toujours faite de l'individu et de la famille, leur tendresse mutuelle semble être d'autant plus grande. La mort précoce de l'homme qui succombe à un travail excessif, l'enfant enlevé par les cruelles razzias de la milice, c'est une suite non interrompue de pleurs, de sanglots et de deuil. L'antique lamentation d'Isis cherchant son Osiris, n'a jamais cessé en Égypte ; le long du fleuve, à chaque instant, vous l'entendez recommencer.

Cette lamentation, on la retrouve peinte, sculptée, par tout le pays. Qu'est-ce que ces monuments de deuil, ce soin infini de sauver ce qu'on peut sauver, la dépouille, d'entourer le mort de prières écrites sur les bandelettes, de recommander aux dieux celui dont on est séparé ? Je n'ai pas visité l'Égypte ; mais quand je parcours nos musées égyptiens, je sens que cet immense effort d'un peuple, ces dépenses excessives que s'imposaient les plus pauvres, c'est l'élan le plus ardent qu'ait montré le cœur de l'homme pour retenir l'objet aimé et le suivre dans la mort.

Les religions jusque-là déroulaient leur épopée ; mais, silence, voici le drame. Un génie nouveau se dresse sur l'Europe et sur l'Asie.

Posons la scène d'abord. Cette terre de travail et de larmes, l'Égypte en soi est une fête, et c'est le pays de la joie. Du sein brûlé de l'Afrique, matrice ardente du monde noir, s'ouvre à la brise de nord une vallée de promission. Des monts inconnus descend le torrent de fécondité. On sait la joie frénétique du voyageur, mourant de soif, qui parvient enfin à franchir les sables, qui touche l'oasis désirée, et l'Égypte, enfin, cette grande oasis pour les pays africains.

Le premier mot de l'Égypte, c'est Isis, et Isis, c'est le dernier. La femme règne. Un mot remarquable est resté par Diodore : Qu'en Égypte les maris juraient obéissance à leurs femmes. Expression exagérée d'une chose réelle, la prédominance féminine.

Le haut génie de l'Afrique, la reine de l'ancienne Égypte, Isis, trône éternellement parée des attributs de la fécondation. Elle porte le lotus à son sceptre, le calice de la fleur d'amour. Elle porte royalement sur la tête, en guise de diadème, l'avide oiseau, le vautour, qui ne dit jamais : Assez ! Et, pour montrer que cette avidité ne sera pas vaine, dans cette coiffure étrange, l'insigne de la vache féconde se dresse par-dessus le vautour, et dit la maternité. — La fécondité bienfaisante, l'infinie bonté maternelle, voilà ce qui glorifie, purifie ces ardeurs d'Afrique. Tout à l'heure, la mort, la mort et le deuil, et l'éternité du regret, vont trop bien les sanctifier.

Les religions sont-elles sorties uniquement de la nature, du climat, du génie fatal de la race et de la contrée ? Oh ! bien plus, des besoins du cœur. Presque toujours, elles jaillirent des souffrances de l'âme blessée. Sous la piqûre d'un trait nouveau, l'homme, comme un arbre de douleurs, arracha de lui un fruit de consolation nouvelle. Jamais nulle religion n'a mieux témoigné de ceci que celle de l'ancienne Égypte : elle est manifestement la consolation sublime d'un pauvre peuple laborieux, qui, travaillant sans relâche, sentant d'autant plus la mort que la famille est tout pour lui, chercha quelque allègement dans la nature immortelle, se fia à ses résurrections, et lui demanda l'espérance.

Et la nature attendrie lui jura qu'on ne meurt jamais.

L'originalité puissante de cette grande conception populaire, c'est que, pour la première fois, l'âme humaine, la terre et le ciel, associèrent leur triple drame dans le cadre de l'année. L'année ne meurt que pour renaître. L'amour se prit à cette idée, et crut l'éternelle renaissance et la résurection de l'âme.

Quand je vois, dans les montagnes, tel pic de basalte qui a percé toutes les couches, et domine tous les sommets, je me demande de quelle profondeur immense, et par quelle énorme force a donc pu surgir ce géant. La religion de l'Égypte me donne cet étonnement. De quelle profondeur jaillit-elle, et de tendresse physique, et d'amour et de douleur ? Abîmes de la nature !...

Dans la mère universelle, la Nuit, furent conçus, avant tous les temps, une fille, un fils, Isis-Osiris, mais qui déjà s'aimaient tant dans le sein maternel, et qui étaient tellement unis, qu'Isis en devint féconde. Même avant d'être, elle était mère. Elle eut un fils qu'on nomme Horus, mais qui n'est autre que son père, un autre Osiris de bonté, de beauté, de lumière. Donc, ils naquirent trois (merveille ! mère, père et fils, de même âge, de même amour, de même cœur).

Quelle joie ! les voilà sur l'autel, la femme, l'homme et l'enfant. Notez que ce sont des personnes, des êtres vivants, ceux-ci. Non la trinité fantastique où l'Inde fait l'hymen discordant de trois anciennes religions. Non la trinité scolastique où Byzance a subtilement raisonné sa métaphysique. Ici, c'est la vie, rien de plus ; du jet brûlant de la nature sort la triple unité humaine.

Oh ! que les dieux jusque-là étaient sauvages et terribles ! Le Siva indien ferme l'œil, car le monde périrait sous son dévorant regard. Le dieu des purs, le Feu des Perses, a faim de tout ce qui existe. Ici, c'est la nature même qui est sur l'autel, dans son doux aspect de famille bénissant la création d'un œil maternel. Le grand dieu, c'est une mère. — Combien me voilà rassuré ! j'avais peur que le monde noir, trop dominé de la bête, saisi, dans son enfantement des terrifiantes images du lion et du crocodile, ne fît jamais que des monstres.

Mais le voilà attendri, humanisé, féminisé. L'amoureuse Afrique, de son profond désir, a suscité l'objet le plus touchant des religions de la terre... Quel ? La réalité vivante, une bonne et féconde femme.

Que c'est ardent ! mais que c'est pur ! Ardent, si on

le rapproche des froids dogmes ontologiques. Pur, si on le met en face des raffinements modernes, de nos blêmes conceptions, de la corruption pieuse, du monde de l'équivoque.

La joie éclate, immense et populaire, toute naïve. Une joie d'Afrique altérée, c'est l'eau, un déluge d'eau, une mer prodigieuse d'eau douce qui vient de je ne sais où, mais qui comble cette terre, la noie de bonheur, s'infiltrant et s'insinuant en ses moindres veines, en sorte que pas un grain de sable n'ait à se plaindre d'être à sec. Les petits canaux desséchés sourient à mesure que l'eau gazouillante les visite et les rafraîchit. La plante rit de tout son cœur quand cette onde salutaire mouille le chevelu de sa racine, assiège le pied, monte à la feuille, incline la tige qui mollit, gémit doucement. Spectacle charmant, scène immense d'amour et de volupté pure. Tout cela, c'est la grande Isis, inondée de son bien-aimé.

Il travaille, le bon Osiris, il fait l'Égypte elle-même. Cette terre, c'est son enfant. Il fait la culture d'Égypte. Il lui engendre les Arts sans lesquels elle eût péri.

Mais rien ne dure. Les dieux s'éclipsent. Le vivant soleil de bonté qui sema au sein d'Isis tout fruit, toute chose salutaire, il a pu tout créer de lui, sauf le temps, sauf la durée. Un matin, il disparaît... Oh! vide immense! où donc est-il? Isis, éperdue, le cherche.

La sombre doctrine, répandue dans l'occident de l'Asie, *que les dieux mêmes doivent mourir*, ce dogme de la Syrie, de l'Asie-Mineure et des Iles, n'eût pas dû, ce semble, approcher de cette robuste Afrique, qui a un sentiment si fort et si présent de la vie.

Mais, comment le méconnaître? Tout meurt. Le père de la vie, le Nil tarit, se dessèche. Le soleil, à certains mois, n'en peut plus; le voilà défait et pâle; il a perdu ses rayons.

Osiris, la vie, la bonté, meurt, et d'un trépas barbare; ses membres sont dispersés. L'épouse éplorée retrouve ses débris; un seul lui manque qu'elle cherche en s'arrachant les cheveux. « Hélas! celui-ci, c'est la vie, l'énergie de vie!... Puissance sacrée d'amour, si vous manquez, qu'est-ce du monde?... Où vous retrouver maintenant? » Elle implore le Nil et l'Égypte. L'Égypte n'a garde de rendre ce qui sera pour elle le gage d'une fécondité éternelle.

Mais une si grande douleur méritait bien un miracle. Dans ce violent combat de la tendresse et de la mort, Osiris, tout démembré qu'il est, et si cruellement mutilé, d'une volonté puissante, ressuscite, revient à elle. Et, si grand est l'amour du mort, que, par la force du cœur, il retrouve un dernier désir. Il n'est revenu du tombeau que pour la rendre mère encore. Oh! combien avidement elle reçoit cet embrassement! mais ce n'est plus qu'un adieu. Et le sein ardent d'Isis ne réchauffera pas ce germe glacé. Qu'importe? le fruit qui en naît, triste et pâle, n'en dit pas moins la suprême victoire de l'amour, qui fut fécond avant la vie, et l'est encore après la vie.

Les commentaires qu'on a faits sur cette légende si simple lui prêtent un sens profond de symbolisme astronomique. Et certainement, de bonne heure, on sentit la coïncidence de la destinée de l'homme avec le cours de l'année, la défaillance du soleil, etc., etc. Mais tout cela est secondaire, observé plus tard, ajouté. L'origine première est humaine, c'est la très réelle blessure de la pauvre veuve d'Égypte et son inconsolable deuil.

D'autre part, que la couleur africaine et matérielle ne vous fasse pas illusion. Il y a ici bien autre chose que le regret des joies physiques et le désir inassouvi. La nature, à cette souffrance, sans doute, avait de quoi répondre. Mais Isis ne veut pas un mâle, elle veut celui qu'elle aime seul, *le sien et non pas un autre*, le même, et toujours le même. Sentiment tout exclusif, et *tout individuel*. On le voit aux soins infinis qui se prend de la dépouille, pour qu'un seul atome n'y manque, pour que la mort n'y change rien et puisse un jour restituer, dans son intégralité, cet unique objet d'amour.

« Je veux celui qui fut mien, qui fut moi, et ma moitié. Je le veux, et il revivra. Le scarabée renaît bien, et le phénix renaît bien ; le soleil, l'année renaissent. Je le veux, et il renaîtra. Est-ce que je ne suis pas la vie, et la Nature éternelle? Il a beau s'éclipser un jour, il faut bien qu'il me revienne. Je le sens, je le porte en moi, je l'eus avant d'être... Si vous voulez le savoir, je fus sa sœur et son amante, mais j'étais sa mère aussi. »

Vérité naïve et profonde. Sous forme mythologique, c'est le triple mystère d'amour exprimé pour la première fois. Épouse, vraie sœur de l'homme dans le travail de la vie, plus que sœur et plus qu'épouse pour le consoler le soir et reposer sa tête, elle le berce, fatigué, l'endort comme un nourrisson, et, le reprenant dans son sein, l'enfante d'une vie nouvelle, oublieux de tout, rajeuni, pour l'éveil joyeux de l'aurore. C'est la force du mariage (non des voluptés éphémères). Plus il dure, et plus l'épouse est mère de l'époux, plus il est son fils.

Garantie d'immortalité. Mêlés à ce point, qui donc parviendrait à les disjoindre! Isis contient Osiris, et l'enveloppe tellement de sa *tendre* maternité, que toute séparation n'est évidemment qu'un songe.

Dans cette légende si tendre, toute bonne et toute naïve, il y a une saveur étonnante d'immortalité qui ne fut dépassée jamais. Ayez espoir, cœurs affligés, tristes veuves, petits orphelins, vous pleurez; mais Isis pleure, et elle ne désespère pas. Osiris, mort, n'en vit pas moins. Il est ici renouvelé constamment dans son innocent Apis. Il est là-bas, pasteur des âmes, débonnaire gardien du monde des ombres, et votre mort est près de lui. Ne craignez rien, il est bien là. Il va revenir un jour vous redemander son corps. Enveloppons-la avec soin, cette précieuse dépouille. Embaumons-la de parfums, de prières, de brûlantes larmes. Conservons-la bien près de nous. O beau jour, où le Père des âmes, sorti du royaume sombre, vous rendra l'âme chérie, la rejoindra à son corps, et dira : « Je vous l'ai gardé. »

La permanence de l'âme, — non vague et impersonnelle comme dans le dogme d'Asie, — mais de l'âme individu, de l'âme aimée, consacrée et éternisée dans l'amour, la fixité impérissable du moi adoré, la tendre bonté de Dieu lié par les pleurs d'une femme et tenu de restituer, — ce bienfait immense, dès lors a été reçu de tous. Et il ne passera pas.

Dieu est tenu, mais pour les bons. Il les distinguera des méchants. — Ainsi, pour la première fois, apparaît nettement le Jugement et la Justice divine.

En attendant, travaillons, bâtissons des choses éternelles, perpétuons notre mémoire, parlons aux âges futurs en langue de marbre et de granit. L'Égypte entière est comme un livre, où tous les sages, un à un, viennent étudier.

Dès lors, toute nation imite, prend l'émulation de durée. On entasse, on accumule. Chaque jour va s'enrichissant l'héritage du genre humain.

Ainsi, de morale et d'art, de travail, d'immortalité, cette adorable légende féconda toute la terre.

XI

COMMENT LA FEMME DÉPASSE L'HOMME

Le bonheur de l'initiateur, c'est de se voir dépassé par l'initié. La femme, cultivée incessamment de l'homme, fécondée de sa pensée, croît bientôt, et un matin se trouve au-dessus de lui.

Elle lui devient supérieure, et par ces éléments nouveaux, et par des dons personnels qui, sans la chaleur de l'homme, auraient eu peine à éclore. Aspirations mélodiques, attendrissement de la nature, ces choses étaient en elle; mais elles ont fleuri par l'amour. Ajoutez un don (si haut que c'est, de tous, celui qui met le plus notre espèce à part des autres) : un bon et charmant cœur de femme, riche de compassion, d'intelligence pour le soulagement de tous, la divination de la pitié.

Elle est docile, elle est modeste, ne sent pas sa jeune grandeur; mais, à chaque instant, elle éclate.

Tu la mènes au Jardin des Plantes, et elle y rêve les Alpes, les forêts vierges d'Amérique. Tu la mènes au Musée des tableaux, et elle pense au temps où il n'y aura plus de musées, les villes entières étant musées, ayant toutes les murailles peintes à l'instar du Campo-Santo. Aux laborieux concerts d'artistes, elles pressent les concerts de peuples qui se feront dans l'avenir, les grandes Fédérations où l'âme du genre humain s'unira dans l'accord final de l'universelle Amitié.

Tu es fort. Elle est divine, comme fille et sœur de la nature. Elle s'appuie sur ton bras, et pourtant elle a des ailes. Elle est faible, elle est souffrante, et c'est justement lorsque ses beaux yeux languissants témoignent qu'elle est atteinte, c'est alors que ta chère sibylle plane à de grandes hauteurs sur des sommets inaccessibles. Comment elle est là, qui le sait?

Ta tendresse y a fait beaucoup. Si elle garde cette puissance, si, femme et mère, mêlée de l'homme, elle a en plein mariage la virginité sibyllique, c'est que ton amour inquiet, enveloppant le cher trésor, a fait deux parts de la vie, — pour toi-même le dur labeur et le rude contact du monde, — pour elle la paix et l'amour, la maternité, l'art, les doux soins de l'intérieur.

Que tu as bien fait! que je t'en sais gré!... Oh! la femme, le vase fragile de l'incomparable albâtre où brûle la lampe de Dieu, il faut bien le ménager, le porter d'une main pieuse ou le garder au plus près dans la chaleur de son sein!

C'est en lui sauvant les misères du travail spécial où s'usent tes jours, cher ouvrier, que tu la tiens dans cette noblesse qu'ont seuls les enfants et les femmes, aimable aristocratie de l'espèce humaine. Elle est ta noblesse, à toi, pour te relever de toi-même. Si tu reviens de ta forge, haletant, brisé d'efforts, elle, jeune et préservée, elle te verse la jeunesse, te rend un flot sacré de vie, et te refait Dieu, d'un baiser.

Près de cet objet divin, tu ne suivras pas à l'aveugle l'entraînement qui te retient sur ton âpre et étroit sentier. Tu sentiras à chaque instant l'heureuse nécessité d'élever, d'étendre tes conceptions, pour suivre ta chère élève là où tu l'as fait monter. Ton jeune ami, ton écolier, comme elle dit modestement, ne te permet pas, ô maître, de t'enfermer dans ton métier. Elle te prie à chaque instant d'en sortir et de l'aider, de rester en harmonie avec toute chose noble et belle. Pour suffire aux humbles besoins de ton petit camarade, tu seras forcé d'être grand.

Elle est petite et elle est haute. Elle a des octaves de plus, dans le haut et dans le bas. C'est une lyre plus étendue que la tienne, mais non complète; car elle n'est pas bien forte dans les cordes du milieu.

Elle atteint dans le menu des choses qui nous échappent. D'autre part, en certains moments, elle voit par-dessus nos têtes, perce l'avenir, l'invisible, pénètre à travers les corps dans le monde des esprits.

Mais la faculté pratique qu'elle a pour les petites choses, et la faculté sibyllique qui parfois la mène aux grandes, ont rarement un milieu fort, calme, harmonique, où elles puissent se rencontrer, se féconder. Chez la plupart, elles alternent rapidement sans transition, selon l'époque du mois. La poésie tombe à la prose, la prose monte à la poésie, souvent par brusques orages, par coups subits de mistral. C'est le climat de Provence.

Un illustre raisonneur rit des facultés sibylliques. Il nie cette puissance si incontestable. Pour la déprécier, il semble confondre l'*inspiration spontanée* de la femme avec le *somnambulisme,* état dangereux, maladif, d'asservissement nerveux, que lui impose le plus souvent l'ascendant de l'homme. Il demande le cas qu'on peut faire d'une faculté si incertaine, « d'ailleurs physique et fatale. »

L'inspiration, je le sais, même la plus spontanée, n'est pas libre entièrement; elle est toujours mixte, et marquée d'un peu de fatalité. Si, pour cela, on la dégrade, il faudra dire que les artistes éminents ne sont pas hommes. Il faudra apparemment renvoyer avec les femmes Rembrandt, Mozart et Corrège, Beethoven, Dante, Shakespeare, tous les grands écrivains. Est-il bien sûr que ceux mêmes qui croient exclusivement s'appuyer de la logique ne donnent rien à cette puissance féminine de l'inspiration? J'en trouve la trace jusque chez les plus déterminés raisonneurs. Pour peu qu'ils deviennent artistes, ils tombent, à leur insu, sous la baguette de cette fée.

On ne peut dire (comme Proudhon) que la femme *n'est que réceptive*. Elle est *productive* aussi par son influence sur l'homme, et dans la sphère de l'idée, et dans le réel. Mais son idée n'arrive guère à la forte réalité. C'est pourquoi elle crée peu.

La politique lui est généralement peu accessible. Il y faut un esprit générateur et très mâle. Mais elle a le sens de l'ordre, et elle très propre à l'administration.

Les grandes créations de l'art semblent jusqu'ici lui être impossibles. Toute œuvre forte de civilisation est un fruit du génie de l'homme.

On a fait fort sottement de tout cela une question d'amour-propre. *L'homme et la femme sont deux êtres incomplets et relatifs, n'étant que deux moitiés d'un tout.* Ils doivent s'aimer, se respecter.

Elle est relative. Elle doit respecter l'homme, qui crée tout pour elle. Elle n'a pas un aliment, pas un bonheur, une richesse, qui ne lui vienne de lui.

Il est relatif. Il doit adorer, respecter la femme, qui fait l'homme, le plaisir de l'homme, qui par l'aiguillon de l'éternel désir a tiré de lui, d'âge en âge, ces jets de flamme qu'on appelle des arts, des civilisations. Elle le refait chaque soir, en lui donnant tour à tour les deux puissances de vie : — en l'apaisant, l'harmonie; en l'ajournant, l'étincelle.

Elle crée ainsi le créateur. Et il n'est rien de plus grand.

Je ne reproche pas à la femme de ne point donner les choses pour lesquelles elle n'est pas faite. Je l'accuse seulement de sentir parfois trop exclusivement sa haute et charmante noblesse, et de ne pas tenir compte du monde de création, du sens générateur de l'homme, de son énergie féconde, des efforts prodigieux de ce grand ouvrier. Elle ne les soupçonne même pas.

Elle est la beauté et n'aime que le beau, mais sans effort, le beau tout fait. Il y a une autre beauté qu'elle a peine à saisir, celle de l'action, du travail héroïque, qui a fait cette belle chose, mais qui est plus belle elle-même, et souvent jusqu'au sublime.

Grande tristesse pour ce pauvre créateur de voir qu'en admirant l'effet (l'œuvre réussie), elle n'admire pas la cause, et trop souvent la dédaigne! que ce soit justement l'effort que l'on a fait pour elle qui refroidisse son cœur, et qu'en méritant davantage, on commence à lui plaire moins !

« J'ai beau faire, je ne la tiens pas. Elle est à moi depuis longtemps et je ne l'aurai jamais. »

C'est le mot assez bizarre qu'un homme de vrai mérite, d'un cœur aimant et fidèle, toujours épris de sa femme, disait un jour. Celle-ci, brillante, mais bonne et douce, complaisante, aimable pour lui, ne pouvait être l'objet d'aucun reproche sérieux. Elle n'avait d'autre défaut que sa supériorité et sa distinction croissante. Il sentait, non sans tristesse, qu'elle n'était plus enveloppée de lui comme d'abord, cette chère idole, et que, le voulût-elle ou non, elle planait dans une sphère indépendante de celle où il avait concentré son activité.

Ils exprimaient parfaitement les types que j'ai posés au chapitre de l'*Éducation* : « L'homme moderne, essentiellement, est un travailleur, un producteur. La femme est une harmonie.

Plus l'homme devient créateur, plus ce contraste est saillant. Il explique bien des refroidissements qu'on aurait tort d'expliquer par la légèreté du cœur, l'ennui, la satiété. Ils n'arrivent pas toujours parce que les époux se fatiguent de se retrouver les mêmes, de ne pas changer, mais, — au contraire, — parce qu'ils ont changé, progressé en mieux. Ce progrès, qui pourrait leur être une nouvelle raison de s'aimer, fait pourtant que, ne retrouvant plus leurs anciens points de jonction, ils n'ont guère d'action l'un sur l'autre et désespèrent d'en reprendre.

Resteront-ils ainsi posés froidement à côté, indifférents, réunis uniquement par les intérêts? Non, l'écartement augmente. Le cœur prendra parti ailleurs. En France, il est très absolu, veut l'union la plus unie, ou un autre amour. Il dit : « Tout ou rien. »

Qu'on me permette un paradoxe. Je soutiens qu'en dépit de la gaieté insouciante que l'on simule en ces choses, notre temps est celui où l'amour est le plus exigeant et le plus insatiable. S'il s'en tient à un objet, il aspire à le pénétrer à une profondeur infinie. Prodigieusement cultivés, pourvus de tant d'idées nouvelles, d'arts nouveaux, qui sont des sens pour goûter la passion, si peu que nous l'ayons en nous, nous la sentons par mille points insensibles à nos aïeux.

Mais il arrive trop souvent que l'objet aimé échappe, — soit par défaut de consistance, fluidité féminine, — soit par transformation brillante et progrès de distinction, — soit enfin par des amitiés, des relations secondaires qui partagent son cœur et le ferment.

L'homme en est humilié, découragé. Très souvent il en reçoit dans son art et dans son activité le fâcheux contre-coup. Il s'en estime moins lui-même. Alors, plus souvent qu'on ne croit, un amour-propre passionné anime et double l'amour. Il voudrait reconquérir, posséder cette chère personne, qui parfois, sans ironie, mais dans une grande froideur, dit en souriant : « Fais ce que tu peux. »

« Ter totum fervidus ira, lustrat Aventini montem, ter saxea tentat limina nequicquam, ter fessus valle resedit. »

« Trois fois, bouillant, il tourne autour du mont, trois fois secoue le froid rempart de pierre, trois fois retombe, s'assoit dans la vallée. »

L'entrave, la mystérieuse influence négative, l'empêchement dirimant, vient presque toujours du dehors. Mais elle ne se trouve pas toujours dans une personne malveillante. C'est une mère, c'est une sœur, un salon d'amis, que sais-je? La cause la plus honorable a parfois de ces effets. Il suffit, pour qu'il n'y ait plus mariage, qu'une amitié véhémente détourne la sève d'amour.

J'ai vu deux dames accomplies liées d'une étroite amitié. Une seule était mariée. L'autre resta demoiselle pour se donner tout entière à cette affection. Le mari, homme d'esprit, écrivain brillant, léger, avait apporté un don admirable. Grande question de savoir si ce don des fées se fixerait, s'affermirait. Il réalisait, par moments, d'instinct, j'allais dire, par hasard. Alors, son œuvre éclipsait tout. Que serait-il arrivé si la fantasque étincelle eût été bénie, couvée de l'amour?

Elle était extrêmement belle, et de cœur plus belle encore. Elle avait un sens moral élevé, mais fort sérieux, qui lui faisait sentir peu ces capricieuses lueurs. Elle avait, pour s'y confirmer, l'amitié... non, l'adoration d'une femme adorable elle-même. En présence de ce couple si uni et si parfait, le mari pouvait-il tenir? Il n'y venait pas en tiers. Ses qualités fines et flottantes, mêlées de défauts exquis qui marquent quelquefois le génie de la décadence, n'allaient guère à la ligne droite sur laquelle on les appliquait. Les deux amies, vertueuses, pures et transparentes comme la lumière à midi, goûtaient médiocrement la grâce indécise et sensuelle, le fuyant crépuscule.

Cette indécision augmenta. Il avait un tort bien grave, c'était de ne pas croire en soi. Ses amis y avaient foi, le sommaient de tenir parole. Mais rien ne supplée à l'appui intérieur. La femme est le grand arbitre, le souverain juge. Il s'en fût tiré mieux peut-être avec une femme vulgaire. Celle-ci, par sa noble beauté, par sa pureté candide, par ses talents estimables, commandait trop de respect. Cette perfection excessive ne laissait guère la voie d'appel contre ses jugements. Jugements toujours bienveillants, mais sincères.

Cet homme singulier et charmant ne pouvait rien qu'à l'aveugle. Il fallait que la main aimée, lui bandant les yeux, aidât à cet aveuglement qui le rendait productif. Au contraire, il vécut toujours ayant à côté de lui la réflexion judicieuse. Solitaire, au moment sacré, il sentait cette prudence qui rectifiait l'inspiration... Il s'arrêtait court, ratait.

Les femmes me permettront-elles de dire ici un petit mot? Elles ont l'oreille plus fine, entendront mieux. D'ailleurs elles ont plus de temps, pour la plupart. L'homme, ce martyr du travail, dans l'entraînement de l'effort, étourdi, ne m'entendrait pas.

Madame, ne soyez pas parfaite. Gardez un tout petit défaut, assez pour consoler l'homme.

La nature veut qu'il soit fier. Il faut, dans votre intérêt, dans celui de la famille, qu'il le soit, qu'il se croie fort.

Quand vous le voyez baisser, attristé, découragé, le plus souvent le remède serait de baisser vous-mêmes, d'être plus femme, et plus jeune, — même, au besoin, d'être enfant.

Second conseil : — Madame, ne partagez pas votre cœur.

Je vous dirai ce que j'ai vu à Hyères, en Provence, dans un magnifique jardin. Il était planté d'orangers bien soignés, convenablement espacés, dans la meilleure exposition; ils n'avaient point à se plaindre; dans ce pays, où l'on aime à entremêler les cultures, on s'était abstenu pourtant de mettre aucun plant entre eux, aucun arbre, aucune vigne qui pût leur faire tort. Seulement, quelques bordures de fraises se voyaient le long des allées. Fraises admirables, délicieuses, parfumées. Comme on sait, elles ont peu de racines; elles tracent à la superficie, et traînent, sans enfoncer, leurs faibles et grêles chevelures. Cependant les orangers languirent et devinrent malades. On s'inquiéta, on regarda ce qui pouvait les chagriner. On eût tout sacrifié. On ne soupçonna jamais que les innocents fraisiers fussent la cause de la maladie. Ces arbres robustes eux-mêmes, si on les eût consultés, n'auraient pas, je crois, avoué que leur énervation tînt à si petite cause. Ils ne se plaignirent pas, moururent.

A Cannes, non loin de là, on sait que l'oranger n'a force que là où il est solitaire. Non seulement on ne lui donne aucun camarade, ni grand, ni petit, mais, avant d'en planter un, on fouille d'abord le terrain à huit pieds de profondeur. On le fouille par trois fois pour savoir s'il est net et vide, s'il ne contient pas de racine oubliée, quelque herbe vivante qui prendrait sa part de la sève.

L'oranger veut être seul, madame, et — l'amour aussi.

XII

LES HUMILITÉS DE L'AMOUR. — CONFESSION

L'amour est chose bien diverse, et d'espèce et de degré. De nation à nation, il est extrêmement différent.

La Française est pour son mari un admirable associé, en affaires, même en idées. S'il ne sait pas l'employer, il peut se faire qu'elle l'oublie. Mais qu'il soit embarrassé, elle se souvient qu'elle l'aime, se dévoue, et quelquefois (on l'a vu en 93) elle se ferait tuer pour lui.

L'Anglaise est la solide épouse, courageuse, infatigable, qui suit partout, souffre tout. Au premier signe elle est prête. « Lucy, je pars aujourd'hui pour l'Océanie. — Donnez-moi seulement, mon ami, le temps de mettre un chapeau. »

L'Allemande aime, et aime toujours. Elle est humble, veut obéir, voudrait obéir encore plus. Elle n'est propre qu'à une chose, aimer. Mais c'est l'infini.

Vous pouvez avec l'Anglaise aisément changer les

milieux, et, si celui-ci est mauvais, émigrer au bout du monde. Vous pouvez, avec l'Allemande, vivre tout seul, s'il vous plaît, dans une campagne éloignée, dans la profonde solitude. La Française n'en est capable qu'autant qu'elle est très occupée et qu'on a su lui créer une grande activité d'esprit. Sa forte personnalité est bien plus embarrassante, mais la rend capable d'aller loin dans le sacrifice, même d'immoler la vanité et le besoin de briller.

C'est tout fait pour l'Allemande, qui ne veut rien que de l'amour.

Un esprit ultra-français, très opposé à l'Allemagne et qui s'en moque à chaque instant, Stendhal, fait cette remarque très juste : « Le meilleur mariage c'est celui qu'on voit dans l'Allemagne protestante. »

Telle il vit l'Allemagne en 1810, telle je la vis en 1830, et souvent depuis. Les choses ont pu changer pour les hautes classes et pour quelques grandes villes, non pour l'ensemble du pays ; c'est toujours l'épouse humble, obéissante, passionnée pour obéir ; c'est, d'un mot, la femme amoureuse.

L'amour vrai, l'amour profond se reconnaît à cela qu'il tue toutes les passions : orgueil, ambition, coquetterie, tout s'y perd, tout disparaît.

Il est si loin de l'orgueil, que souvent il passe au plus loin, se place juste à l'autre pôle. Désireux de s'absorber, il fait bon marché de lui, il oublie fort aisément ce qu'on appelle dignité, sacrifie sans hésitation les beaux côtés qu'on montre au monde. Il ne cache rien des mauvais, et parfois les exagère, ne voulant plaire par nul mérite que par l'excès de l'amour.

Les amoureux et les mystiques ici tout à fait se confondent. Dans les uns et les autres, excessive est l'humilité, le désir de se rabaisser pour grandir d'autant plus le dieu ; que ce soit une femme aimée, que ce soit un saint favori, l'effet est le même. Je ne sais quel dévot disait : « Si j'avais pu seulement être le chien de saint Paulin ! » Plus d'une fois j'ai entendu des amants dire la même chose : « Si seulement j'étais son chien ! »

Mais ces ravalements de l'âme, ces voluptés d'abaissement, l'amour ne doit pas les souffrir. Son effort, au contraire, est d'élever la personne aimante, tout au moins de la maintenir à son niveau, de cultiver l'union par ce qui la resserre, ce qui seul la rend réelle : l'égalité. Si les deux âmes étaient si disproportionnées, nul échange ne serait possible, nul mélange. On ne parviendra jamais à harmoniser tout et rien.

C'est le supplice que le colonel Selves (Soliman-Pacha) ne craignait pas d'avouer. « Comment savoir qu'on est aimé, disait-il, avec la femme d'Orient ? »
— Nous qui avons le bonheur de posséder dans nos femmes d'Europe des âmes et des volontés, quelque embarras que parfois ces volontés nous suscitent, nous devons éviter pourtant tout ce qui pourrait les briser, rompre en elles le ressort de l'âme. Deux choses surtout y seraient infiniment dangereuses.

La première, dont on abuse beaucoup trop aujourd'hui sur les femmes imprudentes, c'est l'ascendant magnétique. La facilité malheureuse qu'elles ont à le subir est une maladie véritable qui les trouble profondément et s'aggrave en la cultivant. Ce danger n'existât-il pas, c'est une honte de voir un homme qui n'est point aimé, et qui n'a rien pour le cœur, prendre une puissance sans bornes sur les volontés d'une femme. Elle devient sa propriété, forcée de mouvoir à son signe, ou de dire devant témoins le plus humiliant secret. Elle le suit fatalement. Pourquoi? Elle ne saurait le dire. Il n'est supérieur en rien pour l'esprit, ni pour l'énergie, mais elle s'est laissé surprendre, sous prétexte de médecine, d'amusement de société, etc., et la voilà livrée à mille chances inconnues. Ces victimes ont-elles vraiment l'inspiration médicale? Le temps le dira. Mais quoiqu'il en soit, ce don est payé bien cher, puisqu'il fait une malade, une malade humiliée, qui perd la disposition de sa volonté. Celui même qui est aimé, son amant, son mari, si elle le prie de prendre ce pouvoir sur elle, doit y regarder longtemps. Au lieu d'évoquer en elle cette passivité d'esclavage et d'inspiration ténébreuse, il l'associera aux facultés actives qui sont celles de la liberté, et ne voudra exercer sur elle qu'un genre d'attraction, l'amour en pleine lumière.

Un autre ascendant que tout homme généreux, au cœur bien placé, se gardera d'exercer, c'est celui de la violence, la fascination de la crainte.

Les femmes, par toute l'Asie (on peut dire presque par toute la terre), sont traitées comme des enfants. Mais il faut considérer qu'excepté dans notre Europe, elles sont mariées enfants, dans les pays chauds à douze ans, à dix ans, et même dans l'Inde quelquefois à huit. La mari d'une femme de huit ans est obligé d'être son père, en quelque sorte, son maître pour la former. De là la contradiction apparente des lois indiennes, qui, d'une part, défendent de frapper la femme, et ailleurs permettent de la corriger « comme un petit écolier ». Elles sont toujours enfants, et cette discipline puérile (non servile ni violente), elles la subissent patiemment. Dans l'état polygamique, elles restent craintives et sensuelles, s'attachent un peu par la crainte, en recevant tout du même, caresses et sévérités.

Nos femmes du Nord, au contraire, n'étant nubiles que très tard, sont tout à fait des personnes, et nullement des enfants, au moment du mariage. A les traiter en enfants, il y aurait le plus horrible abus de la force. Ajoutons le plus dangereux. Il se trouve généralement que les moments où leur humeur difficile provoque la brutalité de l'homme, ce sont les époques du mois où elles sont le plus vulnérables, où toute émotion violente pourrait leur donner la mort. Elles ont alors des heures, des jours d'agitation cruelle, où elles souffrent elles-mêmes (elles l'avouent) du démon de la contradiction, où tout conspire à leur déplaire, où elles ont besoin de choquer. Il faut compatir, ne point s'irriter. C'est un état très mobile, et comme au fond, malgré ces aigreurs, il cache une émotion de nature nullement haineuse, il suffit souvent d'un régime un peu détendu, d'un peu d'adresse et d'amour pour changer cette fière personne tout à coup, et la faire passer à la plus charmante douceur, aux réparations, aux larmes, au plus amoureux abandon.

. L'homme y doit bien réfléchir. La femme est plus sobre que lui ; l'abus des spiritueux, qu'il ne fait que trop, doit le mettre singulièrement en garde contre lui-même. Elle, quand elle est exaltée, violente, c'est le plus souvent la cause la plus naturelle (et au fond la plus aimable) qui l'agite, lui fait piquer l'homme par des mots aigus, des défis. Les Français le savent bien. Il ne s'agit pas d'amour-propre, mais d'amour. Il ne faut pas se heurter front contre front (comme on fait trop en Angleterre). Il ne faut pas rire non plus, ni vouloir un brusque passage de la querelle aux caresses. Mais tourner un peu, louvoyer. Un entr'acte de faiblesse, de relâchement naturel, arrive ; la bonne grâce revient, on avoue qu'on est méchante, et l'on vous paye d'être bon.

Aux temps barbares, le gouvernement intérieur de la famille, comme le gouvernement public, ne vivait que de coups d'État. Passons, je vous prie, aux temps civilisés de l'entente cordiale, du libre et doux gouvernement qui se ferait par l'accord de la volonté.

Le coup d'État domestique de l'homme, c'est l'ignoble brutalité qui met la main sur la femme, c'est la violence sauvage qui profane un objet sacré (si délicat, si vulnérable !), c'est l'ingratitude impie qui peut outrager son autel.

Le coup d'État de la femme, la guerre que fait le faible au fort, c'est sa propre honte à elle, l'adultère, qui humilie le mari, lui inflige l'enfant étranger, qui les avilit tous les deux, et les rend misérables dans l'avenir.

Ni l'un ni l'autre de ces crimes ne serait commun, si l'unité était assurée par l'épanchement de chaque jour, par une communion permanente où les plus légères dissidences aperçues, fondues tout d'abord, n'auraient pas le temps de créer de telles tempêtes. On se veillerait davantage soi-même par l'obligation de dire tout. Les tentations non couvées ont bien moins de prise.

La confession conjugale (un sacrement de l'avenir) est l'essence du mariage. A mesure que nous sortirons de l'état grossier, barbare, où nous sommes encore plongés, on sentira qu'on se marie précisément pour cela, pour s'épancher tous les jours, pour se tout dire sans réserve, affaires, idées, sentiments, pour ne garder rien à soi, pour mettre en commun son âme tout entière, même en ces nuages confus qui peuvent devenir de grands orages pour un cœur qui les fomente, au lieu de les confier.

Je le répète, c'est cela qui est le fond du mariage.

Est-ce dans la génération qu'il est essentiellement? Non. Lors même qu'il est stérile, il peut être très uni. Sans enfants, il y a mariage.

Est-ce dans l'échange du plaisir qu'on le fera consister? Non. Lors même que le plaisir cesse par l'âge ou la maladie, il y a tout autant mariage.

Il consiste dans l'échange quotidien de la pensée, de la volonté, dans le mélange et l'accord permanent des deux âmes. Le beau mot des jurisconsultes

Mariage, c'est consentement, il faut qu'il se reproduise jour par jour, qu'une confiance de chaque instant assure qu'on est dans cette voie où chacun *consent* à ce que veut et fait l'autre.

Qui devez-vous épouser? Celle ou celui qui veut vivre, devant vous, en pleine lumière, ne cachant nulle pensée, nul acte, donnant et communiquant tout.

Qui devez-vous éviter? Celle ou celui qui promettant de se donner, se garde encore; qui, dans une enceinte réservée de l'âme, se fait un bien exclusif dans la propriété commune, qui sous clef tient un sentiment, une idée à soi tout seul.

Les femmes pures, douces et fidèles, qui n'ont rien à dissimuler, rien à expier, ont pourtant plus que les autres besoin de la confession d'amour, besoin de se verser sans cesse dans un cœur aimant.

Comment se fait-il que l'homme profite généralement si peu d'un tel élément de bonheur? Il faut vraiment qu'une jeunesse blasée ou l'étourdissement du monde nous rendent aveugles et brutes, vrais ennemis de nous-mêmes, pour ne pas sentir dès la première fois qu'une communication si tendre est la plus fine jouissance qu'une femme puisse donner d'elle-même.

Ah! la plupart en sont indignes! Ils sourient, écoutent à peine, parfois se montrent sceptiques à ces révélations naïves, qui devraient être non seulement accueillies, mais adorées.

Ce n'est pas chose si nouvelle. Pour les intérêts et

pour les affaires, les époux communiquent et se confient. Il faut pour le cœur, pour les choses de religion et d'amour, pour les agitations intérieures et la vie secrète d'imagination, qu'ils prennent aussi confiance. On n'est uni, marié, que par cette chose extrême, définitive et périlleuse : « livrer son dernier secret, *et se donner puissance l'un sur l'autre*, en se disant tout. »

Ne la laissez pas aller, cette chère femme, si elle est un peu malade, si elle a le cœur troublé d'un petit rêve, comme il en vient à la plus pure, ne la laissez pas en défiance de son mari, qu'elle aime pourtant. Il vaut bien mieux qu'elle se fie à son indulgence et lui demande conseil, que de livrer ce grand secret (qui au fond n'est rien) à je ne sais quelle personne qui dès lors aura une arme contre elle et contre vous, la tiendra par là, et, sans rien dire, n'aura qu'à la regarder, cette pauvre innocente, pour la faire rougir, lui faire baisser les yeux.

Cela aura l'avantage de vous faire aussi réfléchir. Une femme bonne et raisonnable, si elle a un léger caprice, il faut bien que son mari se demande pourquoi, et si ce n'est pas sa faute, à lui-même. Au milieu de la vie, dans l'entraînement, le vertige où nous sommes, nous nous négligeons pour les choses essentielles, et nous négligeons ce que nous aimons le plus.

Il faut se dire : « Elle a raison peut-être ; je deviens ennuyeux, trop absorbé d'une chose. »

Ou bien : « Respecté-je assez sa délicatesse en certain rapport physique ? Ne suis-je point déplaisant ? »

Ou encore : « Elle me voit, avec raison, sous un fâcheux aspect moral, — je suis dur, avare...

« Eh bien, je reprendrai son cœur, je serai plus charitable, plus généreux, — magnanime, — je serai au-dessus de moi. — Il faudra bien qu'elle reconnaisse qu'au total je vaux mieux encore que celui qui lui semble aimable, et surtout que j'aime bien plus. »

Faut-il beaucoup de paroles pour cela ? Infiniment peu. Parfois, il suffit que, le soir, on s'aime et on se regarde.

Un artiste qui a eu deux ou trois fois du génie, Dœlmud, dans une gravure qu'il appelle *le Café*, a fort bien donné le regard de deux âmes intelligentes, qui n'ont presque pas besoin de parler, s'entendent tout à fait, se comprennent.

J'y voudrais un rayon de plus, surtout du côté de l'homme, et quelque chose qui dit : « Ne crois pas que tu puisses avoir un plus profond abri qu'en moi. »

XIII

LA COMMUNION DE L'AMOUR. — OFFICES DE LA NATURE

Je ne puis me passer de Dieu.

L'éclipse momentanée de la haute Idée centrale assombrit ce merveilleux monde moderne des sciences et des découvertes. Tout est progrès, tout est force, et tout manque de grandeur. Les caractères en sont atteints, ébranlés. Les conceptions faiblissent, isolées, dispersées; il y a certes poésie; mais l'ensemble, l'harmonie, le poème, où sont-ils? je ne les vois pas.

Je ne puis me passer de Dieu.

Je disais, il y a dix ans, à un illustre penseur dont j'aime l'audace et l'énergique austérité : Vous êtes décentralisateur. Et je le suis en un sens, car je veux vivre ; et la centralisation rigoureuse tuerait toute vie individuelle. Mais l'aimante unité du monde, loin de la tuer, la suscite ; c'est par cela que cette Unité est l'Amour. Une telle centralisation, qui ne la veut? qui ne la sent, d'ici-bas jusqu'aux étoiles?

De ce que nous avons quitté la thèse, insoutenable, d'une providence arbitraire qui vivrait au jour le jour, d'arrêts individuels et de petits coups d'État, est-ce dire que nous ne sentons pas le haut Amour impartial qui règne par ces grandes lois? Et pour être la Raison, n'est-ce pas l'Amour encore? Pour moi, j'en ai le flot puissant qui par-dessous me soulève. Des profondeurs de la vie, je ne sais quelle chaleur monte, une féconde aspiration. Un souffle m'en passe à la face, et je me sens mille cœurs.

Réduire toutes les religions à une tête pour la couper, c'est un procédé trop facile. Quand même vous auriez, de ce monde, effacé la dernière trace des religions historiques, du dogme daté, resterait le dogme éternel. La providence maternelle de Nature, adorée en des milliers de religions mortes et vivantes, de passé ou d'avenir, auxquelles vous ne pensez pas, elle subsiste immuable. Et, quand un dernier cataclysme briserait notre petit globe, elle n'en durerait pas moins, indestructible comme le monde, dont elle est le charme et la vie.

Que le sentiment de la Cause aimante disparaisse, et je n'agis plus. Que je n'aie plus le bonheur de sentir ce monde aimé, de me sentir aimé moi-même; dès lors je ne peux plus vivre; couchez-moi dans le tombeau. Le spectacle du progrès n'a plus d'intérêt pour moi. Que l'élan de la pensée, de l'art, soit plus grand encore, je n'en ai plus pour le suivre. Aux trente sciences créées d'hier, ajoutez-en trente encore, mille, tout ce que vous voudrez, je n'en veux pas; qu'en ferai-je, si vous m'éteignez l'Amour?

L'Orient, l'humanité dans sa belle lumière d'aurore, avant les âges sophistes qui l'ont ingénieusement obscurcie, était parti d'une idée qui reviendra dominante dans notre seconde enfance, apogée de la sagesse. C'est que la *Communion d'amour*, le plus doux des mystères de Dieu, en est aussi le plus haut, et que son profond éclair nous rouvre un moment l'infini. Ténébreux chez l'être inférieur (et tels nous sommes d'abord), il est de plus en plus lumière à mesure que cette flamme est illuminée par l'Amour qui l'épure et la sanctifie.

Je ne reviens pas ici sur ce que j'ai dit l'an dernier, sur ce sujet, grand entre tous, sur le mystère touchant, terrible, où la femme, pour donner la vie, joue la sienne, où le plaisir, le bonheur, la fécondité nous font voir de si près la mort. Nous le sentons, à cette heure-là, dans un ébranlement si profond, nous le sentons dans notre chair frémissante, dans nos os glacés... Le tonnerre qui tomberait n'y ajouterait rien du tout... Au moment où l'objet aimé est si près de nous échapper, où le froid de l'agonie nous passe, si la voix nous restait, ce serait pour dire un mot arraché du fond de l'être et des profondeurs de la vérité : « La femme est une religion. »

Nous le dirions à ce moment. Nous pouvons le dire à tous les moments, et ce sera toujours vrai.

Je l'avais dit de ma petite, tout enfant encore :
« Une religion de pureté, de douceur, de poésie. »

Combien plus le dirai-je maintenant que, vraiment femme et mère, elle rayonne de tous côtés, par sa grâce, comme une puissance harmonique qui du cercle de la famille, peut dans la société projeter des cercles plus grands! Elle est une religion de bonté, de civilisation.

C'est surtout dans les éclipses religieuses, quand la tradition du passé pâlit à l'horizon, quand un monde nouveau, compliqué, entravé de sa grandeur même, tarde à s'organiser encore, c'est alors que la femme peut beaucoup pour soutenir et consoler. A l'appui de l'idée centrale qui, se dégageant peu à peu, va apporter l'unité de lumière, elle, sans savoir ce qu'elle fait, elle est l'unité charmante de la vie et de l'amour, et la religion elle-même.

Dans les grandes réunions d'hommes, qui n'ont pas pour objet le culte, dans les concerts populaires de l'Allemagne (à cinq ou six mille musiciens), dans les vastes fraternités politiques ou militaires de la Suisse ou de la France (telle qu'elle fut et sera), la présence de la femme ajoute une émotion sainte. La patrie même n'est pas là, tant que nos mères, nos femmes n'y sont pas avec leurs enfants. Les voici, et l'on y sent Dieu.

Pour ne parler que de la famille, du bonheur individuel, je dirai simplement la chose dans les termes où un bon travailleur l'a dit un jour devant moi :
« Elle est le *dimanche* de l'homme. »

C'est-à-dire, non le repos seulement, mais la joie, le sel de la vie, et ce pourquoi l'on veut vivre.

Le *dimanche !* la joie, la liberté, la fête, et la part chérie de l'âme. Part sacrée. Est-ce la moitié? le tiers? le quart? Non, le tout.

Pour bien approfondir la force de ce mot *dimanche*, dont l'oisif ne saura jamais le secret, il faudrait connaître tout ce qui se passe dans la tête du travailleur le samedi soir, tout ce qui y flotte de rêves, d'espoir et d'aspiration.

Est-ce la femme en général, est-ce la gentille maîtresse, qui motive la comparaison? Non, c'est votre femme, *à vous*, l'épouse aimée, aimable et bonne. Pourquoi? Parce que, avec celle-ci, il se mêle aux jouissances un sentiment de certitude, de possession définitive, qui permet d'approfondir et de savourer le bonheur. La perception pénétrante et la fine appréciation de la dévouée personne qui vous donna tant de plaisirs, loin de refroidir, vous ouvrent, dans mille nuances délicieuses, un vaste inconnu de béatitude.

Toute émotion douce et sacrée est en elle. Vos impressions religieuses d'enfance, elle vous les rend et plus pures.

Tel de vos réveils, à douze ans, qui vous est resté en mémoire, la fraîcheur matinale de l'aube, je ne sais quelle cloche argentine de village qui sonnait alors, tout cela vous semble bien loin, évanoui sans retour. Mais, le matin du dimanche, ayant travaillé dans la nuit, et vous éveillant un peu tard, vous apercevez le sourire attendri de votre femme qui dès longtemps vous regarde, et qui de sa fraîche voix, de son bras arrondi sur vous, vous salue et vous bénit. Elle attendait, priait pour vous. Et vous, vous vous écriez : « O mon aube! ô mon angelus!... Quel doux sentiment du matin tu me rends! Vingt ans de ma vie sont effacés, je le sens... Oh! que par toi je suis jeune! oh! que je veux l'être pour toi! »

Mais elle, par une adresse qui ajourne et qui élude, elle t'offre une diversion, l'idée chérie dont naguère tu l'entretenais, quelque projet favori qui t'obsédait hier même. De là aux intérêts communs, à la famille, aux enfants, la transition est facile. Puis, voyant bien que tu es dans un moment de grâce et de favorable audience, elle mêle à ses discours quelque chose qui te fera bien au cœur et sanctifiera ce jour, la bonne œuvre à faire. Le temps est dur, la chose est forte; mais, en travaillant si bien, comme tu fais, et Dieu aidant, on pourrait encore faire cela. Tu ne dis pas non, tu veux plaire. Mais, avant que tu aies le temps d'expliquer toute ta pensée, son enjouement raisonnable a pris les devants : « Mon ami, voilà Charles réveillé, Édouard jase; la petite depuis longtemps ne dort pas, et elle écoute... Oh! qu'il est tard!... Il faut que je les habille. »

Temps sombre, ténébreux. Il neige, grand vent. Les oiseaux du Nord, qui ont passé de bonne heure, nous annoncent un grand hiver. Il n'y aura pas de visite. Triste dimanche? — Point du tout. Où elle est, qui serait triste? Ce n'est pas la flamme claire du foyer, le déjeuner chaud, qui réchauffe la maison. C'est elle, sa vivacité tendre, qui remplit tout, anime tout. Elle pense tellement aux siens, les aime, et les enveloppe, et les ouate si doucement qu'il n'y a que de la joie au nid.

La joie est doublée par l'hiver. Ils se félicitent du mauvais temps qui les enferme et de la belle journée qu'ils vont passer ensemble. Peu de bruit. Lui, il profite de ce jour pour faire quelque chose de son choix. Il est là, comme au petit tableau du *Menuisier* de Rembrandt. S'il ne rabote pas comme lui, il lit et relit un livre. Mais en lisant, il les sait là qui, par moments, discrètement, disent un petit mot tout bas. Il sent derrière sans le voir, par la divination du cœur, ce qui ne fait aucun bruit, son mouvement onduleux et doux, à elle, et son petit pas. Elle ne fait que l'indispensable, et d'un doigt mis sur la bouche leur fait signe d'être bien sages et de ne pas le troubler.

Que font-ils là, ces enfants? je suis curieux de le savoir. Ils font une pieuse lecture. Ils lisent les grandes aventures, les audaces et les sacrifices des voyageurs d'autrefois qui nous ont ouvert le globe et ont tant souffert pour nous. « Ce café qu'a pris votre père, le sucre, enfants, que vous mettez dans le lait abondamment, trop peut-être, tout cela a été acheté par l'héroïsme et aussi par la douleur. Soyons donc reconnaissants. Nous devons à la Providence ces providences humaines des grandes âmes qui peu à peu parviennent à relier le globe, l'éclairent, le fécondent, l'amènent ou l'amèneront bientôt vers l'accord, vers l'unité qu'aurait une seule âme d'homme. » Peu à peu, elle leur dit la communion matérielle (qui en prépare une morale), la navigation, le commerce, et les voies, les canaux, les rails, le télégraphe électrique.

Matérielle? je me conforme au sot langage du temps. Il n'est rien de matériel. Ces choses sortirent de l'esprit, elles retournent à l'esprit, dont elles sont les moyens, les formes. En mêlant les nations, supprimant les ignorances et les antipathies aveugles, elles sont également des puissances morales et religieuses, je l'ai dit, des communions.

Les enseigner peu à peu, dans leur véritable sens, avec le temps, la lenteur, la précaution convenables, c'est donner aux enfants l'instruction religieuse, les élever à l'Esprit divin, esprit de bonté, de tendresse.

Qui ne le sentira au cœur, quand cette révélation nous vient de la bouche adorée? Les enfants sont émerveillés. Mais lui-même qui sait tout cela, en le reprenant par elle avec ce charme attendrissant, se tait dans une heureuse extase et sent que tous nos arts nouveaux sont des puissances d'amour.

Père, enfants, ils sont nourris de son âme, de sa douce sagesse. Ils écoutent et elle a fini. Ils se réveillent comme d'un rêve... Un bruit, un petit *tac tac* a retenti aux carreaux. Pétition d'un voisin ailé. Le moineau du toit leur dit dans sa franchise pétulante : « Quoi donc, petits égoïstes, dans un aussi mauvais jour vous vous tiendrez enfermés ! » Cette harangue a grand effet, on ouvre, et l'on jette du pain. Mais quelle est l'émotion, quand un hôte plus confiant, profitant de cette ouverture, entre et bravement sautille au fond de la chambre !

- « Oh ! merci, cousin Rouge-gorge, qui, sans façon, nous rappelles la grande parenté oubliée. Tu as raison ; en effet, chez nous, n'est-ce pas chez toi ? »
On n'ose plus respirer. La mère, avec discrétion, sans l'effrayer, jette des miettes. Et lui, nullement humilié, ayant picoté, et même approché un peu du foyer, s'envole, et laisse cet adieu : « Au revoir, mes bons petits frères ! »

Si l'heure du repas n'approchait, la mère aurait beaucoup à dire. Mais il faut bien vous nourrir, vous aussi, petits rouges-gorges.

Au dessert, elle leur explique le banquet de la Nature, où Dieu fait asseoir tous les êtres, grands et petits, les plaçant selon l'esprit, l'industrie, la volonté et le travail, mettant très haut la fourmi, très bas tel géant (rhinocéros, hippopotame). Si l'homme siège à la première place, c'est par une chose unique, le sens de la grande harmonie, et l'amour du divin Amour, la tendre solidarité avec tout ce qui en émane, le sublime don de Piété.

Ces discours pourraient glisser. Ce qui les fait entrer au cœur, ce qui pour les enfants émus grave cette heure dans le souvenir, c'est que devant eux les parents consomment l'acte de fraternité que la prière de la mère a préparé le matin. Le travailleur, pour son frère, donnera de son travail, donc de sa vie et de son âme. Elle l'embrasse, les yeux humides. Et la table est sanctifiée.

Assez pour un jour. Seulement, enfants, réjouissez le cœur de votre père d'un double chant : le chant de la patrie française en ses jours de grands sacrifices, qu'au besoin vous imiterez ; et l'hymne de reconnaissance pour le Dieu bienfaiteur du monde, qui nous a donné ce jour, et peut-être son lendemain.

Donc, reposons. Votre père, bien fatigué, n'est pas loin de s'endormir. Il s'est couché si tard hier, pour achever son samedi ! Dormez, amis, dormez enfants. Dieu vous garde pendant le sommeil !

Elle les a bénis tous. Elle recouvre avec soin le feu, ne fait nul bruit, ne souffle plus, et légèrement se couche près de lui, très attentive à ne pas le réveiller. Il dort, mais sent bien qu'elle est là, elle son printemps d'amour, son été dans le sombre hiver. Elle seule fait toutes les saisons. Au prix de son charme sacré, qu'est-ce de toute la nature ?

XIV

SUITE. — OFFICES DE LA NATURE

Les deux côtés légitimes, raisonnables, de la religion, sont marqués dans les tendances de l'homme et de la femme, représentés par chacun d'eux. L'homme sent l'infini par les Lois invariables du monde, qui sont comme des formes de Dieu. La femme dans la Cause aimante et le Père de la Nature qui l'engendre de bien en mieux. Elle sent Dieu par ce qui en est la vie, l'âme et l'acte éternel : l'amour et la génération.

Sont-ce des points de vue contradictoires? Point du tout. Les deux s'accordent en ceci, que le Dieu de la femme, *Amour, ne serait pas Amour, s'il n'était l'Amour pour tous*, incapable de caprice, de préférence arbitraire, *s'il n'aimait selon la Loi, la Raison et la Justice*, c'est-à-dire selon l'idée que l'homme a de Dieu.

Ces deux colonnes du temple sont si profondément fondées, que personne n'y portera atteinte. Le monde alterne pourtant. Parfois, il ne voit que *les Lois*, parfois il ne voit que *la Cause*. Il oscille éternellement entre ces pôles religieux, mais il ne les change pas.

La science pour le moment n'étant pas centralisée, comme elle le sera bientôt, beaucoup ne voient que *les Lois*, et oublient *la Cause* aimante, imaginant que la machine pourrait aller sans moteur. Cet oubli fait la triste éclipse religieuse dont nous sommes assombris. Elle ne peut durer beaucoup. La belle lumière centrale qui fait toute la joie du monde reparaîtra. Nous reprendrons le sentiment de *la Cause aimante*, pour le moment, affaibli.

Non, *des lois* ne sont pas *des causes*. Que nous serviraient nos progrès, si nous ne reprenions le sens de la causalité et de la vie ?

Il n'y a ni gaieté, ni bonheur ici-bas, hors l'idée de production. Je l'ai dit pour les enfants. On ne peut les développer et les rendre heureux qu'en les faisant créateurs. Eh bien, de leur petit monde, étendons cela au grand. Quand vous le sentez immobile, quand vous n'y percevez plus la chaleur vitale, un grand ennui saisit le cœur. Nous ne redeviendrons heureux qu'en retrouvant le sentiment du grand mouvement fécond, quand, libres, et pourtant soumis à la haute Raison aimante, ouvriers de l'amour créateur, nous créerons aussi dans la joie.

.

Ce mot était nécessaire pour nous introduire au plus intime intérieur de l'homme et de la femme, dans leur duo religieux, où chacun fait une partie différente et fort délicate, chacun craignant de blesser l'autre. Car ils ne savent pas communément combien au fond ils s'accordent. De là ces tâtonnements, ces hésitations pleines de craintes, ce léger débat de deux âmes, qui réellement n'en font qu'une. Jamais le jour devant témoins ne se fait cette douce lutte. Il faut que les enfants dorment, même que la lumière soit éteinte. C'est la dernière pensée de l'oreiller.

Mais, quoique tous les deux soutiennent un côté vrai et sacré de la religion (lui, *les lois*, elle, *la cause*), il y a cette grande différence qu'en Dieu l'homme sent plutôt *ses modes*, ses manières d'agir, la femme *son amour*, qui sans cesse fait son action. Elle est plus au sanctuaire de Dieu, j'allais dire, plus près de son cœur.

Ayant l'amour à ce point, elle a tout, et comprend tout. Elle monte, descend comme elle veut tous les tons de ce clavier immense dont l'homme n'a le plus souvent que des notes successives. Elle traduit à volonté toutes les manifestations naturelles de Dieu, du grave au doux, du fort au tendre. Elle est souveraine maîtresse dans cet art divin, et elle l'enseigne à l'homme... « Où donc, dit-il, puisa-t-elle tout cela ? où prend-elle ce trésor des choses amoureuses, ce torrent d'enchantements ? » — Où ? Mais dans ton propre amour, dans celui qu'elle a pour toi, dans les richesses réservées d'un cœur que nulle effusion, nulle génération ne soulage assez. Un monde en sort tous les jours, et l'infini reste encore.

Si simple en tout, si modeste, qu'elle est pourtant

supérieure ! Tandis que toi, l'œil attaché à la terre, à ton travail, tu vas aveugle, jour par jour, sans mesurer la voie du temps ; — elle, elle en sent bien mieux le cours. Elle lui est harmonisée. Elle le suit heure par heure, obligée de prévoir pour toi, pour ton besoin, pour ton plaisir, pour tes repas, pour ton repos. A chaque moment son devoir, mais aussi sa poésie. De mois en mois, avertie par la souffrance d'amour, elle scande le temps, en suit le progrès, la marche sacrée. Quand sonnent les grandes heures de l'année, aux passages des saisons, elle entend le chant solennel qui sort du fond de la Nature.

Celle-ci a son rituel, nullement arbitraire, qui de lui-même exprime la vie de la contrée dans ses immuables rapports avec la grande vie divine. On ne touche pas aisément à cela. La tradition, l'autorité qui impose à un peuple les rites de l'autre n'opèrerait rien au fond que désharmonie, dissonance. Les chants du haut Orient, si beaux, sont discordants en Gaule. Celle-ci a son chant d'alouette qui n'en monte pas moins à Dieu.

Notre aurore n'est pas une aurore d'Amérique ou de Judée. Nos brouillards ne sont pas les brumes pesantes de la Baltique. Eh bien, tout cela a sa voix. Ce climat, ces heures, ces saisons, cela chante à sa manière. Elle l'entend bien, ta femme, ta fine oreille de France. Ne l'interroge pas, pourtant ; elle dirait le chant convenu. Mais, lorsque seule au ménage, un peu triste de ton absence, et travaillant doucement, dans son bonheur mélancolique, elle commence à demi voix, elle trouve, sans l'avoir cherché, la chose naïve et sainte, le vrai psaume du jour et de l'heure, ses humbles vêpres à elle, un chant du cœur pour Dieu, pour toi.

Oh! qu'elle sait bien les fêtes, les vraies fêtes de l'année! laisse-la te conduire en cela. Elle seule sent les jours de la grâce où le ciel aime la terre, les hautes indulgences divines. Elle les sait, car elle les fait, elle l'aimable sourire de Dieu, elle la fête et le noël, l'éternelle pâque d'amour, dont vit et revit le cœur.

Sans elle, qui voudrait du printemps? Que cette chaleur féconde dont fermente alors toute vie serait pour nous maladive, sombre! Mais qu'elle soit avec nous, alors c'est un enchantement.

Émancipés de l'hiver, ils sortent. Elle a sa robe blanche, quoique le soleil puissant soit encore neutralisé par moments d'un peu de bise. Tout est vie, mais tout est combat. Sur la prairie reverdie, les petits jouent et se battent; chevreaux contre chevreaux essayent leurs cornes naissantes. Les rossignols, qui sont venus quinze jours avant leurs maîtresses, règlent par des duels de chant le droit qu'ils auront à l'amour.

Dans cette lutte gracieuse d'où l'harmonie va sortir, elle apparaît, *elle*, la paix, la bonté, la beauté... O vivante joie du monde!... Elle avance. Son tendre cœur se partage, est à deux choses. On lui parle de deux côtés. Ses enfants courent aux fleurettes, en rapportent les mains pleines, crient: « Maman! voyez! voyez! » Plus près d'elle, à son oreille, quelqu'un lui parle plus bas, et elle sourit aussi... C'est qu'on n'est pas impunément au bras de la charmante femme, si près de son sein, de son cœur. Bat-il fort? Bien doucement; elle n'est pas insensible, elle entend tout, bonne et tendre, elle veut tant qu'ils soient tous heureux! Elle répond tour à tour : « Oui, mes petits... Oui, mon ami. » — A eux : « Jouons. » — Et à lui : « Oh! tout ce que tu voudras! »

Mais, dans son extrême bonté qui la rend tout obéissante, et faible à ses enfants même, qui saurait la regarder verrait, derrière son sourire, un *aparté* méditatif. Il pense à elle, elle à Dieu.

Cela revient encore plus tendre, plus ardent à la jolie fête des fleurs des champs, aux travaux de la fenaison. Elle aussi, elle est venue, comme les autres, avec son râteau, et elle veut aussi travailler. Mais, toute belle qu'elle est toujours, elle a pris un luxe aimable de formes qui renouvelle sa fraîcheur et l'appesantit un peu. Sa blanche et abondante gorge où ses enfants ont bu la vie, ces trésors que celui même qui sans doute les connaît le mieux couve pourtant du regard, tout cela rend la chère femme un peu lente, un peu paresseuse. On la voit bientôt fatiguée; on lui défend de travailler. Mais on travaille pour elle. Ses enfants, gais et heureux, son mari tout ému d'elle, ne peuvent rencontrer des fleurs sans les rapporter, les donner à la souveraine rose. On en remplit son tablier, on en charge son sein, sa tête. Elle disparaît sous la pluie odorante : « Assez! assez! » Mais qui l'écoute? Elle a peine à y voir encore, et ne peut plus se défendre. Elle est enveloppée d'eux, et submergée de caresses, noyée de baisers, de fleurs.

La chaleur est déjà forte. Ces ardeurs ne laissent pas de l'inquiéter, la tendre épouse. Les trois mois qui vont se passer, de la fenaison aux vendanges, sont pesants, terribles à l'homme. Celui qui travaille des bras, et l'ouvrier de la pensée, sont frappés également. Il frappe durement, fortement au cerveau, le puissant soleil. Et cela, de deux façons. En même temps qu'il nous soustrait une si grande partie de nos forces, il augmente le désir. L'homme faiblit par la saison, il faiblit par le travail, faiblit par les jouissances. Elle le sent, elle le craint. Elle hasarde un mot de sagesse, un mot de vraie religion. A ce temps où Dieu fait son œuvre, accomplit dans chaque année la nourriture du genre humain, ne réclame-t-il pas l'emploi exclusif des forces de l'homme? Mais cela n'est pas bien pris. On devient froid, on s'irrite. Que de saintes ruses il lui faut pour se sevrer elle-même! Fuites charmantes, humbles prières pour éluder, ajourner. L'inexorable juillet arrive, et en même temps les fêtes de la moisson, le triomphe de l'année, le banquet de la plénitude. Tout est gai, fort et puissant. L'aiguillon de la chaleur, comme un trait de guêpe, irrite. Elle semble un peu malade, et, comme telle, obtient grâce, se fait un tout petit lit près du berceau des enfants.

Heureux automne! temps promis de bonheur et d'indulgence! La fin des travaux arrive. L'amour, qui, aux mois meurtriers, faisait la guerre à l'amour, peut enfin laisser la prudence et suivre l'élan du cœur. On ne lui dira jamais, à celui qui s'irritait de ces refus, à qui ils ont le plus coûté.

Elle, elle n'a qu'une parole. Elle revient à lui tout entière. Au jour marqué par la promesse, il en veut l'accomplissement. « Mais, mon ami, le travail ne doit-il point passer avant? Ce temps gris, léger, voilé des gazes d'un brouillard transparent, est si joli pour la vendange! Hâtons-nous. Un doux soleil pâle qui va percer tout à l'heure, jetant un dernier regard sur la grappe ambrée, en ôtera la rosée. C'est le moment de cueillir. Bien entendu que, ce soir, nous ne nous séparerons plus. Il fait moins chaud, je te reviens, et je veux me réfugier auprès de toi pour l'hiver. »

Ceci, c'est la joie de tous. Les singes, en certains pays, les ours s'enivrent de raisin. Comment l'homme pourrait-il n'avoir pas la tête ébranlée? L'ivresse a déjà saisi celui-ci avant d'avoir bu. Elle le calme. « Doucement, doucement... Donnons-leur le bon exemple, et travaillons, nous aussi. »

Nulle occasion plus aimable de fraterniser. Tous sont égaux en vendange, et la supériorité n'est qu'aux bons travailleurs. C'est un grand bonheur pour elle de faire avec tout un peuple la Cène de l'amitié! Que tous viennent, et même encore ceux qui n'ont rien fait, s'ils veulent. Elle en sera reconnaissante. Elle connaît le village et sait bien ceux qui lui manquent. « Et celui-là? — Il est malade. — Eh bien, on lui enverra. — Tel autre! — Il est en voyage. » Elle s'informe ainsi de tous, voulant les avoir ensemble, les rapprocher, les réunir.

La place est grande heureusement, un de ces amphithéâtres de collines, comme en ont certains vignobles qui de haut voient la mer. Le temps est doux. On peut manger en plein air. Un vent tiède règne et favorise le départ des voyageurs ailés qui traversent le ciel. Le jour est court; quoique peu avancé encore, il semble déjà incliner vers la mélancolie du soir.

Jamais elle n'a été plus belle. Ses yeux rayonnent d'affectueuse douceur. Chacun sent qu'il est vu d'elle, bien voulu, qu'elle pense à lui, à tous. Son tendre regard bénit toute la contrée.

Sa fille lui avait tressé une délicieuse couronne de pampre vert, de délicat héliotrope lilas et de rouge verveine. Couronne royale et féminine qui de loin embaumait l'air. Elle la repoussa d'abord, mais son mari l'exigeait. Il eût voulu mettre sur elle toutes les couronnes de la terre.

Pourtant elle lui semblait triste.

— Qu'as-tu?

— Ah! je suis trop heureuse!

— Tous nos amis, tous nos parents y sont... Et toutes ces bonnes gens. Pas un n'aurait voulu manquer.

— Hélas! mon ami, c'est le monde, le monde entier de ceux qui souffrent et qui pleurent, voilà ce qui manque... Pardonne...

Elle n'en dit pas plus... Son émotion l'arrête... une larme lui tombe, et, pour la dérober aux yeux, elle s'incline sur son verre qui la reçoit, dans la vendange pressée, cette adorable larme...

Son mari enlève le verre à ses lèvres, et le boit d'un trait...

Mais tous ceux qui n'en avaient pas, l'ayant vue pleurer, s'attendrirent, et se trouvèrent un avec elle.

Et tous communiaient de son cœur.

LIVRE III

LA FEMME DANS LA SOCIÉTÉ

I

LA FEMME COMME ANGE DE PAIX ET DE CIVILISATION

La femme, considérée dans son aspect supérieur, c'est le médiateur d'amour.

Profonde et charmante puissance, qui a deux révélations. A mesure que la première, l'attrait du sexe, du plaisir, et l'orage sanguin de la vie pâlit, cède, — alors la seconde paraît dans sa douceur céleste, *l'influence de paix, de consolation, de médication.*

L'homme est, plus qu'aucune autre chose, la force de création. Il produit, mais en deux sens. Il produit aussi la guerre, la discorde et le combat. Parmi les arts et les idées, le torrent de biens qui sort de sa forte et féconde main, un torrent de maux coule aussi, que la femme vient par derrière adoucir, consoler, guérir.

Je traverse une forêt, un pas dangereux, et j'entends un léger pas. — Cela pourrait bien être un homme, et je me tiens sur mes gardes. Mais voici que c'est une femme. Salut, doux ange de paix !

Dans un voyage consciencieux qu'un Anglais fit en Irlande, il y a trente ans, pour examiner les maux et en rechercher les remèdes, il peint l'extrême défiance de ces pauvres créatures indigentes, qu'un homme entrant dans leurs huttes misérables inquiétait fort. Était-ce un agent du fisc : un espion ?... Mais, heureusement, il n'était pas seul. On entrevoyait derrière lui un visage de femme. Et dès lors, tout était ouvert, on se rassurait, on prenait confiance. On n'eût pu imaginer qu'il eût emmené sa femme, s'il eût voulu faire du mal.

C'est à peu près la même chose dans l'admirable voyage de Livingstone aux régions inexplorées de l'Afrique (1859). Un homme seul y serait suspect, et beaucoup y ont péri. Mais la vue d'une famille rassure, calme et pacifie. La paix ! la paix ! c'est le vœu, le cri de ces bonnes gens. Ce qu'ils exprimaient naïvement à ce missionnaire de l'Europe qui leur en apportait les arts protecteurs. Les femmes lui disaient ce mot : « Donne-nous le *sommeil !* » — Eh bien, ce *sommeil*, cette paix, cette profonde sécurité, ils les voyaient derrière lui qui s'avançaient sur ces bœufs avec sa maison roulante ; ils les voyaient dans mistress Livingstone, entourée de ses trois enfants. Cette vue en disait assez. On sentait bien qu'il n'avait pas amené ce cher nid au monde des lions, sinon pour faire du bien aux hommes.

Si la vue muette d'une femme a cet effet, que sera-ce

de sa parole ? de cette puissance d'accent qui pénètre du cœur au cœur ?

La parole de la femme, c'est le dictame universel, la vertu pacificatrice, qui partout adoucit, guérit. Mais ce don divin n'est libre chez elle que quand elle n'est plus l'esclave, la muette de la pudeur, quand le progrès des années l'émancipe, lui délie la langue, lui donne toute son action.

Dans un moment de vraie noblesse et de magnanimité, une femme d'un beau génie a caractérisé, envisagé dignement ce que nulle femme ne voit qu'avec effroi, l'âge mûr et l'approche même de la vieillesse. Cet âge tellement redouté lui paraît avoir ses douceurs, une calme grandeur que la jeunesse n'a pas.

Le jeune âge, dit-elle à peu près (je regrette de ne pouvoir me rappeler exactement ses paroles), c'est comme un paysage alpestre, plein d'accidents imprévus, qui a ses rochers, ses torrents, ses chutes. La vieillesse, c'est un grand, un majestueux jardin français, de nobles ombrages, à belles et longues allées, où l'on voit de loin les amis qui viennent vous visiter. Larges allées pour marcher plusieurs de front, causer ensemble, enfin un aimable lieu de société, de conversation.

Cette belle comparaison aurait seulement le tort de faire croire que la vie devient alors uniforme et monotone. C'est justement le contraire. La femme prend une liberté qu'elle n'eut point à un autre âge. Les convenances la tenaient captive. Il lui fallait éviter certaines conversations. Elle devait se priver de telles communications. Les démarches de charité même lui étaient souvent difficiles, hasardeuses. Le monde injuste en eût médit. Plus âgée, elle est affranchie, jouit de tous les privilèges d'une liberté honnête. Et il en résulte aussi qu'elle a tout son essor d'esprit, pense et parle d'une manière bien autrement indépendante et originale. Alors, elle devient elle-même.

Les jeunes et jolies femmes ont toute permission d'être sottes, étant sûres d'être admirées toujours. Mais non pas la femme âgée. Il faut qu'elle ait de l'esprit. Elle en a, et elle est souvent agréable et amusante.

Madame de Sévigné dit cela de jolie façon (je cite encore de mémoire) : « Jeunesse et printemps, dit-elle, ce n'est que vert, et toujours vert ; mais nous, les gens de l'automne, nous sommes de toutes les couleurs. »

Cela permet à la dame d'exercer autour d'elle ces aimables influences de société qui sont surtout propres à la France. Qu'est-ce au fond, sinon une disposition bonne et sympathique qu'on sent et qui met à l'aise, qui donne de l'esprit à ceux mêmes qui n'en auraient pas, les rassurant, imposant aux sots rieurs qui se donnent le plaisir facile d'embarrasser les timides ?

Cette royauté de bonté illumine son salon comme d'un doux rayonnement. Elle encourage l'homme spécial, que les beaux diseurs faisaient taire, et qui, sous le regard d'une femme d'esprit qui l'autorise, prend une modeste fermeté. Alors la conversation n'est point le vain bavardage que nous entendons partout, l'éternel sautillement où les cerveaux vides ont tout l'avantage. Lorsque l'homme de la chose a bien posé la question, sans développement prolixe et sans pédantisme, elle ajoute un mot de cœur qui souvent l'éclaire lui-même, donnant et chaleur et lumière à ce qu'il a dit, le rendant facile, agréable. On se regarde, on sourit. Tous se sont entendus.

On ne sait pas assez que parfois un simple mot d'une femme peut relever, sauver un homme, le grandir à ses propres yeux, lui donner pour toujours la force qui jusque-là lui a manqué.

Je voyais un jour un enfant sombre et chétif, d'aspect timide, sournois, misérable. Pourtant il avait une flamme. Sa mère, qui était fort dure, me dit : « On ne sait ce qu'il a. — Et moi, je le sais, madame. C'est qu'on ne l'a baisé jamais. » — Cela n'était que trop vrai.

Eh bien, dans la société, cette mère fantasque des esprits, il y en a beaucoup qui avortent (et non pas des moindres), parce qu'elle ne les a jamais baisés, favorisés, encouragés. On ne sait comment cela se fait. Personne ne leur en veut; mais, dès qu'ils hasardent un mot timidement, tout devient froid, on passe outre, on n'en tient compte, ou bien on se met à rire.

Cet homme noué, repoussé, prenez-y garde, il peut se faire que ce soit un génie captif. Oh! si, à ce moment-là, une femme autorisée par l'esprit, la grâce, l'élégance, relevait le mot (parfois fort, parfois profond) qui échappe à ce paria, si, le reprenant en main, elle le faisait valoir, montrait aux distraits, aux moqueurs, que ce caillou est un diamant... une grande métamorphose serait opérée. Vengé, relevé, vainqueur, il pourrait parfois montrer qu'entre ces hommes lui seul est homme, et le reste un néant.

II

DERNIER AMOUR. — AMITIÉ DES FEMMES

Le grand divorce de la mort est si accablant pour la femme, laissée seule, sans consolation, lui est si amer qu'elle veut, désire, espère suivre son mari au tombeau. « J'en mourrai », dit-elle. Hélas! il est bien rare qu'on en meure. Si la veuve ne se tue au bûcher de son mari, comme elles le font dans l'Inde, elle risque de survivre longtemps. La nature semble se plaire à humilier la plus sincère, lui fait dépit en la conservant jeune et belle. Les effets physiques du chagrin sont variés, opposés même, selon les tempéraments. J'ai vu une dame, noyée de douleur et de larmes, irréparablement frappée, véritablement perdue pour la vie, fleurir pourtant de santé. L'absorption où elle était, son immobile accablement, avait donné à sa beauté ce qui lui manquait, un luxe admirable. Elle en rougissait, elle en gémissait, et la honte qu'elle avait de ce semblant d'indifférence ajoutait à son désespoir.

C'est un arrêt de la nature. Dieu ne veut pas qu'elle meure, qu'elle se fane, cette aimable fleur. Elle demande la mort, et ne l'aura pas. La vie lui est imposée. Elle est obligée encore de faire le charme du monde. Celui même qu'elle veut suivre lui défend ce sacrifice. L'amour qui avait mis sur elle tant d'espoir et tant de vœux, qui a tant fait pour développer son cœur et faire d'elle une personne, n'entend pas enfouir tout cela, ni l'entraîner dans la terre. S'il est le véritable amour, il lui permet, quelquefois lui enjoint d'aimer encore.

Dans nos populations des côtes, supérieures à tant de titres, j'observe deux choses : que la femme, souvent inquiète, toujours préoccupée de son mari, l'aime et lui est très fidèle; mais qu'aussitôt qu'il périt, elle contracte un second mariage. Chez nos marins qui vont à la pêche dangereuse de Terre-Neuve, ceux de Granville par exemple, dans cette vaillante, population où il n'y a pas d'enfants naturels (sauf ceux d'émigrants étrangers), les femmes se remarient immédiatement, dès que l'homme ne revient pas. Il le faut; autrement, les enfants mourraient. Si parfois le mort revient, il trouve fort bon que son ami ait adopté et nourri sa famille.

N'y eût-il pas d'enfants à nourrir, il est impossible que celui qui aime, que cette femme a rendu heureux, désire, en reconnaissance, la laisser malheureuse pour toujours. Elle dira non aujourd'hui. Elle croira de bonne foi pouvoir toujours se soutenir par sa douleur et la force de son souvenir. Mais lui qui la connaît mieux qu'elle-même, il peut seulement prévoir qu'un changement violent de toutes habitudes est au-dessus de ses forces, qu'elle va rester désolée.

Ne souffre-t-il pas à la voir dans l'avenir, quand, seule, elle rentrera le soir, ne trouvera personne chez elle, pleurera à son foyer éteint?...

S'il réfléchit, s'il a quelque expérience de la nature humaine, il songera avec compassion à un mystère de souffrance qu'on traite fort légèrement, mais que les médecins constatent et déplorent. C'est que le besoin d'amour, qui passe vite chez l'homme blasé, au contraire chez la femme pure, conservée, souvent augmente. La circulation moins rapide, une vie moins légère et moins cérébrale, moins variée par la fantaisie, un peu d'embonpoint dont elle est (dans le jeûne et les larmes même) fortifiée, embellie, tout cela l'agite ou l'accable. Le bouillonnement sanguin, la surexcitation nerveuse, l'idée fixe du temps passé dont on a profité si peu, créent chez plusieurs une existence pénible et humiliante dont elles gardent le secret, un martyre de rêves avortés. Punies de leur vertu même, et d'avoir ajourné la vie, elles sont trop souvent frappées des cruelles maladies du temps. Ou bien, ces pauvres isolées, jouets de la fatalité, après une vie austère, tombent dans quelque honte imprévue, dont rit un monde sans pitié.

Celui qui l'aime et qui meurt, doit voir l'avenir pour elle, mieux qu'elle ne le peut à travers ses larmes. Il faut qu'il prévoie et pourvoie, qu'il ne lui impose rien, mais la délivre des scrupules, même que magnanimement il se constitue son père, l'affranchisse, cette chère fille, la dirige et l'éclaire d'avance, lui arrange sa vie.

Ainsi la première union ne passe pas. Elle dure par l'obéissance, la reconnaissance et l'affection. Remariée, loin d'oublier, au contraire vivant par lui, et dans le calme du cœur, elle se dit : « Je fais ce qu'il veut. Ce qui me revient de bonheur, je le lui dois. Sa providence m'a donné la consolation, la douceur du dernier amour. »

Le grand intérêt de la veuve, si elle doit se résigner à un second mariage, c'est de prendre le *proche parent*. Je n'entends pas le *parent* selon la chair, comme la loi juive; mais le *parent selon l'esprit*. J'entends celui qui aima le mort, celui en qui est son âme, et pour qui la veuve, par cela même qu'elle lui a appartenu, loin de perdre, possède au contraire un charme de plus. La puissance de transformation, inhérente au mariage, qui fait que la femme à la longue, physiquement, moralement, contient une autre existence, elle lui nuirait peut-être, à cette épouse irréprochable, si le second mari n'était la même personne dans l'amour et dans l'amitié.

Pourquoi généralement les veuves sont-elles plus jolies que les filles? On l'a dit : « L'amour y passa. » Mais, il faut le dire aussi : « C'est que l'amour y est resté. » On y voit sa trace charmante. Il n'a pas perdu son temps à cultiver cette fleur. Du bouton, peu expressif, il a fait la rose à cent feuilles. A chaque feuille, l'attrait d'un désir. Tout est grâce ici, tout est âme. La possession ôte-t-elle? Non, elle ajoute plutôt. Si celle-ci fut heureuse, gardée par une main digne, rendez-la heureuse encore. Dans la brillante fraîcheur, bien plus riche, du second âge, vous n'aurez guère à regretter l'indigente et grêle beauté de sa première jeunesse. La virginité elle-même refleurit chez la femme pure, qu'une vie douce a consolée. Elle s'harmonise innocente dans l'accord de ses deux amours.

Un homme ne vit-il qu'une fois? l'âme n'a-t-elle qu'un seul mode de perpétuité? Outre la durée persistante de notre énergie immortelle, n'avons-nous pas en même temps quelque émanation de nous-mêmes en nos amis qui reçurent nos pensées, et parfois continuent les plus chères affections de notre cœur? Le chaleureux écrivain qui hérita du dernier amour de son maître Bernardin de Saint-Pierre avait quelque reflet de lui. Et dans l'austérité critique d'un éminent historien de ce temps, on eût cru pouvoir reconnaître un grand héritage, s'il est vrai qu'il ait eu le glorieux honneur de communier avec l'âme du dix-huitième siècle, en madame de Condorcet.

Plusieurs, ou déjà âgées, ou libres parfaitement des soucis de jeunesse, n'accepteraient pas un second mariage. Il leur suffirait d'une adoption.

La veuve peut continuer l'âme du premier époux dans un fils spirituel qu'il lui aurait recommandé. Cette préoccupation peut lui remplir le cœur, lui donner un but dans la vie. Il est tant d'enfants sans parents, tant d'autres dont les parents sont loin! On ne sait pas assez combien, dans nos dures écoles, un enfant abandonné a besoin de la pitié d'une femme.

Pour celui qui est perdu dans ces collèges immenses qui sont déjà des armées, le meilleur *correspondant*, c'est une dame qui le suit d'un œil maternel, qui va le voir, le console, s'il est puni, parfois intercède, surtout le fait sortir, lui fait prendre l'air, le promène, l'instruit plus qu'il ne le sera peut-être dans le travail de la semaine, et enfin le fait jouer sous ses yeux avec des enfants choisis. Elle lui est plus utile encore quand il passe aux hautes écoles. Elle lui sauve bien des périls qu'une mère ne lui sauverait pas. Il lui confiera mille choses dont cette mère, un peu crainte, n'aurait nullement le secret. Son habile enveloppement le gardera, lui fera passer cette époque intermédiaire où la furie du plaisir, aveugle, fait avorter l'homme.

Mission délicate, au total, qui souvent donne au jeune homme un admirable affinement, un peu féminin peut-être, et qui, d'autre part, laisse parfois un pauvre cœur de femme en grande amertume. Il lui est bien difficile de se croire tout à fait la mère. Et parfois, elle aime autrement. Je voudrais, pour son bonheur, qu'elle s'attachât plutôt, cette bonne et tendre créature, à la protection maternelle d'une classe, bien malheureuse et la moins consolée des femmes. Je parle des femmes elles-mêmes.

Les femmes, qui savent si bien ce que souffre leur sexe, devraient s'aimer, se soutenir. Mais c'est le contraire. Quoi! l'esprit de concurrence, les jalousies, sont donc bien fortes! L'hostilité est instinctive. Elle survit à la jeunesse. Peu de dames pardonnent à la pauvre ouvrière, à la servante, d'être jeunes et jolies.

Elles se privent en cela d'un bien doux privilége que leur donnerait l'âge (et qui vaut l'amour presque), celui de protéger l'amour. Quel bonheur pourtant d'éclairer, diriger les amants, de les rapprocher! de faire comprendre à ce jeune ouvrier que sa vie de café lui est plus coûteuse, plus fâcheuse en tous sens que la vie de famille. Souvent un mot suffit d'une personne qui a ascendant pour faire naître l'amour, ou pour le raffermir. Bien des fois j'ai vu le mari se figurer qu'il s'ennuyait, s'éloigner de sa femme. Un éloge fortuit qu'il entendait en faire, un mouvement d'admiration qu'il surprenait, l'exclamation d'un tiers qui enviait son bonheur, c'était assez pour lui faire voir ce que tous auraient vu, qu'elle était plus charmante que jamais, lui réveiller le cœur, qui n'était qu'endormi, et le faire souvenir qu'il était toujours amoureux.

Il est dans les ménages des heures de crises qu'une amie pénétrante surprend, devine, et où elle intervient heureusement. Elle confesse sans confesser la jeune femme, dirige sans diriger. Quand celle-ci vient, le cœur gros, muette et fermée de chagrin, elle la desserre doucement, la délace, si je puis dire. Et alors tout éclate, telle dureté de son mari, le peu d'égards qu'il a pour elle, tandis que *tel autre*, au contraire... le reste se devine. A ces moments, il faut qu'on l'enveloppe, qu'on s'empare d'elle. Ce n'est pas difficile pour une femme d'esprit, d'expérience, de prendre cette enfant en larmes sur son sein, de la contenir, de lui ôter pour le moment la disposition d'elle-même. Retrouver une mère! ce bonheur imprévu peut la sauver de telle démarche folle, de telle vengeance aveugle, qu'ensuite elle pleurerait toujours.

Parfois, plus orgueilleuse, elle ne daigne se venger ainsi. Elle réclame la séparation. C'est ce que nous voyons trop souvent aujourd'hui. Aux premières incartades d'un jeune homme violent qui aurait pu mûrir, se corriger, la femme, celle surtout qui se sent riche, n'entend rien, ne supporte rien, éclate, veut rentrer dans son bien. Sa famille influente sollicite. Ses domestiques, à elle, témoignent contre le mari. Elle reprendra sa dot. Mais sa liberté? Non. Si jeune encore, la voilà veuve. Et reprend-elle aussi (s'il faut le dire) l'intimité qu'elle a donnée, cette communion définitive qui livre la personne même, la transforme? Non, non, elle ne peut la reprendre. Rien de plus douloureux.

Quoi donc! n'est-il point de remise? ne peut-on ramener le jeune homme? Tout son vice, c'est l'âge. Il n'est ni méchant, ni avare. Cette dot, que les parents la gardent. C'est *elle* qu'il aimait et regrette. Il sent bien (et surtout étant séparé d'elle) qu'il n'en trouvera pas une aussi désirable. Et cette fierté même qui leur fut si fatale, n'est-ce pas un attrait pour l'amour?

« L'amour? Mais nous n'avons que cela en ce monde... et demain nous mourrons. Aimez donc aujourd'hui... Je jure que vous aimez encore. »

Voilà ce qu'elle dit, cette tendre amie, et elle fait mieux que dire. Pendant qu'elle caresse et console la petite femme à sa campagne, un jour elle la pare, bon gré, mal gré, la fait jolie. Des visiteurs viendront. Un seul vient, et lequel? Devinez-le, si vous pouvez.

« Le mari! »

Un amant. De visage peut-être il ressemble, mais d'âme, il est tout autre. Si c'était le mari, aurait-il ce trouble charmant? tant d'amour et d'empressement, un si violent retour de passion?... Oh! nul moyen de s'expliquer... Des deux côtés, on ne sait ce qu'on dit, on balbutie, on promet et l'on jure... Bref, tous deux ont perdu l'esprit. L'amie rit, les dispense d'avoir le sens commun. Il est tard, le souper est court, car elle a la migraine, elle ne peut leur faire compagnie, et ils veulent bien l'en tenir quitte, eux-mêmes si fatigués d'émotions. On peut les laisser seuls. Ils ne se battront pas. Que l'on plaide là-bas, à la bonne heure, mais ici qu'ils reposent.

Est-ce tout? Non. L'aimable providence qui renoue leurs amours ne veut pas que l'orage puisse revenir à l'horizon. D'eux elle obtient deux choses. D'abord, de sortir du milieu où cet orage se forma. Il ne vient guère de ceux qui aiment, mais de leurs entourages. Si l'un des deux a un défaut, presque toujours il dure, augmente, sous l'influence de quelque funeste amitié dont il faut l'éloigner. Changer de lieu, parfois, c'est changer tout.

L'autre mal, bien fréquent, qu'elle essaye de guérir, c'est le désœuvrement. Dans une vie flottante, trop peu remplie, je ne sais combien de tristesses, de pensées malsaines, d'aigreurs, viennent infailliblement. Ce qui mêle et l'âme et la vie, c'est

de *coopérer*, de travailler ensemble, tant qu'on peut ;
tout au moins de travailler à part, et de se regretter,
et de souffrir un peu de n'être pas ensemble, — de
sorte qu'on reste avide l'un de l'autre, impatient de
l'heure où l'on se reverra, demandant, désirant
le soir.

III

LA PROTECTRICE DES FEMMES. — CAROLINA

La cinquième partie du monde, l'Australie, n'a jusqu'ici qu'un saint, une légende. Ce saint est une femme anglaise, morte, je crois, cette année.

Sans fortune et sans secours, elle a fait plus pour ce monde nouveau que toutes les sociétés d'émigration et le gouvernement britannique. Le plus riche et le plus puissant des gouvernements de la terre, maître des Indes et d'un empire de cent vingt millions d'hommes, échouait dans cette colonisation qui doit réparer ses pertes. Une simple femme réussit et emporta l'affaire par sa bonté vigoureuse et par la force du cœur.

Rendons hommage ici à cette race persévérante. Une Française, une Allemande, eût eu autant de bonté, de généreuse pitié, mais je ne sais si elle eût persisté contre tant d'obstacles. Il y fallait une obstination admirable dans le bien, un sublime entêtement.

Carolina Jones naquit vers 1800, dans une ferme du comté de Northampton. A vingt ans, elle fut épousée, emmenée par un officier de la Compagnie des Indes. Brusque passage. Élevée dans les mœurs décentes, sérieuses, des campagnes d'Angleterre, elle tomba dans ces babylones militaires où tout est permis. Les filles de soldats, laissées orphelines, étaient à vendre dans les rues de Madras. Elle se mit à les ramasser et en remplit sa maison. On eut beau se moquer d'elle ; elle subsiste cette maison, et elle est devenue un orphelinat royal.

La santé de son mari, le capitaine Chisholm, exigeant un climat plus sain, il obtint d'aller quelque temps se refaire en Australie et y passa en 1838 avec sa femme et ses enfants. Mais, obligé bientôt de retourner à son poste, il l'y laissa seule, et c'est alors qu'elle commença sa courageuse entreprise.

Personne n'ignore que Sydney, et l'Australie en général, a été surtout peuplée de *convicts*, de condamnés, dont beaucoup seraient parmi nous des forçats. La déportation constante y amenait des masses d'hommes, peu de femmes relativement. On peut deviner combien elles étaient recherchées, poursuivies. Chaque vaisseau qui arrivait chargé de femmes était attendu au débarquement, salué de clameurs sauvages, qu'on eût dit des cris de famine. Les actes les plus violents, les plus révoltants étaient ordinaires. Même les femmes d'employés, dont les maris étaient absents, n'avaient nulle sûreté chez elles. Quant aux filles déportées, elles tombaient dans cette foule comme un gibier qu'on relançait.

Pour comprendre l'horreur de cette situation, il faut savoir ce que c'est qu'une Anglaise. Elles n'ont nullement l'adresse, l'esprit de ressources et d'expédients, qui caractérise les nôtres. Elles ne savent pas travailler : elles ne sont bonnes absolument qu'aux enfants et au ménage. Elles sont très dépendantes, modestes (n'apportant pas de dot). Mariées, elles sont fort battues. Mais celle qui n'est pas mariée, c'est une malheureuse créature, qui ne sait se tirer d'affaire, effarée, qui heurte, tombe, se fait mal partout. Quelqu'un a dit : « un chien perdu », qui erre et cherche son maître, et ne sait pas s'en faire un.

Leurs filles publiques elles-mêmes sont plus à plaindre que celles d'ici. Celles-ci, dans leur triste état, se défendent par l'ironie et peuvent encore relativement se faire un peu respecter. La fille anglaise n'a pas le moindre ressort, aucune arme contre la honte, rien à dire (celles qui parlent sont des Irlandaises). L'Anglaise ne peut se soutenir, dans son abattement moral, qu'en buvant du *gin* de quart d'heure en quart d'heure, et se maintenant ainsi dans les demi-ténèbres où elle voit à peine elle-même ce qu'elle reçoit d'affronts.

Des filles, hélas ! de quinze ans, douze ans, qu'on oblige à ce métier et à faire de petits vols, c'était en bonne partie la matière des razzias que la police faisait et qu'une condamnation rapide envoyait en Australie. On les entassait souvent sur de vieux mauvais vaisseaux, comme l'*Océan*, qui sombra devant Calais même, et nous jeta quatre cents corps de femmes, très jeunes et jolies presque toutes.

Ceux qui le virent en pleurèrent et s'en arrachaient les cheveux.

On peut juger de ce que devenait ce pauvre bétail humain, comme de jeunes brebis sans défense, jeté au monde des forçats. Traquées dans les rues de Sydney, elles n'échappaient aux outrages continuels qu'en allant coucher la nuit à la belle étoile, hors la ville et dans les rochers.

Carolina fut blessée, et dans sa pudeur anglaise et dans sa bonté de femme, par ce révoltant spectacle. Elle invoqua l'autorité; mais celle-ci, tout occupée de la surveillance de tant d'hommes dangereux, avait autre chose à faire qu'à songer à ces petites misérables. Elle invoqua le clergé; mais l'Église anglicane, comme toute Église, croit trop à la perversité héréditaire de la nature pour espérer beaucoup du remède humain. Elle s'adressa à la presse, et s'attira dans les journaux des réponses ironiques.

Cependant elle dit, redit tant qu'il n'en coûterait pas un sou, que le gouvernement, magnifiquement, lui prêta un vieux magasin. Elle y abrita de suite une centaine de jeunes filles, qui au moins eurent ainsi un toit sur la tête. Des femmes mariées, dans l'absence de leurs maris, obtinrent de camper au moins dans la cour, pour n'avoir pas à craindre d'attaque de nuit.

Comment nourrir ce troupeau de filles, la plupart ne sachant rien faire? Carolina, femme d'un simple capitaine et chargée de trois enfants, était bien embarrassée. Elle chercha à la campagne des gens mariés, des familles, qui pussent les employer. Ainsi, elles firent place à d'autres. Avant un an, elle en avait sauvé sept cents ; trois cents Anglaises protestantes, quatre cents Irlandaises catholiques. Beaucoup d'entre elles se marièrent et ouvrirent à leur tour chez elles un abri à leurs pauvres sœurs déportées.

Ayant tout rempli autour de Sidney, il lui fallut chercher au loin des placements. Les voyages ne semblaient guère faits pour une jeune femme, dans un pays peuplé ainsi, et où les habitations, souvent à grandes distances, excluent toute surveillance, toute protection publique. Elle osa, sur un bon cheval, qu'elle appelait le Capitaine (en souvenir de son mari absent), elle alla à la découverte, par les routes, ou bien sans route souvent franchissant les torrents. Le plus hardi, c'est qu'elle menait des filles avec elles, et parfois jusqu'à soixante, pour les placer comme servantes dans les familles, ou les marier. Elle fut reçue partout, de ces hommes trop mal jugés, comme la Providence elle-même, avec égard, avec respect. Mais elle ne couchait qu'en lieu sûr, et toujours avec ces filles, aimant mieux passer la nuit dans des chariots mal couverts, plutôt que de s'en séparer.

On commença à entrevoir la grandeur, la beauté de l'entreprise. Jusque-là on ne faisait rien, et tout était viager, on renouvelait incessamment ces colonies stériles, qui allaient toujours s'éteignant. Bien plus, on ne changeait rien aux âmes, aux mœurs, aux habitudes. Le vice restait le vice; la prostitution, plus qu'à Londres, honteuse et stérile. La révolution opérée par cette femme admirable put se qualifier ainsi : Mort à la mort, à la stérilité, à l'immonde célibat (*bachelorism*)!

Le gouvernement avait dit, aux premières demandes qu'elle lui adressa : « Que m'importe ! suis-je fait pour leur trouver des femmes ? » — Et cependant tout était là. C'était le secret de la vie, de la perpétuité pour ce nouveau monde. Donc, elle n'hésita pas, cette femme chaste et sainte entre toutes, à se faire l'universel agent des amours de la colonie, le ministre du bonheur. Elle tâchait de bien diriger les choix dans ces mariages rapides. Mais que faire? elle croyait que, dans une grande solitude, lorsqu'il n'y a pas là des tiers pour intriguer et brouiller, la bonne nature arrange tout; on veut s'aimer et l'on s'aime; on s'attache par le temps; on finit par s'adorer.

Elle travaillait surtout à recomposer les familles. Elle aidait la jeune fille, bien mariée, devenue une maîtresse de maison, à faire venir ses parents. Elle faisait aussi venir d'Angleterre les malheureuses ouvrières à l'aiguille qui déjà mouraient de faim, comme les nôtres aujourd'hui.

La récompense qu'elle trouva, c'est qu'on faillit la tuer. La populace de Sydney trouva fort mauvais qu'elle attirât tant d'émigrantes, qui faisaient baisser le prix des salaires. Des bandits s'attroupaient sous ses fenêtres et voulaient sa vie. Elle parut courageusement, les prêcha, leur fit entendre raison. Ils s'éloignèrent pleins de respect.

Au bout de sept ans, elle alla à Londres pour convertir le ministère à ses idées, et fit un cours public pour les répandre. Le ministre Grey et les comités de la Chambre des lords voulurent l'entendre et la consultèrent. Une chose rare, admirable, c'est que son mari, devenu son premier disciple, retourna en

Australie. Ces deux époux, si unis, s'imposèrent une cruelle séparation pour faire plus de bien. Elle était allée le rejoindre quand elle tomba malade, et dit-on, mortellement. (Blosseville, II, 170; 1859.)

Elle est la légende d'un monde. Son souvenir grandira d'âge en âge.

Une singularité qu'on ne peut négliger, c'est que cette sainte était l'esprit le plus positif, le plus éloigné de toute chimère, de toute exagération. Elle avait au plus haut degré l'esprit administratif, écrivait tout, tenait un détail immense des choses, des sommes, des personnes, une comptabilité exacte. En voici un trait tout anglais. Se croyant responsable du petit patrimoine de famille envers son mari, ses enfants, elle a calculé qu'au total, malgré les avances infinies qu'elle faisait, tout était rentré, moins une fort petite somme. Dans tout son apostolat, elle n'avait appauvri sa famille que de seize livres.

Ce n'est pas cher pour faire un monde.

IV

CONSOLATION DES PRISONNIÈRES

Dans son Mémoire couronné par l'Institut, madame Mallet disait en 1845 : « Dix mille femmes entrent chaque année dans nos prisons de France. Les plus coupables, qui sont les mieux traitées, remplissent les maisons centrales. Les moins coupables, au nombre de huit mille, sont dans les prisons départementales, vieux couvents humides, où on les laisse souvent sans ouvrage, dans un désœuvrement désolant, corrupteur, — *sans linge*, et quelquefois *sans lit.* » — Espérons que depuis ce temps on y a mieux pourvu.

Jusqu'en 1840, elles étaient *gardées par des hommes!* et aujourd'hui encore, une femme arrêtée et mise au corps de garde a pour protection la sagesse de dix garçons de vingt ans. (Voy. la triste affaire d'Oslinda, jugée le 14 septembre 1858.)

Dans le compte général des crimes et délits, les femmes sont pour bien peu (dix-sept pour cent), chose étonnante, car elles gagnent bien moins que l'homme, et doivent être bien plus tentées par la misère. Quand on entre, avec madame Mallet, dans le détail des causes, ce chiffre diminue encore, s'évanouit en grande partie. Nombre de ces crimes ou délits sont forcés. Ici, des mères prostituées battent des enfants de douze ans, leur cassent les dents à coups de poing, pour les mettre au trottoir et les rendre voleuses. Là, ce sont des amants qui ne font pas le crime eux-mêmes, mais le font faire, forcent la femme de voler pour leur compte ; sinon, éreintée à coup de bâton. Ailleurs, c'est la faim uniquement qui la conduit au mal. D'autres, c'est leur bon cœur, leur pitié ; elles se prostituent pour nourrir leurs parents, et leurs vices mériteraient le prix de vertu.

La plupart sont de bonnes créatures, tendres et charitables. Les pauvres le savent bien. Ils s'adressent avec confiance, et de préférence, à ces filles. Remarquons-le, dans cette lie des villes, il y a une bonté infinie. Dans les campagnes beaucoup de dureté. On donne un peu, de peur de l'incendie, mais on laisse mourir ses parents de faim.

La cause vraie, profonde, générale, qui les mène au vice et au crime même, c'est l'ennui, la tristesse de leur vie. La vertu pour une fille, c'est d'être quatorze heures par jour assise, *faisant le même point* (on l'a vu) pour gagner dix sous, la tête basse et l'estomac plié, le siège échauffé, fatigué. *Sedet, æternumque sedebit.* Ajoutez, pour l'hiver, ce misérable brasero qu'elles ont, grelottantes, pour tout chauffage, et qui fait tant de maladies. Le cinquième des crimes de femmes est fait par les *couseuses*.

Ce pauvre enfant, la femme, a besoin de se mouvoir,

de varier ses attitudes. Toute sensation nouvelle lui est charmante ; mais il ne lui faut pourtant pas grande nouveauté pour être heureuse ; le petit mouvement du ménage, travail alterné, soins d'enfants, voilà son paradis. Aimez-la, rendez-lui la vie un peu plus douce, un peu moins ennuyeuse, et elle ne fera rien de mal. Otez-lui de la main, au moins pour quelques heures par jour, l'aiguille, ce supplice de monotonie éternelle. Qui de nous le supporterait?

Madame Mallet a vu et bien vu les prisons. C'est un très grand mérite. Qu'il est à souhaiter que nos dames l'imitent, qu'elles dominent leur répugnance, abordent cet enfer, qui, tel quel, contient bien des anges, — anges déchus, dont plusieurs sont plus près du ciel que telle sainte.

Le tort de ce bon livre, c'est sa timidité, ses ménagements. Elle veut et ne veut pas de surveillantes religieuses. Elle suit la mode du temps et l'opinion de ses juges, la plupart favorables au système cellulaire. Dès lors, peu d'air, peu de lumière ; des créatures étiolées et tout artificielles.

Le remède, au contraire, c'est d'abattre les murs, c'est *l'air et le soleil*. La lumière moralise.

Le remède, c'est le travail dans des conditions tout autres, sévère, mais un peu varié et coupé de *musique* (cela réussit à Paris, par les soins de quelques dames protestantes). Les prisonnières sont folles de musique. Elle les harmonise, leur rend l'équilibre moral ; elle soulage la flamme intérieure.

Léon Faucher l'a très bien dit : il faut rendre au

travail des champs les prisonniers et les prisonnières qui sont de la campagne, ne pas les enterrer dans vos horribles murs, manufactures de pulmoniques. Oui, remettez la paysanne au travail de la terre (en Algérie, du moins). J'ajoute : L'ouvrière même peut utilement être colonisée dans des établissements demi-agricoles, où, plusieurs heures par jour, elle fasse un peu de jardinage qui aidera à la nourrir.

Nous n'avons pas besoin d'avoir, comme les Anglais, de coûteux pénitenciers au bout du monde. Colonisons la Méditerranée. L'*Africa* nourrissait l'Empire. Elle sera encore très peuplée, très féconde, du jour qu'on voudra sérieusement l'assainir.

Mais le grand, le décisif, le souverain remède, c'est *l'amour et le mariage*.

« Le mariage ! et qui en voudra ? » Plus d'un qui saura réfléchir.

Broussais a dit : « La maladie de l'un, qui chez lui est un excès de force, serait faiblesse en l'autre. Si le tempérament est différent, différentes les circonstances physiques, ce n'est plus maladie. »

Je crois aussi que telle personne qui, dans l'étouffement de nos villes et d'une société si serrée, a péché par violence et parfois par excès de force, serait bien à sa place et peut-être admirable dans les libertés de l'Atlas, dans une vie aventureuse de colonies militaires. Madame Mallet remarque qu'en général, les femmes sanguines qui, dans la colère ou la jalousie, ont fait un acte criminel, ne sont pas du tout corrompues. Employez-les selon leur énergie, elles la mettront toute dans l'amour et dans la famille, et ce seront de vraies brebis.

Et les martyres, les saintes de la prostitution qui l'ont subie par piété filiale ou devoir maternel, qui les croira souillées ? Ah! les infortunées à qui la vertu même infligea ses tortures, sachez qu'elles sont vierges entre toutes. Leur cœur brisé, mais pur, plus que nul cœur de femme, a soif d'honneur, d'amour, et nulle n'a plus droit d'être aimée.

Les vraies coupables même, si on les sort de notre Europe, qu'on les mette sous un nouveau ciel, sur une terre qui ne saura rien de leurs fautes, si elles sentent dans la société une mère qui punit, mais une mère, si elles voient au bout de l'épreuve, l'oubli, l'amour peut-être... leur cœur fondra, et, dans leurs abondantes larmes, elles seront purifiées.

Quand je vois ces chauves rivages méditerranéens, ces montagnes arides, mais qui, gardant leurs sources, peuvent toujours être reboisées, je sens que vingt peuples nouveaux vont naître là, si l'on y aide. Au lieu de revenir ici misérable ouvrier, notre soldat d'Afrique, d'Asie, sera propriétaire là-bas. Il aimera bien mieux, comme femme et auxiliaire, prendre, non une statue d'Orient, mais une vraie femme vivante, une âme et un esprit, une Française énergique, adoucie par l'épreuve et jolie de bonheur.

Voilà mon roman d'avenir. Il suppose, je l'avoue, une condition, c'est que la médecine s'occupe des grands objets de ce siècle: *l'art d'acclimater l'homme* et *l'art des croisements*, l'art d'harmoniser les familles par l'association des différences de races, de conditions, de tempéraments. Pour les nôtres il faut de l'adresse plus que pour les mariages anglais qu'improvisait Carolina. Je voudrais là une Carolina française, qui, entourée des lumières de la science, éclairée des médecins, placerait habilement les femmes libérées dans les conditions les plus sages. Si, par exemple, la vive, la sanguine, est mariée dans l'air vif des montagnes avec un homme violent, on peut craindre de nouveaux excès ; mettez-la plutôt dans la plaine avec un homme calme en qui elle respecte la force douce et la mâle énergie.

Ce sont là les seuls remèdes sérieux. L'état actuel ne corrige rien, de l'aveu de l'autorité (Mallet), il multiplie les récidives. Le silence imposé dans les maisons centrales pour les femmes est une torture; plusieurs en deviennent folles (page 188). Que propose pourtant cette dame ? D'aggraver cet état qui fait des folles, en les mettant dans des cellules. Là elles seront catéchisées par l'aumônier.

En général, que leur apporte-t-il ? De vagues généralités (Mallet). Il ne varie pas sa parole selon les classes et les personnes. L'ouvrière n'y trouve qu'ennui, la paysanne n'entend pas un mot. Peut-on parler de même à la fille vicieuse, endurcie dans le mal, et à la fille violente, nullement vicieuse, qui a frappé un mauvais coup ? Le meilleur aumônier, qui fait profession d'ignorer l'amour, le monde et la vie, est-il propre à comprendre des précédents aussi compliqués, des situations si diverses ? Combien moins les religieuses, qu'on employait pour surveillantes ! Madame Mallet, qui les recommande, avoue qu'elles n'y comprennent rien, qu'elles haïssent les détenues, n'ayant aucune idée des circonstances qui les ont menées là, des tentations de la pauvreté, etc.

Tout membre de corporation est, par cela seul, moulé dans un certain moule général, et il a infiniment moins le sens du spécial, de l'individuel, qui serait tout dans cette médecine des âmes. L'homme, même laïque, avec notre uniformité d'éducation, etc., y convient bien moins que la femme. J'entends la dame du monde, qui a de l'âge et de l'expérience, qui a beaucoup vu et senti, qui sait la destinée, qui a manié plus d'un cœur, qui connaît mille secrets délicats dont les hommes ne se douteront jamais.

Croyez-vous donc qu'on trouvera beaucoup de dames si dévouées, si courageuses, pour visiter souvent ces sombres lieux, pour affronter le contact de ces tristes créatures ? Sans doute c'est beaucoup de sentir que l'on fait le bien. Cependant, il faut là bien de la force pour persévérer.

J'ose dire qu'on le trouvera, cet appui nécessaire, non dans le cœur seulement, mais dans l'esprit. Pour une intelligence haute, pure, éclairée, qui par l'âge arrive aux régions d'où l'on domine, c'est une étude merveilleusement instructive, émouvante au plus haut degré, de lire dans ce livre vivant. Laissez-moi là vos drames et vos spectacles, le grand drame est ici. Réservez donc votre intérêt, vos pleurs. Toute fiction pâlit en présence de telles réalités, — si fortes, hélas! si délicates aussi ; ce sont des destinées de femmes. Ces fils que je vous mets, madame, dans vos bonnes mains, n'est-ce pas un bonheur d'en éclaircir doucement les ténébreux écheveaux? et, s'il était possible à votre adresse de les reprendre, ces pauvres fils cassés, et de les rattacher !... O madame, les anges seront jaloux de vous.

Ange de Dieu, pardonnez-moi de vous parler d'un sujet sombre, du plus choquant, du plus terrible. Mais tout se purifie au feu de charité qui vous brûle le cœur.

Nul amendement dans les prisons, si l'on ne trouve moyen d'y rappeler l'état de nature, d'y finir l'exécrable tyrannie des forts sur les faibles, ceux-ci battus et jouets des premiers.

Tout le monde le sait et personne ne veut le dire.

Un homme de funèbre mémoire (de grandes fautes politiques, mais qui avait un cœur), l'homme qui sut le mieux les prisons, quand nous étions amis, m'a plus d'une fois expliqué avec rougeur et larmes ce mystère du Tartare, les boues sans fond du désespoir.

L'effet est différent : l'homme tombe si bas qu'un enfant le ferait trembler; la femme devient une furie.

Ce n'est pas avec des maçons, des murs et des cachots qu'on finira cela. On n'aurait à la place que le suicide honteux, le cul-de-jatte et l'idiot. Ce qu'il faut, c'est l'air, le travail, le travail fatigant. Et pour le prisonnier marié, il faut lui rendre ce que nul n'a le droit de lui ôter : le mariage.

Je soumets aux jurisconsultes, mes illustres confrères de l'Académie des Sciences morales, la question suivante : La loi, en condamnant cet homme à la prison, en supprimant les effets civils de son mariage, entend-elle le condamner au célibat? Pour moi, je ne le crois nullement.

Et ce que je sais certainement, c'est que l'autre conjoint, innocent et non condamné, conserve son droit immuable.

Plusieurs de ces infortunés tiennent extrêmement à la famille et continuent de lui faire les plus honorables sacrifices. J'ai vu, au Mont Saint-Michel, un prisonnier, chapelier très habile, qui, du fond de sa prison, en se privant de toute chose, travaillait pour nourrir sa femme, et qui attendait impatiemment l'heure de se réunir à elle.

L'Église catholique croit le mariage indissoluble : donc, son droit permanent. Comment n'a-t-elle pas réclamé ici au nom de la religion, de la morale, de la pitié ?

La chose, je le sais, a des difficultés pratiques. Il y faut un sage arbitraire. On ne peut indiscrètement introduire chez la prisonnière un mari pervers, corrupteur, qui a pu la mener au mal. Une administration chargée de tant de choses générales ne peut pas aisément entrer dans l'information minutieuse que ceci demanderait, chercher souvent au loin des renseignements, suivre pour une seule personne une correspondance délicate et coûteuse. C'est ici qu'il faudrait la providence d'une dame de cœur, de vertu éprouvée.

Si la prison est dans une grande ville ou pas bien loin, elle y chercherait de l'ouvrage au mari, les rapprocherait ainsi, de sorte que la prisonnière eût le bonheur de sa visite tel jour du mois qu'indiquerait l'intelligente [protectrice.

La femme n'est qu'amour. Rendez-le-lui, vous en ferez tout ce que vous voudrez. Elles en valent la peine; elle conservent beaucoup de ressort, sont parfois très exaltées et très bizarrement amoureuses, mais jamais apaisées, comme l'homme, ni ignoblement aplaties. Celle qui leur donnerait un éclair de bonheur, en serait tellement aimée et adorée, qu'elle mènerait, tout comme elle voudrait, ce faible troupeau.

Madame Mallet le sent très bien. C'est là le grand moyen de discipline, de régénération. Elle veut qu'on en use, que la prisonnière reçoive son mari. Mais elle y met de telles entraves et tant de gênes, que se revoir ainsi, c'est peut-être souffrir encore plus.

Il ne faut pas leur envier ce qu'on leur donne. La surveillance, s'il y en a, ne peut être exercée par les personnes officielles qui auraient des oreilles et des yeux, épieraient leurs épanchements, et dont le visage seul les glacerait. Il faut qu'on s'en rapporte à la bonté officieuse d'une personne sûre et respectée, qui prendra tout sur elle, et dont l'indulgente vertu abritera sa pauvre sœur humiliée dans cette consolation suprême, et n'en comptera qu'avec Dieu.

V

PUISSANCES MÉDICALES DE LA FEMME

Tout le monde connaît à Lyon mon bon et savant ami, le docteur Lortet, le plus riche cœur de la terre pour l'énergie dans le bien. Sa mère, au fond, en est cause. Tel il est, tel elle le fit. Cette dame est restée en légende pour la science et la charité.

Le père de madame Lortet, Richard, ouvrier de Lyon, grenadier, et qui ne fut rien autre chose, s'avisa au régiment d'apprendre les mathématiques, et bientôt en donna des leçons à ses officiers et à tous. Rentré à Lyon et marié, il donna à sa fille cette éducation. Elle commença justement comme les bambins de Frœbel par une étude qui charme les enfants, la géométrie (l'arithmétique, au contraire, les fatigue extrêmement). Femme d'un industriel, vivant en plein monde ouvrier, dans les convulsions de Lyon, elle se hasarda pour tous, sauvant tantôt des royalistes et tantôt des jacobins, forçant intrépidement la porte des autorités et leur arrachant des grâces. On sait l'épuisement terrible qui suivit ces agitations. Vers 1800, il semblait que le monde défaillît, Senancour écrivit son livre désespéré de *l'Amour* et Grainville *le Dernier homme*. Madame Lortet elle-même, quel que fût son grand courage, sur tant de ruines, faiblit. Une maladie nerveuse la prit, qui semblait incurable. Elle avait trente ans. Le très habile Gilibert, qu'elle consulta, lui dit : « Vous n'avez rien du tout. Demain, avec votre enfant, vous irez, aux portes de Lyon, me cueillir telle et telle plante. Rien de plus. » Elle ne pouvait pas marcher, le fit à grand'peine. Le surlendemain, autres plantes qu'il l'envoya recueillir à un quart de lieue. Chaque jour il augmentait. Avant un an, la malade devenue botaniste, avec son garçon de douze ans, faisait ses huit lieues par jour.

Elle apprit le latin pour lire les botanistes et pour enseigner son fils. Pour lui encore, elle suivait des cours de chimie, d'astronomie et de physique. Elle le prépara ainsi aux études médicales, l'envoya étudier à Paris et en Allemagne. Elle en fut bien récompensée. D'un même cœur, le fils et la mère, à toutes les batailles de Lyon, pansèrent, cachèrent et sauvèrent des blessés de tous les partis. Elle fut en tout associée à la générosité aventureuse du jeune docteur. Si elle n'eût vécu avec lui, dans un grand centre médical, elle aurait étendu de ce côté ses études, elle les aurait moins circonscrites dans la botanique. Elle fut l'herboriste des pauvres. Elle en aurait été le médecin.

Tout ceci m'a été remis en mémoire par ce que j'ai sous les yeux. J'écris dans un très beau lieu, sur les bords de la Gironde. Mais ni ici ni ailleurs dans les villages, il n'y a point de médecin. Ils sont plusieurs, réunis dans une petite ville, nullement centrale, où ils n'ont presque rien à faire. Avant d'en faire venir un et de payer un déplacement coûteux, les pauvres meurent. Souvent le mal, pris à temps, n'eût été rien, c'est une fièvre qu'un peu de quinquina aurait arrêtée; c'est une angine d'enfant, qui, cautérisée à l'instant, aurait disparu; mais l'on tarde, l'enfant meurt. — Où est madame Lortet?

Une dame américaine, qui a cent mille livres de rentes, mais cependant riche de cœur, de connaissances variées, et qui, de plus, a l'esprit délicat, les réserves craintives de la pudeur anglaise, n'en a pas moins résolu de donner à sa fille une éducation médicale. Dans ce pays d'action, de migrations, où les circonstances vous portent souvent fort loin des grands centres civilisés, si cette demoiselle épouse (je suppose) un industriel établi sur je ne sais quel cours d'eau de l'Ouest, il faut que ces mille ouvriers, ces mille défricheurs qui seront autour d'elle, trouvent quelques secours provisoires à la grande usine, et ne meurent pas en attendant le médecin, qui peut-être demeure à vingt lieues de là. Dans leurs hivers, fort rigoureux, il n'y a nul secours à attendre. Combien moins en d'autres pays, en Russie par exemple, où les fanges du printemps et de l'automne suspendent au moins six mois toute communication.

Les leçons d'anatomie sont suivies aux États-Unis par les deux sexes également. Si le préjugé empêche de disséquer, on supplée par les admirables imitations du docteur Auzoux. Il m'a dit qu'il en fabriquait autant pour les États-Unis que pour tout le reste du monde.

« En supposant la science égale, quel est le meilleur médecin ? — *Celui qui aime le plus.* »

Ce très beau mot d'un grand maître nous porterait à en induire : « *La femme est le vrai médecin.* »

Elle l'est chez tous les peuples barbares. C'est, chez eux, la femme qui sait les secrets des simples, les applique. Il en fut de même chez des peuples non barbares, et de haute civilisation. Dans la Perse, la dépositaire de toutes sciences fut la mère des mages.

En réalité, l'homme, qui compatit beaucoup moins, qui, par l'effet de sa culture philosophique et généralisatrice, se console si facilement de l'individu, rassurerait le malade infiniment moins que la femme.

Celle-ci est bien plus touchée. Le malheur, c'est qu'elle l'est trop, qu'elle est sujette à s'attendrir, à subir la contagion nerveuse des maux qu'elle voit, et à devenir le malade elle-même. Il y a tel accident cruel, sanglant, repoussant, qu'on n'oserait mettre sous ses yeux à certaines époques du mois, ou encore, si elle est enceinte. Donc, il faut que nous renoncions à cette aimable perspective. Quoiqu'elle soit certainement la puissance consolante, réparatrice, curatrice, médicative, du monde, elle n'est pas le médecin.

Mais combien utilement elle en serait l'auxiliaire ! combien sa divination, en mille choses délicates, suppléerait à celle de l'homme ! L'éducation de celui-ci développe en lui plus d'un sens, mais elle en éteint plusieurs. Cela est visible surtout dans les maladies de femmes. Pour en pénétrer le fuyant secret, le protée mystérieux, il faut soi-même être femme ou aimer infiniment.

- Le sacerdoce médical demande des dons si variés, et même si opposés que, pour l'exercer, il faudrait l'être double, disons mieux complet, *homme-femme*, la femme associée au mari, comme mesdames Pouchet, Hahnemann, etc.; la mère associée au fils, comme fut madame Lortet. Je comprends aussi qu'une dame veuve et âgée exerce la médecine avec un fils d'adoption qu'elle aurait formé elle-même.

Les médecins (première classe de France incontestablement, la plus éclairée) voudraient-ils permettre à un ignorant qu'eux-mêmes ont instruit et fait réfléchir, de dire ce qu'il a au cœur? Eh bien, voici ce qu'il lui semble :

La médecine a deux parties dont on ne parle pas assez : 1° la *confession*, l'art de faire dire au malade tous les précédents qui expliquent la crise physique; 2° la *divination* morale, pour compléter ces aveux, voir au delà, l'obliger de livrer le petit noyau, imperceptible souvent, qui est le fond même du mal, et qui, restant toujours là, malgré tous les plus beaux remèdes, le ferait toujours revenir.

Oh! que la femme, une bonne femme, pas trop jeune, mais d'un cœur jeune, ému, tendre (qui trouve l'adresse, la patience, dans sa pitié), vient mieux à bout de cela! L'homme y est fort nécessaire. Il faut que froidement, gravement, il observe et conjecture, sur l'aspect physique et le peu que le malade veut dire. Mais la femme du docteur, si elle était là aussi, si elle restait après lui, comme elle en saurait bien plus ! Combien sa compassion obtiendrait davantage, et surtout d'une autre femme ! Parfois, pour résoudre tout, faire fondre toutes les glaces, obtenir l'histoire complète, il suffirait de pleurer.

J'avais pour voisin, à Paris, un charbonnier de trente ans qui avait du bien en Auvergne et ici une boutique qui n'allait pas mal. De son pays, il fit venir une épouse, une gentille Auvergnate, un peu courte, mais jolie, dont le visage, noirci par moments, n'en brillait pas moins de petits yeux pleins de flammes. Elle était sage, mais voyait qu'on la regardait beaucoup, et n'en était pas fâchée. Ils habitaient une rue sale, étroite, obscure et peu saine. Par moments, le charbonnier, jeune et fort, n'en avait pas moins des accès de fièvre. Ils devinrent plus habituels. Il pâlissait, maigrissait. Un bon médecin appelé vit de suite une chose probable, que l'humidité du logis avait commencé la fièvre, que les brouillards de Paris ne valaient rien à un homme qui avait longtemps respiré l'air vif et froid du Cantal. Il lui dit qu'il lui couperait sa fièvre, mais qu'elle reviendrait, s'il ne retournait au pays. Le charbonnier ne dit rien, sa fièvre augmenta.

Une dame du voisinage que la charbonnière fournissait, vit que, derrière l'observation judicieuse du médecin, il y avait pourtant autre chose. Et elle lui dit : « Ma petite, sais-tu pourquoi ton mari a la fièvre, et la gardera et l'aura de plus en plus? C'est parce que tes jolis yeux aiment trop à être regardés... Et sais-tu pourquoi la fièvre a augmenté ces jours-ci? C'est par le combat que se livrent en lui l'amour et l'avarice. Il croit gagner trop peu là-bas. Il ne pourra pas s'en tirer. Il restera et mourra. »

Ni la femme ni l'homme n'auraient jamais pris un parti. Ce fut la dame qui le prit. Elle avertit les parents, qui de là-bas firent écrire au charbonnier que son bien était en mauvaise main, qu'il dépérissait; que, pendant qu'il croyait faire à Paris de bonnes affaires, il se ruinait en Auvergne. Cela réveilla notre homme, trancha tout. Il n'eut plus de fièvre, céda sa petite boutique, emmena sa petite femme, partit. Tous deux furent sauvés.

Sauver les autres, c'est se sauver soi-même. Grande douceur pour un cœur blessé d'exercer cette puissance, de se guérir en guérissant. Une femme qui a un grand deuil, de vifs chagrins, de grandes pertes, ne sait pas toujours assez que ce fonds de douleurs, c'est (permettez-moi le mot) une merveilleuse pharmacie pour les maux des autres. Une mère a perdu un enfant. La dame y va, et elle pleure. La mère n'ose presque plus pleurer, songeant que la dame a perdu tous les siens, et reste seule. Et, elle, dans ce malheur du jour, elle a pourtant la douceur de voir encore autour d'elle une belle et brillante famille. Elle a son mari; elle a les consolations d'un amour ravivé, réveillé par les pertes même. Elle se compare, et dit : « J'ai beaucoup encore ici-bas. »

Nous marchons vers des temps meilleurs, plus intelligents, plus humains. Cette année même, l'Académie de médecine a discuté une grande chose, la décentralisation des hôpitaux. On détruirait les lugubres maisons, foyers morbides, imprégnés des miasmes de tant de générations, où la maladie et la mort vont s'aggravant, se décuplant, par un terrible encombrement. On soignerait le pauvre à domicile; bonheur immense pour lui, car on le connaîtrait, on le verrait dans ses besoins, dans les milieux qui font la maladie et qui la recommencent dès qu'il revient de l'hôpital. Enfin, pour des cas peu nombreux, où il doit sortir de chez lui, on créerait autour de la ville de petits hôpitaux, où le malade n'étant plus perdu et noyé dans les foules, serait bien autrement compté, redeviendrait un homme, ne serait plus un numéro.

Je ne suis jamais entré qu'avec terreur dans ces vieux et sombres couvents qui servent d'hôpitaux aujourd'hui. La propreté des lits, des parquets, des plafonds, a beau être admirable. C'est des murs que j'ai peur. J'y sens l'âme des morts, le passage de tant de générations évanouies. Croyez-vous que ce soit en vain que tant d'agonisants aient fixé sur les mêmes places leur œil sombre, leur dernière pensée?

La création de petits hôpitaux, salubres, hors de la ville, entourés de jardins, la spécialité des soins surtout, ces réformes humaines, doivent se faire d'abord pour les femmes. Les accouchées sont enlevées en masse par des fièvres contagieuses. La femme, en général, est bien plus prenable que l'homme aux contagions. Elle est plus imaginative, plus affectée de se voir là, perdue dans cet océan de malades, près des mourants, des morts ; cela seul la ferait mourir. Les parents n'entrent que deux fois par semaine, s'il y a des parents. Les sœurs sont occupées de soins matériels, un peu blasées d'ailleurs par la vue de tant de douleurs. L'interne est un jeune homme. Ce serait lui pourtant, et justement parce qu'il est jeune et non blasé encore, s'il était bon, ce serait lui qui pourrait le plus moralement. Et quel fruit immense d'instruction il en tirerait! quel agrandissement du cœur!

Le docteur L..., alors jeune et interne dans un hôpital de Paris, vit venir dans sa salle une fille de vingt ans au dernier degré de la pulmonie. Nulle amie, nulle parente. Dans son absolue solitude, au milieu de cette triste foule, dans la mélancolie d'une fin prochaine, elle vit bien, sans qu'il lui parlât, elle vit dans ses yeux un éclair de compassion. Dès lors elle le regardait toujours, allant, venant par la salle, et elle ne se croyait pas tout à fait seule. Elle s'éteignait doucement dans cette pure et dernière sympathie. Un jour, il passe, elle fait signe. Il dit : « Que voulez-vous? — Votre main. » Elle meurt. — Ce serrement de main n'a pas été stérile ; ce fut le passage d'une âme. Une âme en profita. Même avant de savoir ceci, en regardant cet homme charmant autant qu'habile, j'avais senti qu'il est de ceux que la femme a doués, et qui trouvent des trésors de médication dans la tendresse du cœur.

Le meilleur homme est homme, et une femme ne

peut lui tout dire. Il y a surtout une semaine par mois où la malade, deux fois malade, est vulnérable à tout, faible, émue, et pourtant n'ose parler. Elle a honte, alors, elle a peur, elle pleure. Elle rêve. Ce n'est pas à la sœur, personne officielle, qu'elle dira tout cela; comme vierge, la sœur n'y voudrait rien comprendre, et n'a pas le temps d'écouter. Il faut une vraie femme, une bonne femme, qui sache tout, tente tout, qui lui fasse tout dire, lui donne bon espoir, lui dise : « N'aie pas d'inquiétude, j'irai voir tes enfants, je te chercherai de l'ouvrage ; tu ne seras pas embarrassée à la sortie. » — Cette femme, fine et pénétrante autant que bonne, devinera aussi ce qu'elle n'ose dire, qu'ayant vu mourir sa voisine, elle a peur de la mort : « Toi, tu ne mourras pas, ne crains rien, ma petite, nous l'empêcherons bien... » Et mille autres choses folles et tendres que trouve un cœur de mère. La malade est comme une enfant. Il faut lui dire ce qu'on dit à un nourrisson, la caresser et la bercer. De femme à femme, les caresses, un tendre enveloppement, c'est souvent chose toute-puissante. Et si la dame a influence, autorité, ascendant d'esprit, de position, d'autant plus sa bonté agit. La pauvre, dans son lit, est tout heureuse, reprend force et courage, et guérit pour lui faire plaisir.

VI

LES SIMPLES

Les bons meurent souvent seuls, et ceux qui consolèrent ne sont pas toujours consolés. Leur douceur, leur résignation, leur harmonie, les conservent, et plus qu'ils ne voudraient. Trop souvent la femme innocente qui n'a vécu que pour le bien, et qui devrait être entourée, soutenue dans l'âge de faiblesse, voit tout s'éteindre, amitiés, parentés et se trouve avancer seule vers le terme solennel.

Elle n'a pas besoin d'être traînée; elle va, elle marche d'elle-même. Elle ne veut qu'obéir à Dieu. Elle se sent en bonnes mains, elle espère, elle se fie. Tout ce qu'elle a encore d'aspirations tendres et saintes, ce qu'elle rêva, voulut en vain pour le bonheur des autres, ce qu'elle avait préparé et ne put, tout cela semble une promesse d'avenir et l'entrée d'un monde nouveau.

Les éloquentes paroles des hommes religieux de ce temps, les migrations de Jean Reynaud et les consolations d'Alfred Dumesnil, la soutiennent, lui donnent espoir. Au livre des métamorphoses (*l'Insecte*), n'a-t-elle pas lu : « Que de choses étaient chez moi qui ne furent point développées ! Une autre âme et meilleure peut-être y fut, et n'a pas pu surgir. Pourquoi les élans supérieurs, pourquoi les ailes puissantes, que parfois je me suis senties, ne se sont-ils pas déployes dans la vie et dans l'action? Ces germes ajournés me restent, tard pour cette vie avancée, mais pour une autre sans doute. Un Écossais (Ferguson) a dit ce mot ingénieux, mais grave, de vérité frappante : « Si l'embryon, « captif au sein maternel, pouvait raisonner, il dirait : « Je suis pourvu d'organes qui ne me servent guère « ici, de jambes pour ne pas marcher, et de dents « pour ne pas manger. Patience! ces organes me « disent que la Nature m'appelle au delà de ma vie « présente. Un temps viendra où je vivrai ailleurs, « où ces outils auront emploi. Ils chôment, ils atten-« dent encore. Je ne suis d'un homme que la chry-« salide. »

De ces sens prophétiques, celui qui veut le plus, qui hésite le moins, qui résolûment nous promet, c'est l'amour. « Pour ce globe, l'amour est la vraie raison « d'être! tant qu'on aime, il ne peut mourir. » (Grainville.) Telle la terre, tel l'homme. Comment peut-il finir, quand il a tellement en lui cette profonde raison de durer? Comment, enrichi de tendresses, de charité, de toute sympathie, aurait-il amassé ce trésor e vitalité, pour voir briser tant de cordes vibrantes

Donc celle-ci n'a pas peur de Dieu. Elle avance

paisible vers lui, et ne voulant que ce qu'il veut, mais sûre de la vie à venir, et disant : « Seigneur, j'aime encore. »

Telle est la foi de son cœur. Cela n'empêche pas que la faiblesse de l'âge, du sexe, n'agisse parfois et qu'elle n'ait des heures de mélancolie. Alors elle va voir ses fleurs, leur parle et se confie à elles. Elle pacifie sa pensée dans cette société discrète, qui n'est pas importune, qui sourit et se tait. Du moins les fleurs parlent si bas qu'on a peine à entendre. On croirait voir en elles les enfants silencieux.

En les soignant, elle leur dit : « Mes chères muettes! A moi qui vous dis tant de choses, vous pourriez avoir confiance. Si vous couvez un mystère d'avenir, parlez, et je n'en dirai rien. »

A quoi l'une des plus sages, vieille sibylle des Gaules (verveine ou bruyère, n'importe) : « Tu nous aimes!... Eh bien, nous t'aimons, nous t'attendons... Sache-le, nous sommes ton avenir même, ton immortalité d'ici-bas. Ta vie pure, ton souffle innocent, ton corps sacré, nous reviendront. Et, quand ton génie supérieur, affranchi, dépliera ses ailes, ce don d'amie nous restera. Ta chère et sainte dépouille, veuve de toi, va fleurir en nous. »

Ce n'est pas une vaine poésie, c'est la vérité littérale. Notre mort physique n'est rien qu'un retour aux végétaux. Peu, très peu est chose solide dans cette mobile enveloppe; elle est fluide et s'évapore. Exhalés, en bien peu de temps, nous sommes avidement recueillis par l'aspiration puissante des herbes, des feuilles. Le monde si varié de verdure dont nous sommes environnés, c'est la bouche, le poumon absorbant de la nature, qui sans cesse a besoin de nous, qui trouve son renouvellement dans l'animal dissous. Elle attend, elle a hâte. Elle ne laisse pas ce qui lui est si nécessaire. Elle l'attire de son amour, le transforme de son désir, et lui donne le bienfait de l'aimable métamorphose. Elle nous aspire en végétant, et nous respire en fleurissant. Pour le corps, ainsi que pour l'âme, mourir c'est vivre. Et il n'y a rien que de la vie en ce monde.

L'ignorance des temps barbares avait fait de la Mort un spectre. La Mort est une fleur.

Dès lors, elles disparaissent, ces répugnances, ces terreurs du sépulcre. C'est l'homme qui a fait le sépulcre, et ensuite il en a peur. La nature ne fit rien de tel. Que me parlez-vous d'ombre, de profondes ténèbres et du sein de la terre? Grâce à Dieu, j'en puis rire. Rien ne m'y retiendra. A peine y laisserai-je trace. Entassez donc encore pierre, marbre, bronze. Vous ne me tenez point. Pendant que vous pleurez et me cherchez en bas, déjà plante, arbre et fleur, enfant de la lumière, j'ai ressuscité vers l'aurore.

L'Antiquité si pénétrante, et vraiment éclairée d'avance d'une aimable lueur de Dieu, avait formulé ce simple mystère en images gracieuses. Daphné devient laurier-rose, et n'en est pas moins belle. Narcisse, en larmes distillées, reste le charme des fontaines. C'est poésie, ce n'est pas mensonge. Lavoisier l'eût pu dire. Berzélius n'aurait pas mieux parlé.

Science! science! douce consolatrice du monde, et vraie mère de la joie!... On la dit froide, indifférente, étrangère aux choses morales? mais quel repos du cœur se trouverait dans la nuit d'ignorance, peuplée de chimères et de monstres? Nulle joie que dans le vrai, dans la lumière de Dieu.

Les débris les plus résistants de la vie animale, ceux qui le plus obstinément gardent leurs formes, les coquilles, finissent par céder, et passant en poussière, en atomes, entrent elles-mêmes dans l'attraction végétale. J'ai ce spectacle sous les yeux. Au lieu même où j'écris, à cette porte de la France où l'Océan et la vaste Gironde font leur combat d'amour et la lutte éternelle qui les marie sans cesse, les rochers déchirés donnent aux flots le vieux peuple de pierre devenu sable. Cent plantes vigoureuses fixent de leur pied cette arène, se l'approprient, s'en font une vie forte, si odorante au loin que le voyageur sur la route, le marin dans sa barque, l'aspirent, sont étonnés. Et la mer s'en enivre. Quels sont ces puissants végétaux?... Les plus petits et les plus humbles, nos vieux simples des Gaules, romarins, sauges, menthes, thym, serpolets en foule, et tant, tant d'immortelles qu'il semble indifférent de vivre ou de mourir.

La Gaule espérait et croyait. Le premier mot qu'on trouve d'elle, c'est *Espoir*, écrit sur une médaille antique.

Le second mot, sur le grand livre qui inaugure la Renaissance, c'est celui-ci : *Espoir y gît*.

Puissions-nous, vous et moi, l'avoir dans le tombeau !

Mais la femme, bonne, douce, qui reste seule, qui, sans le mériter, est frappée de la destinée, où lira-t-elle *Espoir ?*

Je la voudrais ici aux sables de ces dunes, dans cette terre pauvre et parfumée, qui n'est pas une terre; c'est le sable des mers, qui jadis fut vivant. Point de terre, rien que vie.

La pauvre petite âme de toutes ces vies marines se fait fleur, s'exhale en parfums.

Aux clairières soleillées, gardées au nord par le rideau des chênes, bien tard dans la saison, elle aspire encore les odeurs et le vivace esprit des simples. Leurs salubres parfums, austères et agréables, n'affadissent nullement le cœur, comme font ceux du Midi. Les nôtres sont de vrais esprits, des âmes. Ce sont des êtres persistants, qui nous portent au cerveau des envies de vivre. La fantasmagorie des plantes des tropiques, leur fluidité éphémère, ne peut inspirer que langueur. C'est ici, dans le Nord, une végétation de vertus, qui nous conseille de créer dans nos œuvres de nouvelles raisons de durer.

Non pas de durer seuls, mais de continuer nos groupes naturels, des groupes d'âmes, amantes et amies, qui agissent ensemble, *l'immortalité composée,* où plusieurs se cotisent. Faibles chacun peut-être, ils s'associent, s'arrangent pour durer par l'amour.

La médecine peut rire de nos simples. Cependant, s'ils ont peu d'action sur les corps endurcis aux remèdes *héroïques* et tristement blasés d'*héroïque* alimentation, ils sont très bons pour des gens sobres, pour une femme surtout de mœurs douces, de vie uniforme, d'organes purs, sensibles, vierges malgré le temps.

Laissez-la donc, cette innocente, ramasser crédulement tout cela. C'est une grâce de femme de cueillir, préparer ces charmants trésors de la France.

De bonne heure, aux coteaux pierreux bien abrités, elle partage avec les abeilles le romarin dont la fleur bleue aromatise le miel de Narbonne. Elle en tire l'eau céleste qui console le cerveau le plus affligé. Bien avant dans l'automne, de société avec l'oiseau, elle cueille les baies des arbustes. Elle le prie de ne pas manger tout et de laisser la part des pauvres. Elle fait pour ceux-ci les conserves utiles que nous avons trop oubliées.

Doux soins qui charment et prolongent la vie. Si ces plantes ne guérissent pas toujours le corps, elles soutiennent le cœur, le préparent, aplanissent le grand passage à la vie végétale.

Chaque matin, toute seule, lorsqu'au soleil levant elle a donné son cœur à Dieu, rêvé son cher passé, le prochain avenir, elle pose un bienveillant regard sur ses aimables héritières, les fleurs, en qui bientôt sera sa vie. Ces touchantes figures de l'Amour végétal sont celles aussi de notre absorption, de ce que nous nommons la Mort. Qui pourrait la haïr si fraîche et si charmante, plus douce en ces gazons que le plus doux sommeil! La vie lasse, agitée, sent en ce peuple ami l'attraction de la paix profonde.

En attendant, tout ce qu'une sœur peut faire ou

demander de bons offices, tout échange d'amitié se fait. Elle les abreuve elle-même, les couvre, les défend de l'hiver. Elle entasse autour d'elles les feuilles et fleurs tombées, qui leur sont à la fois un abri et un aliment. Elle n'y prend les siens qu'avec reconnaissance. Si sa main, belle encore, cueille sur le cerisier, sur le pêcher, un fruit, elle leur dit en souriant : « Prêtez à votre sœur... De bon cœur, à son tour, elle vous restituera bientôt. »

VII

LES ENFANTS. — LA LUMIÈRE. — L'AVENIR

La première impression du berceau revient toute-puissante au dernier âge. La lumière dont l'enfant eut les tièdes caresses à l'éveil de la vie, cette mère universelle qui l'accueillit avant sa mère, qui lui révéla sa mère même dans l'échange du premier regard, elle réchauffe, charme son déclin, des douceurs du couchant, d'une aube d'avenir.

Nous la trouvons d'avance, la future *Vita nuova*, dans la société des enfants. Voilà déjà les anges, les âmes à l'état pur, que nous espérons voir. La puissance de vie est si forte dans ces fleurs mobiles, dans ces ardents petits oiseaux, de jeu infatigable, que je ne sais quelle jouvence émane d'eux. Le cœur le plus atteint, celui qui le mieux couve le trésor de ses souvenirs et chérit ses blessures, se trouve malgré lui rafraîchi et renouvelé. Enlevé à lui-même par leur naïve joie, il s'étonne et s'écrie : « Eh quoi !... j'avais tout oublié. »

Si Dieu a permis ce malheur qu'il y ait des orphelins, il semble que ce soit tout exprès pour la consolation des femmes restées sans famille. Elles aiment tous les enfants, mais combien plus ceux dont une mère n'accapare point l'affection! L'imprévu, la *bonne aventure* de cette maternité tardive, l'exclusive possession d'un jeune cœur, heureux de se jeter au sein d'une femme aimante, c'est souvent pour celle-ci une félicité plus vive qu'aucun bonheur de la nature. A la joie d'être mère encore se joint quelque chose d'ardent comme l'élan du dernier amour.

Rien ne rapproche plus de l'enfance et ne la fait plus aimer que la seconde enfance, expérimentée, réfléchie, qu'on appelle la vieillesse, et qui, avec cette sagesse, n'entend que mieux les voix du premier âge. C'est leur tendance naturelle; enfants et personnes âgées se cherchent, celles-ci charmées de la vue de l'innocence, et les enfants attirés parce qu'ils sont sûrs de trouver là l'indulgence infinie. Cela compose une des belles harmonies de ce monde.

Pour la réaliser, je voudrais, c'est mon rêve, que les orphelines surtout ne fussent pas réunies en grandes maisons, mais réparties en petits établissements à la campagne, sous la direction morale d'une dame qui en ferait son bonheur.

Études, couture et culture, j'entends un peu de jardinage (pour aider la maison à vivre, comme font les *Enfants* de Rouen), tout cela serait conduit par une jeune maîtresse d'école, aidée de son mari. Mais la partie religieuse et morale de l'éducation¹, ce qu'elle a de plus libre, lectures d'amusement et d'édification, récréations et promenades, ce serait l'affaire de la dame.

Avec des enfants, des filles surtout, il faut certaines douceurs, quelque chose d'un peu élastique, et tout ne peut être prévu. La maîtresse, représentant de l'ordre absolu, en jugerait mal. Il faut à côté l'amie des enfants, qui ne décide jamais sans la maîtresse, mais en obtienne telle concession, telle faiblesse raisonnable que demande la nature. Une femme d'esprit laisserait ainsi à celle qui a la grande assiduité et tout le mal l'honneur du gouvernement; mais, se faisant aimer d'elle, rendant de bons offices à ce ménage, elle influerait tout doucement, dirigerait sans qu'il y parût, et, à la longue, formerait la maîtresse elle-même, lui donnerait son empreinte morale.

N'ayant point à punir, au contraire, n'intervenant que pour adoucir les sévérités de la discipline, la dame obtiendrait des enfants une confiance infinie. Elles seraient heureuses de lui ouvrir leurs petits cœurs, ne lui cacheraient rien de leurs chagrins, ni de leurs défauts même, lui donneraient ainsi les moyens d'aviser. C'est tout que de savoir. Dès qu'on sait et qu'on voit le fond, on peut, en modifiant souvent très peu les habitudes, rendre les punitions superflues, faire que l'enfant se réforme lui-même. Il le voudra, surtout s'il veut plaire, être aimé.

Il est, dans une telle maison, cent choses délicates que la maîtresse ne peut faire, des choses de bonté, de patience, de tendresse ingénieuse. Qu'une enfant de quatre ans, je suppose, soit amenée, dans la douleur éperdue, les frayeurs imaginatives que lui donne le délaissement, la grande affaire, c'est qu'elle vive. Il faut quelqu'un qui l'enveloppe de bonté, de caresses, qui, peu à peu, la calme par de légères distractions, qu'enfin la fleur coupée, arrachée de sa tige, reprenne à une autre par une espèce de greffe. Cela est difficile et ne se fait jamais par des soins collectifs. J'ai vu un de ces pauvres désolés qui se mourait dans la grande maison de Paris. Les sœurs compatissantes lui avaient bien mis sur son lit quelques jouets. Mais il n'y touchait pas. Ce qu'il fallait, c'était une femme qui le tînt, le baisât, se mêlât de cœur avec lui, lui rendît le sein maternel.

Quand ils survivent et durent, vient un autre danger. C'est une sorte d'endurcissement. Ceux qui se sentent abandonnés, qui savent que leurs parents ont été si cruels, se trouvent entrés dans la vie par une rude porte de guerre, et sont disposés à croire la société ennemie. Qu'un autre enfant leur jette à la tête le nom de bâtard, ils s'aigrissent, s'irritent, haïssent l'humanité, la nature, leurs camarades. Les voilà en grand chemin de mal faire, et de mériter ce mépris, d'abord si injuste. Tel est misanthrope à dix ans. Si cet enfant est une fille, il suffit qu'on l'ait méprisée pour qu'elle s'abandonne elle-même, ne se garde point, cède au mal. Il est bien nécessaire qu'un bon cœur soigne la jeune âme, lui fasse sentir par la tendresse tout ce qu'elle a de prix encore, lui montre que, malgré son malheur, le monde lui est ami, et qu'elle doit se respecter et faire honneur à ceux qui l'aiment.

Il y a un moment surtout, une crise de l'âge, où les soins collectifs sont tout à fait insuffisants, où il faut une affection. Imaginez la pauvre enfant souffrante dans la dure éducation des tables communes, des grands dortoirs communs, de ces longues galeries où l'on n'obtient la salubrité que par une netteté glaciale. Soumise aux règles sévères, levée de bonne heure et lavée à froid, frissonnante et n'osant rien dire, ayant honte de souffrir, et pleurant sans savoir pourquoi. Que de précautions à ce moment dans les familles! Le cœur des mères se fond en douces caresses, en gâteries, en mille soins utiles et inutiles; la petite trouve tout autour un milieu tiède, une attention empressée, une inquiète prévoyance. L'orpheline, pour mère et famille, a l'hôpital, ses grands murs sérieux et les personnes officielles, qui par devoir se partagent entre tous, ne font acception de personne, et pour tous restent froides. Il n'est pas même aisé, dans ces maisons où l'ordre est tout, d'être bon sans paraître injuste et partial. Or c'est cela que voudrait la nature, une bonté toute personnelle, l'ardeur de la tendresse et cette chaude douceur où la mère met l'enfant entre sa chair et sa chemise. Qu'il est donc nécessaire qu'au moins il y ait là une amie, une femme bonne et tendre, entendue, qui supplée un peu, et pourvoie!

Le plus grave, c'est que précisément, vers ce moment de crise, l'unique mère de l'orpheline, la loi, l'administration va lui manquer. L'État a fait ce qu'il a pu. Son froid abri, l'hospice va l'exclure, se fermer sur elle. Elle va entrer dans l'inconnu, — le monde, le vaste monde, dont elle ne sait rien, et qui d'autant plus lui semble un effrayant chaos.

Où va-t-on la placer? dans une famille agricole? Ce serait le meilleur; mais ces rudes paysans qui s'exterminent, la traiteront comme eux, la tueront de travail. Elle n'est guère préparée à cette vie terrible, chancelante qu'elle est encore de ce moment de transition. Autres dangers plus grands, si on la jette dans les centres industriels, s'il faut qu'elle affronte la corruption des villes, ce monde sans pitié où toute femme est une proie. On respecte si peu la fille sans parents! Le chef même de famille à qui on la confie abusera souvent de son autorité. L'homme en fera un jeu, la femme la battra, les fils de la maison courront sus, et la voilà prise. Ou bien elle trouvera une implacable guerre, un enfer autour d'elle. Au dehors, autre chasse des passants et de tous, et (le pis) des *amies* qui attirent et consolent, qui caressent afin de livrer.

Je ne connais sur la terre rien de plus digne de pitié que ce pauvre oiseau sans nid et sans refuge, cette jeune fleur innocente, ignorante de tout, incapable de se protéger, pauvre petite femme (car elle l'est déjà) au moment dangereux où la nature la doue d'un charme et d'un péril, — et qui, tout justement alors, est jetée aux événements! La voilà seule, au seuil de l'hôpital qu'elle n'a jamais passé, et qu'elle franchit en tremblant, son petit paquet à la main, déjà grande et jolie, hélas! d'autant plus exposée, elle va... vers quelle destinée? Dieu le sait.

Non, elle n'ira pas; la bonne fée qui lui sert de

marraine trouvera moyen de l'empêcher. Si notre orphelinat a une vie demi-rurale, vit un peu de l'aiguille, un peu de jardinage, la charge n'est pas forte pour la maison de garder quelque peu une jeune fille adroite et qui sait travailler. Elle se nourrira elle-même. Pendant ce temps, la dame l'achèvera, la cultivera, lui donnera un complément d'éducation, qui la rendra très mariable, désirable au bon travailleur, ouvrier, marchand ou fermier. Combien il y a plus de sûreté pour eux de prendre là, dans une telle maison et de ses mains respectées, une fille élevée justement pour s'associer à la vie de travail! N'ayant pas eu de foyer, de famille, elle goûtera d'autant plus le *chez soi*, et sera tout heureuse, même dans une condition très pauvre, plus gaie cent fois et plus charmante que la fille gâtée, qui croit toujours faire grâce, n'est jamais contente de rien. Nos bons fermiers, en ce moment, ont peine à trouver des bourgeoises, ou, s'ils en trouvent, elles les ruinent. Elles visent plus haut, veulent épouser un habit noir, un employé (demain sans place). Elles n'ont ni les habitudes simples et fortes, ni l'intelligence que demande cette noble vie d'agriculture. L'orpheline, instruite de toute chose utile, zélée pour son mari, charmée de gouverner une grande maison rurale, ferait le bonheur de cet homme, et sa fortune de plus.

Si notre bonne dame n'était que bonne, elle adopterait simplement : elle prendrait l'aimable fille chez elle, en ferait son bijou; elle aurait, à toute heure, comme une fête d'innocence et de gaieté, en possédant une enfant qui l'adore et qui deviendrait dans ses mains une élégante demoiselle. Elle se garde bien de le faire; elle aime mieux se priver d'elle, et ne pas la faire passer à une condition où le mariage est plus difficile. Qu'elle eût mis un chapeau un seul jour, tout serait perdu. On la laisse en bonnet, ou mieux, dans ses jolis cheveux, on la laisse demi-paysanne; ce qui n'empêche rien, ni lecture, ni musique; nous le voyons en Suisse, en Allemagne. Mais cela, en même temps, rend l'avenir bien plus facile. Elle montera fort aisément, descendra s'il le faut; elle reste à mi-chemin de tout.

C'est un don de l'âge avancé, de la grande expérience et d'une vie pure, de voir ce qui n'est pas encore. Or la sage et charmante femme dont ce livre est la vie pressent fort nettement l'avenir prochain des sociétés de l'Europe. De grands et profonds renouvellements ne manqueront pas de s'y faire. Les femmes et les familles seront bien obligées de s'arranger de ces circonstances nouvelles. La femme simple (du livre de *l'Amour*), la dame cultivée (du livre de *la Femme*) suffiront-elles? Nullement. Cette dernière sent elle-même que l'épouse de l'homme à venir doit être plus complète et plus forte, harmonisée, équilibrée de pensée et d'action; et telle elle veut son orpheline.

Son effort, sa sagesse, c'est de faire cette enfant qu'elle aime différente d'elle-même, et prête pour un monde meilleur, pour une société plus mâle de travail et d'égalité.

Quoi donc ? serait-ce un rêve ? Dans les réalités vivantes, n'avons-nous pas déjà quelque ombre, quelque image imparfaite de cette beauté de l'avenir ?

Aux États-Unis de l'Ouest, aux confins des sauvages, l'Américaine, épouse ou veuve, qui le jour travaille et cultive, le soir n'en lit pas moins, ne commente pas moins la Bible à ses enfants.

Moi-même entrant un jour en Suisse par une de nos plus tristes frontières, par nos sapinières du Jura, je fus émerveillé de voir dans les prairies les filles d'horlogers, belles et sérieuses filles, fort cultivées et quasi demoiselles, en corset de velours, travailler à la fenaison. Rien n'était plus charmant. Dans l'aimable alliance de l'art et de l'agriculture, la terre semblait fleurir sous leurs mains délicates, et manifestement la fleur avait orgueil d'être touchée par un esprit.

Mais ce qui me frappa bien plus, ce qui me fit croire un moment que j'assistais déjà au prochain siècle, ce fut une rencontre que je fis au lac de Lucerne d'une riche famille de paysans d'Alsace. Elle n'était nullement indigne de ce cadre sublime où j'eus le bonheur de la voir. Le père, la mère, la jolie demoiselle, portaient avec une noble simplicité l'antique et si beau costume de leur pays. Les parents, vrais Alsaciens, de grand cœur et de bon esprit, têtes sages, carrées et fortes. Elle, bien plus Française, affinée de Lorraine, comme passée du fer à l'acier. Fort jeune, elle était svelte, vive et saisissant tout ; avec sa mince taille, ses jeunes bras, étonnamment forte. Mais ses bras étaient bruns. Son père dit : « C'est qu'elle veut cultiver elle-même ; elle vit aux champs, y laboure et y lit... Oh ! ses bœufs la connaissent bien et l'aiment. Quand elle est fatiguée, elle saute dessus, s'y assoit, ils n'en tirent que mieux. Cela n'empêche pas que le soir la petite ne me lise Goethe ou Lamartine, ou ne me joue Weber et Mozart. »

J'aurais bien voulu que la dame, la patronne de mes orphelines eût vu ce charmant idéal réalisé, vivant. C'est vers un type analogue ou semblable que s'acheminera sans nul doute le monde à venir.

Former un tel trésor, réaliser en elle le rêve de la vie pure et forte, d'égalité féconde, de simplicité haute, qui affranchira l'homme, et lui fera faire, pour l'amour, les œuvres de la liberté, — c'est la grande chose religieuse. Tant que la femme n'est pas l'associée du travail et de l'action, nous sommes serfs, nous ne pouvons rien.

Donnez cela au monde, madame. Que ce soit votre chère pensée, la digne occupation de vos dernières années. Mettez là vos grâces de cœur, votre maturité de sagesse, une grande et noble volonté. Que vous plairez à Dieu, de faire tant de bien à la terre ! dans quelle sécurité vous pourrez revenir à lui !

Je me figure que cette femme aimée, par un beau jour d'hiver, un doux soleil, ayant eu quelque peu de fièvre, faible, mais mieux pourtant, veut descendre, s'asseoir au jardin. Au bras de sa charmante fille d'adoption, elle va revoir dans leurs jeux les chères petites qu'elle n'a pas vues de huit jours. Les jeux cessent. Elle a autour d'elle cette aimable couronne, les regarde, les voit un peu confusément, mais les caresse encore, et baise celles de quatre ou cinq ans. Souffre-t-elle ? Nullement. Mais elle distingue moins. Elle veut voir surtout la lumière, un peu pâle, qui pourtant se reflète dans ses cheveux d'argent. Elle y tend son regard, en vain, voit moins encore. Je ne sais quelle lueur a rosé ses joues pâles, et elle a joint les mains... Les petites de dire tout bas: « Ah! comme elle a changé !... Ah ! qu'elle est belle et jeune! » Et un jeune sourire en effet a passé sur ses lèvres, comme d'intelligence avec un invisible Esprit.

C'est que le sien, encouragé de Dieu, a repris son vol libre, et remonté dans un rayon.

ÉCLAIRCISSEMENTS

I. — CARACTÈRE MORAL DE CE LIVRE.

Il présente deux lacunes qu'on a déjà reprochées au livre de *l'Amour*. Il ne traite point de l'adultère ni de la prostitution. J'ai cru pouvoir m'en remettre à la littérature du temps, inépuisable là-dessus. J'ai donné la ligne droite, et laisse à d'autres le plaisir d'étudier les courbes. Dans leurs livres ils ont surabondamment parlé de la divagation, jamais marqué la grande voie, simple, féconde, de l'initiation que l'amour, mieux inspiré, continuerait jusqu'à la mort. Il est arrivé justement à ces ingénieux romanciers ce qui arriva jadis aux casuistes (grands analyseurs aussi). Escobar et Busenbaum, qui eurent le succès de Balzac (chacun cinquante éditions) dans leurs recherches subtiles, n'oublièrent rien de ce qui faisait le fond même de leur science. Ils ont perdu le mariage de vue et réglementé le libertinage. — Le présent livre ne s'éloigne pas moins des romans sérieux de nos illustres utopistes (Saint-Simon, Fourier, etc.). Ils ont invoqué la nature, mais l'ont prise très bas, dans la misère de leur temps; et ils se confient ensuite à l'attraction naturelle, à la pente vers cette nature abaissée. Dans un âge d'admirable effort, de création héroïque, ils ont cru *supprimer l'effort*. Mais chez un être tel que l'homme énergique, créateur, artiste, *l'effort est dans la nature*, et il en est le meilleur. L'instinct moral du public sent cela, et voilà pourquoi ces grands penseurs ne peuvent faire école. — L'art, le travail et l'effort dominent tout, et ce que nous appelons nature en nous, c'est le plus souvent notre création personnelle. Nous nous faisons jour par jour. Je le sentais cette année dans mes études anatomiques, spécialement sur le cerveau. Il est manifestement l'œuvre, l'incarnation de notre activité. (Voy. *Éloge de Petit*, édit. Dubois.) De là la vive expression, et, j'ose le dire, l'éloquence du cerveau, chez les individus supérieurs. Je n'ai pas craint de l'appeler la plus triomphante fleur, la plus touchante beauté de la nature, attendrissante chez l'enfant, parfois sublime dans l'homme. — Qu'on appelle cela réalisme. Il ne m'en soucie. Il y a deux réalismes. L'un vulgarise, aplatit. L'autre, dans le réel, atteint l'idée qui en est l'essence et la vérité la plus haute, donc aussi sa vraie noblesse. Si cette poésie du vrai, la seule pure, fait gémir la pruderie, cela ne me touche guère. Quand, dans le livre de *l'Amour*, nous avons brisé la sotte barrière qui séparait la littérature de la liberté des sciences, nous nous sommes peu informé de l'avis de ces pudibonds, plus chastes que la Nature, plus purs apparemment que Dieu.

La femme veut une foi, l'attend de nous pour élever l'enfant. Nulle éducation sans croyance. Le moment est venu. Cet âge peut formuler sa foi. Rousseau n'a pu, rien n'était mûr. Le juge du vrai est *la conscience*. Mais il faut des contrôles, *l'histoire*, conscience du genre humain, et *l'histoire naturelle*, conscience instinctive de la nature. Or aucune des deux n'existait. On les a construites en un siècle (1760-1860). Quand les trois s'accordent, croyez.

II. — ÉDUCATION, ATELIERS ET JARDINS D'ENFANTS.

Le vrai nom du Moyen-âge est *Parole, Imitation*. Le vrai nom du temps présent est *Acte et Création*. Quelle est l'éducation propre à un âge créateur? Celle qui habitue à créer. Il ne suffit pas de faire appel à l'activité spontanée (Rousseau, Pestalozzi, Jacotot, Fourier, Coignet, Issaurat, etc.). Il faut l'aider en lui trouvant son *rail*, où elle doit glisser. C'est ce qu'a fait le génie de Frœbel. Lorsqu'en janvier dernier son aimable disciple, madame de Marenholz, m'expliqua sa doctrine, je vis, au premier mot, que c'était l'éducation du temps et la *vraie*. Rousseau fait un Robinson, un *solitaire*. Fourier veut profiter de l'instinct de *singerie*, et fait l'enfant *imitateur*. Jacotot développe l'instinct *parleur* et discuteur. Frœbel finit le bavardage, proscrit l'imitation. Son éducation n'est ni extérieure ni imposée, mais tirée de l'enfant même; — ni arbitraire; l'enfant recommence l'histoire, l'activité créatrice du genre humain. Lire le charmant *Manuel* de madame de Marenholz, non pour le suivre servilement, mais pour s'en inspirer.

III. — DE LA JUSTICE DANS L'AMOUR ET DES DEVOIRS DU MARI.

Dans un siècle qui semble froid, l'amour n'en a pas moins révélé mille aspects nouveaux de la passion. Jamais il ne jeta des voix plus puissantes, de tels soupirs vers l'infini. Elle vivait encore hier, elle écrivait ses vers brûlants, la muse de l'orage, du sanglot, de l'inextinguible amour (madame Valmore). C'est le grand trait de notre temps, l'amour souffre, pleure, pour une possession profonde, absolue, qu'avant nous on ne désirait et ne comprenait même pas. — A cela a répondu la science par cette adorable révélation : « Tu veux l'unité! Mais tu l'as. L'échange absolu de la vie, la transhumanation, est le fait du mariage. Voilà l'amour satisfait? pas encore. Ce mélange fatal du sang serait impie, s'il ne s'y joint le libre mélange du cœur. Pour que celui-ci existe, il faut que, par l'éducation de toute la vie, les amants se créent le fonds d'idées commun, la langue qui leur donnera désir de communiquer sans cesse. Il faut que la langue muette de l'Amour, sa communion, reprenne son caractère sacré, qui exclut tout plaisir égoïste, implique le concours de deux volontés.

La casuistique, qui n'eut ni cœur ni âme, n'a point stipulé pour la femme. Mais aujourd'hui c'est l'homme même, dans sa justice généreuse, qui doit plaider pour elle, s'il le faut, contre lui. Elle a droit à trois choses :

1° Nulle grossesse sans son consentement exprès. A elle seule de savoir si elle peut accepter cette chance de mort. Si elle est malade, épuisée, mal conformée, son mari doit l'épargner au temps surtout où l'œuf vient au-devant, pendant les règles et les dix jours qui suivent. Le temps intermédiaire est-il stérile? Il doit l'être, puisque l'œuf manque. Mais si la passion l'évoquait et le faisait reparaître? M. Coste pense qu'il en est ainsi, au moins pour les trois jours qui précèdent les règles. C'est aussi l'opinion du Mémoire couronné par l'*Académie des Sciences*

2° On doit à la femme ce respect d'amour de n'en pas faire un instrument passif. Nul plaisir, sinon partagé. Un médecin catholique de Lyon, professeur autorisé, dans un livre populaire de cette année, émet cette opinion grave, que le fléau qui décime les femmes tient surtout à ce que, même mariées, la plupart sont veuves. Solitaire dans le plaisir, l'égoïste impatience de l'homme ne veut que pour soi-même et ne veut qu'un moment, n'éveille l'émotion que pour la laisser avorter. Commencer et toujours en vain, c'est défier la maladie, irriter le corps, sécher l'âme. La femme subit cela, mais est triste, ironique, et son aigreur altère son sang. Sauf quelques paroles d'affaires, plus de société; au fond, plus de mariage. Il n'est réel que dans une culture régulière de ce devoir de cœur, dans la communauté des émotions salutaires qui renouvellent la vie. Qu'elle manque, et les époux s'éloignent, se déshabituent l'un de l'autre. Plaignons l'enfant, car la famille se dissout. — Est-ce à dire que l'homme soit heureux du court plaisir forcé qu'il prend sur la glace et le marbre? Il n'en emporte que regret. Matérialiste en actes, il a les exigences d'esprit d'un temps très avancé, qui veut en tout le fond du fond; bref, il voudrait aller à l'âme.

3° Un médecin, excellent mari, me disait : « Dans votre livre, le meilleur, c'est ce qui a fait rire, les soins quasi maternels de l'amour, les servitudes volontaires qui suppriment la femme de chambre. Ce tiers ennuyeux, dangereux, est un mur entre les époux qui rend leurs rapports fortuits. On est chez sa femme en visite, comme chez une maîtresse entretenue. L'avantage du mariage est d'avoir tout le temps; donc les rares moments favorables où une femme, comme elles sont toutes, un peu lente, peut être amenée à l'émotion réelle. Le cœur, la gratitude, y font beaucoup. Elles s'émeuvent plus aisément pour celui qui a su prendre l'intendance des petits mystères et qui les soigne tendrement dans leurs faiblesses de nature. Voulez-vous comprendre la femme, rappelez-vous qu'en histoire naturelle la mue fait la faiblesse, la défaillance des êtres. Terrible dans les espèces inférieures, elle les livre sans défense à leurs ennemis. L'homme, chez qui heureusement elle n'est pas violente, mue constamment de la peau, même de l'épiderme inférieur. Dans sa mue intestinale de chaque jour, il donne beaucoup de lui et se trouve faible. La femme perd bien davantage, ayant de plus la mue vaginale de chaque mois. Elle a ce qu'ont tous les êtres à leurs mues, le besoin de se cacher, mais aussi de s'appuyer. C'est la Mélusine du conte; la belle fée, qui était souvent par en bas une jolie couleuvre timide, se cachait pour muer. Heureux qui peut rassurer Mélusine, lui donner confiance et se faire sa nourrice! Et qui le suppléerait? C'est une profanation d'exposer cette chère personne, craintive (en chose si innocente), aux malices d'une fille indiscrète qui en fera risée. Un tel excès d'intimité doit revenir à celui seul pour qui c'est bonheur et faveur. Cette faveur coûte d'abord, mais peu à peu elle trouve cela très doux, et ne peut s'en passer. Nature aime habitude, et s'aide fort des libertés absolues de l'enfance. Ce sont d'heureux instants, de grâce et de favorable audience, d'attendrissement facile, où le cher confident a l'ascendant d'un magnétisme nullement dangereux. L'humilité charmante (où l'on sent si bien qu'on est reine) n'a nulle défense et se rend tout à fait. Oubli profond, abandon sans réserve. L'amour, comme en un demi-rêve, y rencontre parfois la chance rare du bonheur au complet, la crise salutaire (si profonde chez elle) où la vie se donne toute, pour se renouveler bientôt et se trouver rajeunie, embellie, selon le vœu de la nature. »

IV. — LA FEMME DANS LA SOCIÉTÉ.

Quelle société? de passé ou d'avenir? Je n'ai pas parlé de la première, ni fait l'histoire des salons. Je la fais assez dans mon *Louis XIV*. On parle toujours du bien que les salons ont fait, mais point de celui qu'ils ont empêché, des esprits qu'ils ont étouffés. Madame (Henriette) eut dix ans une heureuse influence, madame de Montespan par sa méchanceté, madame de Maintenon par sa médiocrité, négative, stérilisèrent pendant quarante ans. — Pour la société d'avenir, nous ne pouvons qu'entrevoir, deviner. J'ai voulu seulement, au livre III, marquer le rôle que la veuve, la femme isolée, y aura, celui d'*émanciper* par la bonté toutes les *âmes captives*. Même dans une société libre, il y aura toujours des captifs, ceux de la misère, ceux de l'âge, ceux des préjugés, des passions. Une femme de grand cœur, dans la cité la plus parfaite, serait le bon génie d'arbitraire maternel qui apparaîtrait partout où la loi n'atteint pas, le complément de la liberté, une Liberté supérieure, et l'intervention de Dieu même.

FIN DE LA FEMME.

TABLE DES MATIÈRES

L'AMOUR

INTRODUCTION

                                                                       Pages

I. — L'OBJET DE CE LIVRE........................ 3

    La question de l'amour précède logiquement celle de la Famille, de la Société, de l'État. — Le sens moral a baissé. — *Goût des jouissances solitaires*, alcools et narcotiques. — *Polygamie de l'Occident*. — Maladies du cerveau et de la matrice. — Les animaux mêmes tendent à l'union monogamique. — On a négligé l'étude des deux côtés essentiels de l'amour. — L'amour n'est pas une crise, un drame, mais une épopée. — Il donne prise à la volonté, à l'art.

II. — LA RÉVÉLATION DE LA FEMME.................. 13

    La mort a révélé la femme. — Les suicidés de Paris. — Des créateurs de la science. — La crise sacrée et fatale de la femme. — Elle se donne sans retour. — Pendant que sa fatalité apparaissait dans la science, sa personnalité a éclaté dans la littérature. — Elle a constaté sa personnalité par une guerre simulée. — Mais elle ne veut qu'être aimée.

III. — L'ORIGINE DE CE LIVRE..................... 22

    L'idée de ce livre remonte à l'année 1836. — Elle fut confirmée en 1844. — Confiance que la jeunesse témoigne à l'auteur. — Secours qu'il trouva dans l'amitié des illustres médecins. — Fatalité volontaire, habitudes, art d'aimer. — De la forme de ce livre.

IV. — LA DÉLIVRANCE MUTUELLE DE L'HOMME ET DE LA FEMME..... 31

    L'*Andromède délivrée*, du Puget. — Délivrance de la femme par l'homme. — Délivrance de l'homme par la femme. — Une femme et un métier. — La future épouse gardera le jeune homme.

LIVRE PREMIER. — CRÉATION DE L'OBJET AIMÉ.

	Pages
I. — DE LA FEMME.	39

Combien elle diffère de l'homme. — Point où elle est supérieure.

II. — LA FEMME EST UNE MALADE. 41

Poésie de sa crise ordinaire. — Elle n'est point capricieuse, mais barométrique. — Combien elle a besoin de soins.

III. — LA FEMME DOIT PEU TRAVAILLER 46

Elle est très mauvais ouvrier. — Ne faisant rien, elle fait tout.

IV. — L'HOMME DOIT GAGNER POUR DEUX. 49

L'évangile de la femme à l'homme. — La femme, c'est la fortune.

V. — CE QUE SERA LA FIANCÉE. 52

Riche ou pauvre. — De même race ? de même classe ?

VI. — FAUT-IL PRENDRE UNE FRANÇAISE ? 55

L'Anglaise, l'Allemande, l'Espagnole, l'Italienne. — Raison, brillant, précocité de la Française. — Le mariage l'embellit.

VII. — LA FEMME VEUT LA FIXITÉ ET L'APPROFONDISSEMENT DE L'AMOUR. 57

Elle est, dans toute l'histoire, l'élément de fixité. — Pour elle, le but du mariage est le mariage (et la maternité secondairement). — Elle y met bien plus que l'homme; donc tout changement est contre elle. — Épidémies accidentelles de changement, furie de toilette, etc. — La femme aimée est susceptible d'un renouvellement infini.

VIII. — IL FAUT QUE TU CRÉES TA FEMME. ELLE NE DEMANDE PAS MIEUX. 65

L'amour moderne aime moins ce qu'il trouve que ce qu'il fait.

IX. — QUI SUIS-JE POUR CRÉER UNE FEMME ? 68

Le plus blasé peut aimer encore. — Le mariage est généralement une délivrance pour la fille. — La mère française a le tort d'être plus jolie que sa fille. — Le mariage et le bonheur embelliront celle-ci. — La femme (de dix-huit ans ?) sent que son mari (de vingt-huit ?) lui est triplement supérieur comme science, expérience et métier. — Il faut qu'on lui *humanise* la science. — Elle est vieille d'éducation, et lui, il est jeune.

LIVRE II. — INITIATION ET COMMUNION.

Pages

I. — LA MAISON DU BERGER. 77

Que peut-on sur la femme dans la société? Rien. Dans la solitude? Tout. — Il en sera autrement dans une société meilleure. — Solitude relative d'une dame de commerce en plein public. — L'amour veut, cependant, au début, quelque recueillement. — Ce que sera la petite maison.

II. — LE MARIAGE. 83

(En droit romain.) *Mariage, c'est consentement.* — La nouvelle épouse est-elle suffisamment garantie par l'Église, l'État, la Famille? — Elle ne se confie qu'à *lui.*

III. — LA NOCE 89

Il doit être le protecteur de la jeune épouse contre lui-même. — La fille moderne est peu sanguine. — Prédominance du tempérament nerveux. — Méprises et défiances injustes. — Le trouble la rend souvent malade. — Il doit la soigner avant tout.

IV. — LE RÉVEIL. — LA JEUNE MAITRESSE DE MAISON. 95

On doit lui ménager le repos et la solitude. — Elle visite la maison, l'ameublement, le jardin, préparés pour elle.

V. — RESSERRER LE FOYER. 102

Plus on est près et plus on s'aime. — Nos appartements sont trop divisés en petites pièces. — Les intérieurs de Rembrandt. — La présence de la jeune femme ne distrait nullement du travail.

VI. — LA TABLE. 108

Ménager avec soin son changement de régime. — Il la nourrit, elle le nourrit. — Ils vivent l'un de l'autre.

VII. — ILS SE SERVIRONT EUX-MÊMES. 113

Tout au plus une bonne fille de campagne. — Du mari comme serviteur de la femme. — Pour celui qui aime, les réalités de la nature ne font nul tort à l'idéal.

VIII. — HYGIÈNE 121

Combien il importe qu'au début il s'empare de celle qui va tellement s'emparer de lui. — Suivre attentivement le détail de sa vie physique. — La soigner discrètement, sans blesser ce qui lui reste des timidités de la jeune fille. — Vie des campagnes, etc.

IX — DE LA FÉCONDATION INTELLECTUELLE 129

Elle désire appartenir encore plus, être possédée moralement. — Difficulté d'enseigner une femme. — Il ne faut pas lui donner d'aliments indigestes. — Mettre en elle des germes vivants. — Trop de lecture tanne l'esprit. — Qu'elle garde le « velouté de l'âme ».

X. — DE L'INCUBATION MORALE. 139

La femme ne veut (et n'a aujourd'hui) aucun aliment que le cœur aimé. — Il faut, de son amour étroit, la mener au grand amour. — — Elle est incapable de *diviser* et d'abstraire, ayant pour mission d'*incarner*. — Sa vie est toute rythmique et scandée de mois en mois. — Il faut respecter cette division du temps, profiter des périodes ascendantes. — Ne pas la fatiguer en temps d'orage. Elle pense en travaillant des mains. — Docile et non servile, elle couve le germe en silence. — Avantages du lit commun pour les communications morales, religieuses, etc. — Il faut une belle et noble cause pour fondre le jeune cœur.

LIVRE III. — DE L'INCARNATION DE L'AMOUR.

I. — CONCEPTION 151

La femme est très noble dans l'amour. — Elle hasarde sa vie pour donner le bonheur à l'homme. — Elle suit bien moins l'attrait physique que sa bonté, son besoin de complaire, de consoler et de renouveler le cœur. — La conception doit être libre et volontaire.

II. — LA GROSSESSE ET L'ÉTAT DE GRACE 158

La femme rêve toujours un enfant surnaturel, et c'est ce qui doue l'enfant. — Le miracle du monde nouveau qu'elle porte. — Elle-même a reçu une seconde vie, et se trouve transformée. — Les *enfances* de la femme enceinte. — Toute la nature est pour elle, et la loi doit l'être aussi.

III. — SUITE DE LA GROSSESSE. — LE RIVAL 166

La femme appartient déjà à l'enfant. — Son dévouement pour concilier deux devoirs. — Soumission et pureté.

IV. — ACCOUCHEMENT 170

Terreur du mari. — L'accouchée préfère la sage-femme, le mari le médecin. — Le péril a créé entre eux un nouveau lien. — État cruel de la femme. — Atlas de MM. Coste et Gerbe.

V. — COUCHES ET RELEVAILLES. 177

Le mari est la meilleure garde-malade. — Bonheur de la femme soignée par lui. — Ce qui devrait être la récompense de la femme, ce qui sera la récompense du mari.

LIVRE IV. — DE L'ALANGUISSEMENT DE L'AMOUR.

                                                                                                      Pages

I. — ALLAITEMENT ET SÉPARATION 187

    La femme mêle ses deux amours dans un demi-rêve. — L'enfant unit et sépare. — Il a pris la place du père.

II. — LA PAPILLONNE 193

    La femme va se serrant à un berceau, l'homme s'éparpillant dans l'infini. — La variété accablante du monde moderne conspire contre la femme et le foyer. — Et cependant l'homme, en elle seule, garde l'*étincelle*.

III. — LA JEUNE MÈRE SEVRÉE DE SON FILS 199

    Elle souffre de le voir malheureux aux écoles, et encore plus de l'y voir consolé. — Sa tristesse, au premier regard sur le monde.

IV. — DU MONDE. — LE MARI A-T-IL BAISSÉ ? 205

    Par la spécialité et le métier, il est devenu plus fort, mais il a perdu comme éclat et élévation. — L'homme moderne, ouvrier et *créateur*, n'a pas l'harmonie de l'homme antique (le héros). — Le monde préfère l'*amateur* et le favorise contre le mari auprès de la femme. Est-il vrai que la femme soit la désolation du juste? — Des romans. — L'homme fort n'a pas peur des romans. — Granville-*la-Victoire*.

V. — LA MOUCHE ET L'ARAIGNÉE 217

    Comment les femmes perdent les femmes. — Ruses ou demi-violences. — La femme trahit souvent son mari par attachement pour lui. — A-t-elle vraiment *consenti?* — Des degrés infinis dont la volonté est susceptible. — Les tribunaux auraient besoin de l'assistance permanente d'un *jury médical* pour déterminer la part de la liberté et de la fatalité.

VI. — LA TENTATION 230

    La femme à l'apogée de la vie, de la santé. — La plus pure peut être troublée, aimer celui que son mari aime.

VII. — UNE ROSE POUR DIRECTEUR 237

    Qu'elle écoute sa conscience et les voix innocentes de la nature qui garderont sa pureté. — Humiliation de celle qui se sent très faible. — Recours à la confession conjugale. — La discipline conjugale demandée et refusée. — Elle est traitée avec douceur, éclairée et replacée dans la lumière de la raison. — L'erreur du cœur tient souvent à ce qu'il prend pour mérite *unique* de l'objet aimé une chose *commune* à un peuple, à une race, etc.

VIII. — Médication du cœur 248

Énormes conséquences qu'entraîne l'adultère de la femme. — Généralement elle est bien loin de les prévoir, elle pèche par étourderie et en a souvent de cruels remords. — Exemple. — La cause la plus ordinaire de sa chute est l'ennui, l'oisiveté. — Ne l'abandonnez pas, quoi qu'elle ait fait. — La femme, s'étant donnée entièrement au mariage et se trouvant transformée par l'imprégnation, perd infiniment au divorce. — Ne la frappez jamais, quoi qu'elle ait fait. — Du cas où sa conscience lui fait désirer l'expiation. — Le meilleur remède est de la tirer des mauvais milieux, de l'épurer et de la renouveler, s'il se peut, par l'émigration.

IX. — Médication du corps 258

Après la pléthore et la passion vient l'affaiblissement et la maladie. — C'est l'épreuve forte de l'amour. — Raymond Lulle et M***. — Désolation de la femme qui craint d'être un objet de dégoût. — Le mari seul doit la soigner. — Elle gagne déjà beaucoup à se sentir enveloppée par lui et à s'épancher avec lui. — Nulle médication sans confession. — La raffermir contre la mort. — Le mari doit être son prêtre, et, s'il se peut, son médecin. — Lui seul la connaît parfaitement, parce qu'en grande partie il l'a faite. — Rien ne relève plus la malade que de voir qu'elle est toujours aimée et désirée.

LIVRE V. — LE RAJEUNISSEMENT DE L'AMOUR.

I. — Seconde jeunesse de la femme 273

Elle a déjà faibli quand l'homme est au plus haut point de sa force. — Les succès même de son mari le séparent d'elle. — Il est d'autant plus exposé aux tentations du monde. — Elle devient son auxiliaire zélé, et comme un jeune camarade pour le sérieux et pour le plaisir. — Elle comprend sa pensée la plus difficile, et elle la lui rend embellie.

II. — Elle administre, gouverne le régime et le plaisir 281

La bonne Circé. — Elle surveille et soigne religieusement l'alimentation de son mari. — Elle le préserve d'excès. — L'homme désire plus, et plus tard dans la vie. — Pour l'homme fatigué, attristé, plaisir c'est consolation. — Une bonne femme, c'est la *gaieté*, c'est l'*enfant* de sa maison et sa *Divine Comédie*.

III. — Elle affine l'esprit ou rend l'étincelle 291

L'épouse calme, harmonise l'esprit, donne toute lucidité aux facultés inventives. — Le Moyen-âge lui-même n'a fait ses trois grandes œuvres que par des hommes mariés. — Des abstinences consenties; élan du Puget au matin. — Le contact de la femme pure purifie. — L'amour, ajourné par l'amour, prend en elle l'essor du sublime.

IV. — Il n'y a point de vieille femme   297

>   Les grands artistes modernes ont senti profondément la beauté de la bonté, et ont peint de préférence la femme souffrante et déjà mûre. — Le visage vieillit bien avant le corps. — L'ampleur des formes est favorable à l'expression de la bonté. — Une génération qui n'aimerait que la première jeunesse et ne serait pas policée par le commerce des dames resterait grossière. — Une femme qui aime et qui est bonne peut, à tout âge, donner le bonheur, *douer* le jeune homme.

V. — Les aspirations de l'automne   302

>   Tristesses et craintes de la dame mûre : Être séparée par la mort? Vieillir et ne pas justifier l'illusion persévérante de celui qui aime? Comment on peut se faire belle. — Supériorité de cette beauté acquise, qui n'est point un hasard de race, de famille, etc. — Combien de choses gracieuses étaient impossibles à la jeunesse.

VI. — L'unité est-elle obtenue ?   310

>   Chaque âge a amené un degré de plus dans l'union. — Tout désir est d'abord une idée ; l'amour peut toujours se renouveler par les idées, donc le temps n'est pas son obstacle. — Le seul obstacle à l'union absolue est dans l'essence de l'amour ; tant qu'ils vivent, ils restent deux. — La femme incline à la Grâce et suit l'homme difficilement dans la ligne de la Justice.

VII. — La mort et le deuil.   315

>   La mort a suivi ce livre pour raffermir l'amour et le continuer. — C'est à l'homme de mourir, à la femme de pleurer.

VIII. — De l'amour par delà la mort.   320

>   Le semblable rejoint le semblable. — En devenant semblable à celui qu'on perd, on le rejoint. — La veuve est son âme attardée. — Elle garde sa mémoire, conserve, multiplie ses amis, l'aime de p s en plus dans le progrès de sa légende.

ÉCLAIRCISSEMENTS

>   Des trois parties qu'aurait un livre complet sur l'amour, l'auteur n'a donné dans ce volume que la seconde. — Il regrette de n'avoir pu développer les chapitres de culture, d'éducation, de discipline morale. — De ses notes, infiniment trop nombreuses, il ne donne que les suivantes.   327

I. — Coup d'œil sur l'ensemble du livre   331

>   Et spécialement sur les rajeunissements de l'Amour.

Pages

II. — L'auteur est-il excusable de croire qu'on peut aimer encore ? 334

Chiffres officiels sur la diminution des mariages, etc. — Quoique l'Europe soit malade, elle a quelque raison d'espérer. — La mort de l'empire romain fut précédée d'un grand obscurcissement et d'une défaillance d'esprit. — Mais, ici, la lumière et l'invention augmentent. Depuis 1800, progrès moral dans le culte des morts et l'amour de la nature. L'immense majorité des Français et des Européens n'a aucune connaissance des vices à la mode. — Le jeune homme du monde ne peut espérer prendre une position forte qu'en concentrant mieux la vie et s'appuyant au foyer.

III. — La femme réhabilitée et innocentée par la science. 337

Tous les Pères, d'après les traditions hébraïques, condamnent la femme et la déclarent impure. — La chimie a constaté *qu'elle est pure*. — La physiologie a montré qu'elle est constamment une blessée, une *malade*. — A ce titre, elle a toujours, en justice, une grave circonstance atténuante. — La peine de mort ne peut être appliquée aux femmes. — Peut-on arrêter une femme enceinte sans risquer de faire deux assassinats ? — Les anciennes lois allemandes lui permettent de petits vols. — Vœu pour que chaque Cour d'assises ait l'assistance *permanente* d'un jury médical. — Il faut que la justice devienne une médecine, et que la médecine devienne une justice et une morale.

IV. — Des sources du livre de l'amour et de l'appui que la physiologie donne ici a la morale 339

Les littérateurs m'ont peu servi (Senancour, Balzac, etc.), mais beaucoup les médecins. — Sous des formes dures, cyniques et matérialistes, ils n'en ont pas moins fondé récemment une des plus grandes choses de l'âme, ce qu'on peut appeler (en ce qui concerne la femme) le *dogme de la Pitié*. — Ils ont humanisé le mariage, écarté ce qu'il conservait de barbarie matérielle. — Ils ont démontré que ce que l'on appelait impureté est la blessure mensuelle de l'amour et la fécondité même. — Ils ont établi que, du plus bas au plus haut, des moindres êtres aux premiers, la fécondation n'est point chose éphémère, mais durable, souvent pour un long avenir. Principe physique qui consacre la fixité du mariage. — L'amour implique l'essor vers l'infini et l'élan dans l'éternité.

LA FEMME

INTRODUCTION

                                                                                          Pages

I. — POURQUOI L'ON NE SE MARIE PAS 349

    Misère de la fille pauvre, l'amour au rabais. — Orgueil de la fille, dotée, la forte personnalité de la Française augmentée par nos lois de succession. — Son éducation religieuse.

II. — L'OUVRIÈRE. 362

    Vie terrible de la paysanne. — Elle se réfugie dans les villes. — La domestique. — Combien l'ouvrier est moins misérable que l'ouvrière. — La machine à filer ; la machine à coudre. — Enquête. La *couseuse* ne peut gagner que dix sous. — L'homme prend les métiers de la femme, et elle ne peut faire ceux de l'homme. — Elle ne peut que mourir ou descendre dans la rue.

III. — LA FEMME LETTRÉE. 373

    Gênes et misères de la femme seule. — Les examens. — La gouvernante. — La femme de lettres. — Le cercle de feu. — Les servitudes de l'actrice. — L'humilité. — La dame au camellia plus misérable que la fille publique.

IV. — LA FEMME NE VIT PAS SANS L'HOMME. 387

    Étude anatomique du cerveau. — Combien l'anatomie humanise et moralise. — Le carnaval remplit de femmes les hôpitaux et les cimetières. — Destinée et mort d'une femme. — Elle eût vécu si elle eût eu un foyer. — Comment le livre de *la Femme* continue le livre de *l'Amour*.

LIVRE PREMIER. — DE L'ÉDUCATION.

I. — LE SOLEIL, L'AIR ET LA LUMIÈRE. 401

    Le cerveau de l'enfant est transfiguré en un an par la lumière. — lui faut beaucoup de lumière et un jardin. — Les petits jardins aériens de Paris.

TABLE DES MATIÈRES

Pages

II. — L'ÉCHANGE DU PREMIER REGARD ET LE COMMENCEMENT DE LA FOI. 406

L'enfant ne vivrait pas sans l'idolâtrie de la mère. — L'*Extase*, de Corrège. — L'*Allaitement*, de Solari.

III. — LE JEU. — L'ENFANT ENSEIGNE LA MÈRE. 412

La révélation de Frœbel. — L'éducation n'est pas une gêne, mais une délivrance du chaos tumultueux où l'enfant se trouve d'abord. — Il faut lui mettre en main des formes élémentaires et régulières, comme celles des cristaux, qui lui permettent de bâtir, puis le faire jardinier.

IV. — COMBIEN L'ENFANT EST FRAGILE ET SACRÉ. 419

Mortalité immense des enfants. — Il faut les amener lentement à la fixité d'une vie d'études. — Mes études anatomiques. — Extrême beauté du cerveau de l'enfant. — A quatre ans, l'appareil nerveux est complet pour la sensibilité et le mouvement. — Cette mobilité fatale de l'enfant doit être ménagée à tout prix.

V. — L'AMOUR A CINQ ANS. — LA POUPÉE. 427

La poupée est : 1° une maternité; 2° le premier amour; 3° le premier essai d'indépendance. — Histoire de trois poupées.

VI. — LA FEMME EST UNE RELIGION 433

L'éducation de l'homme, c'est d'organiser une force, de créer un créateur. Celle de la femme, de faire une harmonie, d'harmoniser une religion. — Le but de la femme ici-bas, c'est l'amour, la maternité, ou cette maternité qu'on appelle éducation. Ce qui la rend très pure, c'est qu'en elle la maternité domine et élève l'amour. — Pureté physique et morale, d'éducation, d'alimentation.

VII. — L'AMOUR A DIX ANS. — LES FLEURS 445

La fleur végétale et la fleur humaine s'harmonisent, parce qu'elles sont contraires, et se complètent. Point de bouquet, mais une fleur. Point de fleur, mais une plante dans son développement successif. — Le cycle de l'année. Le blé et la vigne. Martyre de Grain-d'Orge et de Jean Raisin. — Comment nous devons (homme et plantes) mourir pour nourrir les autres.

VIII. — LE PETIT MÉNAGE. — LE PETIT JARDIN. 455

La cuisine continue la maturation naturelle du soleil. — C'est comme un autre allaitement, l'une des plus hautes fonctions de l'épouse et de la mère. — Échanges et *circulus* de la vie entre la cuisine et le jardin. — Que l'enfant apprenne l'humble et sévère condition de la vie : Mourir constamment, vivre de la mort. — Qu'elle fraternise avec toute vie animale, et saisisse un premier rayon de l'Amour créateur. — Elle a été heureuse jusqu'ici (treize ans), car elle a toujours créé.

IX. — Maternité de quatorze ans. — La métamorphose. 462

    Comment sa mère l'a confessée chaque soir. — Son trouble (vers quatorze ans). — On donne pour aliment à sa sensibilité l'amour des petits enfants. — La révélation du sexe ne trouble pas celle qui déjà est instruite des lois universelles de la nature.

X. — L'histoire comme base de foi. 469

    L'étude spécialement féminine est celle de la Nature. Cependant l'Histoire est nécessaire aux deux sexes comme base morale. — Combien la femme a besoin que sa foi soit solidement fondée. Elle trouve ce fondement dans l'*accord du genre humain* sur le devoir et sur Dieu. — Pour préparer la jeune fille à cette étude morale, il faut des lectures très pures, virginales, et colorées de la lumière du matin. — Le génie matinal d'Homère. — La Bible de la lumière, le peuple des purs.

XI. — La Pallas. — Le raisonnement. 481

    Musée des sculptures. — Comment la Grèce a substitué aux tâtonnements prophétiques de l'Orient les méthodes directes et certaines du raisonnement inventif, la Vierge d'Athènes enfante le monde des sciences. La haute et pure sphère de Raison. Bonheur suprême de la pureté.

XII. — La « Charité » d'André del Sarte. 487

    Nous avons ajourné l'amour tantôt par homœopathie, tantôt par allopathie. — Le danger du cœur, au moment où il s'attendrit pour Dieu. — Nouvel ajournement de l'amour : on lui montre les misères du monde. — Le haut symbole italien : *Ivresse héroïque de la charité.*

XIII. — Révélation de l'héroïsme. 495

    Combien le soin des enfants pauvres élève la jeune fille, lui donne le sens des réalités sérieuses, l'éloigne du monde. Elle met toute sa foi dans dans son père. Il lui enseigne la justice dans l'amour (à n'aimer que le plus digne). Il lui révèle le martyre et la tragédie du siècle. Il ne lui permet pas de se prendre uniquement à la famille et de renoncer au mariage.

LIVRE II. — La femme dans le mariage.

I. — Quelle femme aimera le plus ? celle de race différente ? . 505

    Les races énergiques sortent d'éléments *très opposés* (exemple, le nègre et le blanc), ou *identiques* (exemple, les Grecs antiques, nos marins de France, etc.). — Bonté ardente de la femme noire. Héroïsme de la femme rouge.

	Pages
II. — Quelle femme aimera le plus? celle de même race?	516

On a fort exagéré les facilités et les avantages des croisements. Avantage et inconvénient d'épouser une Française. Précipitation odieuse et immonde du mariage actuel. Les mariages entre parents fortifient les forts, affaiblissent les faibles. Si la parente n'est pas spécialement élevée pour toi, l'étrangère, élevée par toi, s'associera davantage.

| III. — Quel homme aimera mieux? | 527 |

Que la mère prenne garde de rendre son futur gendre amoureux d'elle-même. Qu'elle élève son idéal, et choisisse pour sa fille un homme de foi et d'énergie productive. La puissance incalculable de création que montre ce siècle tient à ce que la science lui a assuré sa marche et lui a mis sous les pieds le solide terrain de la certitude.

| IV. — L'épreuve. | 535 |

La fiancée doit commander et soutenir son amant dans l'attente, le garder par l'amour, de concert avec sa mère. Danger de la méthode anglaise, qui compromet aveuglément la fille.

| V. — Comment elle donne son cœur. | 544 |

Les mères françaises sont imprudentes par excès de prudence. Elles n'aiment que les hommes *finis*. Il faut prendre l'homme amoureux (qu'est-ce que l'amour?) et l'homme héroïque, s'il se peut.

| VI. — Tu quitteras ton père et ta mère. | 553 |

La jeune fille s'arrache à la famille. — Quel jour on doit la marier. — Ménagements infinis qu'on lui doit. — La noce n'est nullement une consommation, une fin; c'est le commencement d'une longue initiation qui doit durer autant que la vie.

| VII. — La jeune épouse. — Ses pensées solitaires. | 566 |

Il ne faut pas l'obséder, mais la laisser se raffermir. Son dévouement. Le bonheur d'obéir. L'attente du retour.

| VIII. — Elle veut s'associer et dépendre. | 575 |

La possession augmente l'amour. La femme veut être possédée davantage — par l'association aux affaires et aux idées.

| IX. — Des arts et de la lecture. | 583 |

Chaque art ouvre un nouvel organe d'amour. — La femme reçoit des idées par des sens qui ne sont point ceux de l'homme. — Le mari, et non le père, peut faire son éducation. — Peinture, musique. Les Bibles de l'histoire et de la nature. — On doit révéler à la femme les hautes légendes primitives qui restent au-dessus de tout.

TABLE DES MATIÈRES

X. — La grande légende d'Afrique. — La femme comme dieu de bonté (fragment de l'*Histoire de l'Amour*). 591

Isis, Osiris, Horus. — La mort des dieux. — Toute-puissance de la femme qui, par la force de la douleur et du désir, rend la vie à l'âme aimée, ressuscite son dieu et le monde. — Le Jugement et la renaissance des bons.

XI. — Comment la femme dépasse l'homme. 601

La femme dispensée du métier et de la spécialité, garde à l'homme un trésor de noblesse et de rajeunissement. Elle a des octaves de plus dans le haut et dans le bas, mais elle a moins les qualités moyennes qui font la force. Elle ne crée pas l'art, mais l'artiste. Elle comprend rarement les créations laborieuses de l'homme. Parfois l'amitié l'éloigne de l'amour. — Comment elle pourrait relever l'homme dans ses fatigues morales.

XII. — Les humilités de l'amour. — Confession 612

Celui qui aime ne doit pas permettre à l'objet aimé une abnégation trop complète. — L'homme ne doit prendre sur la femme nul ascendant non consenti, ni l'ascendant magnétique, ni celui de la crainte. Du coup d'État domestique. Y substituer le gouvernement de l'entente cordiale et de la confiance. — La femme a besoin d'épanchement et de confession. S'aimer, c'est se donner puissance l'un sur l'autre en se disant tout.

XIII. — La communion de l'amour. — Offices de la nature. 622

Dieu est la haute nécessité de la nature. — La communion de l'amour vrai donne une vraie lueur de l'éternel Amour. — La femme est une religion, et, dans les éclipses religieuses, nous garde le sentiment de Dieu. — Vie religieuse d'une famille dans un dimanche d'hiver.

XIV. — Suite. — Offices de la nature. 632

Les deux pôles de la religion (la loi, la cause), sont représentés, soutenus par l'homme et la femme. — Comme agent de la Cause aimante, elle a le côté le plus tendre du pontificat. Elle sait les heures sacrées et du jour et de l'année, le rituel de la nature en chaque pays, les vrais psaumes de la contrée. — Fêtes de la renaissance. Fêtes des Fleurs, de la Moisson, de la Vendange.

LIVRE III. — LA FEMME DANS LA SOCIÉTÉ.

I. — La femme comme ange de paix et de civilisation. 641

Combien la vue d'une femme rassure dans les pays sauvages. — L'âge émancipe la femme et lui permet un ministère de bonté et de sociabilité. Elle met dans les salons la vraie liberté, fait valoir tout le monde, protège les timides.

II. — Dernier amour. — Amitié des femmes. 647

La veuve ne veut pas se remarier ; mais la nature, la famille peuvent l'y obliger. — Le mari mourant doit prévoir pour elle et, s'il se peut, la léguer au proche parent (selon l'esprit). — Adoption. Le fils spirituel. — Elle protégera la jeune femme, réunira les époux séparés.

III. — La protectrice des femmes. — Carolina. 657

En mariant les femmes déportées et faisant des familles de ce qui n'était qu'individus, Carolina Home a fondé solidement la grande colonie d'Australie.

IV. — Consolation des prisonnières. 664

Les crimes des femmes sont rares, et, le plus souvent, involontaires. La vie désolante qu'elles mènent les pousse au mal. La régénération des prisonnières ne s'opérera que par l'air, le soleil, la vie demi-rurale, la colonisation, le mariage. Nulle voix officielle ne peut agir sur elles. Il faut la bonté, l'expérience et la pénétration d'une dame qui connaisse le monde. Elle doit demander pour les prisonnières mariées la consolation de voir leurs maris.

V. — Puissances médicales de la femme 674

Histoire de madame Lortet. — La femme est le médecin naturel des pays où il n'y a pas de médecin. — Elle ne peut le suppléer en tout, mais elle est son auxiliaire naturel. — Le vrai médecin est un en deux personnes, *homme-femme*. Elle continue par la confession et la divination. — Elle trouve en ses propres douleurs un remède homœopathique. — Ses visites aux malades (si solitaires) des hôpitaux.

VI. — Les simples. 684

De l'immortalité de l'âme. — La mort du corps n'est que son passage à la vie végétale. La mort est une fleur. — Nos vieux simples des Gaules. — La femme s'harmonise à leurs puissances vivifiantes, est leur intermédiaire entre elles et l'homme.

VII. — Les enfants. — La lumière. — L'avenir. 692

Vif attrait qu'ont les orphelins pour la femme restée sans famille. Orphelinat demi-rural, dirigé moralement par la dame âgée. Elle garde et marie l'orpheline, idéal de simplicité noble qui affranchira l'avenir. L'âme bénie remonte à Dieu dans la lumière.

ÉCLAIRCISSEMENTS

	Pages
I. — Caractère moral de ce livre.	703
II. — Éducation. Ateliers et jardins d'enfants.	704
III. — De la justice dans l'amour et des devoirs du mari.	705
IV. — La Femme dans la société.	707

FIN DE LA TABLE DES MATIÈRES

PARIS. — IMP. E. FLAMMARION, RUE RACINE, 26.

www.ingramcontent.com/pod-product-compliance
Lightning Source LLC
Chambersburg PA
CBHW071708300426
44115CB00010B/1358